カルキディウス

プラトン『ティマイオス』註解

西洋古典叢書

凡　例

一、底本には次に掲げるヴァスジンクによる校訂版を用い、これと異なる読みを採った箇所は註記した。

J. H. Waszink, *Timaeus a Calcidio translatus commentarioque instructus* (Corpus Platonicum Medii Aevi, Plato Latinus IV), 2nd ed., London and Leiden, 1975.

二、冒頭にカルキディウスによるオシウス宛の書簡の翻訳を付す。

三、三五五の節の区分、および一四の章の区分と見出しは、ローベルの校訂版（Wrobel 1876）以来の慣用に従った。ただし、一―七節の見出し「序論」は訳者による補い。節内の段落分けは訳者による。

四、訳文中の［　］の記号は、訳者による訳語の補いや直前の語句の説明等を示す。

五、ラテン語のカタカナ表記について。

(1) ph, th, ch と p, t, c を区別しない。

(2) 固有名詞には原則として音引きを省いた。

(3) ギリシア語の固有名詞は、ラテン語形をギリシア語形に改めてカタカナ表記した。

六、図版は、底本に付された十世紀のブリュッセル写本の図を参考にしつつ、本文の記述に基づいて訳者が作成した。

七、訳註について。

(1) 本書の参照箇所の指示には節番号を用い、ゴシック体の漢数字のみを記した。

(2) プラトンの著作の参照箇所の指示には、著者名を省略して書名のみを記し、慣用に従ってステファヌス版『プラトン全集』（一五七八年）の頁数と段落記号（アルファベット）、必要に応じて段落内の行数を付記した。なお、ステファヌス版の頁・段落・行は、バーネット版『プラトン全集』（J. Burnet, *Platonis Opera*, 5 vols., Oxford, 1900-07）の表記に基づく。

(3)「テオン」とのみ表記されているのは、スミュルナのテオン『プラトンを読むために有用な数学的事柄についての解説』の略記で、ヒラーによる校訂版（Hiller 1878）の頁数と行数を付記した。

(4) 次の略号を用いた。

DK = H. Diels und W. Kranz, *Die Fragmente der Vorsokratiker*, 3 Bde., 6. Aufl., Berlin, 1951-52.

SVF = H. von Arnim, *Stoicorum Veterum Fragmenta*, 4 Bde., Stuttgart, 1903-24.

八、巻末に固有名詞索引と事項索引を付す。

目次

プラトン『ティマイオス』註解

土屋睦廣 訳

書簡

カルキディウスから親愛なるオシウス様[1]へ

イソクラテスは彼の『勧告』の中で徳を讃えながら、すべての善とあらゆる幸福の原因は徳に存すると述べたとき、徳は不可能なことを容易に可能にする唯一のものだと付言しました[2]。まったくそのとおりです。と言いますのも、どうして高貴な魂の偉大さが、まるで困難に打ち負かされて苦労を控えるかのように、仕事に取りかかることを嫌がったり、いったん着手した仕事にうんざりしたりするでしょうか。わたしが思うには、友情の力もそれと同じで、ほとんど不可能なことでも解決することができます。友人たちのうち、一方は命じることの神聖な責任によって、他方はそれに従うという誓いによって、ともに賛同した仕事を成し遂げるために協力するからです。

教養のあらゆる熱意に際立ったあなたの魂と卓越した才能に相応しく、あなたは今まで試みられなかった著作[3]が現われるという希望をいだいて、その利用をラティウム［ローマ］はギリシア人から借用するべきだと決心しました。そして、そのことをあなた自身がより容易により適切に成し遂げることができたにもかかわらず、わたしが思うには賛嘆すべき謙虚さゆえに、あなたはむしろもう一人の自分[4]であると判断した者にこの仕事を課することを選びました。いかに困難なことであろうとも、あなたにそのように思っていただくという、これほどの名誉を授かりながら、課された任務を断ることなどわたしにできましょうか。習慣的な通常の要求においても、いかなる職務も拒否したことがないこのわたしが、これほどのいわば高邁な熱望に異を唱えることができましょうか。こんな場合に無知を言い訳にして素晴らしい任務から逃れるとすれば、それは知識の狡猾な見せ掛けとなるでしょう。

かくして、その任務はまさに神からの霊感によってあなたからわたしに課されたものに違いないとわたしは確信しました。それゆえ、わたしは溌剌たる希望と断固たる意志をもって、プラトンの『ティマイオス』の始めの部分[5]を翻訳するだけではなく、その同じ部分に註解を施すことにも着手しました。深遠な事柄の似像は、解釈上の解説なしには、範型自体より相当曖昧なものになってしまうと思ったからです[6]。他方、本を

---

(1) 宛名人オシウスについては本書の解説を参照。
(2) イソクラテス第一弁論『デモニコスに与う』七参照。『勧告（*Exhortationes*）』は『デモニコスに与う（*Ad Demonicum*）』の別名。
(3)『ティマイオス』のラテン語訳のこと。ただし、『ティマイオス』にはカルキディウス以前にも、キケロによる部分的なラテン語訳があった。
(4)「真の友人」を意味する諺的表現。たとえば、アリストテレス『ニコマコス倫理学』第九巻第四章一一六六a三一―三二、第九章一一七〇b六―七、キケロ『友情について』八〇、アウグスティヌス『告白』第四巻第六章一一参照。
(5)『ティマイオス』冒頭から五三C三までの部分。
(6)「範型（exemplum）」と「似像（simulacrum）」はイデア論の概念。四でも同様のことが語られている。「曖昧さ（obscuritas）」の原因については、三二一参照。

いくつかの部分に分けた理由は著作の長さゆえですが、同時に、いわばいくらかの初穂をあなたの耳と心でもって味わっていただくためにお送りしたなら、その方が安心だと思ったからでもあります。少しでもお気に召したというご返書をいただいたときには、大胆な企てを進めるうえでのより大きな自信となるでしょうから。[1]

（1）現存する著作は翻訳、註解ともに『ティマイオス』五三Cまでで、それがさらに三九E二／三を境に、第一部と第二部に分けられている。

第一部

序論

一　プラトンの『ティマイオス』が、昔の人々からも理解するのに難しいとみなされ評価されてきたのは、語り方の拙劣さから生じた曖昧さ[1]のせいではなくて――というのも、あの人が書いたものより何がより分かりやすいだろうか――むしろ読者が、さまざまな問題の解明に従事する専門的な理論[2]に習熟していなかったからである。文体の様式は、議論の対象となったことを、それと無関係な方法ではなく、その問題に特有の証明法によって明らかにするという目的で、決定されているからである[3]。というのも、相応しい適切な理論によって問題を解明する、あの証明法のみが確かなものだからである。たとえば、もし星の運動に関して何か戸惑いが生じたなら、天文学と呼ばれる学問から判定が下るだろう。もし弦の相違や、相異なった声や音から生じる協和について論じられているなら、音楽という治療法によって戸惑いは治まるだろう。要するに、治療において傷の性質に応じて医薬の援助が適用されるときには、どんな場合でもいつも最も熟達した医師に診てもらうという習慣を保持するべきである。

二　さて、この本〔『ティマイオス』〕においては、万有の成り立ちについて論じられ、宇宙が包含するあらゆることの原因と理由が明らかにされる[4]のだから、多くのさまざまな問題が生じることは必然であった。すなわち、平面図形について、立体的物体について、感覚されうる宇宙に生命を与える魂が身体をまとったことについて、魂の運動と永久の活動について、星の規則的な運行とさまよう運行について。各々の事柄がそれ本来の類縁的な理論によって解明されるためには、確実な学問のあらゆる専門的な治療法によって、すなわち、数論、天文学、幾何学、音楽[5]の治療法によって対処されるべきであった。それゆえ専門的なことに習熟していない人たちは、まるで外国語に無知な人のように、それらを少しも吟味できなかった[6]。他方、諸学問のうちの何か一つを習得していた他の人々は、自分たちが知っていたことだけは認識し吟味したが、他のことは無知の闇に隠されたままであった。

---

(1)「曖昧さ」の原因については三二二参照。『ティマイオス』の「曖昧さ」については、キケロ『善と悪の究極について』第二巻一五、ガレノス『「ティマイオス」提要』三四―三六（Kraus-Walzer）も参照。

(2)「専門的な理論（artificiosae rationes）」とは、以下の記述からもわかるように、数論、幾何、天文、音楽（音階理論）を指す。『国家』第七巻では、哲学を学ぶための準備的科目として、これらを学ぶべきことが詳論されている。これらは、古代末期に定式化するいわゆる「自由七科（septem artes liberales）」のうちの数学的「四科（quadriuium）」に相当する。「専門的な理論」は一一九、一八五末尾でも言及されている。

(3)『ティマイオス』二九B四―五参照。

(4)『ティマイオス』の執筆意図「狙い（σκόπος）」については六、およびガレノス『「ティマイオス」提要』三三（Kraus-Walzer）、プロクロス『「ティマイオス」註解』第一巻一・一―四・七（Diehl）、ピロポノス『宇宙の永遠性について』第六巻七（一三五・二一―二四（Rabe））参照。

(5)前註（2）参照。

(6)テオン一・一―三参照。

三　それゆえ、この著作［『ティマイオス』］は、ほとんどこのようなすべての知識に習熟し訓練を積んだ人たちのためだけに作り上げられたものであり、そうみなされることは明らかである。彼らは、知識のこれほどの輝かしさを他の人々とも共有しなければならなかったのに、不毛な嫉妬に忌まわしくも引き止められて、大いなる幸福を広め分かち合うことをせずに、自分たちのもとに留めてしまったのである。

四　かくして、命じられたこと(1)は凡庸な才能が遂行できるよりも大きなことではあったけれど、あなた方(2)のご用命には従うべきであったので、わたしは翻訳だけでは満足できなかった。曖昧で少しも明瞭でない範型の似像は解説なしでは、同じかもしくはさらに大きな曖昧さという欠陥をもった翻訳になるだろうと考えたからである(3)。そこでわたしは、諸々の学術を知らない人たちの無知によって隠されていたこと(4)だけを説明するという仕方で、何らかの点で難解だとわたしに思われた箇所を解説した(5)。というのも、すべての人が共通に理解している明らかなことを、頑迷な質問によって無益に繰り返すことは僭越な人の振る舞いで、まるで読者の才能を信用していない人のすることだからである。さらに、本の冒頭部分については、たんなる以前の出来事の叙述と昔の歴史の物語(6)が含まれていただけなので、わたしは何も述べなかった(7)。しかし、著作全体の企図と著者の意図と本の順序は明示されるべきだと思った(8)。

五　すなわち、前日にソクラテスは国家について全一〇巻の本で討論したとき(9)、主導的な原因からではなく付随的な原因から議論に取りかかった。というのは、正義に関して探究することを始めたときに、弁論家のトラシュマコスは正義とは最も力のある者にとって利益になることであると定義したが、ソクラテスはむしろ反対に最も力の少ない人々にとって利益になることだと説いたからである(10)。ソクラテスは、もっと明瞭な例を用いるために、正義を一人の人間の資質の中にではなく、むしろ人口の多いある都市の市民の集団において探究したらどうかと考え、正しい習慣と制度によって統治され、法律に合致した幸福を享受している都市のある種の像を描き、また反対に、もしいつかその制度から堕落したなら、その国にとっていかに不幸であり、いかに破滅的な習慣の変化が起こるかを描いた(11)。

六　したがって、それらの本『「国家」』の中では、人間の事柄に関わる正義が探究され発見されたとみなされたのだが、しかし自然の公正さを探索することがまだ残っていた。それゆえソクラテスは、これほどの仕事を成し遂げることは、自分の才能には荷が重すぎると言って、ティマイオスとクリティアスとヘルモク

(1)『ティマイオス』の翻訳。書簡参照。
(2)翻訳の依頼者への二人称での言及は一二六、一三三にも見られるが、この箇所のみ複数形になっている。
(3)書簡第三段落および五頁註(6)参照。
(4)一―二参照。
(5)このことはとくに註解第一部に顕著。註解第一部の大半は、数論、音階理論、天文の初歩的解説に費やされている。
(6)『ティマイオス』の導入部一七A一―二七B六で語られる、国家に関する「昨日の話」と「アトランティス物語」のこと。
(7)註解の本論(八から)は、『ティマイオス』三一C四―三二A七の比例中項の解説から始まる。『ティマイオス』導入部の評価については、プロクロス『「ティマイオス」註解』第一巻二〇四・一六―二七(Diehl)参照。
(8)以下、五―七で述べられる。
(9)『ティマイオス』一七C一―三参照。「国家について(de re publica)の全一〇巻の本」とは当然プラトンの『国家』のことだが、カルキディウスは『国家』をつねにPoliteiaと表記している。「全一〇巻の本で」は後代の挿入かもしれない。
(10)『国家』第一巻三三八C二、三四六E三―七参照。
(11)『国家』第二巻三六八C―第八巻五六九Cの要約。

ラテスに任せるべきだと考えた。そして、彼らは課された任務を引き受けた[1]。このことから、この本〔『ティマイオス』〕の中では主として次のことが行なわれていることは明らかである。すなわち、恣意的な正義ではなく、あの自然的な正義と公正さの観想と考察に取り掛かることである。自然的な正義は、書かれたものではないが、制定されるべき法律と書き記されるべき条文に、生来の節度からその実体を付与する。ちょうど、ソクラテスが人間の用いる正義について論究したとき、市民の国家という似姿を導入したのと同様に、ピュタゴラスの教えを継ぐ者であるロクロイのティマイオス[2]は、天文の学問にも完全に精通していたので[3]、神の種族が互いに用いる正義を、いわば公共の都市であり国家である感覚されうるこの宇宙の中に探究しようと欲したのである。

七　いまや、本の順序と概観が示されるべきである[4]。

一　最初に、宇宙の生成について探究される[5]。
二　その後は、魂の誕生について[6]。
三　それから、調和あるいはハルモニアについて[7]。
四　数について[8]。
五　恒星と惑星について[9]。これらには太陽と月も含まれる。
六　天について[10]。
七　生き物の四つの種族について[11]。これは天のもの、翼あるもの、泳ぐもの、大地のものの種族である。
八　人類の誕生について[12]。

九　人間の多くは賢いが、賢くない人もいる理由。[13]
一〇　視覚について。[14]
一一　映像について。[15]
一二　視覚の賛美。[16]
一三　質料について。[17]

---

(1)『ティマイオス』二〇B一―C三参照

(2)五〇第二段落参照。

(3)『ティマイオス』二七A三―四参照。

(4)以下の項目の列挙は『ティマイオス』で論じられる主題の目次であると同時に、註解の目次にもなっている。以下、対応する『ティマイオス』の箇所と註解の節番号を註記する。

(5)『ティマイオス』三一B四―三二B一、本書八―二五。

(6)『ティマイオス』三四B一〇―三五C二、本書二六―三九。

(7)『ティマイオス』三五C二―三六B五、本書四〇―四五。

(8)『ティマイオス』三六A六―三七B三、本書四六―五五。

(9)『ティマイオス』三六B五―三七C五、本書五六―九七。

(10)『ティマイオス』三六D八―三九D七、本書九八―一一八。

(11)『ティマイオス』三九E三―四三A二、本書一一九―二〇一。ここから第二部。

(12)『ティマイオス』四二E八―四三D七、本書二〇二―二〇七。

(13)『ティマイオス』四三D三―四五B二、本書二〇八―二三五。

(14)『ティマイオス』四五B二―E三、本書二三六―二四八。

(15)『ティマイオス』四五E三―四六E六、本書二四九―二六三。

(16)『ティマイオス』四六E六―四七D六、本書二六四―二六七。

(17)『ティマイオス』四七E三―五三C三、本書二六八―三五五。「質料」と訳した語は silua. 二六八第二段落および三三三頁註(2)参照。翻訳、註解とも現存するのはここまで。

一四　物体について。[1]
一五　第一の質料的素材とその性状について。[2]
一六　身体のさまざまな体液と粘液について。[3]
一七　匂いと味の感覚について。[4]
一八　色の多様性と、ある色から他の色への転換と、色に類したものについて。[5]
一九　生命ある実体の主導的部分について。[6]
二〇　魂とその諸部分と場所について。[7]
二一　身体の諸部分と四肢について。[8]
二二　さまざまな種族の誕生について。[9]
二三　身体の病気について。[10]
二四　魂の病気について。[11]
二五　両方の主題の治療法について。[12]
二六　全宇宙と宇宙が包括するすべてのものについて。[13]
二七　知性の対象である神について。[14]
これらすべてについて、それぞれ本の順序に従って解説がなされるだろう。[15]

(1)『ティマイオス』五三C四―五五C六。写本には de tempore（時間について）とあり、校訂者もすべてそれに従っているが、de corpore（物体について）と読む。『ティマイオス』三七C六―三八B五の時間論は、現存する翻訳と註解一〇五―一〇八で論じられている。現存する翻訳と註解が終わった直後の五三C四からは、「まず、火、土、水、空気が物体であることは、おそらく誰にとっても明らかだ」という一文で始まり、以下、物体の幾何学的構成が論じられる。

(2)『ティマイオス』五五D六―五八C四。

(3)『ティマイオス』八二E二―八三E五。順序が前後している。

(4)『ティマイオス』六五C一―六七A六。

(5)『ティマイオス』六七C四―六八D七。

(6)「主導的部分」とは理性のこと。二一三および二六一頁註（8）参照。この主題が『ティマイオス』のどの箇所に対応するのか定かでない。

(7)『ティマイオス』六九C五―七二D三。

(8)『ティマイオス』七二E一―八一E五。

(9)『ティマイオス』九〇E一―九二C三。順序が前後している。

(10)『ティマイオス』八一E六―八六A八。

(11)『ティマイオス』八六B一―八七B九。

(12)『ティマイオス』八七C一―八九D一。

(13)『ティマイオス』九二C四―九。

(14)「知性の対象である神（intellegibilis deus）」という表現は、『ティマイオス』には見られないが、本書一三七第二段落、二五五第二段落に見られる。おそらく、『ティマイオス』九二C七の「知性対象の似像である感覚されうる神」という言葉を受けて、感覚されうる神としてのこの宇宙を作り出した、デーミウールゴスとしての神に関する論考で註解全体を締め括ることを、カルキディウスは意図していたと思われる。

(15)カルキディウスは『ティマイオス』全篇の翻訳と註解を意図していたことがわかる。

第一章　宇宙の生成について

八　さて、宇宙の身体が完全なものであることを教えるために――完全な身体［物体］とは長さと幅と厚さの三つのものから成り立っている立体である――、彼［プラトン］はあらかじめ面を説明する。これは平面図形であって、長さと幅のみをもち、いかなる深さももたない。これらには一つの中項で十分であると彼は言う。なぜなら、二つの隔たりは、その二つの隔たりの間にある種の類縁性をもつ一つの中間の媒介によって結びつけられるからである。彼は次のように語っている。「なぜなら、数であれ、塊であれ、力であれ、三つのものにおいて、(1)中項が末項に対して、初項が中項に対するのとちょうど同じように釣り合っていて、また逆に中項が初項に対して、末項が中項に対するのと同じように釣り合っているときには、確かに、中項は初項とも、同じく末項とも何ら異なることはなく、また逆に、それら両端の項が中項の条件へ、中項と等しい位置へと移される一方で、中項も両端の項の役割を引き受ける。(2)その結果として、わたしが考えるには、すべての素材は同一の比によって結びつけられ、その仕方によって万有の諸部分は自分自身にとって同じものとなるであろう。それらには一つの条件があるからである。さらに諸部分が一つにされることによって、全体は一つの同じものとなるであろう」[3]。

九　彼［プラトン］は数論の証明を使用している。それでは、いかにして互いに隔たっている二つのものが、一つの類縁的な中項の媒介によって結合されるかを説明するような、三つ一組の図形が描かれるべきである[4]。第一の場所に描かれた四角形の一辺を、たとえば単位二、もう一つの辺を単位三とせよ。これは計算すれば、六単位の完成された四角形全体の面積を作る。2×3は6だからである。他方、最初のものから最も離れている四角形の一つの辺を単位四、もう一つの辺を単位六とせよ。これは計算すれば二四単位の完全な四角形の面積を作る。4×6は24だからである。さて、この中項は12であり、それが挿入されることで両端の四角形が繋がって見えるように接しており、両端のものと類縁的である。中項は末項より小さい分だけ、すなわち半分だけ初項より大きいからである。12は24の半分だからである。逆に、合計24を末項に置かれたものとし、中項における12の二倍とせよ。同様に、中項の合計［12］は初項の合計［6］の二倍となる。2×6は12だから

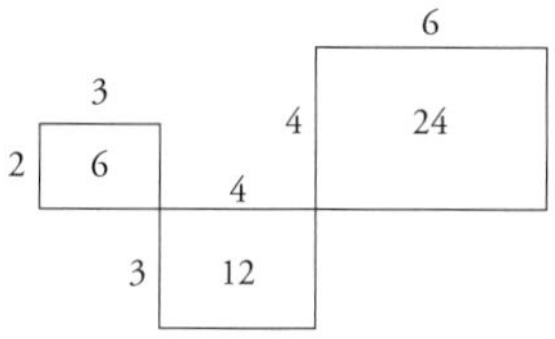

1図

(1) 解釈上、古くから問題のある箇所。「立法数であれ、平方数であれ、三つの数のうちで」とする解釈もある。

(2) 初項がa、中項がb、末項がcとすると、a:b=b:cならばb:a=c:dも成り立つということ。

(3) 『ティマイオス』三一C四―三二A七。

(4) 以下、6と24の中項が12であることが1図を用いて説明される。以下、註解第一部において頻出する図を用いた数学的(天文学も含む)解説は、アドラストスの失われた『「ティマイオス」註解』に基づく可能性が高い。

である。

一〇　それらはこのように半分と二倍の比によって結ばれて、両端の項と中項との同一の条件が生じる。なぜ両端の項から中項が生じるのか。なぜなら、わたしは初項の小さい方の合計［2］を末項の大きい方の合計［6］で掛けるか、あるいは反対に、初項の大きい方の合計［3］を末項の小さい方の合計［4］で掛けて一緒にするからである。このいずれの方法によっても数12が生じる。なぜなら、2×6も3×4も12になるからである。

一一　互いに隔たっている二つのものが一つの中項の媒介によって結びつくというこの同じことは、幾何学的な証明によっても明らかになる。それゆえ、今度もまた図形が描かれるべきである。向かい合って置かれた二本の線を幾何学者は平行線と呼び、続いてさらに、平らな四角形を平行四辺形と呼ぶ。課題は、いかにして二つの同様な平行四辺形に対して、比を欠いていない一つの中項が見出されるかを証明することである。それゆえ、傍らにギリシア文字ΑΓΘがあり、一つは角ΒΓΔ、もう一つは角ΗΓΖの互いに等しい角をもつ同様な二つの平行四辺形があるとせよ[1]。さらに、角が等しい場合には辺もその比例[2]に応じたものとなるだろう。すなわち、辺ΒΓが辺ΓΖに対する関係は、辺ΔΓが辺ΓΗに対する関係と同じだからである。二つのこの同様な平行四辺形の間に、有理比をもつもう一つの中項が見出されると、わたしは言う。すなわち、辺ΒΓを辺ΓΖと真っ直ぐにせよ。すると、辺ΔΓも辺ΓΗと真っ直ぐになるだろう。そして、線ΑΔと

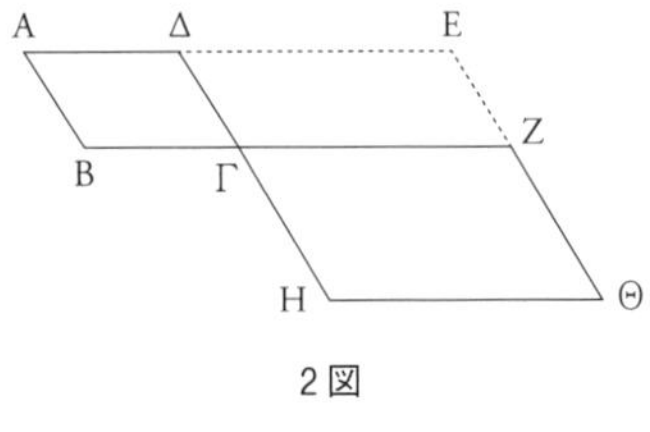

2図

ΘZによって外側の線ΔEとZEが導出され、このようにして図形全体が完成される。したがって、辺BΓが辺ΓZに対する関係は、平行四辺形BΔが平行四辺形ΔZに対する関係と同じである。なぜなら、それらは同じ四角形AEBZの中にあるからである。そして逆に、辺ΔΓが辺ΓZに対する関係は、平行四辺形ΓEが平行四辺形ZHに対する関係とも同じである。なぜなら、これらも四角形ΔHEΘの中にあるからである。それゆえ、平行四辺形BΔが平行四辺形ΔZに対する関係は、同じく平行四辺形ΔZが、その下にある平行四辺形ΓΘに対する関係と同じである。かくして、二つの同様な平行四辺形の間の一つの中項、すなわち平行四辺形ΔZが発見された。これがなされるべきことであった。[3]

一二　同様にして、さらに三角形における中項の挿入も、このような図形において考察される。課題は、いかにして二つの同様な三角形の間に一つの比例した中項が見出されるかを証明することである。ギリシア文字によって限られた二つの同様な三角形があるとせよ。[4] 一つはABΓΔ、もう一つはΔBEΔで、等しい角を持っている。一つは角ABΓで、もう一つは角ΔBEである。さて、角が等しい場合には辺もその比例に応じたものとなるだろう。辺ABが辺BEに対する関係は、辺ΓBが辺BΔに対する関係と同じだからである。こ

---

(1) 以下、2図を参照。平行四辺形は対角線の頂点にある二文字で示される。

(2) 「比例」と訳したcompetensはἀναλογίαの訳語。一六第一段落および二五頁註(1)参照。

(3) 証明の終わりに記される決まり文句。一二、一九末尾にも同様の言葉が見られる。

(4) 以下、3図を参照。

れら二つの同様な三角形の間に一つの比例した中項が見出されると、わたしは言う。すなわち、辺 AB は辺 BE と真っ直ぐであることが承認されたとせよ。辺 ΓB も辺 BΔ と真っ直ぐになるだろう。そして、真っ直ぐに線を引いて辺 AΔ を結合せよ。すると、辺 AB が辺 BE に対する関係は、三角形 BΔEB が三角形 ΔBAΔ に対する関係と同じである。これらは同じ高さ、文字 Δ(1) のもとにあるからである。他方、辺 ΓB が辺 BΔ に対する関係は、三角形 ΔBAΔ が三角形 ABΓA に対する関係と同じである。これらも同じ高さ、文字 A のもとにあるからである。したがって、三角形 BΔEB が三角形 ΔBAΔ に対する関係は、同じく三角形 ΔBAΔ が三角形 ABΓA に対する関係と同じであろう。したがって、二つの同様な三角形、すなわち ABΓA と ΔBEΔ の間に、第三の三角形、すなわち ΔBAΔ が作られた。これがなされるべきことであった(2)。

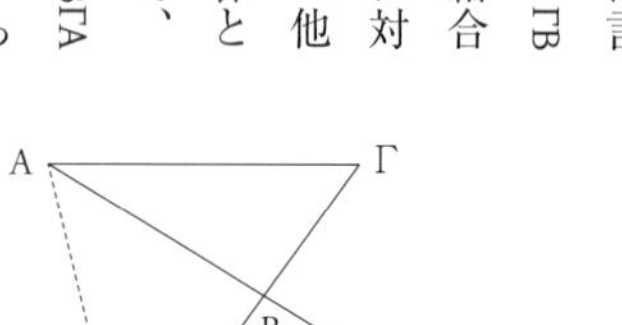

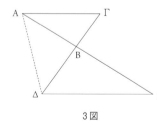

3図

一三　彼［プラトン］は次のように述べる。「したがって、もし宇宙の身体が長さと幅だけをもつべきで、立体性をまったくもつべきではなく、完全な物体の面のようなものであるなら、自分自身と最も離れた諸部分を結びつけるためには一つの中項で十分であろう。だが実際には、宇宙の身体にとっては立体であることが必要であり、さらに、立体はけっして一つの中項によってではなく、二つの中項によって結びつけられるのだから、それゆえ、宇宙の製作者は火と土の間に空気と水を挿入した。それらの元素が均衡のとれたものとなるのに有益な仕方で。すなわち、火と空気の間にある類縁性と同じ類縁性が空気と水の間にあるように、また逆に、空気と水の間にある類縁性と同じ類縁性が水と土の間に結合によって成立するようにと(3)」。

宇宙の身体は立体で球形であると彼は言う(4)。しかしこのような物体は二つの中項［中心］によって結びつけられる。球の形に中心があるように、その周にも中心があるからである(5)。すなわち、［球には］ある長さがあれば幅もあるからである。われわれはそれらを頂上の中心に刻印された点によって測る。この中心へ向かって周の到るところから等しい線が引かれる。したがって、この一つの中心は［球の］表面の上に位置し、他方の中心は奥深くに位置している。もし表面の点が［球の直径の］中間の高さにまで押し下げられるなら、その点は奥深くの中心に到達する。

一四　以上の理由から、二つの中項が存在するのだから、掛け算は平面図形におけるように一度ではなく、二度なされるべきである。というのも、先にわれわれは二つの辺を描いた(6)。それらのうちの一方を二単位とし、もう一方を三単位として、2を3に掛けて数6が生じるのをわれわれは見出した。しかし、これらの立体図形においては、二つの中項ゆえに、掛け算が二度繰り返されるだろう(7)。その結果、2と3が掛けられたことから、そこに一つの中項の比に従って同じく6が生じるだろうから、われわれは、数4になるであろう

(1) Bakhouche, Magee に従ってAをΔと読む。
(2) 一一末尾および一九頁註（3）参照。
(3)『ティマイオス』三二A七―B八。二つの平方数の間には、$a^2 : bc = bc : b^2$ と一つの中項 bc が存在するが、二つの立法数の間には、$a^3 : a^2b = a^2b : ab^2 = ab^2 : b^3$ と二つの中項 a^2b, ab^2 が存在する。
(4)『ティマイオス』三三B一―七参照。
(5) 立体としての球の中心と、球の大円に対する球面上の中心という、二つの中心を考えているのだろう。
(6) 九参照。
(7) 平面図形の面積は a×b と一回の掛け算で求められるが、立体の体積は a×b×c と二回の掛け算が必要になるから。

もう一つの中項の比にも従って、4×6を計算するだろう。そしてこのようにして、数であれ、塊であれ、質であれ、[1]すべての合計が二四単位になることが見出される。そして、宇宙の最も高いところ、すなわち火は立体として存在し、長さと幅と立体性の三つをもっているが、まったく等質なのではなく、その火にはより多くの明るさがあり、若干より少ない適度な熱があり、ごくわずかだが固体性もあるのに対し、土の塊においてはより多くの固体性があり、いくらかの水分もあり、ほんのわずかだが光もあるのだから、空気と水という二つの中項が先に述べた元素［火と土］といかなる類縁性をもっているかを、われわれは理解する。[2]

一五　これらの立体の形の類縁性は数の共有によって示される。すなわち、第一の項の合計が第二の項の合計の半分であるとせよ。数24は数48の半分だからである。同様に、第二の合計が第三の

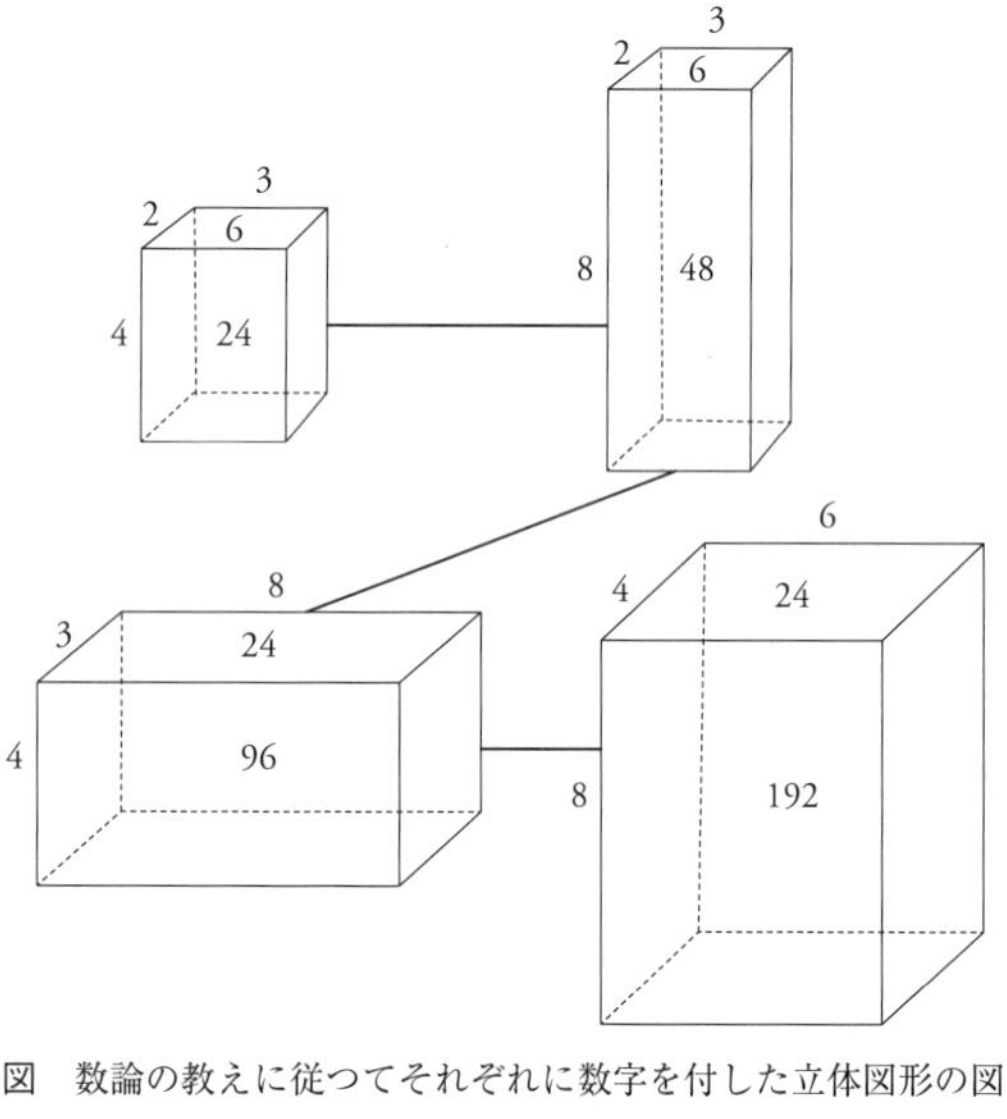

4図　数論の教えに従つてそれぞれに数字を付した立体図形の図

合計の半分であり、この第三の合計が第四の項の合計の半分であるとせよ。同じく逆に、最後の合計は第三の合計の二倍であり、同様に、第三の合計は第二の二倍、第二の合計は第一の二倍であるとせよ。かくして、二つの両端の形の間に挿入されたこれら二つの中間の形が、その同じ両端の項から生じる。[3] なぜなら、第一の項の仲介はより大きな数、すなわち6であり、これは掛け合わされたより小さな合計、すなわち2×3から生じ、同様に、最後の項の仲介はより小さい数、すなわち8だからである。したがって、第一の項のより大きな仲介［6］を最後の項のより小さな仲介［8］に掛けて、わたしは数48である第二の項の全実体を生み出す。他方で、もし4である第一の項のより小さな仲介を、4×6から生じた合計24である最後の項のより大きな仲介と、わたしが掛け合わせるなら、96である第三の項の全実体が生み出されるだろう。[4] 確実なけっして拒否できない数論の学門の権威が、プラトンに証拠を提示しながら確証するように、このようにして立体である二つの両端の項は二つの中項によって結びつけられる。

一六　二つの立体の間のこの同じ隔たったあるいは二重の中項が、隔たった物体を結びつけることは、幾何学的な比によっても比例に応じた仕方で次のように説明される。しかしその前に、事柄それ自体からも議

（1）『ティマイオス』三一C四—三二A一参照。
（2）二一—二二参照。
（3）以下、4図を参照。24と192の間に、24 : 48 = 48 : 96 = 96 : 192となって、48と96の二つの中項が見出される。
（4）24を4×6, 192を8×24とすると、6×8で48が、4×24で96が得られる。すなわち、4は24と96に、6は24と48に、8は48と192に、24は96と192に、それぞれ共通する要素として「仲介」の役割を果たしている。なお、「中項」と訳している medietas をここでは「仲介」と訳した。

論の流れにも相応しいことなのだから、われわれが比例と呼び、ギリシア人がアナロギアー(1)と呼ぶことが何であるのかを、わたしは説明しよう。比例には二つの意味がある。一方は連続であり、もう一方は隔たりである。比例は、共通する中間の項によって両端のものを結びつけるゆえに連続しており、二つの中間の項によって両端のものを分離するゆえに隔たっている。他方、比とは二つの項の相互に対する関係であり、いわば突き合せのようなものである。それゆえ、比例は複数の比を結合させることによって成り立っている。

そして、連続した比例は少なくとも三つの項において見出される。第一のものが第二のものに対する関係は、第二のものが第三のものに対する関係と同じであるというように。たとえば、8が4に対する関係は、4が2に対する関係と同じである。これらの項の中で中間にあるもの「4」は、自分自身を掛け合わせることによって、両端のもの「2と8」を掛け合わせることで生じる四角形と等しくなる。2×8は16で4×4と同じ数だからである。他方、隔たった比例は少なくとも四つの項において見出される。第一のものが第二のものに対する関係は、第三のものが第四のものに対する関係と同じである。たとえば、8が4に対する関係は、6が3に対する関係と同じである。というのも、われわれは逆戻りして「4が6に対する関係と同じ」とは言えないからである。これらにおいても、連続した比例の項においてと同じく、両端のもの「3と8」から作られる数

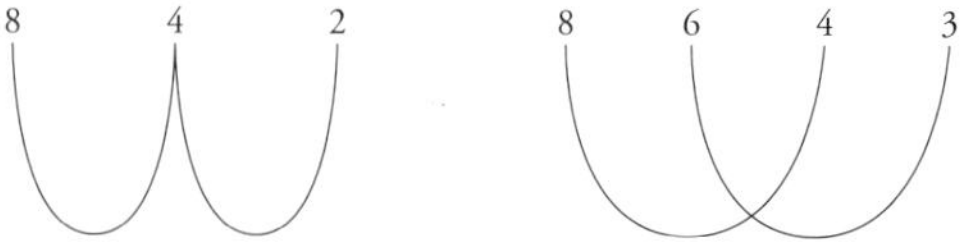

5図　三つの項における連続した比例　四つの項における隔たった比例

は、中間のもの［4と6］の計算から生じる数に等しい。すなわち、3×8は合計24を作り、同じく6×4も同じ合計を作り出すからである。

一七　したがって、いまや彼［プラトン］は比あるいは連続した比例という治療法(2)を用いる。なぜなら、それはその本性上、隔たった項を結合して繋ぎ合わせるものであり、感覚されうる宇宙の作り手である神が、宇宙の端の項である火と土に、空気と水によって中項を挿入したときに用いた比と似ているからである。

一八　ギリシア人がアナロギアー・シュネケース(3)と呼ぶ連続した比例の理論に従って、他の二つの平行六面体を挿入することによって、一つの立体に結びつけられる二つの平行六面体の図(4)［がある］。それゆえ、幾何学者が平行六面体と呼ぶ二つの立体が、他の同様な二つの立体の挿入によって、連続した比例の理論に従って結びつけられることを、この図がどのように説明するのかは、それらの結合によっても分解によって

---

(1) アナロギアーという語は一八、一九、二一、二二、二〇四、二〇八、三五五でも用いられている。アナロギアーの定義については、テオン八二・六―一二の以下の記述を参照。「アナロギアーとは複数の比（ロゴス）の類似もしくは同一である。すなわち、第一の項が第二の項に対してもつ比を第二の項が第三の項に対してもつ、あるいは、ある項が他の項に対してもつ場合のように、複数の項において比が同じであることである。一方は連続したアナロギアー、他方は分離したアナロギアーと言われる。連続したというのは、少なくとも三つの項におけるアナロギアーであり、分離したというのは、少なくとも四つの項におけるアナロギアーである」。

(2) 一、二参照。

(3)「連続したアナロギアー」の意。前註（1）参照。

(4) Magee は本節の冒頭のこの箇所を、本文ではなく6図の表題とみなしている。

も明らかになるだろう[1]。平行四辺形、すなわちこれら四つのギリシア文字 ΑΒΓΔ によって境界づけられる四角形が描かれる。そして、この四角形の向こう側に文字 ΕΖΗΘ によって囲まれる別の四角形が置かれる。そして、ΕΑ、ΖΒ、ΘΔ、ΗΓ が同様に結ばれる。このようにして一つの立体もしくは平行六面体が完成される。これに同様の別のものが次のようにして描かれる。線 ΕΘ に沿って ΘΛ が延長され、同様に ΔΘ に沿って線 ΘΞ が延長され、ΗΘ に沿って線 ΘΚ が伸び、記号 Κ から線 ΚΜ が伸び、同様に記号 Μ から線 ΜΛ が下ろされ、同様に記号 Ξ から線 ΞΟ が延長され、同じ記号 Ξ と Ο から真っ直ぐに二本の線 ΞΝ と ΟΠ が引かれる。そして、線 ΕΘ と線 ΘΛ を、線 ΔΘ と線 ΘΞ を、線 ΗΘ と線 ΘΚ を一直線にせよ。同様に、平行四辺形 ΚΘΛΜ と ΝΞΟΠ を等しくして、Ν と Κ、Π と Μ、Ο と Λ、Ξ と Θ を結べ。このようにしてこの作図から別の立体が生じるであろう。

それでは、これら二つの立体の間に、連続した比例の理論に従った二つの別の同様な立体が見出されることを、わたしは述べる。すなわち、線 ΝΞ に沿って線 ΞΥ を、線 ΠΟ に沿って線 ΟΦ を、

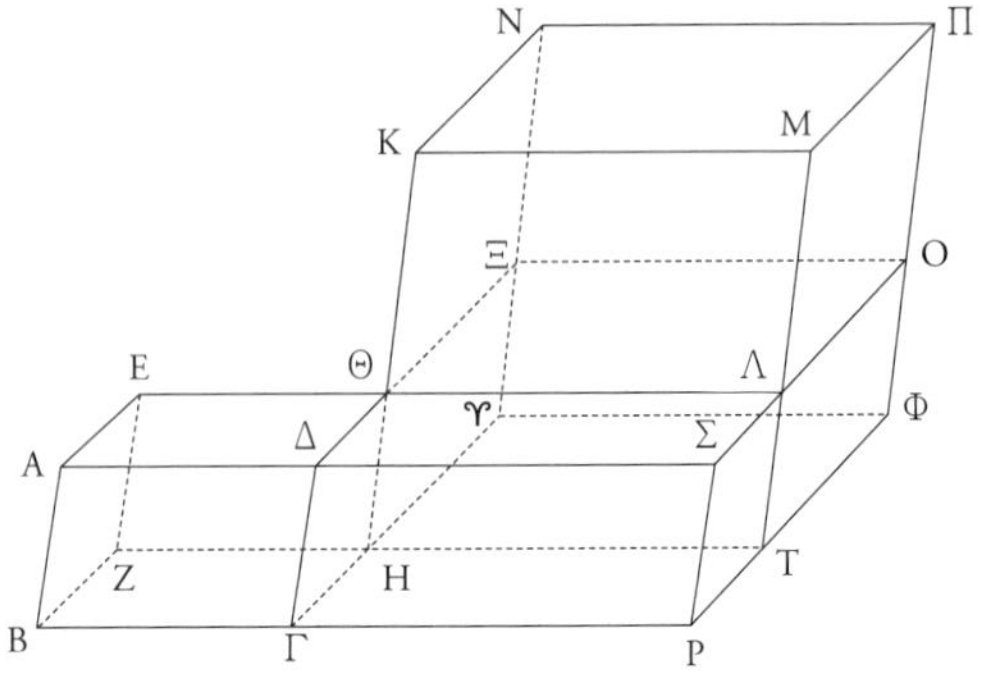

6図

線ΜΛに沿って線ΛΤを、同じく線ΑΔに沿って線ΔΣを、線ΒΓに沿って線ΓΡを引く。そして、線ΝΞを線ΞΥと、線ΠΟを線ΟΦと、線ΜΛを線ΛΤと、線ΑΔを線ΔΣと一直線にせよ。同様に、同じ四角形の中にある平行四辺形を平らにせよ。(2) そして、ΥとΗ、ΣとΔ、ΦとΤ、ΤとΡを結び、その他の辺もそのように結べ。すると、明らかに繋がった四つの立体が生じるであろう。

一九　このことはどのように証明されるのか。辺ΕΘが辺ΘΛに対する関係は、長さにおいて平行四辺形ΕΖΘΗが平行四辺形ΘΗΤΛに対する関係と同じであり、それゆえ立体ΑΒΓΔΕΖΗΘが立体ΔΓΡΣΘΗΤΛに対する関係とも同じであろう。なぜなら、先に述べた辺は、同じそれらの四角形のもとにあるので、互いに比例した長さもっており、それらの四角形は同じ高さのもとにあるので、同様にそれらの四角形も互いに比例しているからである。それゆえ、先に述べた立体も互いに比例した等しさをもつであろう。さらに、長さにおいて辺ΔΘが辺ΘΞに対する関係は、平行四辺形ΘΔΓΗが平行四辺形ΘΞΥΗに対する関係と同じであり、したがって立体ΔΓΡΣΘΗΤΛが立体ΘΗΤΛΞΥΦΟに対する関係とも同じであろう。なぜなら、先に述べた辺は、同じそれらの四角形のもとにあるので、互いに比例した長さをもっており、それらの四角形も、同じ高さのもとにあるので、互いに比例しているからである。それゆえ、先に述べた立体も互いに比例した等しさをもつであろう。さらに、長さにおいて辺ΗΘが辺ΘΚに対する関係は、平行四辺形ΘΗΤΛがΚΘΛΜに対する関係

(1) 以下、二つの立体ΑΒΓΔΕΖΗΘとΚΘΛΜΝΞΟΠとの間に、媒介となる別の二つの立体が作図される。6図参照。

(2) たとえば、ΑΒΡΣの中にある二つの平行四辺形ΑΒΓΔとΔΓΡΣを同一平面上にあるものとせよ、ということか。

と同じであり、したがって立体 ΘΗΤΛΞΥΦΟ が立体 ΚΘΛΜΝΞΟΠ に対する関係とも同じであろう。なぜなら、先に述べた辺は、同じそれらの四角形のもとにあるので、互いにアナロギアーをもっているからであり、それらの四角形も同じ高さのもとにあるので、互いに比例しているからである。それゆえ、上に述べた立体も互いにアナロギアーあるいは比例[1]をもっている。

したがって、立体 ΑΒΓΔΕΖΗΘ が立体 ΔΓΡΣΘΗΤΛ に対する関係は、後者の立体自身が立体 ΘΗΤΛΞΥΦΟ に対する関係と同じであり、同様にこれ自身が立体 ΚΘΛΜΝΞΟΠ に対する関係とも同じである。以上のようにして、二つの同様な平行六面体の間の二つの中間の同様な平行六面体が、連続した比例の理論に従うことが証明された。これが証明されるべきことであった[2]。

二〇　こう言う人もいるだろう。長い間隔によって隔たった二つの立体が、二つの挿入された中項によって、連続した比例の理論に従って結びつけられることは、自分にとって十分に証明されるが、しかし、立体である火と土の間には、いかなる類似も明らかではない。というのも、プラトン自身によれば、火の姿形は角錐状である、すなわち角錐［正四面体］の形になるが、土は立方体であると語られているからである[3]。さらに、これらの形は互いにいかなる類似性ももっていない。それらは等しい角をもたないからである。なぜなら、立方体はすべての角が直角であり、それゆえ、土は立方体の形をしているのだから直角をもっていなければならない。ところが、角錐の角は先端がより細長いからである。しかし等しい角がないところには、比例した辺はないだろうし、それゆえ互いに類似したところもないだろう。これらの隔たった立体を、別の二つの挿入された立体が結びつけようとしても、このようにして連続性は妨げられる。なぜなら、二つの間には任意のものではなく、相互に類似した立体が挿入されなければならないからである。

二一　これに対しては次のように答えられるだろう。プラトンがまさにこの困難をずっと以前から予見していて、そのように考えるであろう人を誤りから呼び戻した言葉を、われわれは思い出さなければならない。すなわち、われわれが覚えているなら、彼は次のように語ったとき、姿形における類似のみではなく、力や質における類似をも探究しなければならないと言ったのである。「数であれ、塊であれ、力であれ、三つのものにおいて、中項が末項に対して、初項が中項に対するのとちょうど同じときには」[4]。したがって、もし火と土の間に外見といわば顔つきにおいていかなる類似性もないとするなら、元素自体の性質と、それらの特性に類似性を求めるべきであろう。それらの性質によって元素は何か作用を及ぼしたり受けたりし、それらの特性から両者の元素の力と関係がとりわけ示される。

それゆえ、土にも火にも多くの異なった特性があるが、とくにそれらの力や特性を明示するものは、当然次のことである。実際、火には鋭さがある。すなわち、鋭く貫通し、さらに、柔軟で繊細なある種の細かさをもち、そのうえ、動きやすくつねに動いている。他方、土には鈍さがある。すなわち、鈍く、粗大で、つ

（1）一六および二五頁註（1）参照。

（2）一一末尾および一九頁註（3）参照。

（3）火の形については『ティマイオス』五六B三―五、土の形については同書五五D八参照。

（4）『ティマイオス』三一C四―三二A一。カルキディウスは δυνάμεων を「力や質（potentiis et qualitatibus）」と解している。

ねに動きにくい[1]。確かに、これらの本性は正反対ではあるが、しかしまさにこの反対性に由来するある種の等しさをもっている。なぜなら、似ているものは似ているものと比較されるように、似ていないものは似ていないものと比較されるからである。そして、これがアナロギアー、すなわち連続した比例の理論である。なぜなら、鋭さが鈍さに対立するのは、細かさが粗大さに対する関係と同じであり、また、細かさが粗大さに対する関係は、動きやすさが動きにくさに対立するのと同じだからである。そして、もし中間にあるものが外側のものになるように転じられるなら、外側にあるものが一つずつ真ん中に置かれて、アナロギアーの規則が守られるだろう[2]。

二二　したがって、われわれが証明したような類似性があるこれら二つの立体の間に挿入された異なった二つの立体が、どのようにして連続した比例の理論に従って連続性を作り出しているのかを、数論の学問が教えている。すなわち、もし火に隣接する元素が何[3]であり何によって合成されているのかを調べようと欲するなら、われわれは、隣から火の二つの力、細かさと動きやすさを取り、他方では土の一つの性質、鈍さを取るだろう。そうして、火の下にある第二の元素、すなわち空気の生成が見出されるだろう。なぜなら、空気は鈍くて細かくて動きやすいからである。また逆に、土に隣接する元素、すなわち水の生成を考察するなら、われわれは土の二つの力、すなわち鈍さと粗大さを取り、他方で火の一つの力、すなわち運動［動きやすさ］を取るだろう。そうして、鈍くて粗大で動きやすい物体である水の実体が現われるだろう。そしてこのようにして、火と土の間に空気と水が、外側のものを合成することによって生じるだろう[4]。宇宙の連続性はこれらによって成り立っている。他方、次のようにして、連続した比例の理論に従った幾何学的なアナロギアーも保持される。すなわち、火が空気に対立するのと同様に、空気は水に対立しており、それはさらに水が土に対する関係とも同じである。また逆に、土が水と対立するのと同様に、水は空気に対立しており、それはまた空気が火と対立するのと同様である。

二三　ここまでは宇宙の身体の構成についてと、宇宙の身体がそれらから成り立っているところの素材相互の関係について論究されている。宇宙は物体的なものであるゆえ、生じたものであること(5)、そして生じた

---

(1)『ティマイオス』五五D八—五六B三で、火、土、空気、水にそれぞれ正多面体を割り当てるさいにも、火の動きやすさと土の動きにくさは主要な論拠となっている。立体の鋭さと大きさも論点に挙げられている（動きやすさは鋭さによって説明される）。

(2)二二および後註（4）参照。

(3)Mageeに従ってquodをquidと読む。

(4)火と土に割り当てられた三つの性質を一つずつ入れ替えて、空気と水に当てはめることにより、次のような図式が成立し、四種の物体の間に一定の連続性が見出されることになる。

火——鋭さ・細かさ・動きやすさ
空気—鈍さ・細かさ・動きやすさ
水——鈍さ・粗大さ・動きやすさ
土——鈍さ・粗大さ・動きにくさ

この図式は二つの立法数の間の二つの比例中項の関係とも合致する。たとえば、火をa^3、土をb^3とし、$a^3 : a^2b = a^2b : ab^2 = ab^2 : b^3$の式に当てはめれば、火の性質二つ（$a^2$）と土の性質一つ（b）をもつ空気は、比例中項$a^2b$に相当し、同様に火の性質一つ（a）と土の性質二つ（b^2）をもつ水は比例中項ab^2に相当することになり、「火：空気＝空気：水＝水：土」の関係が成り立つ。四種の物体に三つずつ性質を当てはめる類似した図式が、ネメシオス『人間の本性について』五（五一・二二—五二・一四（Morani））、プロクロス『「ティマイオス」註解』第二巻三九・一九—四一・九（Diehl）にも見られる。

(5)『ティマイオス』二八B七—六参照。

ものや生まれたものは、生じたからには分解され、生まれたからには滅びるにもかかわらず、宇宙は分解されえないことを主張するからには、人間の思わくを越えたそのことを説明するために、宇宙は誰によって作られたのか、何から成り立っているのか、どんな範型に倣って創設されたのか、どんな原因によるのか、どの程度永遠に存続するのかを、彼［プラトン］は述べる。

確かに、存在するすべてのものは、神の作品か、自然の作品か、自然を模倣する人間の技術者の作品かのいずれかである。自然の作品の始原と始まりは種子である。種子は生じると、あるいは木や穀物の実を実らせるために大地の懐によって、あるいは成長する生き物の子孫を身籠もるために豊かな生殖器官によって抱かれる。これらすべてのものの始まりは時間の中にある。なぜなら、自然の誕生は時間の誕生と等しく同い年だからである。したがって、自然の作品は、それが存在し始めた時から始原をもつのだから、時間の継続と連続性の中に終わりと滅亡をも定められている。しかし、神の作品の始原と始まりは把握されえない。なぜなら、それらが存在し始めた時を示すいかなる確かな印も、表示するものもないからである。だがおそらく、それらのうちの何かが、なぜ、どんな原因によって存在するのかという原因――それ自体も辛うじて理解できる程度だが――だけはある。というのも、神によって原因［理由］なしに作られたものなど何もないことは確かだからである。それゆえ、自然の法によって生み出されたものにとっては種子が基礎であるように、神が創設したものの基礎は原因であり、それは先を見通す神の摂理である。

さて、神は時間の創設に先立つもので、永遠である。「時間は永遠の似像」なのだから。それゆえ、神のすべての作品の原因は時間より古く、そして神が永遠であるように、その原因もまた永遠である。神によって作られたものは何であれ時間的なものではなく、時間的でないものは、何も時間の法によっては拘束されない、ということが帰結する。そして時間は年齢の変化、病気、老い、死滅をもたらす。それゆえ、神によって創設されたものはこれらすべてのことから自由であり、その始原は原因としての始原であり、時間的なものではない。そして、感覚されうる宇宙は神の作品である。それゆえ、その始原は原因としての始原で

(1) アリストテレス『天について』第一巻第十章二七九b一四―二二、キケロ『神々の本性について』第一巻二〇参照。
(2)『ティマイオス』三二C三―四参照。
(3)『ティマイオス』二八C二―五参照。
(4)『ティマイオス』三二C六―八および本書二四参照。
(5)『ティマイオス』二八C五―二九A二および本書二五参照。
(6)『ティマイオス』二九D七―E一および本節第二段落参照。
(7)『ティマイオス』三二C三―四および本節第三段落参照。
(8) アリストテレス『自然学』第二巻第二章一九四a二一、プロクロス『「ティマイオス」註解』第一巻二六三・二―六（Diehl）参照。
(9)『ティマイオス』三七E一―三および本書一〇一、一〇五参照。
(10)「摂理（prouidentia = πρόνοια）」は『ティマイオス』では二箇所（四四C七と四五B一）で言及されているだけだが、神の意志である摂理がこの宇宙を隈なく支配しているという観念はカルキディウスの基本的な哲学・世界観である。たとえば一七六参照。
(11)『ティマイオス』三七D五―六。

あり、時間的なものではない[1]。かくして、感覚されうる宇宙は、物体的なものではあるが、しかし神によって作られ創設されたのだから、永遠である。

二四　さらに、［宇宙は］欠けることのない完全な素材から、すなわち「すべての火とあらゆる気息［空気］とその他のものから、いかなる部分も欠けることなしに」成り立っており、「かくしていかなる物体のどんなわずかな部分も宇宙の周囲の外には残されないようになっている[2]」と彼［プラトン］は述べる。それらすべての物体はあるものは冷たくあるものは熱いのだから、いかなる冷や熱の厄介も外部から近づくことよって宇宙に病をもたらすことはないだろう。それゆえ、災難の必然の外に置かれた宇宙は永遠なのである。「しかし、物体の本性は流動的であり[3]、宇宙は物体から成り立っている」［と言う人もいるだろう］。しかし、部分が損傷を受けたり消滅したりするのは流動することによってではなく、流出、すなわち外へと流れることによってである。万有から離反したものは失われるからである。しかし、すべてのものは宇宙の内部で循環しているのだから、確かに宇宙の周囲の外部には何も存在しない。このように、物体の本性に従って流動するものは、そこへと流出する場所をもたない。それゆえ中で流れてはいるが流出はしない。そして全体としては、万有の投げ出された部分は、結局めぐりめぐって長い間に消耗した他の部分を回復させるのである[4]。

二五　［宇宙が］もう一方の知性の対象である不変な永久性の範型に倣って創設されたという点はどうか。永久な範型との類似性に倣って創設されたものが永久性の類似をもっていることは、もはや誰も疑わない。そして、永久性は永遠の中にある。それゆえ、範型すなわち知性の対象である宇宙は、永遠にわたって存在する。しかし、範型に倣って創設されたもの、すなわち感覚されうる宇宙は、時間を通じて存在する[5]。そして、時間の特性は前進することであり[6]、永遠の特性はとどまること、つねに同じものの中に持続することである。また、時間の部分は、昼と夜、月と年であるが[7]、永遠にはいかなる部分もない。また、時間の様相は過去、現在、未来であるが[8]、永遠の実体は唯一の永続する現在において単一である[9]。したがって、知性の対

（1）プロクロス『「ティマイオス」註解』第一巻二七七・八—一〇（Diehl）によれば、初期アカデメイア派のクラントルは、『ティマイオス』において宇宙が「生成した」（二八Ｂ七）と言われるのは、ある一時点において生じたという意味ではなく、原因を他者に負っているという意味だと解釈した。これは後の多くのプラトニストに支持された。たとえば、アルキノオス『プラトン哲学講義』第十四章（一六九・三二—三四（Hermann））、プロティノス『エンネアデス』第二巻第九篇三、第三巻第二篇一参照。

（2）『ティマイオス』三二Ｃ六—八。

（3）質料あるいは物体が流動的であることは本書で頻繁に語られている。一九二、二〇四、二一〇、二一七、二三六、二九六、二九七、三二五、三五三参照。たとえば、『パイドン』八七Ｄ九、九〇Ｃ四—六、『ピレボス』四三Ａ三、アリストテレス『形而上学』Ａ巻第六章九八七ａ三二—九八七ｂ一のプラトンに関する報告、アルキノオス『プラトン哲学講義』第十一章（一六六・三〇（Hermann））、プロティノス『エンネアデス』第二巻第一篇一、二、三、第五巻第一篇二も参照。

（4）ガレノス『「ティマイオス」提要』四一—四二（Kraus-Walzer）参照。

（5）一〇五参照。

（6）一〇五参照。

（7）『ティマイオス』三七Ｅ一—三および一〇一、偽イアンブリコス『数理神学』二〇（Falco）参照。

（8）『ティマイオス』三七Ｅ三—五および一〇六、偽イアンブリコス『数理神学』一四（Falco）、マルティアヌス・カペラ『フィロロギアとメルクリウスの結婚について』第二巻一〇五、第七巻七三三、ファウォニウス『「スキピオの夢」解説』七、アウグスティヌス『告白』第十一巻二六参照。

（9）一〇五、アウグスティヌス『告白』第十一巻一三、ボエティウス『哲学の慰め』第五巻六・九—一一参照。

象である宇宙はつねにあるが、その似像であるこの宇宙は、つねにあったし、あるであろう。(1)

第二章　魂の誕生について

二六　プラトンはここから宇宙の魂の考察へと進みながら、あらかじめ次のことを注意している。あらゆる点で魂が物体より古いことは確証されているのに、[2] 魂に命を吹き込むことに[3]関してよりも前に宇宙の身体の構成に関して論じたのは、「あべこべ」であったということを。[4] 彼はすでに宇宙は神によって作られたと主張したのだから、その魂も神によって作られたと述べるとしても、彼の目的から逸れることにはならない。この本〔『ティマイオス』〕においてだけ、[5] 永遠なものが生み出されるという話を作り上げることに心が向けら

（1）『ティマイオス』三七E四—三八A二および本書一〇六参照。
（2）『ティマイオス』三四C四—五参照。
（3）五五、三〇〇第二段落（いずれもヘブライ人の説への言及）参照。
（4）『ティマイオス』三四B一〇—三五A一参照。「あべこべ（praepostere）」は「でまかせに（εἰκῇ）」（三四C三）のいくぶん不正確な訳語。
（5）実際『パイドロス』二四五C五—四六A二では、魂の不生不滅が言明されている。五七、プルタルコス『「ティマイオス」における魂の生成について』一〇一六A参照。

れているのは、わたしが思うには、次のためである[1]。もし人々が、始原から存在した生まれたものではない何かがあると聞いて、それらは古さの優越性の点で神と同等であるなら、至高の神の最高位が損なわれると考えることがないために。彼らは永遠なものの始原と儚いものの始原とはまったく異なった仕方で語られるということを知らない。というのも、息子の始原は父であり、国民と都市の始原がそれらの建設者であるように、死すべきものの創始者と始原は他のものの生まれに先立つものであるが、しかし神的な種類のものと永遠な種族の始原と始点は、時間的な先行性という観点からではなく、価値の卓越性という観点から考察されるからである[3]。

あるいはまた、われわれは作り出された作品の権威や創始者を、精神による配慮よりもむしろ手に帰するのが常であるゆえに。あるいはまた、大多数の人は自分たちの死すべき本性から神的な本性を推測して、すべてのものは生成し、生まれたものでないものは何一つ存在しないと憶測するゆえに。そのように教え込まれている人々の心には、神があたかも製作者のように、何か手やその他の身体の働きによって宇宙を構築したかのように説明する以外には、宇宙の創始者は神であることを説得することは難しい[4]。

とにかく、著者の意図[5]を考慮すべきだとわたしは思う。つまり、もし彼がこの本において、魂が不死であると証明することを主に行なっているのなら、生じたものはすべて滅びるのであるから、魂が生み出されたという話を作り上げることは相応しくないだろう。しかしながら、ここでは宇宙すなわち万有の構成に関して論じられているのだから、さしあたり宇宙の魂を生じたものとして、この世に生まれたもののように登場させることが有益であった。それによって聴く人は、ちょうど生成するすべてのものの姿を見るのと同じように、魂のある種の姿を思い描くことができるからである。

二七　彼［プラトン］はこう述べている。[6]「かくして、神は魂の第三の種類[7]を次のような仕方で案出した。分割不可能でつねに自分自身の状態を堅持する実体と、物体の不可分な同伴者[8]であり、その物体によって自

---

(1)『ティマイオス』においてのみ魂の生成が語られている理由が、本段落以下と次の段落で二つの観点から論じられる。ピロポノス『宇宙の永遠性について』第六巻二一（一八七・二一―八（Rabe））のタウロス（後二世紀のプラトニスト）の報告でも、「敬神（*εὐσέβεια*）」と「わかりやすさ（*σαφήνεια*）」という二つの理由が挙げられている。

(2)一七六および二二三頁註（5）参照。

(3)プロクロス『「ティマイオス」註解』第二巻一一四・三三―一一五・五（Diehl）参照。「卓越性（eminentia）」については二七六末尾参照。

(4)『ティマイオス』における神の宇宙製作は、過去の一時点において行なわれた事実として語られているのではなく、この宇宙はその存在の原因を神に負っていることを人々に説明するための方便（*διδασκαλίας χάριν*）だという解釈は、シンプリキオス『アリストテレス「天について」註解』三〇三―三〇四（Heiberg）によれば初期アカデメイア派のクセノクラテスに始まり、後の大多数のプラトニストに継承された。たとえば、プルタルコス『「ティマイオス」における魂の生成について』一〇一三A―B、ピロポノス『宇宙の永遠性について』第六巻二一（一八七・一五―一六（Rabe））参照。

(5)六および九頁註（4）参照。

(6)本節から三一まで、宇宙の魂の構成を述べる『ティマイオス』三五A一―B三の解釈が論じられる。この箇所には古くからさまざまな解釈があるが、カルキディウスの議論はヌメニオスを典拠とするとみなされている。

(7)「魂の第三の種類」という表現は『ティマイオス』の原文にはない。宇宙の魂の材料となる「第三の有」のことだが、二九第二段落と三一では、「分割不可能な実体」と「分割可能な実体」と「第三の実体」を、それぞれ三種類の魂とみなす解釈が紹介されている。

(8)「物体の不可分な同伴者」という語句は『ティマイオス』の原文にはない。三一冒頭でも言及される。

分を切り分けるとみなされる他の実体から、混ぜ合わせて作った実体の第三の種類を、両方の有の間に中間のものとして置いた」[1]云々。彼が言っていることは何か。彼はわれわれにこう教えているのだ。実体、あるいはキケロが言うように「有」[2]とは、二重のものであり[3]、一方は分割不可能で、他方は物体によって分割可能であると。そして、分割不可能な実体とは、すべての永遠なもの、身体をもたないものと同じ種類に属し、知性の対象と呼ばれるものであり、他方、分割可能な実体とは、物体にとって存在することの原因となるものであると。なぜなら、個々の物体は確かに存在し、さらに、存在するものは「有」をもっているからである。そして、物体は多く存在するが、あらゆる物体において見出される分割可能な「有」は一つである。それゆえ、それは多くのものにおいて同時に一つであることが見出されるのだから、自分を切り分けるとみなされるのも正しいし、分割可能なものとみなされるのも正しい。それゆえ、これら二つのものから、製作者である神は「有」の第三の種類を混ぜ合わせて作り、それを両方の「有」の間に中間のものとして置いた、と彼は言っているのである。

二八　彼〔プラトン〕は、同様に自然も単純ではなく二重のものであると述べて、これら二つのものから、製作者の命令によって、自然の第三の種類を生じさせて、それを同様に中間のものとして両方の「有」、すなわち分割不可能なものと分割可能なものとの間に置かれるようにする。それでは、どのように自然は二重であるのか。「すべての自然的なものは、互いに同じであるか、異なっているかのいずれかである」[4]と彼は言う。すなわち、類においては同じであり、種においては異なっている。たとえば、馬も人間も動物だから、人間と馬は同じものであるが、他方、種においては異なっているように[5]。なぜなら、これらのうちの一方は理性的動物であり、他方は非理性的で言葉を喋らないし、一方は二本足で、他方は四本足だからである。

それゆえ、彼はこう論じる。「これらすべての存在するもの」すなわち「同」と「有」と「異」を、神は「一つの種類へと混ぜ合わせ、三つのものから一つのもの」すなわち同じで異なっていて分割可能なものを(6)「作り出した。複数の種類のものを合成し一つにするさいに、異はその本性上適合しにくかった。そしてさらに、三つのものから合成されたその一つのものを諸部分に分割した。各々の部分が」それら三つの能力を所有するようにと。(7) すなわち、「同」は「同」であるのみならず実体〔有〕でもあり、「異」からいくらかのものをもっており、「有」も、「有」でも「同」でも「異」でもあり、「異」も、「異」でも「有」でもあり、

(1)『ティマイオス』三五A一―四。
(2)ここでは substantia を「実体」、essentia を「有」と訳した。ともに *οὐσία* の訳語。この箇所はキケロ「著作不明断片」一〇（Müller）。セネカ『倫理書簡集』五八・六、シドニウス・アポリナリス『頌詩』第一四歌への献辞も参照。ただし、キケロの現存する著作には essentia の語は見られない。
(3)アプレイウス『プラトンとその教説』第一巻六（九四・一―八（Moreschini））参照。
(4)『ティマイオス』三五A四―五の解説的な訳。翻訳では「その一部は同、一部は異と呼ばれる、一対の二つの形態をもつ自然から」と訳している。「一対の二つの形態をもつ（gemina biformique）」は原文にはない。なお、カルキディウスは原文の *αὖ πέρι* を読んでいない。これを加えれば、原文は「また同と異に関しても」と訳せる。原文の *φύσις* も、ここでは「自然」ではなく紆言的表現と解せる。
(5)アリストテレス『形而上学』I巻第八章一〇五七b三五―一〇五八a八、セネカ『倫理書簡集』五八・九参照。
(6)「分割可能なもの」ではなく「存在するもの」と言うべきだろう。Bakhouche は「分割可能なもの」の前に「分割不可能で（indiuiduum）」を挿入している。Magee は「すなわち」からここまで（idem diuersum diuiduum）を削除している。
(7)『ティマイオス』三五A六―B三のパラフレーズ。

「同」と呼ばれるものからいくらかのものをもつようにと。
二九　しかし、次のことが昔の人々によって議論されている。プラトンによって「分割不可能な実体」と言われるものは何であるのか、同じく「分割可能な実体」と言われるものは何であるのか、またこれらから、感覚されうる宇宙の作り手である神は第三の実体の種類を、どんな原因によって合成したのか。あるいは、(1)知性の対象である宇宙の形相を——その類似性に倣って［神は］精神によって把握した形を物体へと移した——彼は分割不可能な実体と名づけ、他方、いわば物体の始まりであり源泉である質料を、分割可能なものと名づけたのだろうか。あの第三の混合された実体の種類が、それによって宇宙の身体も宇宙が包括する他の物体も形づけられた、形相であると理解されるようにと。
あるいはむしろ、(2)プラトンは、いかなる物体化にも服従せず、その尊敬すべき純粋さはいかなる物体の接触によっても損なわれない、より秀でた魂を分割不可能な実体とみなし、他方、すべての動物のみならず植物や樹木にも生命の活力を与える魂を分割可能な実体と呼んだのだろうか。これら二つのものから魂の第三の理性的な種類を合成するため、それゆえ、生命を与えられた物体すなわち生き物すべてが、言葉を喋らず理性を欠いていることがないように、むしろ、生き物の中にそのうえ、理性と教養と知性をもち、神の業の称賛すべき計画と配分を理解して、宇宙という作品の創始者を尊敬するような種族が存在するようにと。
三〇　したがって、知性の対象である宇宙の形相が、つねに同じでけっして変化しないゆえに、プラトンによって分割不可能な実体と言われ、他方、質料が分割可能な実体と言われたと考えた人たちは、宇宙の生成が行なわれて、いわばこれから生じることになる生き物に相応しい魂が求められたときに、言葉を喋らない動物にも植物や樹木にも生命を与えるその魂が、生命を与えることになる動物も木もその他のものもまだ生まれていないのに、どこかに存在していたとプラトンが言ったというのは、理屈に合わないと主張した。(3) それゆえ、プラトンは、知性の対象である宇宙の形相を——その類似性に倣って感覚されうる宇宙が形づけられた——分割不可能な実体と呼び、他方、質料を分割可能な実体と呼んだ、と彼らは言っていた。

三一　しかし他方で、分割不可能な実体、すなわち物体化とは無縁な魂と、また別の物体の不可分な同伴者、(4) すなわち植物的魂(5) とから、第三の魂の種類、すなわち理性的なものが合成されたと主張した人たちは、自分の見解を次のように擁護した。第一に、すべての論述はあべこべになっている。すなわち、宇宙の身体の構成に関する議論がより前の箇所にあり、その議論が終わってから、感覚されうる宇宙に生命を与える魂の生成へと至ったとき、再び以前の議論へと戻って、宇宙の質料や身体とそれらの形相に関する議論が新たに行なわれ、魂の生成から離れていく。

第二には、生命を与えられることになっていた生き物がいまだ存在しなかったという理由で、植物的魂はいまだ存在しえないと言うことは誤っている。なぜなら、魂にも身体にもつねに力は存在したのであり、神

(1) 以下に述べられる解釈は、否定の答えを予想する疑問文の形になっている。この説は三〇でも論じられる。
(2) カルキディウスは以下に述べられる解釈に賛同している。この説は三一で詳しく論じられる。
(3) この主張は三一で論駁される。
(4) 二七参照。
(5) 栄養と成長を司る魂。「植物的魂」と訳した stirpea という語は本節にしか用例がない。

は存在していなかったそれらのものから宇宙を作ったのではなくて、むしろ秩序や尺度を欠いていたそれらを秩序づけたのであるから。したがって、神は存在しなかったものを生み出したというより、むしろ存在していたものを秩序づけたのである。というのも、神は魂の無秩序なさまよいと流れに似た動き[1]を、知性を授けることによって、無秩序な動きから秩序へと戻して、さらに物体の不安定な運動を、健全で節度ある動きによって抑制し、それに適切な姿形と相応しい秩序を与えたのだから。彼［プラトン］自身が先の箇所で「［神は］秩序あるものの境遇の方が無秩序なものよりも善いと考えた[2]」と語っているように。

それゆえ、感覚されうる宇宙に相応しい魂が創設されるのだから、その魂の始原は、精神であり知性である一つの分割不可能な実体と、あらゆる物体によって分割され切り分けられるもう一つの実体に由来し、その魂は分割不可能な魂と分割可能な魂との間の中間に位置するものとして生じた。すなわち、物体化とは無縁な魂はつねに知性の対象である宇宙にあるために。植物的魂は言葉を喋らないものや何も感覚しないものを援助するために。他方、この中間の魂は、宇宙には理性を用いる生き物の種族が将来存在しなければならなかったのだから、この種族に生命と気息を提供するために。そして、二つの本性すなわち「同」と「異」の間に置かれて、あるときは、高みにあるもの［天体］へと目を上げながら、「同」の本性の神性を観想するために[3]。またあるときは、「異」の本性の最も低い場所へと目を向けながら、これらのものにも製作者の掟に従って配慮し、地上的なものにも摂理を分け与えるために[4]。

三二　次に、さらに進んでプラトンは分割自体を説明している。「始めに、全体から一つの部分を取った。その後で、取った部分の二倍の部分を取り、さらに、第二の部分の一倍半で、最初に取られた部分の三倍に当たる第三の部分を取った。そしてさらに、第二の部分の二倍に当たる第四の部分を取り、第三の部分の三倍に当たる第五の部分を取った。第六の取り分は第一の部分より七部分勝っており〔第一の八倍〕、第七の取り分は第一の部分より二六部分より大きかった〔第一の二七倍〕(5)。この形(6)において、魂の諸力の、あたかも鏡に映したかのような似像が生じる。実際、分割とは魂の諸力の考察であり(7)、いわば魂の諸部分の働きを秩序づけることであり、魂のあらゆる任務と仕事の協調を指示する。三つの優先的な学問、幾何学、数論、音階論がこのことを主張している。これらのうち幾何学は基礎の地位を占めるが、他のものはその上に築かれたものである(8)。というのも、幾何学者たちは、いかなる部分ももたず、それゆえいかなる感覚によってもとらえられないが、しかし存在するもので、魂によって認識されるものを、点と呼

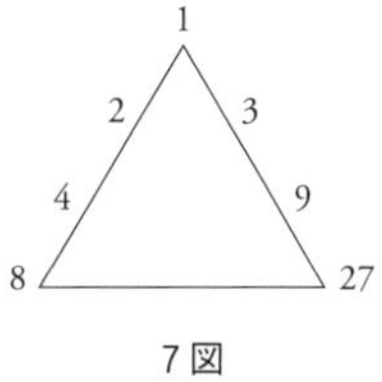

7図

(1) 一九二、ヌメニオス「断片」三（des Places）参照。物体あるいは質料の流動性については三五頁註（3）参照。
(2)『ティマイオス』三〇A五—六。同書六九B二—C二も参照。
(3) ヌメニオス「断片」一八（des Places）参照。
(4) 五四参照。
(5)『ティマイオス』三五B四—C二。
(6) 7図および三三第三段落参照。プルタルコス『「ティマイオス」における魂の生成について』一〇二七Dによれば、このような配列は初期アカデメイア派のクラントルに由来する。古代においてさまざまな図解が試みられていたことについては、プロクロス『「ティマイオス」註解』第二巻一七〇・二六—一七一・八（Diehl）参照。
(7) プルタルコス『「ティマイオス」における魂の生成について』一〇一三A参照。
(8) テオン一〇六・五—一八参照。

ぶ。他方、幅のない延長で、点において終わるものを線と呼ぶ。さらに、その中にある種の幅があるものを面と呼ぶ。したがって、面とは幅を獲得した長さである。他方、三つのもの、すなわち長さと幅と深さから成り立っているものを、彼らは立体と名づける[1]。

三三　それゆえ、それらから魂が成り立っていると語られる諸部分の生成もしくは組み合わせを描いているこの図[2]は、魂と物体の結合の仕方を明らかにしている。というのも、魂の活力によって命を吹き込まれる生き物の身体は、もちろん面をもっており、立体性をももっているからである。したがって、生命の活力でもって面をも立体をも貫くことになるものは、立体に似た力も面に似た力ももたねばならない。等しいものが等しいものに結びつけられるのだから。

それゆえ、彼［プラトン］は「始めに、全体から一つの部分を取った[3]」と言っている。どの全体からか。先に説明したように、三つのもの、すなわち「有」と「同」と「異」から一つの形にされたものを分割したのである。「部分」という表現にも注目すべきである。すなわち、単純で非物体的な事物に関することなのだから、「一部」ではなく、「部分[4]」すなわち一部に相当するものが取り上げられたと言ったのである。それはあの幾何学的な点に似たものである。「その後で、取った部分の二倍の部分を取った[5]」。これは2である。これは図の1の下の左の部分へ置かれた。「第三に、第二の部分の一倍半で、最初に取られた部分の三倍を取った[6]」。当然である。3は2に対して一倍半の比において勝っているからである。すなわち、3は2と2の半分の部分である1とから成り立っているのだから。「第四に、第二の部分の二倍を[7]」。2の二倍は4であるのだから。「第五に、第三の部分の三倍[8]」すなわち9を取った。3の三倍は9であるのだから。「第六の取り分は第一の部分よりも七部分勝っており」[9]。すなわち、八部分からなる数である。これは偶数によって並べられた一辺における端である。「第七の取り分は第一の部分よりも二六部分より大きかった」[10]。これは27である。この数は、これからわたしが論じるように、8と同じだけの力をもつ。

したがって、数の頂上は、幾何学的な点のように、いかなる部分ももたない一性[11][1]である。それの二倍は線であり、幅のない長さである。線の二倍は面であり、それは幅を伴った長さである。それの二倍は立体であり、縦、横、深さによって分割される物体である。2の二倍の二倍は8である。同様にして、三倍の比に従った数のもう一つの辺においても、類似した関係が見出される。合計で27に当たる立体は、第一の奇数の立体である。3の三倍の三倍は先に述べた合計になるからである。したがって、幾何学的な比である連続した比例の理論[12]に従って、8が4に対する関係は、4が2に対する関係と、2が1に対する関係に相当し、

(1) テオン八三・二一―二四参照。
(2) 四五頁7図参照。
(3) 『ティマイオス』三五B四―五。
(4) 「部分」と訳したportioと「一部」と訳したparsの区別は判然としない。portioの原語は *μοῖρα* である。この前後でもparsの語は頻出しており、portioと区別せず「部分」と訳した。
(5) 『ティマイオス』三五B五。
(6) 『ティマイオス』三五B五―六。
(7) 『ティマイオス』三五B七。
(8) 『ティマイオス』三五B七―C一。
(9) 『ティマイオス』三五C一。
(10) 『ティマイオス』三五C一―二。
(11) 「一性」と訳したsingularitasは *μονάς* の訳語。
(12) 一七―二二参照。

また逆に、数27が9に対する関係は、9が3に対する関係と、3が1に対する関係に相当する。

三四　ここで第一に問題となることは、なぜ彼［プラトン］は分割をこのように導き出したのかということである。つまり、なぜ七つの項を立て、さらに両方の辺に、すなわち、二倍ずつの偶数が配列された辺にも、三倍ずつの奇数が配列された辺にも、三つの間隔を置いたのか(1)。第二に問題となることは、どのような数をそれぞれの部分に置くべきか(2)、ということである。というのも、もしわれわれがつねに第一の部分を一性［1］として置き、次に図に従って他のものを置いたなら、彼がそう命じるように、これらの数の間に、間隔の間にすべての連続性を完成させる、別の二つの数を見出すことはけっしてないだろうから。第三に問題となることは、図の形はどのようなものであるべきか(3)、ということである。

三五　それでは、われわれが三つのうちで第一に問題とされる習わしであると言ったこと、すなわち、六つの間隔を結びつけている七つの項が比に従って配分されていることを、第一に論証すべきであろう。さて、その証明は権威者たちによって支持されるだろう。というのは、7という数はピュタゴラス派によって、最も優れた最も自然的で最も十分な数として称賛されているからである。もちろん10は完全数であるが、その理由は、われわれは一性［1］から始めて10まで数を数えるが、それ以上を数えることは、数えるというよりむしろ、それ以前に数えたときわれわれが使用した同じ数の、繰り返しだからである(4)。11や12やその他そのような数は、先行するものの繰り返しから生じるからである。実際、ピュタゴラス派はその10という数を最初のクァドラトゥーラ(5)と呼んでいる。その理由は、それが最初の四つの数、1、2、3、4から成り立っているからである。

協和（シュンポーニア）も、あたかもある種の泉から流れ出すかのように、10という数を完成する同じ「四つの」数からなる比である。[6] これらから三分の四倍（エピトリトゥス）、二分の三倍（セスクプラーリス）、二倍（ドゥプレクス）、三倍（トリプレクス）、四倍（クァドルプレクス）の数と音が生じるのだから。[7] 三分の四倍とは、たとえば3に対する4である。3という数全体とその三分の一の部分すなわち1をもっているからである。二分の三倍とは、たとえば2に対する3である。3は2の全体の数とその半分すなわち1をもっているからである。二倍とは、たとえば1に対する2である。3倍とは、たとえば1に対する3であり、四倍とは、たとえば1に対する4である。計算における三分の四倍は演奏において四度（ディアテッサローン）と呼ばれるものと同じである。二分の三倍は演奏において五度（ディアペンテ）と呼ばれるものと同じである。二倍は演奏において八度（ディアパーソーン）と呼ばれるものと同じである。[8] 四倍は、演奏において八度の二倍（ディ

（1）三五―三七で論じられる。
（2）三八で論じられる。
（3）三九で論じられる。
（4）テオン九九・一七―二〇、偽プルタルコス『哲学者たちの自然学説誌』第一巻第三章八七六F、偽イアンブリコス『数理神学』八三（Falco）参照。
（5）「四つで一組のもの」の意。ピュタゴラス派の原理、テトラクテュス（τετρακτύς）のこと。
（6）以下に略述される音程の比に関しては、四〇―五〇で詳述される。
（7）テオン五八・一三―五九・三参照。
（8）底本ではこの後に、Wrobel に従って、「三倍は、演奏において八度＋五度（ディアパーソーン・エト・ディアペンテ）と呼ばれるものと同じである」を挿入している。

スティアパーソーン）と呼ばれるものと同じである。(1)

三六　次には、7という数の、他の数にはない特別の独自性も考察される。(2) というのも、10という数の限界によって内包される［10以下の］他の数は、あるものはそれ自身が他の数を生み出し、あるものは他の数によって生み出され、あるものは他の数を生み出すとともに、他の数によって生み出されもするのに、7という数だけは、自分から10の境界以下の他の数を生み出さないし、それ自身どんな数からも生じることがないからである。(3)

というのも、2は二倍されると数4を生み出す。3はどんな数が二倍されることによっても生じないが、それ自身が2倍されることによって6という数を生み出す。数4は生み出しもし、生み出されもする。(4) 2の二倍によって生み出され、2倍されて8という数を生み出す。さらに、数5はいかなる数の2倍を計算することによっても生じないが、それ自身の二倍を計算すると10を生み出す。(5) 同じく、数6は3を二倍することによって生じるが、10の境界以下のいかなる数も生み出さない。8は4の二倍を計算することから生じるが、それ自身はいかなる数とも等しくならない。9は3を三倍することから生じるが、それ自身はいかなる数をも生み出さない。10は数5を二倍することから生じるが、それ自身はいかなる数も生み出さない。

したがって、［7以外の］すべての数は、あるものは生じ、あるものは生み出し、あるものは生じもするし生み出しもするのに、7という数だけは他の数の二倍から生じることもないし、10の境界以下のいかなる数をも生み出さない。(6) それゆえ、7は昔の人々によってミネルウァと呼ばれたのである。(7) かの女神には母がなく永久に処女であるのと、同様だからである。

三七　7はまた、自然の法によって生起するものの多くがこの数に従って生じることが見られるという理由から、自然的な最高の数であるとみなされる。(8) 第一に、人類の生殖において七ヵ月で出産することは何よりも自然の法に適っている。(9) 次には、出産後七ヵ月目に歯が生え、続いて七年目に生え代わることである。(10) 7はまた、第二の七年目［一四歳］には、どちらの性にも思春期と、子供を生むための成熟をもたらす。(11) ま

(1) テオン九三・二一―二四参照。
(2) 以下、本節と類似した記述がテオン一〇三・一―一六に見られる。
(3) 他の数の約数にも倍数にもならないということ。
(4) 偽イアンブリコス『数理神学』七二―七三（Falco）参照。
(5) ファウォニウス『「スキピオの夢」解説』一三参照。
(6) テオン一〇三・一四―一六参照。
(7) テオン一〇三・三―五、プルタルコス『イシスとオシリスについて』三五四F、ファウォニウス『「スキピオの夢」解説』一三、マクロビウス『「スキピオの夢」註解』第一巻第六章一一、マルティアヌス・カペラ『フィロロギアとメルクリウスの結婚について』第七巻七三八、偽イアンブリコス『数理神学』七一（Falco）、プロクロス『「ティマイオス」註解』第二巻九五・五（Diehl）参照。
(8) 7という数の独自性を、人体の構造と成長過程から宇宙の構造にまで結びつけて論じることは、すでにヒッポクラテス全集『七について』一―一一に見られ、それ以降ことに古代末期には非常に多くの著者によって言及されている。
(9) ヒッポクラテス『肉質について』一九、『七ヵ月児について』一―二、アリストテレス『動物誌』第四巻第四章五八四b一―三、アレクサンドリアのピロン『世界の創造』第八章一一二四参照。
(10) ヒッポクラテス『肉質について』一二、一九参照。
(11)「第一に」からここまで、テオン一〇四・四―七に同様の記述がある。「七ヵ月目」からここまで、偽イアンブリコス『数理神学』六五（Falco）に同様の記述がある。

た第三の七年目［二一歳］には、頬のあたりに柔らかな髭が現われる。また第四の七年目［二八歳］には身長の増大が止まり[1]、第五の七年目［三五歳］には若い年代に十分な完成をもたらす[2]。

病気においても、同じ数に従って変化が生じることを実践と経験が教えている[3]。ヒッポクラテスもしばしば、彼の他の多くの本の中でもそうだが、とりわけ7に関して書いた本の中ではっきりと教えている[4]。頭部にあるすべての感覚にもまた、七つの通路が数え挙げられる。すなわち眼、耳、鼻、口である[5]。生命を維持する器官も同じ数だけある。すなわち、舌、肺、心臓、脾臓、肝臓、二つの腎臓である[6]。また、子音の粗さを滑らかにする母音の文字の数も同じである[7]。

満ち欠けする月の多様なあの形の変化もまた、同じ数において見られる。すなわち、かすかな光から大きくなって「二本の角［三日月］」になり、それから「切られた月［半月］」になり、それから半分より大きくなり、それから満月になり、また逆に半分より大きくなり、「切られた月」になり、「二本の角」になるのだから[8]。どうして宇宙には、音楽的調和によって互いに隔たっている七つの惑星があるのかは[9]、彼［プラトン］

(1)「第一に」からここまで、ファウォニウス『「スキピオの夢」解説』一四に同様の記述がある。

(2)「七年目」からここまで、ヒッポクラテス全集『七について』五に同様の記述がある。「第二の七年目」からここまで、マルティアヌス・カペラ『フィロロギアとメルクリウスの結婚について』第七巻七三九に同様の記述がある。

(3) アレクサンドリアのピロン『世界の創造』第八章一二四、『律法の寓意的解釈』第一巻一三、ゲッリウス『アッティカの夜』第三巻一〇・一四（ウァッロの報告）、テオン一〇四・九―一〇、ガレノス『ヒッポクラテス「予後」註解』第三巻一（一七B・二三二（Kühn））、偽イアンブリコス『数理神学』五五、六八（Falco）、ケンソリヌス『誕生日について』

一〇・六、一四・九参照。

(4)ヒッポクラテス全集『七について』一―一一、『肉質について』一九参照。ただし病気の経過に関しては、7はさほど特別視されていない。

(5)アレクサンドリアのピロン『世界の創造』第八章一一九、『律法の寓意的解釈』第一巻二、テオン一〇四・一四―一五、アレクサンドリアのクレメンス『ストロマテイス』第六巻一六、偽イアンブリコス『数理神学』六八(Falco)、マクロビウス『「スキピオの夢」註解』第一巻第六章八一、マルティアヌス・カペラ『フィロロギアとメルクリウスの結婚について』第七巻七三九、ファウォニウス『「スキピオの夢」解説』一二参照。

(6)アレクサンドリアのピロン『世界の創造』第八章一一八、『律法の寓意的解釈』第一巻一二、マクロビウス『「スキピオの夢」註解』第一巻第六章七七、マルティアヌス・カペラ『フィロロギアとメルクリウスの結婚について』第七巻七三九、プロクロス『「ティマイオス」註解』第二巻二二六・一二(Diehl)参照。

(7)ヒッポクラテス全集『七について』九、アレクサンドリアのピロン『世界の創造』第八章一二六、『律法の寓意的解釈』第一巻一四、マクロビウス『「スキピオの夢」註解』第一巻第六章七〇、偽イアンブリコス『数理神学』五五(Falco)、シュリアノス『アリストテレス「形而上学」註解』一九一(Kroll)参照。ラテン語では母音を表わす文字は六つ(a, e, i, o, u, y)だが、ギリシア語では七つ(α, ε, η, ι, ο, υ, ω)である。

(8)ヒッポクラテス全集『七について』一、マクロビウス『「スキピオの夢」註解』第一巻第六章五五、偽イアンブリコス『数理神学』六〇(Falco)、マルティアヌス・カペラ『フィロロギアとメルクリウスの結婚について』第七巻七三八、ファウォニウス『「スキピオの夢」解説』一二参照。

(9)ヒッポクラテス全集『七について』一―二、アレクサンドリアのピロン『世界の創造』第八章一一三、『律法の寓意的解釈』第一巻八、テオン一〇四・一三、ゲッリウス『アッティカの夜』第三巻一〇・二(ウァッロの報告)、マクロビウス『「スキピオの夢」註解』第一巻第六章四七、マルティアヌス・カペラ『フィロロギアとメルクリウスの結婚について』第七巻七三八、アレクサンドリアのクレメンス『ストロマテイス』第六巻一六、プロクロス『「ティマイオス」註解』第二巻二二六・八(Diehl)、ファウォニウス『「スキピオの夢」解説』一二参照。七つの惑星とは、月、水星、金星、太陽、火星、木星、土星のこと。

自身が、次のように述べて明らかにしているとおりである。神は「異」の本性の環を「六回切り分け」て、反対の運動と進行によって「二倍と三倍」の間隔に従って回転する、「異なった七つの軌道」を作り上げて、[1]それらの中に太陽と月とその他のさまよう火［惑星］を置いたと。[2]

三八　そして実際、七つの項の比は次のように明らかにされる。彼ら[3]は三つの間隔がこの比をもつと述べている。というのも、数3もまたある別の観点から最高の数とみなされているからである。すなわち、3は最初にすべての数に先立って、始めと終わりと中間をもつ数[4]として完成されており、それらによって物体は大きくなり、それらに従って物体的なものは成長し増進するからである。というのも、一つの間隔は線を生み出し、二つの間隔は面を、三つの間隔は不可分で分割不可能な物体を生み出し、これより完全なものは何もないからである。というのは、これら三つの間隔、すなわち長さ、広さ、立体性が物体を完成するからである。[5]確かに、3は初めて「すべて」と言われるものである。二つのものに関しては「すべて」とは言えない。二つのものに関しては「どちらも」と言われるからである。[6]それゆえ、これら三つの間隔は、図のどちらの辺にも置かれた六つの間隔を作り出す。[7]

数6が十分で完全であるとみなされているのも当然である。それ自身がそれらから成り立っているところの諸部分と等しいからである。すなわち、6の半分は3であり、その三分の一は2であり、その六分の一は1であり、これらはまた一つに集められると同じ数を満たすからである。[8]さらに、6から生じる平方数、すなわち数36は、第二のクァドラトゥーラ[9]と言われ、四つの奇数、すなわち1、3、5、7と、同じく別の四つの偶数、すなわち2、4、6、8とから成り立っている。[10]さらに、上に描かれた三角形から生じる数54は、第三のクァドラトゥーラと呼ばれる。なぜなら、それは二倍の辺において四つの項、すなわち1、2、4、8を含み、他方、3倍から合成された辺においては別の四つの数、1、3、9、27を含み、共通の一性[11]［1］によって受け入れられているからである。[12]一性はどちらの辺の頭でもあり、それゆえ一性は偶でもあり奇でもあるとみなされる。[13]

したがって、七つの項は正しく構成されているのであり、また三つの間隔はどちらの辺にも正しく分けら

---

(1)『ティマイオス』三六D二―三参照。
(2)『ティマイオス』三八C五―D六参照。
(3)ピュタゴラス派のことであろう。アリストテレス『天について』第一巻第一章二六八a七―一七参照。
(4)アリストテレス『天について』第一巻第一章二六八a一一―一三、プルタルコス『食卓歓談集』第九巻三・二（七三八F）、テオン一〇〇・一三―一四、偽イアンブリコス『数理神学』一七（Falco）、マルティアヌス・カペラ『フィロロギアとメルクリウスの結婚について』第七巻七三三、ファウォニウス『「スキピオの夢」解説』七参照。
(5)ファウォニウス『「スキピオの夢」解説』七参照。
(6)テオン一〇〇・一五―一七参照。
(7)四五頁7図参照。
(8)1＋2＋3＝6．テオン一〇二・四―五、マクロビウス『「スキピオの夢」註解』第一巻第六章一二、マルティアヌス・カペラ『フィロロギアとメルクリウスの結婚について』第七巻七五三、ファウォニウス『「スキピオの夢」解説』一〇参照。
(9)四九頁註（5）参照。
(10)1＋3＋5＋7＋2＋4＋6＋8＝36．プルタルコス『「ティマイオス」における魂の生成について』一〇二七F参照。
(11)プルタルコス『「ティマイオス」における魂の生成について』一〇二七E、一〇一七D、一〇一八F、一〇二七F参照。
(12)1＋2＋3＋4＋8＋9＋27＝54．
(13)テオン九九・二四―一〇〇・三、マクロビウス『「スキピオの夢」註解』第一巻第六章七、偽イアンブリコス『数理神学』五（Falco）参照。

れている。すなわち、一性は偶数と奇数の始まりであり、(1)それゆえ偶でも奇でもあるとみなされ、それ自身の中に、平面をも三角形をも立体も、数のすべての形を含んでいると考えられる。これらを一つ一つ論じることは長くなる。それゆえ、身体をまとうことが定められていた魂が生じた仕方は、これで十分に説明したことにしよう。すなわち、魂は一性という分割不可能で非物体的なものから始まって、次第に線や面を経て、長さ、幅、深さの間隔によって完成された物体にまで成長した。それゆえ魂は、繊細でもあり堅固でもある感覚されうる宇宙の身体に、浸透するのである。

三九　今度は、その中に七つの項と二倍と三倍の量の六つの間隔がある、この三角形という形(2)の理由が明らかにされるべきである。わたしはこの形より相応しい形は何も存在しないことを示そう。この形において先端に置かれた一性は最高の頂点を占めていると考えられる。その結果、ちょうどある種の発出口のようにそれを通って、(3)まるで先見のある知性(4)の尽きることのない泉の中心から、いわば滔々たる川が流れ出て、一性そのものが、精神、あるいは知性、あるいは製作者である神自身であると理解されることになる。(5)というのは、一性は数の始原であって、(6)自らすべてのものに実体性を与え、それ自身が単純な比も複雑な比も、すべての数の比を含んでいるので、他の数が増大と減少によって変化し、固有の本性から離れるときにも、それのみが揺るぎない法によって存在し、自分自身の立場につねに同じものとして、つねに不変で、つねに一性としてとどまっている。(7)その有様は、いかなる時間の経過によっても変化することなく、つねに損なわれることのない幸福とともに存在しているすべての神的なものと同様である。

第三章　調和あるいはハルモニアについて

四〇　次にプラトンは続ける「それらをそのように分けると、引き続き、二倍と三倍の量の間隔を、全体からさらに諸部分を切り取って、それらでもって間隔の隙間を満たしながら、満たしていった。それによってそれぞれの間隔が二つの中項によって補われるようにと。さらに、中項の一方は、端の項の部分だけ一つの端の項を超過し、それと同じだけ他の端の項によって超過された。もう一方は、数の尺度に対して同等な

(1) プルタルコス『「ティマイオス」における魂の生成について』一〇一七D参照。
(2) 四五頁7図および註(6)参照。
(3)「発出口」と訳したemissaculumという語はこの箇所以外には見られない。
(4) 宇宙論的な知性は「摂理＝先見」と同一視される。一七六および二二三頁註(11)参照。
(5) アプロディシアスのアレクサンドロス『アリストテレス「形而上学」註解』三九(Hayduck)参照。
(6) テオン九九・二四、アプロディシアスのアレクサンドロス『アリストテレス「形而上学」註解』四〇(Hayduck)参照。
(7) アプロディシアスのアレクサンドロス『アリストテレス「形而上学」註解』四〇(Hayduck)参照。

分だけ初項を超過し、末項によって超過された[1]」。

音楽家たちは楽器を調律するとき、両端の弦の二つの項の間に、すなわち最も低音のヒュパテーと最も高音のネーテー[2]の間に、異なった音高を奏でるいくつかの別の中間の弦を張る。それら中間の弦は最初の項よりは高音だが、最後の項よりは低音である。そしてこのようにして、指や撥の爪弾きが行ったり来たりするように、順を追って最後の頂上の音へと至る。それと同様に、神は宇宙の魂を調律するとき、二倍と三倍の量のそれら六つの各々の間隔を二つの中項で満たすものとして描かれている。二つのうちの一つの中項は小さい方の項よりその三分の一だけ勝っており、大きい方の項よりは大きい項の同じく三分の一だけ劣っているようにと。それゆえ、少し前に描かれたもの[3]と、ただ数だけが異なる同様の図形[4]が描かれるべきである。それらの間隔が二つの中項の媒介をとるような、より大きな数が結びつけられるようにと[5]。

四一　すなわち、数6は一つの項を作り[6]、同じく12は二倍の量の比に従って第二の項を作り、それらは互いに隔たっている。二つの中項、一つは数8、もう一つは9が間に置かれる。したがって、8は項6と比較すると、その項6の三分の一の割合だけ、すなわち2だけ6を超過しており、他方、8自身は項12の三分の一だけ、すなわち4だけ［12に］超過される。このように、一つの中項8は、6の項を超過する数の割合だけ、それだけ項12によって超過される。他方、別の中項9は、項6を数3だけ超過しており、そして項12によって同様に同じ3だけ超過される。それは不当ではない。なぜなら、8は

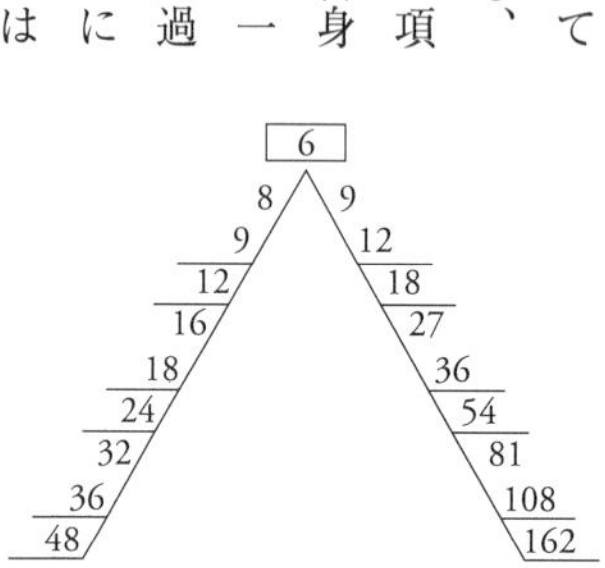

8図

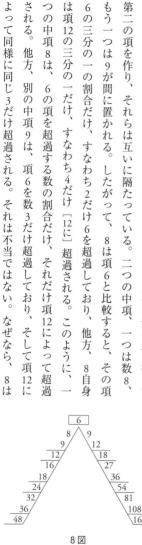

6と比較すると三分の四倍勝っているからある。他方、人々は三分の四倍を、数と数を比較するとき、より大きい数がより小さい数の全体とその三分の一の部分を自らの中に含んでいる間隔と言っている。同じく、12は中項のうちの一つである9と比較すると、9の三分の四倍であることが見出される。12は9全体と9の三分の一の部分を含んでいるからである。他方、二つの中項の間隔は八分の九である。9の数は8の全体とその八分の一の部分すなわち1を自らの中に含んでいるからである。以上説明したように、二つの中項は二つの異なった比によって、つまり一方は割合、一方は数によって超過しまた超過される。(7)

四二　この同じ比は三倍の数の中にも見出される。すなわち、一方の項6はもう一方の項18から隔たりな

(1)『ティマイオス』三五C二―三六A五。
(2)竪琴の弦の名称。**四四**第三段落参照。
(3)四五頁7図のこと。
(4)**四一**　8図参照。
(5)プルタルコス『「ティマイオス」における魂の生成について』一〇一九B、一〇二〇A参照。
(6)本節から**四三**で説明される6を頂点とする二つの数列（8図）に関しては、プルタルコス『「ティマイオス」における魂の生成について』一〇二〇A―E、テオン一〇六・一五―一一一・九、偽イアンブリコス『数理神学』五一（Falco）、プロクロス『「ティマイオス」註解』第二巻一七五・二八―一七六・二八（Diehl）参照。
(7)前者が調和中項、後者が算術中項のこと。二つの数aとbの間で、$\frac{a+b}{2}$が算術中項、$\frac{2ab}{a+b}$が調和中項。6と12の算術中項は9、調和中項は8となる。アレクサンドリアのピロン『世界の創造』第八章一〇八―一一〇、ゲラサのニコマコス『数論入門』第二巻二七、『ハルモニア論の手引き』八、マルティアヌス・カペラ『フィロロギアとメルクリウスの結婚について』第七巻七五三、プロクロス『「ティマイオス」註解』第二巻一七二・二一―一八（Diehl）参照。

がら、挿入する間隔は図形のもう一方の辺において三倍であることを示している。ここにも二つの中項がある。一つは数9、一つは数12である。中項9は項6と比較すると二分の三勝っている。9は6全体と6の半分の部分すなわち3をもっているからである。この9は項18と比較すると二倍超過されている。9の二倍は18だからである。さらに、もう一方の中項すなわち12は、項6と比較するなら、二倍超過しており、他方、別のより大きい項すなわち18と比較するなら、数6だけ小さいことが見出される。この12は6の項より同じく数6だけ勝っていた[1]。

この同じ比は、二倍の比で隔たっている他の二つの項、すなわち12と24の間にも見出される。というのも、ここでも中項16は項12を4:3の比で超過し、項24も中項18を4:3の比で超過しているからである[2]。そしてさらに、項24は48と比較すると二倍の比で隔たっており、一つは32、もう一つは36という中項をもっている。中項32は項24と比較すると、三分の四の量の間隔を作る。32は24全体とその三分の一の部分すなわち8をもっているからである。他方、項48はもう一方の中項である36の三分の四である。48は自らの中に数36全体とその三分の一の部分すなわち12を含んでいるからである。36と12は数48を満たすからである[3]。

四三　この同じ比は、三倍の数で並べられた辺にも見出される。というのは、以上のように9と8は八分の九の距離を作り、これらによって二つの項、すなわち二倍の比で隔たっている6と12は満たされている。「八分の九の距離によってすべての三分の四の間隔が満たされる[4]」と彼［プラトン］が言ったのは正しい。というのも、さらに数18は数16に対して9:8の比を得ており、八分の九の距離をもつこれら二つの中項によって項12と項24の間隔は同じく満たされるからである。さらに、項24と48の距離を八分の九の二つの中項、すなわち36と32が満たす。かくして明らかに、八分の九の距離によって三分の四の間隔が満たされる。

四四　次に彼は続ける。「こうして積み重ねられ満たされた完成のためには、三分の四にあるものが足りなかった。すなわち、243を256と比較したときの分量だけが足りなかった」[5]。彼が理解するように欲していることは何か。わたしが述べよう。しかし、あらかじめ述べるべきことを先に説明しよう。すなわち[6]、明瞭に発音された声の主要な最大の部分は名詞と動詞であり、さらに、それらの部分は音節であり、音節の部分は文字である。文字は第一の分割不可能で要素となる声である。なぜなら、これらから一纏まりの話全体が構成され、話を分解していくと、最後は同じ文字に至るからである[7]。これと同様に、音楽的な声――ギリシア人によってエンメレース［旋律のある声］と呼ばれ、定量と数によって合成されている――の主要な部分は、音楽家によってシュステーマ［音組織］と呼ばれる。さらにこれ自体も、発声のとき［喉を］一定の仕

---

(1) 6と18の間で、9は調和中項、12は算術中項になる。プルタルコス『「ティマイオス」における魂の生成について』一〇一九F、プロクロス『「ティマイオス」註解』第二巻一七二・一八―二六、一四六・一八―二〇（Diehl）参照。

(2) 12と24の間で、16は調和中項、18は算術中項になる。

(3) 24と48の間で、32は調和中項、36は算術中項になる。

(4)『ティマイオス』三六B一。

(5)『ティマイオス』三六B二―五。五〇でも引用される。

(6) 以下、本節の終わりまで、テオン四九・七―五〇・二、五〇・九―一一、五一・四―五二・五におけるアドラストスの引用ときわめて類似した記述が続く。

(7) ボエティウス『数論教程』第二巻二・一、アリストテレス『詩学』第二十章一四五六b二二参照。

方で引き締めることによって生じる、ディアステーマ［音程］と呼ばれる部分から成り立っている。[1]さらに、ディアステーマ自体の部分は、われわれによって音（ソヌス）と呼ばれる、プトンゴスである。さらに、これらの音が歌の第一の基礎である。

さて、音には弦の緊張に応じた差異がある。というのも、高い音はより激しくより速く打たれた空気によって引き起こされ、他方、低い音はより穏やかでより遅い打撃があるときに引き起こされるからである。そして、[2]音の上昇は打撃を非常に速めることによって生じ、下降は打撃を緩やかでより遅くすることによって生じる。さらに、音を上げたり下げたりすることでさまざまな比から生じる音楽の協和（カンティレーナ）は、シュンポーニアと呼ばれる。[3]

それゆえ、第一の協和は最初の四つの音階に見出される。これは四度（ディアテッサローン）と呼ばれる。他方、最初の五つの音階からなる第二の協和は、五度（ディアペンテ）と呼ばれる。これらが順序正しく合成されて、八分の九（エポグドウス［＝全音］）と呼ばれる協和と、八度（ディアパーソーン）と呼ばれる協和が生じる。[4]八分の九と呼ばれるのは、昔の音楽家は八本の弦のみを使っていたからである。[5]それらのうちの最初の弦が、最も低い音を発するヒュパテーであり、最後の弦が、高い音を発するネーテーである。これら二つの異なった音は互いの間に、ある驚くべき種類の協和と共鳴をもっている。[6]しかしその後、両方の側に多くの弦が付け加わることで、音楽は発展した。[7]しかし、かつての協和はその名前を保ち、付け加えられた協和の名前はそれらから合成された。たとえば八度は、それ自身に四度と呼ばれるものが結びつけられ、他にも五度が付け加えられることで、二つの完全性を受け入れて、それゆえ八度の二倍（ディスディアパーソーン）と呼ばれている。

四五　さて、[8]ピュタゴラスが最初に、これらの互いに協和する音に気づき、それらの音が数とある種の関係性をもっていることを理解したと言われている。それゆえ、四度の協和は、三分の四（エピトリトゥス）が数においてもっているのと同じ比をもっており、さらに、五度の協和は、数において二分の三（セスクプラーリス）であるその量と同じ比をもっており、また、八度は二倍の量の力をもっている、[9]と彼は言った。

（1）Bakhouche, Magee とともに Waszink の提案に従って、ex certo を ex partibus quae existent ex certo と読む。

（2）以下、段落の終わりまでの記述はテオンにはない。

（3）以下、cantilena と symphonia は同義で用いられているので、区別なく「協和」と訳す。

（4）テオン五一・八―一〇では「そしてそれらの後には、両方の協和音を包括するが、互いから生じた八番目の音が、ディアパーソーンと呼ばれる協和音を奏でる」と記されている。ただし、四度と五度を足せば $\frac{4}{3} \times \frac{3}{2} = 2$, 五度から四度を引けば $\frac{3}{2} \div \frac{4}{3} = \frac{9}{8}$で、八度（2）と八分の九（全音）が得られるのだから、カルキディウスの記述は間違っていない。

（5）本節第一段落の「明瞭に発音された声」からここまでとほぼ同じ記述が、ファウォニウス『「スキピオの夢」解説』二二に見られる。

（6）「八分の九と呼ばれるのは」からここまでの記述はテオンにはない。テオン五一・一一―一五では、ディアパーソーン（「すべてを通じて」の意）の名前の由来を説明して、「そのように呼ばれたのは、最初に、八弦のリュラーのうちの第一の最も低い音いわゆるヒュパテーが、最後の最も高い音すなわちネーテーと、八度の協和（アンティポーノン）に従った同じ協和音をともにもっていることが見出されたからである」と言われている。

（7）テオン五一・一五―一八では、「音楽が発展して、多くの弦と多くの音をもった楽器が生まれると、低い方にも高い方にも、以前からある八つの音に、他の多くの音が付け加えられた」と言われている。

（8）本節全体がテオン五六・九―五七・四とほぼ同じ。

（9）三五第二段落参照。

そうして、彼は次のような対比を行なった。八度+四度の協和は、8と3が互いにもっているのと同じだけの差異をもっている、と彼は言った。8は、数3の二倍と三分の四でもあるのだから。[1] さらに、八度+五度は3:1の比をもっているが、八度の二倍は4:1の比をもっている、[2] と彼は言った。他方、全音（トノス）は9:8の比をもっている、[3] と彼は言った。半音（ヘーミトニウム）と言われるもの——昔の人によってはディエシスと呼ばれた——を、彼はリンマと名付けた。[4] 実際、完全性に何かが欠けているときには、リンマが存在する。[5] 欠けているこれ自身、すなわち半音あるいはリンマは、互いに対比された数がもっている比、すなわち256:243の比をもっている、[6] と彼は言った。

彼は実験することによってこれらの事柄の学問的理解へと導かれた。というのも、わたしが思うには、彼は一定の重さの重りを、長さにおいても太さにおいても等しい弦に吊るして、全音と呼ばれるものが八単位である[7] ことを発見したのである。[8]

(1) $3 \times 2 \times \frac{4}{3} = 8$. 写本のままでは「3の二倍と三分の四の二倍」となって計算が合わない（テオン五六・一四―一五も同じ）ので、bis epitritus の bis を省いて読んだ。

(2) 八度＋五度は $2 \times \frac{3}{2} = 3$, 八度の二倍は $2 \times 2 = 4$.

(3) 五度から四度を引けば $\frac{3}{2} \div \frac{4}{3} = \frac{9}{8}$ で、全音の比 9 : 8 が得られる。

(4) テオン五五・一一―一五プルタルコス『「ティマイオス」における魂の生成について』一〇一九A、マクロビウス『「スキピオの夢」註解』第二巻第一章二三、マルティアヌス・カペラ『フィロロギアとメルクリウスの結婚について』第九巻九三〇、ボエティウス『音楽教程』第二巻二八、第三巻五参照。リンマ（limma = λεῖμμα）は「余り物」の意。

(5) この一文はテオンにはない。

(6)「八分の九の間隔で三分の四の間隔すべてを満たす」(『ティマイオス』三六B一および本書四三、四七参照）とすると、まず $\frac{9}{8} \times \frac{9}{8} = \frac{81}{64}$ が得られる。これは全音（長二度）二つ分で長三度の比の値に相当する。この値に対する三分の四の比が 256 : 243 になる。これは完全四度から長三度を引いた残り $\frac{4}{3} \div \frac{25}{64} = \frac{256}{243}$, すなわち半音（短二度）に相当する。プルタルコス『「ティマイオス」における魂の生成について』一〇二〇E―二二B、テオン八六・一五―八七・三、マクロビウス『「スキピオの夢」註解』第二巻第一章二一―二五、プロクロス『「ティマイオス」註解』第二巻一七七・一〇―一八三・二 (Diehl) 参照。

(7) テオン五八・九―一二「弦は九つに分けて測られるなら、弦全体から生じる音は、9 : 8 の比の中の八部分によって生じる音に対して、全音の音程をもつだろう」。

(8) ピュタゴラスの実験については、プルタルコス『「ティマイオス」における魂の生成について』一〇二〇F―一〇二一A、ゲラサのニコマコス『ハルモニア論の手引き』六、テオン五七・一一―五八・一二、ケンソリヌス『誕生日について』一〇・八―一二、ポルピュリオス『プトレマイオス「ハルモニア論」註解』一一九―一二〇 (Düring)、イアンブリコス『ピュタゴラス的生き方』第二十六章、マクロビウス『「スキピオの夢」註解』第二巻第一章九―一四参照。ただし、ここで論じられている音程の比は弦の長さに基づくもので、弦に重りを吊ることによってはこのような比は得られない。

第四章　数について

四六　このように、音楽の協和は数の協和と一致することが見出される。すなわち、八度は最初に生じた二つの協和である四度と五度から成り立っているが、八度の比は二倍の量に置かれていることが見出される。他方、四度は三分の四に、五度は二分の三に置かれる。二倍の量において見出されると述べた[1]その数もまた、三分の四と二分の三から成り立っていることが必然である[2]。なぜなら、数8は数6の三分の四であり、数12は数8の二分の三であるのだから。それゆえ、数12は数6の二倍であり、それは4:3の比に分割すると、12:9であり、また3:2の比に分割すると、9:6である[3]。さらに、五度は四度の協和に対して一全音だけ勝っている。なぜなら、五度は三全音と半音から成り立っており、他方四度は二全音と半音すなわち全音の半分から成り立っているからである。このことから、9:8の比において全音が見出されることと、二分の三の定量は三分の四の定量より9:8の比だけ勝っていることが明らかになる。二分の三すなわち9:6から三分の四すなわち8:6を取り去ると、八分の九の定量すなわち9:8が残るからである[4]。

同様に、八度の協和は二倍の定量に置かれ、他方四度は三分の四の定量に置かれることが見出されるのだから、これらから作られるものは、8:3である比に置かれることが分かる。[5] なぜなら、三分の四の三倍は4であり、4の二倍は8であるのだから。他方、八度＋五度は3:1の比に置かれる。[6] なぜなら、二分の三と二倍は一緒に合成されるとその同じ三倍の数、すなわち18を作るのだから。[7] というのも、9は6と比較すると二分の三であることが見出され、9の二倍が18であり、他方18は6と比較すると三倍であるのだから。

さらに同様に、八度の二倍と呼ばれる協和は4:1の比を得る。なぜなら、三倍の数は数三分の四によって四倍の量を満たすのだから。[8] そして、五度の協和は八度の協和に加えられると三倍の量を作り、他方、四度の協和はすでに何度も述べたように、[9] 4:3の比である。これらから八度の二倍の協和は成り立っている。なぜなら、数18は数6を3倍凌駕しており、他方、数24はこの数18自身を4:3の比で勝っており、数24は

(1) 三五末尾、四五第一段落末尾参照。
(2) 四度と五度を足すと $\frac{4}{3} \times \frac{3}{2} = 2$ で八度になる。
(3) 6と12（二倍＝八度）の間には調和中項8と算術中項9があり（四一および五九頁註（7）参照）、これらの数の間には6:8＝9:12の関係が成立する。したがって、8:6の比の値は三分の四で四度、12:8の比の値は二分の三で五度に相当し、12:9の比の値も三分の四で四度、9:6の比の値も二分の三で五度に相当する。
(4) 五度から四度を引くと $\frac{3}{2} \div \frac{4}{3} = \frac{9}{8}$ で全音が得られる。本節の始めからここまではテオン六二・一―二二とほぼ同じ。
(5) 八度＋四度は $2 \times \frac{4}{3} = \frac{8}{3}$ だから。
(6) 八度＋五度は $2 \times \frac{3}{2} = 3$ だから。
(7) ここでは6を初項として12:6を八度としている。五八頁8図および前註（3）参照。
(8) 八度＋五度にさらに四度を足すと、$3 \times \frac{4}{3} = 4$ となるから。
(9) 三五、四五参照。

6と比較すると四倍だからである。(1) さらにまた、6の三分の四は数8であり、他方8自身の三倍は24単位において見出される数である。また同じく、数24は数6の四倍であることが見出される。(2)

四七　それでは、これらのことを以上のように十分解説したうえで、配列自体の考察へと戻ろう。「かくして、二分の三のものの項と、同じく、ギリシア人によってエピトリトスと呼ばれる種類、自分の三分の一の部分が自分に付け加わるもの〔三分の四〕の項と、同じく、ギリシア人によってエポグドオスと呼ばれる数、自分の八分の一の部分が自分に加わったもの〔八分の九〕の項が生じて、これらの結合からあの最初の合間を、すなわち八分の九の合間でもって三分の四の間隔すべてを満たした」(3)。では、この最初の合間とは何か。それはもちろん、最初に描かれた図形(4)に含まれる合間である。その図形には二倍の数が配列され、その中に二分の三と三分の四が生じる。他方、第二の場所に描かれた図形(5)の中には、全音である数八分の九が生じることが見出される。

次に彼〔プラトン〕は、八分の九の合間でもっての三分の四の間隔すべてが満たされると言う。すなわち、数二分の三の中にあるあの三分の四の間隔もまた満たされる。というのも、二分の三の中にも4:3の比が含まれているからである。その理由は、数二分の三は数三分の四より八分の九の計算、すなわち一全音だけ大きいからである。(6) 同じ4:3の比は、二倍と三倍の量の中にも含まれていることが必然である。当然である。なぜなら、第一の協和は、四度と呼ばれるまさにこの比であり、(7) 三分の四の定量に置かれているのだから。そして、三分の四は二つの八分の九のみから成るのではなく、他のもの、すなわち相当小さなものからも成り立っている。それはちょうど、四度が二つの全音のみから成るのではなく、昔の人がリンマと呼んだ半音からも成り立っているのと同様である。[8] それゆえ、彼はこの比にも言及しながら、個々の三分の四の中には、何らかの残された小部分があると言ったのである。すなわちそれは半音の比を指している。256に対して243に欠けているだけの分量、[9] 数八分の九が満たされるのにその分だけ少ない分量があると、彼は言っているのだから。[10]

四八　したがって、さらに描かれるべきは下にある第三の図形［9図］である。9:8の比によって測られた三分の四に欠けているものは、何でありどれほどであるのかを、われわれが知性で理解することによってのみではなく、見ることによっても捉えることができるために。したがって、すべての音声の濃密さと、いわばすべての音声が詰め込まれている様子を明らかにするためには、より大きな数が取られるだろう。それをなすことができるのはより大きな容量をもつ数

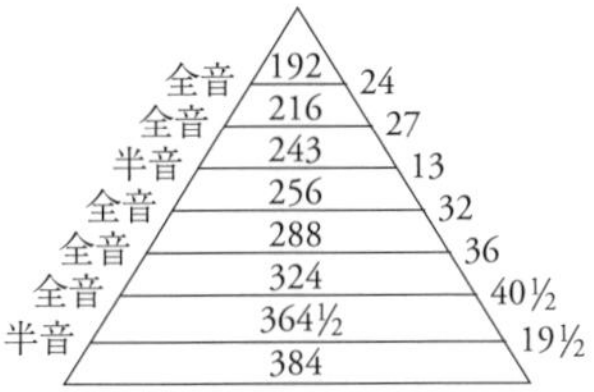

9図　第三の図。8分の9の比に従って四度と五度の両方の協和を奏でる音階

(1) 六七頁註（7）参照。
(2) 本節第二段落からここまではテオン六三・二―一二とほぼ同じ。
(3) 『ティマイオス』三六A六―B一。
(4) 四五頁7図。
(5) 五八頁8図。
(6) プルタルコス『「ティマイオス」における魂の生成について』一〇二二Cおよび本書六五頁註（3）参照。
(7) テオン六六・一二参照。
(8) 四五第二段落および六五頁註（6）参照。
(9) $\frac{256}{243}$ のこと。
(10) 『ティマイオス』三六B二―五参照。

だからである。

四九　それでは、最初の部分にはどんな数が定められた方法に相応しいのか。(1)　もちろん192である。わたしはそれを次のようにして見出した。すべての数に先立って三つの部分から成り立っている数、すなわち3をわたしは取った。これを八倍する。数24が生じる。この数24自身を八倍する。求められる数192が見出される。(2)　これの三分の一は64であり、半分は96である。しかし、われわれは9：8の比を詮索することを企てたのだから、それから隔たった他の項、頂上にある数の二倍、384をわたしは付け加える。(3)　数256は、われわれが初項として置いた数、すなわち192の三分の四であるとわたしは言う。なぜなら、256はこの数192自身とその三分の一の部分64をもっているからである。この項192の八分の九は216である。なぜなら、216は自分の中に項192全体とその八分の一の部分24をもっているからである。この数216自身の八分の九は、合計で243の数である。なぜなら、243は216とその八分の一の部分27を含んでいるからである。また他方で、われわれが数192の三分の四であると述べた256の八分の九は、288の合計を満たす数である。なぜなら、288は256とその八分の一の部分32をもっているからである。288であるこの数自身の八分の九の数は324である。324は288自身とその八分の一の部分36をもっているからである。さらに、この数324自身の八分の九は、364½の合計をもつ数である。なぜなら、364½は324自身とその八分の一の部分40½をもっているからである。

五〇　二つの合計が残る。すなわち一方は256であり、他方は243である。われわれは256が243の八分の九であると言うことはできない。なぜなら、数256の中には数243全体とその八分の一の部分が含まれていないからである。なぜなら、243の八分の一は30と約½であるのに、256と243の間には数13しかないからである。したがって、これらの数の間には9:8の比は成り立ちえない。そして、数における八分の九は音楽における全音と同じなのだから、全音を満たすだけの分量が先に述べた相互に比較された数の間には足りないことが明らかである。[4] 他方、完全な半音も保持されえない。[5] それゆえ彼［プラトン］は正しく付言したのである。「こうして積み重ねられ満たされた完成のためには、三分の四にあるものが足りなかった。すなわち、243を256と比較したときの分量だけが足りなかった[6]」。この比は図形の中にある別の数においても見出される。[7]

(1) 以下に導出される192を初項とする数列については、プルタルコス『「ティマイオス」における魂の生成について』一〇二〇C—D参照。

(2) どのような理由から3×8×8になるのか不明。プルタルコス『「ティマイオス」における魂の生成について』一〇二〇D—Eによれば、64は最初の正方数（2^2）の立方数（三乗）であると同時に、最初の立方数（2^3）の正方数（二乗）でもあり、3は最初の奇数、最初の三角数、最初の完全数、最初のヘーミオリオン（ある数にその数の二分の一を加えたもの）であるという理由から、64×3＝192を導出している。

(3) 二倍の比によって八度の音程が得られる。以下、三分の四倍によって四度、八分の九倍によって全音の音程が得られるので、順次掛けていくことで、七音階が得られる。

(4) 四五第二段落および六五頁註（6）参照。

(5) $\frac{256}{243}$は半音（短二度）であるが、全音（八分の九）を二等分したもの（$\frac{3}{2\sqrt{2}}$）よりわずかに小さい。

(6) 『ティマイオス』三六B二—五。四四冒頭でも引用されていた。

(7) 364½と384のこと。

もちろんこの話はそれを論じている人に相応しい。というのも、この本の中で議論しているそのティマイオスは、ピュタゴラスの教えを継ぐ者だからである。[1] この人が自分に慣れ親しんだ証明法を用いて、魂の本性は数に一致し、音楽的調和にも合致することを教えるようにと、プラトンが仕向けているのは理に適っている。

五一　さて、宇宙の魂はどんな力から成り立っているのか——それはちょうど諸部分や四肢からのように、その同じ力から組み合わされているのだが——、そして、どのような仕方でその本性は数と音階に一致するのかが明らかにされたのだから、いまやプラトンはどんな意図に従ってこの論題へとやって来のかを明らかにするべきである。われわれが理性的な導きによって著作の定められた目的へと理論的に順を追って到達するために。そこで彼は、感覚されうる宇宙の魂が、いわば使用許可が与えられたかのように、知性の対象であるものも感覚の対象であるものも、すべてのものを認識するものとして生まれることを欲する。

さらに、似たものは自分と似たものによってのみ把握されるという、ピュタゴラスの学説がある。[2] エンペドクレスもこれに従いながら、自分の詩句の中で次のように言っている。

> われわれは土を土的なものによって、アイテールを炎によって、
> 水分を液体によって、気体をわれわれの息によって、
> 平和を平穏によって、争いもまた闘争的なものによって把握する。[3]

というのも、彼はこれらを万有の元素にして始原として立てて、魂の実体もまたこれらから成ると考え、それゆえに、魂は自らの類似によって類似性を把握することで、あらゆる事物についての十全な知識をもって

いると考えていたからである。[4]

五二　そして、プラトン自身もまさにこのことを主張して、すべての始原を混ぜ合わせて魂を作る。魂が始原そのものも、始原に続いて生じるものも、さらにすべての存在する事物をも熟知して、あらゆることに関して判断ができるようにと。[5] 次に彼は、これらの力、すなわちそれらから魂が合成されるべきだと考えたものを混ぜて魂を作り、そして合成された魂を、ある種の幾何学的、数論的、音楽的な比に従って部分へと分割した後で、次のように付言している。「そこで〔神は〕、魂のこの一つの系列自体を縦に切り分けて、一つの系列から二つの系列を作り、それらを、ギリシア文字Xの形になるように真ん中を真ん中に押し当て、先端どうしが互いに出会うまで曲げて円にして、それらの一方は反対の回転によって、もう一方は斜めの回転によって回るようにと、円を円に挿入した[6]」。

（1）六末尾参照。

（2）アルキノオス『プラトン哲学講義』第十四章（一六九・二九—三〇（Hermann））、セクストス・エンペイリコス『学者たちへの論駁』第七巻九二参照。「似たものが似たものによって知られる」というのはかなり一般的な観念。『ティマイオス』においても四五B六—D三参照。

（3）エンペドクレス「断片」B一〇九（DK）＝アリストテレス『魂について』第一巻第二章四〇四b一三—一五、『形而上学』B巻第四章一〇〇〇b六—九、セクストス・エンペイリコス『学者たちへの論駁』第七巻九二。

（4）アリストテレス『魂について』第一巻第二章四〇四b八—一二参照。

（5）プルタルコス『「ティマイオス」における魂の生成について』一〇一二F参照。

（6）『ティマイオス』三六B六—C二。この箇所は九二で解説される。

さらにいくらかの記述が挿入された後に、[1] 彼は次のように付言する。「かくして、魂は同と異の本性が有とともに混ぜ合わされたものから組み合わされて、内的な運動と円環的な回転によって自分自身へと回帰するので、何か分解可能な実体に出くわすときにも、あるいは分割不可能な実体に出くわすときにも、何が同じで分割不可能な本性に属するのか、同様に、何が異なっていて分解可能な本性に属するのかを容易に認識する。そして、魂は生起するものすべての原因を見て、生じているものから将来何が生じるかを推測する」[2]。

五三　以上のことから次のことが明白である。事物の最も先なる始まりは「有」あるいは実体であり、これは一方は分割不可能で他方は分割可能な二重のもので、この本性の二つの差異ははるかに最も古いものであるのだから、「同」の本性と「異」の本性の両者の実体から融合された魂は、すべての始原から成り立っており、それゆえ魂の本性は数の本性に最もよく一致する。数は幾何学の図形そのものより先なるものであることは明らかである。図形は何らかの数の中に見出されることが必然である。たとえば、三つや四つ、またそれ以上多くの辺をもつ図形や、さらには六面体とか八面体と呼ばれる図形のように。というのも、これらの図形は数なしにはありえないが、数がこれらの図形なしにあることを妨げるものは何もないからである。したがって、このように数の誕生は最も先であることが、あらゆる理由によって見出される。さらに、数そのものの始まり、すなわち原理は一性と二性である。[3] これら二つが他の数の始原であることは明らかであるのだから。この理由から次のことが結論される。すなわち、魂は二重の実体から合成され、数の力の二重の本性に調和し、天体や、理性と学識をもつ生き物に生命を与えるもので、あらゆる事物に関する知識をもっており、それ自身あらゆるものの力から成り立っている。

五四　これがあの理性的な宇宙の魂(4)である。それは二重の本性を備えているので、より優れた本性によって大きな尊敬とともに宇宙の創始者を観想し、より劣った本性によって劣ったもの(5)に保護を与え、神の配置に従って生じたものに摂理を分け与え(6)、永遠なものとの類似性によって、その類縁性ゆえに幸福であり(7)、分割可能な事物の援助者であり保護者である。宇宙の魂の熟慮し理性を働かせる力の印は、神の特別な崇拝者として(8)、飼い馴らされた動物に細心の注意を払う人間の習慣に現われている。というのも、人間は、感覚されうる宇宙を育んでいるのと同じ魂の力によって育まれているからである。なぜなら、人間にも獣にも植物にさえも共通のものである生命の活力、すなわち成長し自ら運動し欲求し表象する生命の活力(9)に、理性が付け加わることで、理性は人間に固有な魂を完成するからである。それは生命に与るためだけではなく、善く

（1）ここで省略された箇所は五八で引用される。
（2）『ティマイオス』三七A二―B三のパラフレーズ。この箇所は五六、一〇三でも引用される。
（3）三〇七第二段落参照。
（4）三一第三段落参照。
（5）Bakhouche に従って gemina ‹natura praedita, iuxta meriorem naturam ‹mundi auctorem contemplator magna› ueneratione, ‹et iuxta inferiorem natura› と補って読んだ。
（6）三一末尾参照。
（7）五一末尾参照。
（8）『ティマイオス』四二A一「生き物のうちで最も敬虔なもの」。
（9）「生命の活力」については九九参照。人間と動物と植物に共通した魂の能力については一八二参照。

生きることの選択をも欠くことがないためである。かくして、自然的[1]であると同時に理性的でもある魂との同居によって、人間の生活は節度あるものとなる。

五五　これが真実であることは、より神聖で神的な事柄の把握においてより思慮深い一派[2]の、ある秀でた学説が証言している。その学説が述べるには、完成され照明された感覚されうる宇宙によって人間の種族を教化する神は、人間の身体を大地の一部を取って、その姿に従って形成し形作ったが[3]、生命を天球からそれに呼び寄せて、そのうえで、その内奥に息吹を自らの一吹きによって吹き入れた[4]。神のこの息吹とは、魂の熟慮と理性を意味している[5]。そして神の理性とは、人間の事柄に配慮する神のことであり[6]、それは人間にとって善く幸福に生きることの原因である。至高の神から自分たちに授けられたその贈物をなおざりにしないならば。

さて、宇宙の魂は二つの「有」から、「同」と同時に「異」の本性の合成によって作られたことについて、そしてその分割は音階論と数論と幾何学の比に従ってなされることについて、また、いかにしてその本性は数と音に一致するかということは、これで十分に述べられた。

第五章　恒星と惑星について

五六　いまや、いかにして魂の切り分けが、天の諸部分の切り分けと、それらの運動とともに魂の回転が起こる諸々の円の旋回に一致するのかを、われわれは追求しよう。実際、彼［プラトン］は、次のことを明らかにするために、専門的知識を用いて十分に論じている。すなわち、天体が構成されたのと等しい比に

(1)「自然的（naturalis）」という語は、φυτικός（植物的）をφυσικός（自然的）と取り違えたのかもしれない。「植物的な魂」については三一、ヌメニオス「断片」四七（des Places）参照。

(2)「ヘブライ人」のこと。一七五頁註（2）参照。

(3)旧約聖書『創世記』一・二六—二七参照。ただし、「その姿（hanc effigiem）」とは、ここでは「神の姿」ではなく「感覚されうる宇宙の姿」の意味であろう。

(4)旧約聖書『創世記』二・七参照。

(5)二一九、三〇〇第二段落参照。五四「宇宙の魂の熟慮し理性を働かせる力」も参照。

(6)一八八では、「神の意志」であり宇宙論的な「知性」でもある「摂理」が、「第二の神」と呼ばれている。また、アレクサンドリアのピロン『世界の創造』六九では、「神の似像」の解釈の中で、人間のうちにある知性が「いわば神である」と言われている。

よって構成された魂が、自分とそれらとの類縁性を容易に認識すること、あるいは――彼の学説はそのようなものであるのだから――あらゆる運動の始まりは自分自身によって動くものに属すことを。そして、魂の他に自分自身によって動くものは何もない。それゆえ、宇宙の運動にも同じ始原と原因があることは明らかである。(1) さらに、宇宙は円環状に動かされている。それゆえ、あらかじめ魂の運動は、天球にあるすべての物体的なものが同じ軌道を回転させられるようにと、円く円環的に回転するのである。

さらに、彼は思わくと知識の違いを述べながら次のように語るさいに、魂はまさに自分自身によって動くことを言明している。「それゆえ、［魂は］同と異の本性が有とともに混ぜ合わされたものから組み合わされて、内的な運動と円環をなす運動によって運ばれて自分自身へと回帰するので、何か分解可能な実体に出会うときにも、分割不可能な実体に出会うときにも、何が同にして分割不可能な本性に属し、また何が異にして分割可能な本性に属するのかを容易に認識し、生起するものすべての原因を見て取り、起こっていることから将来のことを推測する。そして、声もなく音もない魂の理性的な運動が、何か感覚されうるものを眺めて、異の種類の円が誤りなく運ばれるときには、真実で確実な感覚が魂全体に知らせることで、正しく信頼に値する思わくが生じる。他方、分割不可能でつねに同じ種類のものを見るときには、存在するものを内奥の運動が忠実に知らせることで、理解と知識が力を増す。とにかく、これらすべてのことが魂の中に生じ、魂に明示されることは明らかである(2)」。(3)

五七　彼はこの同じことを『パイドロス』の中で次のように述べて、いっそうはっきりと示している。「すべての魂は不死である。つねに動いているものは、つねに生きているのだから。しかし、他のものから得られた運動の力によって他のものを動かすものは、動くことの停止を被るときに、生きることの停止をも被ることが必然である。したがって、自分自身を動かすもののみが、自分の運動を見捨てることがけっしてないのだから、自分を動かすことをけっしてやめない。そればかりか、それは自らの本性による運動をもたない他のものにとっても、運動の源泉となり始原となる。ところで、始原には生じるということがない。なぜなら、生じるものは始原から生み出されるが、しかし始原自体はいかなる始原からも生み出されないからである。というのも、もし始原が他のものから生み出されるとすれば、それはもはや始原ではないであろうから。生じるものはすべて始原から生じなければならないのだから。そして、始原には生成ということがないのだから、死ぬこともない。実際、始原が死滅したなら、始原自体は他のものから復活することもなく、何かあるものが始原から復活することもないだろうから。なぜなら、生成の中にあるすべてのものは、当然、始原によって存在を支えられているのだから。したがって、このように内奥の生来の運動によって動くものは、始原運動の始原である。さらに、それは生じもせず死にもしないことが正当である。さもなければ、実際すべての天とすべての生成は滅びて静止し、ついには、事物を存続させるために動くことを必要とするものが再び生み出されるような、いかなる手立てもなくなるだろう。それゆえ、自分によって動くものの不死性が明ら

(1)『パイドロス』二四五C九参照。

(2)魂における理性の働きのこと。一〇三末尾、一三八末尾、一五六、二二〇第三段落、二三七冒頭、二八四末尾参照。

(3)『ティマイオス』三七A二―C五のパラフレーズ。この箇所は一〇三でも引用される。

かにされたのだから、魂と精神の不死性が明らかになった。なぜなら、これが魂の本性であるからには、自分の中に運動の活力をもっているすべての物体は魂とともにあり、他方、それを自分の外部にもっているものは魂を欠いているのだから。このことがそのとおりであるのだから、魂のみが自分自身によって動くものであり、それゆえに生成と消滅の必然の外に置かれていることが明らかになった[1]」。

五八　彼はこう述べている。「神はこの構成物をあたかも系列のように縦に切り分けて一つのものを二つにし、それらを、ギリシア文字Χの形になるように真ん中を真ん中に押し当て、先端どうしが互いに出会うまで曲げて円にして、一方は反対の回転によって、もう一方は斜めの回転によって回るようにと、円を円に挿入した。そして、同の本性と同族であった外側の円の運動を同と名づけ、内側を異と名づけた。そして、われわれが同と名づけたと述べた外側の円を、右の方から左の側を通って右へと回し、他方、異の円を直径に沿って左の側へと回し、あの同じで一様な回転運動に旋回の力と主導権が与えられた。というのも、神はそれを、そのままに一つで分割されないものとして残しておいたが、他方、内側の円を六回割いて、二倍と三倍の間隔に従って七つの等しくない輪を作り上げた。そして、それらの輪自体が反対の運動によって運ばれるように命じた。これら七つのうち、三つは等しい速さで、しかし四つはお互いどうしでも他のものとの比較においても等しくなく似ていない速さで、ただし比を伴った運動で、運ばれるようにと[2]」。

五九　さらに、天文学の専門家たちにもある程度理解が得られるようにと、現在の論考に関することが簡明に、それらの本性に応じて説明されるだろう[3]。プラトンが述べるには、宇宙の形は丸く球形で[4]、同じく球形の大地は宇宙の中央に置かれており[5]、大地はその位置に関しては中心に相当し、他方その小ささに関しては、万有の大きさに比較すれば点に相当する。しかし、わたしが思うには、彼がこう述べたことは、そうであることが明白な根拠によって明らかにされるのでなければ十分ではない。

それでは、どうして宇宙の形は丸く球形であるのか。(6) 第一に、天の火［恒星］は、あたかも底から浮かび上がるかのように昇り、ある一定まで上昇すると、次には西へと沈むまで下降しながら天を巡り行くこと、さらに、それらは同じ場所から昇り、同じく西の海へと沈むことは、それらが一昼夜かけて天の最外周を回っていることを立証している。次には、われわれによって見られるのは、大地のどの地域からでも宇宙の半分の上に位置する部分であり、他方、それより下の部分は、昼と夜の交代と引き継ぎによって上の部分になるのでなければ、大地がわれわれの視野を遮り妨害するので見えないということ。それから、すべての視

(1)『パイドロス』二四五C五―二四六A二。まったく同じ箇所がキケロ『国家』第六巻（スキピオの夢）二七―二八（＝マクロビウス『「スキピオの夢」註解』第二巻第十三章一―五）、『トゥスクルム荘対談集』第一巻五三―五五にもラテン語訳で引用されている。アルキノオス『プラトン哲学講義』第二十五章（一七八・一三―二三（Hermann））もこの箇所に基づく。

(2)『ティマイオス』三六B六―D七。この箇所は九二―九七で解説される。

(3) 本節から九一まで、『ティマイオス』の記述を離れて天文学の解説が行なわれる。これらの箇所はテオン一二〇・一―一九八・八で引用されているアドラストスの記述と明らかに一致する。本節についてはテオン一二〇・一―二三参照。

(4)『ティマイオス』三三B一―七参照。

(5)『ティマイオス』では言明されていない。

(6) 以下、観察に基づいた三つの論拠が挙げられる。同様の議論としては、プトレマイオス『アルマゲスト』第一巻三参照。宇宙が球形であることについては、アリストテレス『天について』第二巻第四章二八六b一〇―二八七b二一も参照。

点から天の周囲の端へとあらゆる方向に向かって伸ばされたすべての線は等しく見えるということ。それは、中心点から外周へと至るどの半径も長さにおいて等しい円と同様である。そのうえ、獣帯は傾いた回転によって、ある星座を持ち上げて上昇させながら、反対側に直径だけ隔たった別の星座を、昇る星座によって押し隠して沈めるということ。それは、ある部分が上に来るときその反対の部分が下になる、車輪の回転の場合と同様である。このことは円以外の形においては起こらない。

六〇　他方、大地の姿が球と似ていることは多くの仕方で理解できる。(1)たとえば、時間の同じ瞬間においてあらゆる場所を昼が明るくし、それに続く夜が暗くするのではなく、むしろ日の出も日没も東の地方ではより早く起こるが、西の地方ではより遅く起こることである。その結果、天のどちらの領域の間にも、太陽が高くなる前に光を遮って夜の闇を保つ、何らかのより高い隆起があることは明らかである。あるいは、同じ月蝕がどこでも同じ瞬間に起こっているのに、異なった時間に観測されることである。東に近い地域ではより遅く、(2)他の地域では場所の相違に応じて。大地の湾曲や出っ張りや自然的な隆起のために、太陽はどこでも同じ運行で大地の領域を照らすわけではないからである。それゆえ、太陽の光に対して反対側から大地の影が今なお立ちはだかっているので、月蝕が夜間に起こるとき、それが月の照明を妨げる。さらに、大地の丸さは、北風と北の地域と南風と南の地域との間で、一方の地域からもう一方の地域へと夜に旅をして行き来する人たちが、自分たちの知らない星を新奇なものへの賛嘆の念をもって眺めるときに、はっきりと見て取れる。星は地域に固有なものではなく、人々は大地の塊と隆起が視覚の邪魔になって、すべてを見て知ることを妨げられていることは明らかだからである。以上のことから、大地は丸い球に似たものであることが結論される。その表面はあらゆる地域から広がって一塊になっていると理解できる。

六一　この同じことは自然学的にも理解し把握することができる。すなわち、何らかの重さをもつものはすべて、どこからでもどの方向からでも、一直線に下降して中心の一点へと集まる。それらはすべて真っ直ぐな落下の軌跡を描く。それらの様子は、始めは比較的広い間隔で進行するが、次第に狭くなっていき、やがて中心点へと到達するいくつもの線のようである。その中心点をあらゆる方向から等しい角が取り囲んでいる。これは球の似像である。(3) さらに、何であれ重さをもつものすべてが中心へと急ぐことは、次のように証明される。すなわち、外部から力が加えられている重いものは一般に、その力から解放されるやいなや、自然に従って下へ向かって大地へと運ばれる。たとえば、投げ槍の発射装置の場合のように。投げ槍は、打撃が効力をもっているかぎりは、空気を切り裂いて空中を飛ぶ。しかし、突き動かしていたその力(4)が弱ったときには、切っ先は向きを変えて、宇宙の中心である大地へと急ぎながら落下する。

六二　海と水全体の姿形もまた、静かに静止しているときには明らかに球形である。(5) というのも、われわ

(1) 以下、観察に基づいた三つの論拠が挙げられる。同様の議論としては、アリストテレス『天について』第二巻第十四章二九七a八―二九八a二〇、プトレマイオス『アルマゲスト』第一巻四参照。本節に関してはテオン一二一・一―一二二・一参照。

(2)「より早く」の誤り。プトレマイオス『アルマゲスト』第一巻四参照。

(3) 本節のここまでについてはテオン一二二・一一―一六参照。この後の投射体の議論はテオンにはない。

(4)「突き動かしていたその力 (uis illa quae impellebat)」という言葉は、後世のインペトゥス理論を思わせる。

(5) 本節についてはテオン一二二・一七―一二四・七参照。

れが海岸に立って海の向こうに見るもの、たとえば木や塔や、その海に浮かぶ船でさえも、われわれが横たわって顔と視線を海の背中と表面とに等しくすると、それらはまったく見えないか、あるいは前に見えたよりずっと小さく見える。明らかに海の湾曲がわれわれに見ることを妨げているからである。さらに、航海においてもしばしば、船からはまだ陸が見えないのに、マストに登った水夫には見ることができる。すなわち、立ちはだかる塊が妨げとなる遮蔽物から自由になって、いまやより高い眺めから下に横たわるものがどこからでも観察されるからである。

われわれは専門的に(1)考察しても、静かで静止している水は球形であることを見出す。すなわち、液体がより高い場所からより低いところへ流れ下ることは、自然の配剤である。さて、大地の中心から大きく隔たっているものはより高いものであるが、隔たることの最も少ないものはより下のものである。それゆえ、もしわれわれが水の表面を、ABΓのように、平らで直線に置かれているものとみなし、それから大地の中心をKとして、そこから上へ向かって線KBを引き、他方、表面の両端の部分［AとΓ］を、これら二本の線KAとKΓによって［Kと］結ぶとすれば、これら二本の線はどちらも線KBと比べてより長くなるであろう。もしこの線［KB］を［KAとKΓに］等しくしようとするなら、増大はBHまで至り、AHΓに真の表面ができるだろう(2)。したがって、より上の部分、AからもΓからも、水はより低いBへと流れ、器は底のKから満たされてゆき、水が増してBも覆われて、Hにまで到達するだろう。これによって、水は盛り上がって弧をなし、

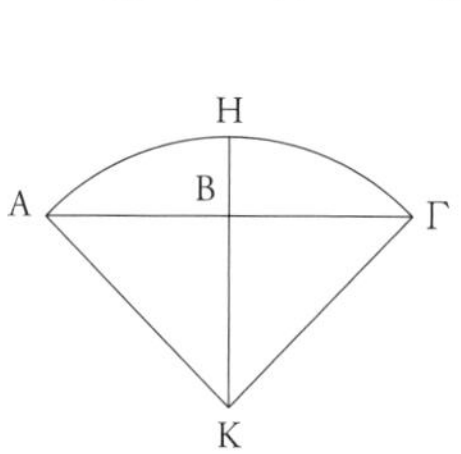

10図

すべての部分に等しく行き渡る。このことから、海もすべての水の表面も球形であることは明白である。(3) 全体と部分の比は同一であるのだから。

六三　しかし、もし人が、山の頂きとその高さと岩だらけのでこぼこを見ながら、険しい山々の不格好さを旋盤で滑らかに仕上げられた玉に似ていると言うなら、その人は正しく知覚していない。なぜなら、われわれは大地が球であると言っているのではなく、球のようだと言っているのであり、玉であると言っているのではなく、玉に似ていると言っているのだから。もちろん、われわれは大地全体の大きさを魂によって論理的に把握しながら、真理を視覚や感覚によって探索しているのではなく、むしろ理性と知性による解決と検討へと導いているのである。(4)

六四　さて今度は、(5) どのようにして［大地が］宇宙の中心の座を占めているのかを考察しよう。わたしが思うには、もし［大地が］中心ではなく中心の場所からずれていたなら、そのすべてのどの部分からも自分の上に天の半分をもち、自分の下にもう一方の半分をもつことはないだろうし、どの点からも延びて宇宙の最

(1)「専門的に（artificialiter）」は、テオン一二三・五では「数学的に（μαθηματικῶς）」となっている。
(2) テオン一二三の図には点H（したがって線分BHと弧AHΓも）がない。
(3) 同じ図を用いた説明がアリストテレス『天について』第二巻第四章二八七b四―一四にある。
(4) テオン一二四・七―九参照。テオンはこの後、山の高さは大地の大きさに比べたなら無とみなすべきことを長々と論証している。
(5) 本節についてはテオン一二八・一―一二九・四参照。ただしテオンのテクストには一部欠損がある。

外周にまで到達する線が互いに等しいこともないだろう。しかし、[1] それらの線の距離が等しくないという人は誰もいない。それゆえ、〔大地は〕けっして中心からずれてはいない。

他方、〔大地は〕万有の大きさと比較すれば点のようなものであることは、機械学者によってグノーモーンと呼ばれる針の先端によって明らかになる。それは太陽の影を作るためのもので、その影でもって時間が表示される。というのも、機械学者は時計をあらゆる地方、居住可能なあらゆる地域にわたって任意に無差別に設置して、これらグノーモーン自体の先端を太陽の球の中心点の代わりに用いて、誤ることがないからである。[2] それゆえ、もし太陽の球[3]に一つの真の確かな中心があって、大地のあらゆる地域のすべての目印とすべての点が、太陽の〔球の〕その真の中心と同等であるなら、大地全体は太陽の球と比べれば点のようなものであることは明白である。[4]

さて、宇宙全体の形とさらに大地の形について、

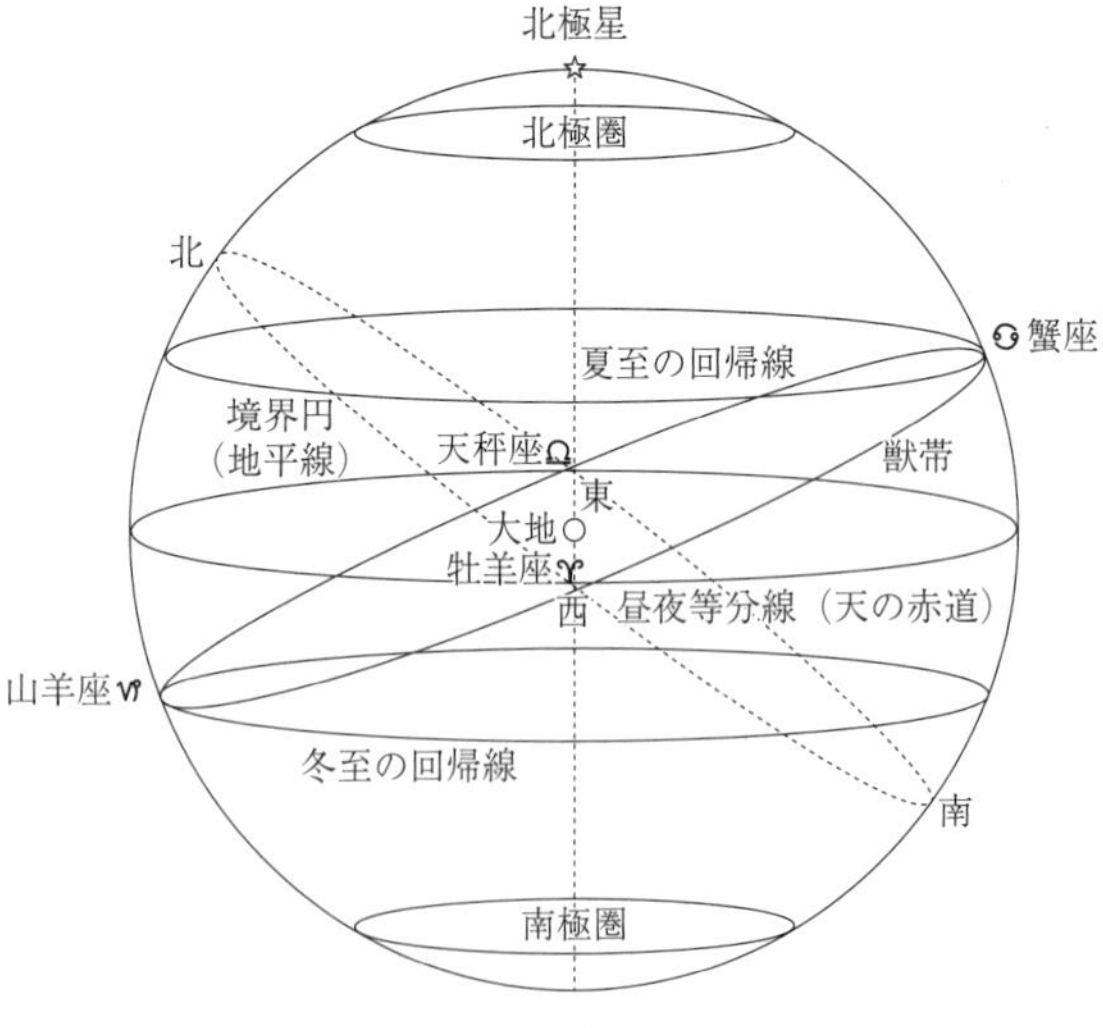

11図

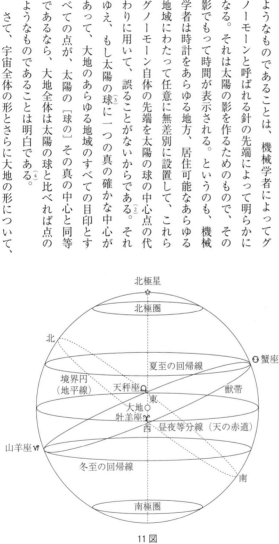

大地の位置が中心であることについて、万有の身体の巨大さに対する比較についても、これで十分に語られた(5)。

六五　さて、(6)天球［恒星天球］は固定されたつねにとどまる［二つの］極とそれらの極を結ぶ軸――その軸の中心に大地の中心が固着している――の回りを自ら回転するのだから、すべての星の集団と総じて天の印［星座］は天球の回転に随伴し、それぞれの軌道から等しく隔たった輪によって軸に対して垂直な円を描く。これらの円の多さは数えきれないほどであるが、それでも少数のものはその名をよく知られている。それらを知ることは天の輪舞を観察するのに役立つ。その一つ、高みにあってわれわれに知られ見通せる極の近くにある円は、そこに北斗七星（セプテントリオー）の星辰が散りばめられていることから、北極圏（セプテントリオーナーリス）と呼ばれる。もう一方の円、これと等しいが反対側にあって、つねに沈んで隠れている極に接して、それ自身も隠れているものは、南極圏（アンタルクティクス）と呼ばれる。すべての円の中で真

(1) Magee に従って、inuicem の後で区切り、et を at と読む。

(2) このことは太陽と地球との距離が膨大であることを意味する。プトレマイオス『アルマゲスト』第一巻六参照。

(3)「太陽の球」と訳した solistitialis pilae, solis globum は、太陽の球体のことではなく、地球を中心にして回転する太陽の天球もしくは軌道を意味する。

(4) ましてや宇宙全体と比べたらなおさらである。

(5) 宇宙における大地の位置と大きさについては、アリストテレス『天について』第二巻第十四章二九六b七―二九七a六、二九八a六―二〇、プトレマイオス『アルマゲスト』第一巻五―六参照。

(6) 以下、六六にかけて、天の見取り図が天をめぐる各円の名称とともに解説される。11図参照。本節についてはテオン一二九・一〇―一三〇・一一参照。

ん中にあり最も大きく、天球を二つに分けるのが、昼夜等分円[1]（アエクイディアーリス）である。これは、大地のそれの下にある地域に、すべての昼に等しいすべての夜をもたらすので[2]、［ギリシア人は］イセーメリノスと呼んでいる。しかしながら、日の出と日没が見えるそれの下にない他の地域でも、同じ太陽がこの円に自らを合わせるときは[3]、昼にも夜にも等しい時間を分け与える。

六六　さらに[4]、これ［昼夜等分円］と極圏の間のこちらとあちらに、夏至と冬至の二つの回帰線（トロピクス）がある。このわれわれの地域にある回帰線が北に近く、冬至の回帰線は南に近い。これらを通って獣帯[5]（シグニフェル）が斜めに輪になっている。獣帯自体も最も大きな円で、各々の星座で回帰線に接している。すなわち、一方では蟹座によって夏至の回帰線に、他方では山羊座によって冬至の回帰線に接している。そして獣帯は昼夜等分円を二度横切り[6]、自分自身もそれによって同じ数だけ、天秤座と牡羊座によって切られる[7]。この下を月と太陽と、惑星と呼ばれるその他の火［星］が運行する。すなわち、サトゥルヌスの火でもある土星（パエノン）、ユッピテルの火である木星（パエトン）、マルスの火でもある火星（ピュロイス）、同じくウェヌスの火である金星（ルキフェル）――これは他の人によってヘスペルス［宵の明星］という名でも呼ばれている――さらに、水星（スティルボン）すなわちメルクリウスの星辰である[8]。

さらにまた、われわれの視界が描く境界円[9]（キルクルス・フィーナーリス）は、ギリシア語でホリゾーンと呼ばれ、宇宙を境界付け、人間の視界に従って二つの部分に分ける。大地に遮られて上の方にある半球のみが見えているとき、その間もう片方は南の極の下に隠れている。詩人が語るところによれば、それを「暗きステュクスと深きマネスが足の下に見る[10]」。境界円自身も大きくて、二度の切断によって最も大きな昼夜等分円と獣帯を横切る。それゆえ、直径によって互いに隔たった星座のうち、一方が昇るのが見えるとき、もう一方は沈むのが見えるのである。他方、［ギリシア語で］メセーメリノス[11]と呼ばれる子午線（メリーディアーリス）は、境界円自身を二つに分ける。子午線も最も大きくて、両方の極を通って円を描いている。しかし、これは境界円に対しては垂直だと考えられており、境界円を締め付けている。これが子午線と呼ばれるのは、

(1) 地球の赤道を恒星天球上に投影した天の赤道のこと。

(2) 赤道直下では一年中昼と夜の長さがほぼ等しい。

(3) 太陽が天の赤道と交差する地点、すなわち春分点と秋分点に来たとき。六六第一段落参照。

(4) 本節についてはテオン一三〇・一一―一三二・二参照。

(5) 恒星天球上の太陽の通り道（黄道）に沿って一二の星座（黄道十二宮）が並ぶ帯状の輪。六八参照。

(6) テオン一三〇・一九では「二つに切り分け」。

(7) 獣帯が天の赤道と交差する二点（牡羊座の始点と天秤座の始点）が春分点と秋分点であり、北回帰線と接する点（蟹座の始点）が夏至点、南回帰線と接する点（山羊座の始点）が冬至点である（一〇四頁13図も参照）。ただし、地球の歳差運動のために、春分点は黄道上をおよそ七二年で一度ずつ西へと移動するので、現在では各点はおおよそ星座一つ分西にずれている。

(8) これら七惑星は地球から近い順に並べれば、月、水星、金星、太陽、火星、木星、土星となる。七二―七三参照。

(9) 地平線を恒星天球にまで延長したもの。これはもちろん観測地点によって異なるが、底本掲載の写本の図では恒星天球の輪郭の円と重ね合わされている。北半球の中緯度地方の「境界円」を描けば、たとえば八六頁11図の破線の円になる。

(10) ウェルギリウス『農耕詩』第一歌二四三。ステュクスは冥界を流れる川、マネスは冥界のこと。この引用はテオンにはない。

(11) テオンでは *μεσημβρινός* と言われている。九二では mesembrinos と言われる。

太陽は正午にこれを通過するとき、その道程で最も高くなり、大地を真っ直ぐ下に見下ろすからである。(1)

六七　しかし、(2)昼夜等分円とその側面を巡る円は、大きさにおいても位置においてもしっかり固定されたものだが、他方、獣帯は大きさと確固たる軸において固定され、位置においても天に対しては一定であるが、しかしわれわれに対しては斜めに傾斜していて、(3)ある点ではわれわれに対してさまざまに傾きを変え、ある点ではじっとしている。子午線も境界円も、大きさに目を向けるかぎりでは、最大であるので固定されているが、しかし、位置においては大地のさまざまな地域によって傾きを変えており、その場その場に自らを合わせている。(4)しかし、極すなわち北極とこれとは反対の南極に隣接する円〔緯線〕は、大きさにおいても位置においても固定されておらず、北でも南でも地域の違いに応じてある人々にとっては大きいが、他の人々にとっては小さいと考えられる。しかし大地の中央、すなわち子午線の円の下で(5)燃える炎によって焦がされ、それゆえ居住不可能な地帯が広がっているところでは、〔南北の緯線の〕どちらも見えない。(6)そこでは両方の極がはっきり見えて、境界線(7)がそれらの極を通って大地の諸部分を限っているからである。

六八　さらに、(8)次のことを付け加えるべきである。他の円はそれ自体、定義に従った円である。すなわち定義が教えるには、円とは一本の円く引かれた線が包囲するところの平面図形である。(9)それゆえ、各々の円はそれぞれ一本の円く引かれた線によって包囲される。しかし、獣帯は多くの線から成り立っており、太鼓状の円の形をしていて、その幅の中に星座の形が描かれている。(10)さらに、「星座の中央を通る円」と呼ばれる円〔黄道〕は、獣帯の幅を貫いており、最も大きく、両方の回帰線に接していて、昼夜等分円を二度横切る。(11)獣帯の幅の両端に当たる二つの残りの円は、「星座の中央を通る円」と呼ばれる円自体よりも小さい。

六九　したがって、[12] 固定されたさまよわない星［恒星］と極は、万物を自らの抱擁によって包み込む、恒星天球と呼ばれる最も大きな球とともに、それの周りを、それに固着し、それによって回転させられながら、一つの単純な運動によって回転している。これらは一つの同じ位置をつねに保ちながら、不変の進行でもって秩序を守りながら、形態においても、上昇においても、大きさにおいても、色においてさえも、いかなる変化も受け入れない。

（1）観測地点における天頂と南北の極とを通る大円が天の子午線である。したがって、太陽は南中時に子午線上に位置する。八六頁11図では、子午線は恒星天球の輪郭を表わす円と一致する。

（2）本節についてはテオン一三二・五―一三三・一四参照。

（3）獣帯は天の赤道に対して二三・五度傾いている。

（4）境界円と子午線については、八九頁註（9）、前註（1）参照。

（5）「子午線の（meridialem）」は「昼夜等分の（aequinoctialem）」の誤りであろう。対応するテオン一三三・一一―一二には「昼夜等分円の下で（*ὑπὸ τὸν ἰσημερινόν*）」とある。すなわち、赤道直下のこと。カルキディウスは *ἰσημερινόν*（昼夜等分円）を *μεσημερινόν*（子午線）と取り違えたのかもしれない。ただし、九二第二段落、九三第一段落でも「昼夜平分円」とあるべきところが「子午線の円」と言われている。一二七頁註（4）参照。カルキディウスの用語法に混乱もしくは誤解があるのかもしれない。

（6）赤道直下は緯度零度なので。

（7）「境界線」と訳した limes は、前節から「境界円」と訳している finalis と同義。天の地平線のこと。

（8）本節についてはテオン一三三・一七―二五参照。

（9）エウクレイデス『原論』第一巻定義一五と同じ。

（10）獣帯は一六度もしくは一八度の幅をもった帯とみなされる。

（11）テオン一三三・二三では「二つに切り分け」。

（12）本節についてはテオン一三四・一―一三五・一一参照。

他方、太陽と月とその他の五つの星、すなわち惑星は、より大きな球［恒星天球］の回転とともに毎日東から西へと、あのさまよわない恒星と同様に運ばれるが、しかし他にもさまざまな運動をすることが見られる[1]。すなわち、あたかも万有の球の運動と反対の運動をするかのように、通り過ぎる星座の場所へと移ったり、あるいは、北から南へ、またその反対へと広く逸れてさまよったり、夏至の回帰線から冬至の回帰線へ、そこからやがてまた夏至の回帰線へと引き返したりするからである。この原因は獣帯の幅[2]にあると推測されている。そしてさらに、惑星は獣帯自体の傾いた幅の中でも、ときには北へ、ときには南へと向きを変える。北に向かうときは「高い」と呼ばれ、南に向かうときは「低い」と呼ばれる。このこと自体もすべてが等しいのではなく、あるものは大きく、あるものは小さい。さらに、観察する人には大きさにおける少なからぬ相違も見られる。遠くからは小さく見え、下へと沈むとき、近くからは大きく見えるのが必然だからである。それゆえに、運動における速度も等しくない。等しい星座の距離を等しい時間で通過するのではなく、近くから大きく見えるときにはより速く、大地から離れて遠くに小さく見えるときにはより遅く見えるからである。

七〇　しかし[3]、獣帯において生じる横へのさまよいは、すべての惑星にとって等しいわけではない。太陽のさまよいは他の火［惑星］のさまよいより小さいからである。というのは、太陽のすべてのさまよいは一度の値のもとで起こるからである[4]。しかし、月と金星のさまよいは昔の人々の見解によれば、ずっと大きくてほぼ一二度に達し、水星はほぼ八度に、火星と木星は四度に、サトゥルヌス［土星］は三度に達する[5]。

さらに、惑星は獣帯の円を縦に巡回する。すなわち、そこに終着と出発の接点がある。月は二七昼夜と三分の一昼夜の期間で巡り終え、同じく太陽は一年すなわち三六五日とおよそ四分の一昼夜で巡り終える。金星と水星は異なった歩みだが、ときには速い飛行によって太陽に追いつき、ときには遅い進行によってついには太陽に追いつかれながら、太陽が要するのとほとんど同じ期間で行路を巡り終える。(6) 火星はほぼ二年で、木星はほぼ一二年で、土星は三〇年足らずで巡り終える。(7) それゆえ、これらは進行においても、われわれが星の出と星の入りと呼ぶ、輝くことと暗くなることにおいても、けっして太陽とともには走らない。(8) という

(1) 以下、惑星の年周運動における逆行、黄緯度上の変位（獣帯上での南北方向のずれ）、地球からの距離の変化と速度の変化が指摘される。
(2) テオン一三四・二〇では「獣帯の傾き」と言われている。
(3) 本節についてはテオン一三五・一二―一三七・六参照。
(4) 太陽の黄緯度上の変位は八八でも言及されており、そこでは約半度と言われている。マルティアヌス・カペラ『フィロロギアとメルクリウスの結婚について』第八巻八六七でも半度と言われている。
(5) 実際の値はこれらより小さく、月は約五度、水星は約七度、金星は約三・四度、火星は約一・九度、木星は約一・三度、土星は約二・五度である。たとえば、プリニウス『博物誌』第二巻六六―六七、マルティアヌス・カペラ『フィロロギアとメルクリウスの結婚について』第八巻八六七、八七九、八八二―八八六も参照。
(6) 『ティマイオス』三八D二―六および本書一〇八参照。水星と金星の運動に関しては一〇九―一一二で論じられる。
(7) 内惑星である水星と金星を別にすれば、これらの数値はほぼ正しい。惑星の周期については、たとえばウィトルウィウス『建築書』第九巻第一章六―一〇、プリニウス『博物誌』第二巻三二―四四、プトレマイオス『アルマゲスト』第九巻三参照。
(8) テオン一三六・一〇―一二では「すべてが同様に太陽との合をなすわけではない」と言われており、こちらの方が正確である。

のは、月は太陽との会合と合[1]の後には、より先に定められたところへ到着するので、いつでもより先に夕方に現われて昇り、朝に隠れて沈むからである。

これに対して、土星と木星と火星は、太陽よりゆっくりと獣帯の空間を通過するので、太陽によって追いつかれ追い越されるかのように、いつでも夕方に沈み朝の光が兆すときに昇る。他方、金星と水星は太陽とともに走り、太陽に従って、たいていは太陽に随行するが、太陽に追いつきもし、また逆に太陽によって追いつかれもして、夕方に昇るときには次の夕方に沈み、朝に輝くときには次の朝に没する。なぜなら、他の惑星は、たいてい太陽から［獣帯の］直径だけ隔たっているので[2]、太陽から長い間隔で遠ざかっているが、水星と金星はいつでも太陽の周りに見られるからである。水星は二〇度、すなわち一つの星座の二つ分を越えることがなく、あるいは北に、ときには南により傾く。他方、金星はほぼ五〇度で東へ西へと離れる[3]。

七一　さて、星の出はさまざまな意味で言われる[4]。本来は、星々や太陽が最初に輝き出し、境界円［地平線］を越えて昇ることである。他方、一般には昼をもたらす太陽の最初の輝きがそう言われる。これを詩人は暁とか、ときには曙と名づけている[5]。三番目はアクロニュコスと呼ばれるもので[6]、太陽が沈んだときに、太陽と［獣帯の］直径だけ隔たった星が東に見える場合である。同様に、星の入りは、本来は境界を限る円の下に最初に没することである。しかし他の意味では、太陽の陰になってある星が最初に暗くなることもそう言われる[7]。三番目はアクロニュコスで、太陽が昇って太陽と［獣帯の］直径だけ隔たった星が沈む場合である。太陽がその原因である星の出と星の入り――これは輝き出と隠れである――のうち、あるものは朝に、あるものは宵に起こる。太陽の輝きに先んじて、太陽が昇る前にある星が現われるときには、朝の星の出と言われる。たとえば大犬座がそうである。日没後、最初に星が昇るのが見られるときには、宵の星の出と言われる。たとえば、新月が昇るとわれわれが言うように(8)。同様に、前日に太陽より前に昇った星が、太陽が自分に近づいてきて、その輝きが曇らされ、暗くなって隠れるときには、朝の星の入りと言われる。たとえば、月がそうなるのをわれわれが見るように。他方、西に位置するある星に太陽が追いついて、まばゆい輝きで最初にその星を隠すときには、宵の星の入りと言われる。

七二　さて(9)、惑星がそこに配置され運ばれる諸々の球あるいは軌道の配置の位置と順序を、ピュタゴラス派のある人々は次のようであると語った。大地に最も近くて顕著なのは月の球である。その次にはメルクリ

(1)「合（coitus, coetus = σύνοδος）」とは、地球から見て惑星と太陽が同じ黄経上に位置すること（黄経とは黄道上で春分点を基準にした天球上の経度）。

(2)太陽と惑星の黄径が一八〇度異なるとき（地球を挟んで太陽と惑星が獣帯の反対側に来る）、つまり「衝」のこと。カルキディウスはこれを「たいてい（plerumque）」と言っているが、テオン一三七・一「ときには（ποτε）」の方が正しい。

(3)実際には、水星は約二八度、金星は約四七度。たとえば、プリニウス『博物誌』第二巻七二、マルティアヌス・カペラ『フィロロギアとメルクリウスの結婚について』第八巻八八一―八八二も参照。金星については一〇九―一一二参照。

(4)星の出と星の入りに関して三つの異なった意味が解説される。本節についてはテオン一三七・七―一三八・八参照。

(5)カルキディウスは日の出のことを二番目の意味としているが、テオン一三七・九―一一には「他の意味では、他の星に関して、太陽の光から最初に輝き出ることで、これはおもに輝き出と呼ばれる」とある。

(6)acronychos. ギリシア語で「夜の先端」の意。

(7)太陽が昇って明るくなることで、それまで輝いていた星が見えなくなること。

(8)新月は見えないのだから、この例は不適切であろう。

(9)本節についてはテオン一三八・九―一三九・一〇参照。

ウス［水星］の球が二番目の場所にあり、それらの上には金星の球が、そのまた上には太陽の球が、それらの向こうにはマルス［火星］の球が、さらにその向こうにはユッピテル［木星］の球があって、最も遠くかなたで恒星天球とそれに付着した星に隣接しているのがサトゥルヌスの星辰［土星］である(1)。すなわち、太陽は惑星の中で中心に置かれ、心臓として、むしろすべての生命の器官の中で、優位を占めていると考えられる(2)。ミレトスのアレクサンドロス(3)は次のように述べて、これらに同意している。

彼ら［惑星］は高き蒼穹に割り当てられた軌道を巡り行く。
大地の近くには金色の月が飛び巡り、
その上にはキュレネの神［メルクリウス＝水星］が駆ける。その上には
豊穣なキュテラの女神［ウェヌス＝金星］が甘美に微笑みながら遙かに輝く。
燃える太陽は四頭立ての馬車に乗り、
四番目にアイテールの境界を駆け巡る。続いてその上からは
武力ある神［マルス＝火星］が見下ろす。六番目にはパエトンの炎［木星］が
冬の寒さに聳える星辰［土星］を仰ぎ見る。
撥で奏でるキタラー(4)の七つの音程に合わせて、これらを
生みの親は調和する釣合いによって結びつけた。

七三　ピュタゴラスの学説によれば(5)、ハルモニア［協和する音階］の比によって宇宙は成り立っており、相互に協和し共鳴する音程の間隔で隔たっている天体は、非常な勢いと速さで運行することで音楽的な音を発

しているという。[6] エラトステネス[7]は彼に従って、星の運動によって音楽的な音が発せられることには同意するが、しかし［惑星の］配置の順序は同じではないと言っている。というのも、彼は月のすぐ次の大地から二番目の高さを太陽に与えているからである。彼は物語風にこう述べている。自分でリュラー[8]を作り上げた

(1) 惑星の順番には諸説があったが（七三参照）、この順番が一般に受け入れられるようになった。たとえば、キケロ『国家』第六巻（スキピオの夢）一七、『占いについて』第二巻九一、ウィトルウィウス『建築書』第九巻第一章五、プリニウス『博物誌』第二巻三二―四一、プトレマイオス『アルマゲスト』第九巻一参照。

(2) 一〇〇参照。テオン一三八・一六―一八「太陽の球は最も主導的なものとして、宇宙の心臓のように、惑星の真ん中にあると、彼らは考えている」。太陽を心臓に譬えることは、マクロビウス『「スキピオの夢」註解』第一巻第二十章六にも見られる。

(3) 前一世紀の学者、「ポリュヒストル（博学）」の渾名で知られる。ただし、テオン一三八・一八―一九にはアイトリアのアレクサンドロス（前三世紀の詩人）とある。しかしこれは両者とも誤りで、正しくはエペソスのアレクサンドロス（前一世紀の弁論家・政治家）。以下、カルキディウスのラテン語訳はかなりの自由訳。

(4) 通常七本の弦をもつ竪琴。

(5) 本節についてはテオン一三九・一一―一四三・一七参照。

(6) ピュタゴラス派のこの有名な説については、たとえばキケロ『神々の本性について』第三巻二七、『国家』第六巻（スキピオの夢）一八―一九、プリニウス『博物誌』第二巻八三―八八、ケンソリヌス『誕生日について』一三・二―五、マクロビウス『「スキピオの夢」註解』第二巻第三章一四、マルティアヌス・カペラ『フィロロギアとメルクリウスの結婚について』第二巻一六九―一九九、ボエティウス『数論教程』第一巻一・一、『音楽教程』第一巻一〇―一一、およびアリストテレス『天について』第二巻第九章二九〇b一二―二九一a二六の批判を参照。

(7) 、北アフリカのキュレネ出身、エジプトのアレクサンドリアで活躍した文献学者、数学者（前二八五頃―一九四年）。

(8) 通常七本の弦をもつ竪琴。

ばかりのメルクリウスは、天に昇って、初めて惑星の運動によって楽器のように音を奏でるもの［天球］を通り抜けたとき、それが自分で発明したリュラーに似ていることに驚いて[1]——自分で発明した作品の似像が天においても星の配置によって見出されたからである——その和音の原因は何であるか調べたという。メルクリウスは最初に、大地から月の球を通過し、その後で太陽の球を越え、それからメルクリウスすなわち水星とその他の惑星の球を、さまよわない最も高く聳える恒星天球とともに越えたという。

しかし、数学者［天文学者］たちは全員がこの惑星の配置を主張しているわけではないし、一つの惑星の配置を主張しているわけでもなく、月の次には太陽を置いても、その上には、ある人はメルクリウス［水星］を、他のある人は残りの惑星のうちから他のものを置く。プラトンもまさにこの『ティマイオス』の中で、第一の高さを大地から月の軌道まで、第二の高さ

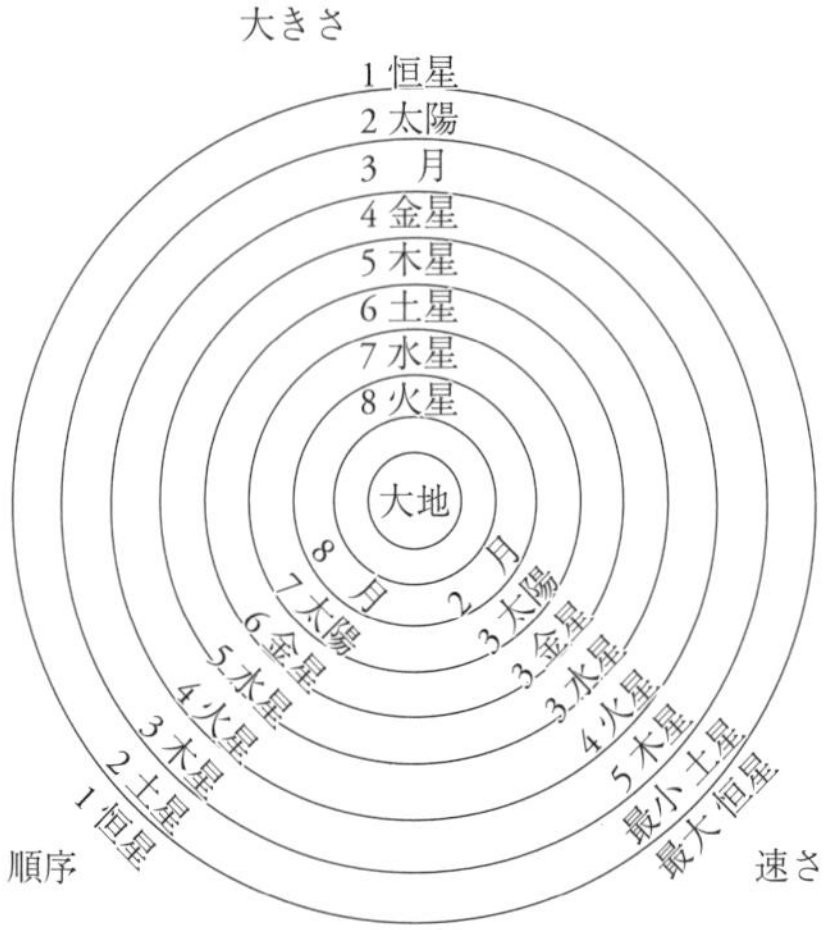

12図

を太陽までと明らかにみなしており、[2]『国家』の中でも、惑星の順序に言及しているだけでなく、それぞれの大きさや速さ、色すなわち輝きと晴明さまで記し、天の軸を紡錘に、軸を取り巻く最も外側と極の近くと中間との三つの円をはずみ車に譬えている。[3]

七四　惑星に関する論考には、次のことを付け加えることが残っている。[4]惑星のうちのあるものは、数学者がヒュポレイプティコス[5]と呼ぶ順行星である。太陽と月がそうである。すなわち、これらの火［星］はけっして先行する星座へと移行することはなく、つねに後に続く星座へと移行する。[6]それゆえ運動においてとどまることも逆行することもない。他方、他の星はときには先行しときには追い越される。その他の惑星

（1）ここから段落の終わりまでの記述はテオンのテクスト一四二・一五では欠損している。これに続くテオン一四二・一六—一四三・一の箇所に対応する記述はカルキディウスにはない。

（2）『ティマイオス』三八D一—二参照。この一文はテオンにはない。

（3）『国家』第十巻六一六C五—六一七D一参照。プラトン自身は、月と太陽以外の惑星の順序に関しては『ティマイオス』でも『国家』でも言明していないが、『国家』の記述からは、地球から、月、太陽、金星、水星、火星、木星、土星という順番を考えていたことが推測できる。この後テオン一四三・一七—一四七・六では『国家』第十巻のエルの物語が紹介・解説される。なお、12図（底本掲載の写本の図に基づく。テオンにはない）には、恒星と七惑星の順序と速度と大きさの順位が同心円状に表わされている。

（4）惑星の順行（sequacitas = *ὑπόλειψις*）、留（statio = *στηριγμός*）、逆行（regradatio = *ἀναποδισμός*）について解説される。本節についてはテオン一四七・七—一四八・一〇参照。

（5）ギリシア語で「後に残す」の意。

（6）年周運動において、獣帯上を恒星天とは反対に西から東へと移動すること。

がそうである。これらは緩慢な運動のために、ときには止まり、ときには戻るように見える。というのも、順行とは、たとえば蟹座から獅子座へというように、後に続く星座へと進んで東へと移動するように見える、星の見掛けの現象であり[1]、他方、留とは、他のさまよわない固定された星といっしょに長く同じ場所にとどまっているように見える、星の見掛けの現象であり、さらに、逆行とは、とどまっていることによって、あたかも以前の方向とは反対の方向へ進むかのように見える、星の見掛けの現象である。

これらすべてはこのように振る舞うようにわれわれには見えるけれども、実際は見えるとおりのことが起こっているのではない。観測上のこのさまよいの原因は次のことである。すなわち、惑星は固有の軌道あいは球によって、恒星天球の軌道の高さより下を運行するのだが、大地の領域から見ているわれわれにとっては、空気という物体が邪魔になって見ることを妨げるので、より外側の獣帯の軌道を通過しているように見えるからである。したがって、さまよいの原因を解明し証明したうえで、誤った見解を終わらせるべきである[2]。

七五　したがって[3]、宇宙全体には完全な物体と素材から成るこのような構造があり、摂理の舵によって[4]永遠性に相応しい[5]運動へと導かれ、その固有の運動に似た球の形を呈している[6]。しかし、時間の計算と回転[7]と、地上的なものの変化と多様性のために[8]には、惑星のさまざまな運動が必要であり、惑星の運動は今生起しているすべての出来事に主導権を委ねた。実際、恒星天球の回転は、「同」の本性に属するので、単一で一様で、一定でつねに同じで、均等で秩序づけられているが、他方、惑星の回転はそれ自体円形ではあるけれども、均等でなく無秩序でさまざまで、一つではなく多様だからである[9]。

七六　しかし[10]、月より下のわれわれのもとに至るまでのところには、あらゆる種類の運動とあらゆる変化がある。まさに古い詩句にこうあるように。

　そこには、殺戮、暴力、無数の憤怒の群れがある。[11]

というのも、この場所には誕生もあれば死もあり、増大と減少もあり、到るところで変化と場所から場所への移動があるからである。これらすべての事象は惑星の運動に起因している。しかし、こう語られるのは、次の理由によって次のようなかぎりでのことである。あの永遠で至福なもの〔惑星〕がそのように生成と消滅の原因として配置されたと考えるのではなく、むしろ、あれらのもの〔惑星〕は自分の幸福に相応しい運行をもっているのだが、他方これらのもの〔月下の世界のもの〕は、何らかの偶然の出来事と、あれらとのあ

---

(1)「見かけの現象」と訳した visum et imaginatio は φαντασία の訳語。
(2)この一文はテオンにはない。
(3)本節についてはテオン一四八・一三―一四九・三参照。
(4)テオン一四八・一六には「第一のものによって（ὑπὸ τοῦ πρώτου）」とある。「摂理」については三三頁註（10）、「舵」については一七七冒頭「万物の舵取り」参照。
(5)宇宙の永遠性については二三―二五参照。
(6)宇宙の球形については『ティマイオス』三三B一―七および本書五九参照。
(7)『ティマイオス』三八C三―六および本書一〇八参照。
(8)七六―七七参照。
(9)『ティマイオス』三六B六―D七および本書五八参照。
(10)本節についてはテオン一四九・三―一五〇・三参照。
(11)エンペドクレス「断片」B一二一・二（DK）。

る程度の協調する共同から、可能なかぎりで神の幸福を模倣しているのだと考えるべきである。[1] すなわち、万有の運動が同様であり、この運行自身がつねに円く回転するためには――宇宙には活動と働きと神的な生命があるのだから――、中心を巡って運ばれるものがその回りを運行するようにと、大地が中央に静止していなければならなかった。他方、大地が［中心に］静止しているなら、火はその素材に従って、[2] 反対の軽くて高所を巡る領域を占めねばならなかった。これら［土と火］は遠く隔たっているので、比がすべての物体を繋ぎとめるために、他にも空気と水という中間の素材が挿入されることを必要とした。[3] さらに、これらがいわば一続きのものへと繋げられたので、ついにある元素から他の元素へのある種の転換が必然的に起こることになった。これらの質料はどちらにも変化可能だが、素材そのものの力と本性は反対のものだからである。

七七　したがって、[4] 変化の原因は惑星の多様な運動に由来する。なぜなら、もし［惑星の運動が］固定された星［恒星］の回転運動のように一つの同じものであり、すべての星がつねに一つの同じ仕方を守っていたなら、そのようないかなる相違も生じなかったであろう。だが実際は、とくに太陽と月の、さらにはその他の星辰の、回帰や昼夜平分や、横や縦への前進と逆行は、季節の順序を交代させ、そのようなすべての変化と不安定をもたらしている。しかし、この不安定はわれわれが見ているとおりに起こるのではない。というのも、神的な活動にはいかなる不安定もないからである。[5] しかし、そのように見えることが起こるのは、あれらの惑星はそれぞれ固有の円に置かれ動かないように固着していて、それらの円に沿ってつねに均等で秩序ある進み方で運ばれているのだが、われわれの視覚はそれらの惑星がより高い獣帯の丸天井に沿って運ばれているように思い描くので、[6] 一定の秩序と均等な運動から、人間の視覚によってあべこべの運動が生じるからである。[7] これは当然の結果である。すなわち、等しい空間を時間の等しい回転でもって、遅れることも速まることもなく進む、均等な運動があり、また、その途中で停止することもなく、後ろへ戻ることもなく、各々の次の場所へと規則正しい進行で到達する、秩序ある運動があるのだが、[8] しかし、われわれにはすべて

---

(1) テオン一四九・一〇—一五「しかし、人がそう言うのは、きわめて尊く神的で不生不滅で永遠なもの［惑星］が、劣った死すべき可滅的なもののために生じたからではなく、むしろあれらは、最も美しく最善で最も至福であるゆえに、常にそのような状態にあるのだが、地上のものは付帯的にあれらに従っているからである」。

(2) 「火の物体としての性質の結果として」という意味か。あるいは materiam を aetheriam と読めば、「アイテールの次にくる火は」となり、テオン一四九・二一—二二の記述と一致する。

(3) 二〇—二二参照。

(4) 本節についてはテオン一五〇・三—一八、一五一・二〇—一五二・二参照。

(5) 「しかし、この不安定は」からここまでの記述はテオンにはない。

(6) テオン一五〇・一五—一六では、この後に「ピュタゴラスが最初に考えたように」とある。

(7) 「人間の視覚によって」以下、テオン一五〇・一七—一八では、「付帯的に（*κατὰ συμβεβηκός*）何らかのさまざまな均一でない運動が生じるからである」とある。この後テオン一五〇・一九—一五一・一九の記述はカルキディウスにはない。

(8) 「均等な（aequalis）」運動とは等速運動であり、「秩序ある（ordinatus）」運動とは方向が一定の運動のことであることがわかる。ちなみに、シンプリキオス『アリストテレス「天について」註解』四八八（Heiberg）によれば、古代天文学の大前提、「どのような均一で秩序ある運動（*ὁμαλῶν καὶ τεταγμένων κινήσεων*）が仮定されるなら、惑星の運動に関する現象が救われるか」という問題を最初に提起したのはプラトンであった。

の惑星は均等な運動ではなく、無秩序な進行で運ばれているように見えるのである。

七八　それでは、(1)われわれはこれらの誤りと思い込みの原因を何と言うであろうか。かつてピュタゴラスによって考えられ語られた原因がそれである。すなわち［惑星は］各自の球にしっかりくっついたまま運ばれるのだが、われわれの視力が弱いために、獣帯に沿って運ばれるように思われることである。(2)このことはまさに、惑星のうちのあるものにおいて、つまりすべての惑星がそれに沿って運ばれているように見える、太陽において考察すべきである。

すなわち、獣帯の円を記号ΑΒΓΔに沿った円軌道とせよ。これと全宇宙の中心に位置する文字をΘとせよ。そこに大地は結集して静止しているとわれわれは言う。これを通って二本の線を真っ直ぐに引き、等しく計られたこれら四つの文字ΑΓとΒΔにおいて、どちらも直径になるように円を二度切る。ΑをΓ牡羊座の始まりに、Βを蟹座の始まりに、Γを天秤座の領域に、Δを山羊座に置かれたものと

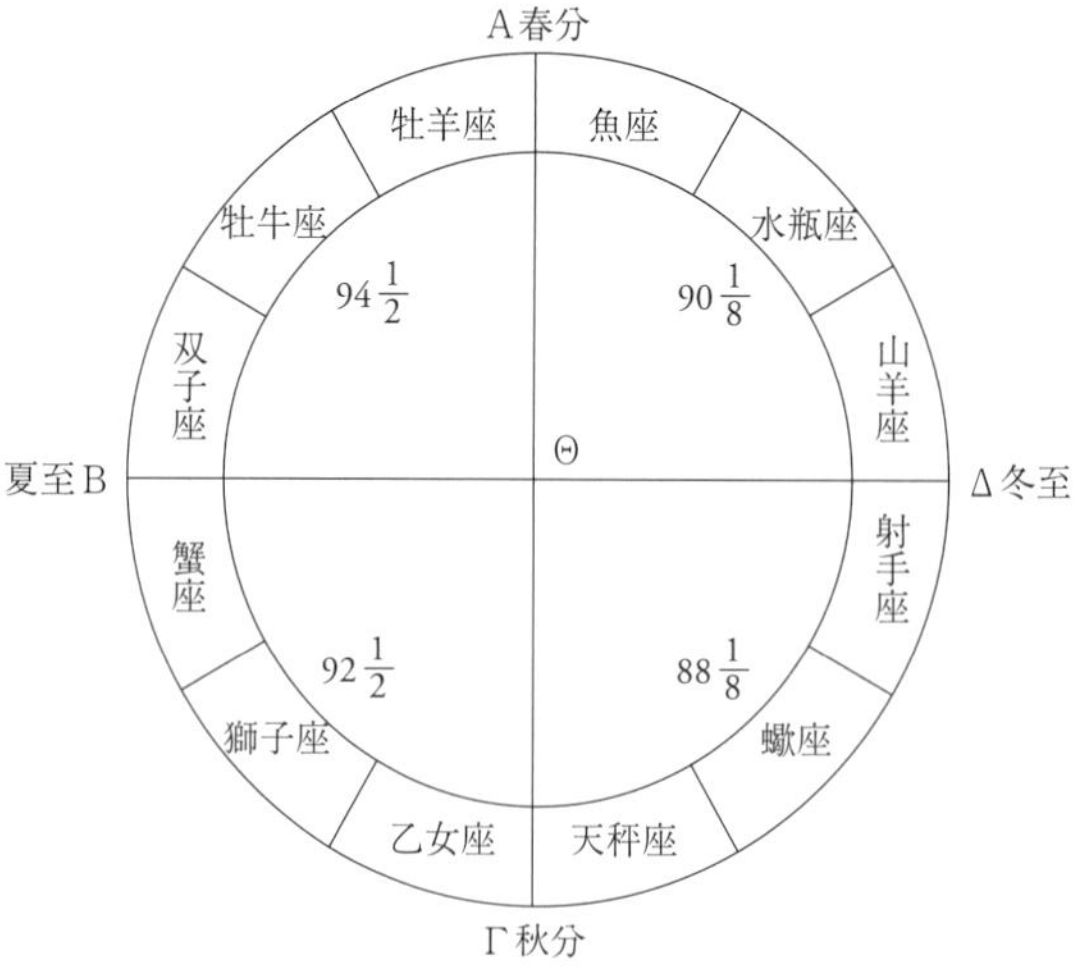

13図

理解せよ。したがって、Aに来る太陽は春分を、Bに来る太陽は夏至を、Γに来る太陽は秋分を、Δに来る太陽は冬至をなすことが見られる。それゆえ、宇宙の等しいこれら四つの部分AB、BΓ、ΓΔ、ΔAを、太陽は等しくない異なった時間で巡ることが見られる。なぜなら、太陽は春分から夏至までの間にある天の空間を、ほぼ九四と半昼夜で通過し、夏至から秋分までを九二と半昼夜で到達し、秋分から出発して冬至までを八八日と八分の一日で到達し、冬至から春分までの間にある残りの空間をほぼ九〇日と八分の一日で通過するからである。(3) したがって、円のすべての道のりをおよそ三六五昼夜と四分の一日で通過することが、すべての人に一致して信じられている。双子座の領域からが最も遅く、射手座の終わりからが速く、乙女座と魚座の通過においては中位である。

しかし、神性を備えた自分の本性に反して、それら［天体］が何か無秩序なことをなしたり受けたりするということはありえない。(4) このことから、太陽も他の星も各自の円に沿って均等に秩序立って運行しているのに、大地の領域から眺めているわれわれにとっては、太陽の円ではなく獣帯の円であるABΓΔに沿って運行しているように見える、ということは明らかである。

---

(1) 本節についてはテオン一五二・二—一五三・二〇参照。
(2) 七四第二段落、七七でも語られている。
(3) プリニウス『博物誌』第一八巻二二〇参照。
(4) テオン一五三・一六—一七「われわれの主張では、神的なものはすべて均一に規則的に運動することが自然的であり必然的である」。

七九　したがって、[1]太陽はこの獣帯の円に沿ってではなく、太陽に固有である別の太陽の円に沿って運行しているのだから、もしどちらの円にも一つの同じ中心点がΘにあるとしたら、太陽の円は獣帯と同じ割合で分割されて、同じ欠陥と不等さの中にあることが見出され、同じ仕方で円ΑΒΓΔの等しい四つの部分を、ある部分はより多い日数で、他の部分はより少ない日数で通過することになるだろう。しかし、もしこれらは星辰の本性に反して誤って人間が考えたことだと理性が証明したなら、確かに太陽がそれに沿って運ばれるあの球の中心点がΘにはないことは明らかであろう。

したがって、太陽の円は自らの中にΘを含むが、中心点としてではないのか、あるいはまさにそのΘを通って通過するのか、あるいは自分の内側からまったく遠ざけているのか、のいずれかである。だが、太陽がΘすなわち大地を通って行くことは不可能である。なぜなら、地上のものは太陽の炎によって燃えてしまうだろうし、つねに太陽の球が上にあるとしたら、昼が永久に続き、夜が昼と交代することはなく、すなわち太陽はけっして沈まなかっただろうから。したがって残るのは、Θは太陽の円の周の内側にあるか外側にあるかである。どちらの仮定も論拠をもっていることが示されるだろうから。

このことは数学者［天文学者］たちの間に論争を引き起こした。ある人たちは中心を外れた球、すなわち大地を自らの内に含むけれども自分の中心点としてではない球によって惑星は運ばれていると主張し、他の人たちはむしろ周転円、すなわち大地から離れていて、大地にまで張り出していない球によって運ばれていると主張しているからである。[2]

八〇　それでは、[3]太陽の離心円がΕΖΗΚであり、弧ΕΖの下の中央に、つまりΜがあるところに中心点をもつとせよ。すると、この円が三六五と四分の一部分に、同じ部分に等しく分けられたとすれば、弧EZは九四と半分の部分を含むだろう。他方、弧ZH(4)は九二と半分の部分から成り、同じく弧HKは八八と八分の一部分をもち、残りの弧KEは九〇と八分の一部分から成り立つだろう。したがって、次のことは必然である。太陽は、Eがある部分に近づくときには、宇宙全体の中心点Θすなわち大地で活動し、そこから可能なかぎりで眺めているわれわれにとっては、(5)Aの上を運行しているように見える。その領域は太陽の円ではなくて、獣帯のずっとより高い頂上であり、そこまでわれわれの視覚は到達することができないのだけれども。(6)

そして、このように太陽が他の三つより大きな弧EZに沿って等速で進み、必然的により多い日数でより大きな弧を通過してZに到達したときには、Bに到達したように見えるだろう。そして、弧ABを通過した

(1)本節についてはテオン一五三・二〇―一五四・一参照。

(2)以下八二にかけて、太陽の不均一に見える運行が離心円(eccentrus)と周転円(epicyclus)によって説明される。実際には、これは太陽を巡る地球の軌道が楕円であることによる。離心円と周転円が考案されたのは前三世紀後半と考えられるので、プラトンがこのような説明を考えていたことはありえないが、カルキディウスはこれらを前提として天文学の解説を行なっている。プロクロス『「ティマイオス」註解』第二巻二六四・一九―二二(Diehl)では、プラトンは離心円や周転円には一切言及しておらず、七惑星の軌道はすべて同じ中心をもつと考えていたと言われている。

(3)本節では14図を用いて、離心円によって太陽の運行が説明される。テオン一五五・一―一五七・一一参照。底本掲載の写本の図は誤っている。テオンの図はカルキディウスの図と若干異なる。

(4)底本にEHとあるのはZHの誤植であろう。

(5)テオン一五五・七「Θから真っ直ぐに見ているわれわれには」。

(6)この一文はテオンにはない。

ときには、あたかも獣帯の円の等しい四分の一の部分を、等さの比が定めるよりも多い日数で[1]運行したように思われる。さらに、自分の円の二番目の大きさの弧 ZH を等速で通過して、九二と半日で——なぜならその弧はこれだけの部分から成るのだから——Hに到達したときには、われわれにとってはΓに到達し、等しい弧 BΓ を、あたかも先の弧よりも少ない日数で通過したように見えるだろう。同じように、最も小さな弧 HK を通過して、これは八八と八分の一の部分なのだから、それと同じ日数で進んでKに到達したときには、Θの領域から眺める者にとってはΔの上に運ばれたように見え、等しい弧を他より少ない日数で通過したように思われるだろう。そして、弧 KE が数の配分に従って、九〇と八分の一日で通過されるときにも同様の錯誤が維持され、ついに一年の循環が完了して太陽がEに現われると、等しい弧 ΔA を他とは等しくない異なった速さの進行で通過したように思われ、自分の円の出発点Eに現われたのではなく、別のすなわち獣帯の円の頂点Aに現わ

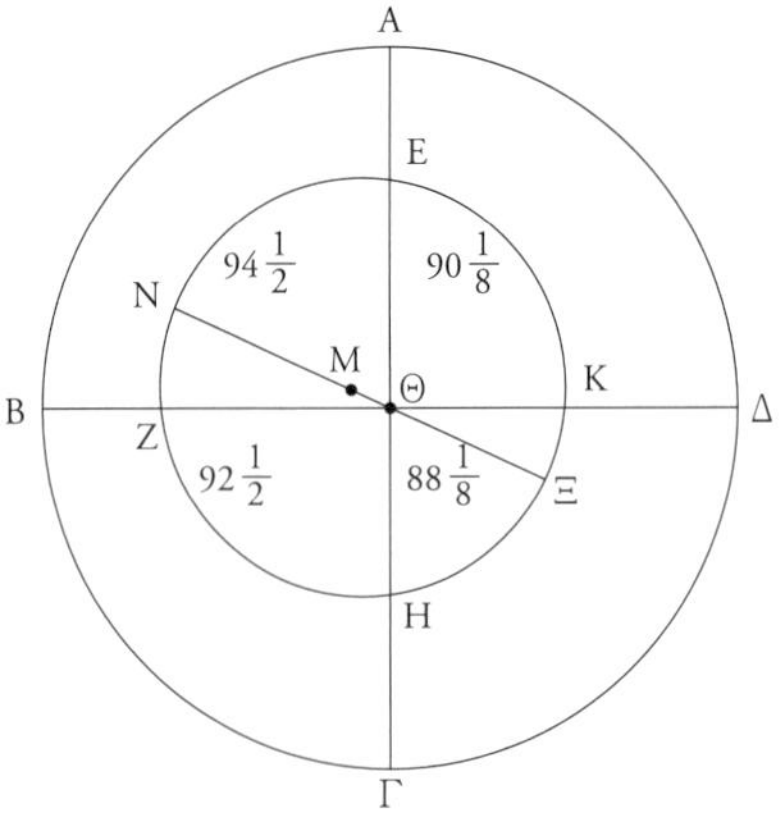

14図

れたように思われる。

さて、二つの円の、すなわちより大きい獣帯の円とより小さい太陽の離心円の、二つの中心点を結んでMΘとし、次にこれに沿って引かれた線NΞを延ばすと、円EZHKの中心点はMで、円ABΓΔの中心点はΘであるから、線NMとMΞは等しいであろう。したがって、線NMはΞΘより長く、それゆえNΘはΘΞよりさらに長い。それゆえ、Nを通って運行する太陽は、大地すなわちΘからより遠く離れており、われわれによって遠くからより小さく、またさらにより遅く見える。これはほぼ双子座の五度半のところで起こる。他方、Ξを通って運行し大地に最も近いときには、眺める者にとってより大きくより速いと思われる。これはちょうど射手座の五度半のところで起こる[2]。他方、魚座か乙女座を通るときには、高さも速さも中位になる。

八一　さて[3]、太陽の運動が不規則だと考えられているのは誤りであることを、われわれは離心円において論証したのだから、今度は、ある人々が考えているように、周転円によって運ばれているとすれば、それでもやはり太陽の運動は規則正しく節度ある進行で一年を巡り終えることになることを、われわれは周転円を解説した図によって説明しよう。ある円によって運ばれる球が周転円と呼ばれる。そこで今度もまた、記号

(1) テオン一五六・三「同じ日数ではなく不均一に」。
(2) 八二、マルティアヌス・カペラ『フィロロギアとメルクリウスの結婚について』第八巻八四八参照。
(3) 本節と八二では15図を用いて、周転円によって太陽の運行が説明される。テオンのテクストでは、周転円の解説は一五八・一〇から始まって相当詳しく述べられているが、本節の記述と対応するのは、一五九・一一三、一六〇・一二一一六、一六三・四―一二。

ΑΒΓΔが限る円を獣帯とし、他方、太陽の円は獣帯の円の中心点を含まないもの、すなわちEZHKとし、それ自身は固有の中心点Mをもつものとせよ。そして点ΘからMまでの間隔で［ΘMを半径として］円MONΞを描く。そして周転円EZHKは、全宇宙の回転とともに、他の火［星］と同様に東から西へと毎日の運行によって運ばれるが、しかし［年周運動としては］宇宙全体の運行とは反対に自然的に運ばれ、さらに、太陽は同じ周転円に固定されて、宇宙全体の回転に従って運動する、と理解せよ。したがって、周転円EZHKは描かれた円MONΞに沿って自然的な運動で、宇宙全体の運行とは反対に、規則的に均等に運行し、一年の時間でその軌道を巡り終えるとせよ。そして太陽はこの同じ周転円に固定されて、自分の周転円の運動とは反対の運動を行なう[1]が、宇宙全体の随伴には従うとせよ[2]。

　したがって、周転円EZHKは円MONΞに沿って進み、文字Oに到達するときに、宇宙の四分の一を通過するだ

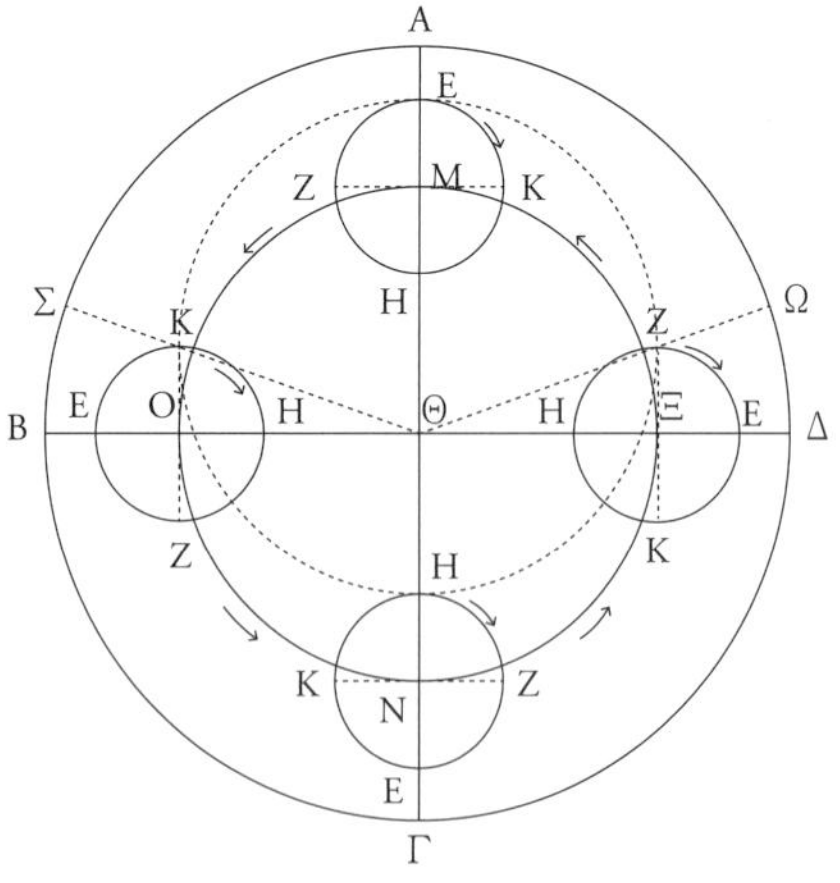

15図

ろう。そのとき太陽はEからKまで進むだろう。すると太陽は文字O［の上のK］のところにあるだろう(3)。しかし、大地すなわちΘから眺めているわれわれにとっては真っ直ぐに向けられた視線によって、記号B［Σ］にあるように見えるだろう。かくして、宇宙の四分の一の部分を通過したときに、四分の一より小さい部分を通過したように見えるだろう。またさらに、同じ周転円が文字Oの領域から進んでNまで到達するとせよ。すると、太陽はKからHまで進み、N［の上のH］のところにあるだろう。しかし、真っ直ぐ向けられた視線で眺めるわれわれにとっては、文字Γのところにあるように見えるだろう。かくして、［周転円が］宇宙の等しい四分の一の部分を、文字B［O］から文字Γ［N］まで通過したときには、［太陽は］四分の一より大きな部分［ΣΓ］をより速く急いで通過したように見えるであろう。さらに、同じ周転円が宇宙の

(1) 導円MONΞは周転円EZHKと反対方向に回転するということ。

(2) 太陽が周転円EZHK上をE→K→H→Z→Eの順に等速で一回転するとき、同時に周転円の中心は導円MONΞ上をM→O→N→Ξ→Mの順に等速で一回転するものとする。すると、これら二つの等速円運動の合成から、太陽は図の破線の円EKHZ上を等速で運行することになる。

(3) カルキディウスの底本掲載の写本の図と説明には、テオン一六三の図にある二点σとωが欠けているので、以下の記述はこのままでは理解できないものとなっている。さらに、写本の図は記号ZとKの位置が誤っており、テオンの図の線分σθとθωの名残を思わせる二本の線が、中途半端な位置に引かれている。しかし、写本の図にΣとΩの二点を補ってZとKの位置を修正し、訳文中に［ ］を付して記した記号を直前の記号と入れ替えて、もしくは補って読むなら、カルキディウスのテクストは、テオンの説明とほぼ一致した十分正しい説明になる。したがって、もともと正しい説明だったものが、写本の書き写しの過程で、図に誤りが生じたために、テクストもそれに合わせて記号が書き換えられてしまった可能性も考えられる。

別の等しい部分、NΞ[1]を通過し、太陽も前と同じくHからZへと進むとせよ。すると太陽はΞ［の上のZ］のところにあるだろう。しかし、われわれにとっては文字Δ［Ω］のところにあるように見えるだろう。かくして、宇宙の等しい四分の一の部分を通過したときに、獣帯の円のΓΔより大きな部分を通過したように思われるであろう。さらに最後に、残りの四分の一の部分を同じ周転円が通過するとせよ。すると太陽がEに到達して、一年後にもとの場所に現われるときには、太陽はAのところにあるように見え、獣帯の道ΔA［ΩA］を通過したように思われるであろう。

八二　以上の理論によって、周転円の運動に従っても、われわれに見えていることは実際に起こっていることとは異なって見えているということが明らかになる[2]。すなわち、太陽は双子座にあるように見えるときには、見た目にはより遅く小さく見え、他方、射手座にあるように見えるときには、最も大きく最も速く見える[3]。それももっともなことである。なぜなら、周転円EZHKの運動によって、太陽は円MONΞに沿って［Mの上の］Eから［Oの上の］Kへと、自分の周転円が運ばれるのとは反対に進みながら、時間をかけながらゆっくりとOまで運ばれ、弧MOをゆっくりと進むので、獣帯の円のABの領域をいっそうゆっくりと進むように思われるからである。そしてさらに、先に述べた周転円が弧ONを進む運動によって、太陽はちょうどKからHまで進むので、宇宙の回転運動とともに運行し、それによって促進されて急いでより速く獣帯の四分の一を通過するように見えるであろう[4]。また同じように、弧NΞに沿った周転円の運動によって、太陽はちょうど［Nの上の］Hから［Ξの上の］Zまで自分の周転円の運動に先行するかのように進むので、獣帯に沿った運行をせきたてるように見える。またさらに、弧ΞMに沿った同じ周転円の運動によって、太陽は［Ξの上の］Ｚから［Ｍの上の］Ｅまで、自分の周転円の運行とは反対に進みながら、時間をかけてよりゆっくりとＭまで運ばれ、四分の一部分のΞＭをよりゆっくりと通過するので、獣帯の円の四分の一のΔＡをずっとゆっくりと通過したように思われる。こうして、周転円も一年が経過すると自分の軌道を巡り終え、太陽も自然の軌道を巡り終える。太陽の周行の中でΘから［Ｍの上の］Ｅまでの距離、すなわち大地から太陽の周転円の最も高い境界までが最大で、同じ周転円の最も下の境界［Ｎの上のＨ］までが最小である。

八三　同じようにして、[5] 他の惑星もそれぞれの球にくっついて運ばれているのだが、われわれにとっては先に説明した理由から、[6] 獣帯に沿って運ばれているように見えるのである。すべての惑星における遅さと速

（1）Mageeとともに NZ を NΞ と読む。

（2）テオン一六四・一三―一四「その結果、この仮定によって現象は救われるだろう」。以下本節についてはテオン一六四・一四―一六五・一七に対応するが、テオンのテクストには欠損がある。前節同様、本節の説明もこのままでは理解できない。

（3）八〇末尾参照。

（4）テオン一六五・四―一一を参考にすると、「なぜなら」以下の記述は次のようなことを言いたいのだと思われる。周転円 EZHK の中心がＭからＯまで進むときには、周転円上の太陽はＭの上のＥからＯの上のＫまで、導円の進行方向とほぼ反対方向に進むので、獣帯上を遅く進むように見えるが、周転円の中心がＯからＮまで進むときには、太陽は周転円上をＯの上のＫからＮの上のＨまで、導円の進行方向とほぼ同じ方向に進むので、獣帯上を速く進むように見える。以下に述べられる、周転円の中心がＮからΞ、ΞからＥに進む場合も同様である。ただし実際は、太陽の進行は破線の円に沿って等速で進むことになる。

（5）本節に対応する記述はテオンにはない。

（6）七四第二段落、七七、七八第一段落参照。

さも同じように理解すれば、その理由が説明できるだろう。他の惑星は、太陽とは同じでないさまざまな時間で自分の軌道を通過し、それらのうちのあるものは、あるときにはあまりの遅さのために止まっているように見え、またあるときには後戻りするように見えるほどだけれども。

すなわち、太陽はより小さな、一年で巡る円を回りながら、あるいは高くなり、あるいは低くなり、あるいは中心から天の異なった領域へと遠ざかるとき、比較的小さなさまよいが起こるようにわれわれには見えるが、そのすべての不規則を、巡る一年の限度によって包摂している。その他の惑星は、それぞれが個々別々に、自分が運行する円の大きさと、軌道を巡り終えて出発点に回帰するのに要する時間の長さに従って、出発点に戻ってくるゆえに、その運動はさまざまに異なった多様な状態にあるのも、もっともだと思われる。実際、あるもの［火星］は二年で、別のもの［木星］は一二年で、第三のもの［土星］はほぼ三〇年で、自分の軌道を巡り終えるからである[1]。

このことから次のことが起こる。すなわち、われわれの視覚は星の運動を観察しながら、円の小ささから生じるある星の近道も、またきわめて大きい軌道の通過から生じる他の星々の遅さも理解せず思い至らないので、ある惑星は先行し、ある惑星は停止し、ある惑星は逆行すなわち後ろに運ばれる、と想像するのである。このことは太陽と金星と水星の周行には、円の小ささと、それらが自分の軌道を巡り終える時間の短さのためにごくわずかしか現われず、月の運動においてはなおさらそうである。実際、これらの惑星の運動にはいかなる留も逆行も見られない[2]。それらが見られるのは、より大きな軌道をそれに比例した長い時間をかけて通過するあれら［火星、木星、土星］においてのみである。

八四　しかし、[3]アリストテレスはすべての人の見解に反して、次のように述べている。アイテールの物体が静止しているのに、星があたかも解放されたかのように自由な運動でもって運ばれることはないし、万有の運動に従って動くことも、その反対に動くこともない。むしろ星はすべて一つの同じ自然的な宇宙の回転運動によって引かれていると。そして彼は、離心円の説も周転円の説も否定している。[4]なぜなら、描かれた線であり物体性を欠いている円によって、星の本物の固い物体が動かされることはできないからだと言っている。[5]というのも、どうして物体が非物体的なものの絆によって結びつけられることができようか。むしろ、あの第五の物体[6]の本性に相応しいのは何らかの球であり、これらの球が天全体にわたってさまざまな異なっ

(1)七〇第二段落参照。
(2)実際は、太陽と月以外の惑星にはすべて逆行が見られる。九七では太陽と月以外の五惑星には留と逆行が見られると言われている。順行・留・逆行については七四第一段落参照。周転円による順行と逆行の説明については八五参照。
(3)本節についてはテオン一七八・三―一七九・二参照。
(4)この一文はテオンにはない。離心円と周転円が考案されたのは前三世紀後半と考えられるので、これはもちろんアナクロニズムである。アリストテレス自身は、エウドクソスによって考案された同心天球説を採用していた。アリストテレス『形而上学』Λ巻第八章一〇七三b一七―一〇七四a一四参照。
(5)アリストテレスは、天球は物体だと言っている。アリストテレス『天について』第二巻第十二章二九三a七―八参照。後の天文学者たちは一般に、天球は現実の物体ではなく幾何学的存在と考えた。とくに周転円を採用した場合には、天球を物体とみなすことは困難である。
(6)アイテールのこと。アリストテレス自身は「第一の物体」と呼んでいる。アイテールについては、アリストテレス『天について』第一巻第二章二六八b一四―第三章二七〇b二五参照。

た運動で運ばれる。それらのうちのあるものはきわめて大きく、あるものはきわめて小さく、あるものは高いところを運動し、あるものは低いところへと押し込められ、さらにあるものは中空で、またあるものは稠密で、星々の物体を保持している。これらすべては他の少しもさまよわない星々と同じく、天に固定されており、そして(1)低い場所や高い場所やさまざまな領域から西へと運行する。これが円の形が描かれる理由である。なぜなら、天のさまざまな領域から一つの場所へと走り寄ることが、あたかもさまざまな小道の跡のような線を引くからである。まるで、諸々の船が海のあらゆる領域から一つの同じ港へとさまざまな時間で運ばれるように。さて、惑星の一定でない運行については、これで十分に述べられた。

八五　これら〔惑星〕のうちのあるものは、ときには進行中に静止し、ときには逆行し、またときには獣帯の円の特定の星座を追い越し、ときにはとどまり後に残るようにわれわれに見えるのだから、次にはこの映像の原因は何であるのかを考察することである(2)。それでは、獣帯の円をΑΒΓΔとし、その中心の点をΘとし、さらに、任意の惑星の周転円をΕΖΗとし、同じくその中心の点を文字Μとせよ。この中心を固有の軸のようにして、同じ周転円は自分の中に置かれた星といっしょに、獣帯の円と等しい運動で、つまり東から西へと運ばれる(3)。さら

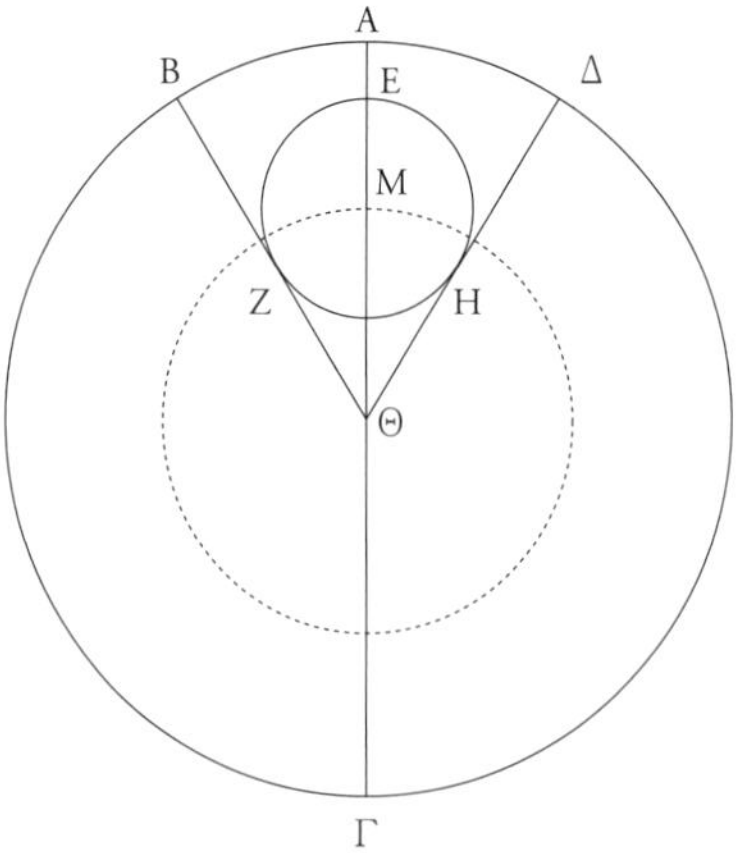

16図

に、Θの地点から、周転円の周の両端に接する二本の斜めの線ΘZBとΘHΔを引き、また周転円の中心点Mを通って上方へ線ΘMAを引くとせよ。すると、星はZにあるときには、大地から真っ直ぐに向けられた視線によって眺めているわれわれにとっては、Bがある獣帯の地点に位置するように見える。そして、弧ZEを通過したときには、獣帯の弧BAを通って、先行する星座の方へと前進したように見える。同様に、弧EHを通過したときには、獣帯の弧AΔを通過し、いまや先行する星座に向かって急ぐように見えるだろう。他方、HZの領域を通過したときには、われわれにとってはΔAを通って、ついには[4]Bへと向かって戻り、後続の星座と出会い、それゆえ逆行したように見えるだろう。そして、Zからあまり大きな距離を離れないときには、また今度はあたかも同じ場所Bに長くとどまっているように見えるだろう。だが他方、より遠くへ離れて、地点Eを通過してHへと到達したときには、今度はΔに位置し、先行する星座を追い越したように見え、またHから遠く離れるときには、HZを通ってBへと後戻りするように見えるだろう。

(1) これ以下の記述はテオンにはない。
(2) 16図を用いて惑星の順行と逆行と留が説明される。本節についてはテオン一九〇・一一一九一・三参照。
(3) この一文はテオンにはない。これは日周運動への言及であろう。惑星は年周運動においては西から東へと進むからである。これに対し、恒星は年周運動において東から西へ一年で一回転する。カルキディウスも八六で、「わたしも数学者たちに従って、周転円EZHは宇宙全体の運動とは反対に運ばれるものとする」と述べている。ただし、本節では説明を簡単にするために、導円の運動と恒星天球の年周運動は省略されている。
(4) Mageeに従って、AΔをΔAと読む。

八六　しかし[1]、数学者〔天文学者〕たちの見解は哲学者たちの見解と同じではない。哲学者たちは目に見えることにではなく、星の自然的な運動に関心を寄せているのである。すなわち彼らは、いかなる星も異なったり反対であったりする運動によって、万有の運動と回転に反して運動することはなく、むしろすべての星は自分自身の自然本性に従って一様に運行すると主張している[2]。そこで、わたしも数学者たちに従って、周転円 EZH は宇宙全体の運動とは反対に運ばれるものとする[3]。それゆえ、星は H にあるときには、Δ のところにあるように見えるであろう。弧 EH を通過したときには、後続の星座の順序に従って進み、獣帯の弧 AΔ を通過したように思われる。しかし、弧 EZ が通過されたときには、同じく今度も後続の星座へと向かって進むように見えるであろう。他方、弧 ZH が通過されたときには、逆に Δ に位置するように見えるであろう。弧 BA を通って Δ の方へと後ろに戻るので、それゆえ逆行したように見えるからである。かくして、自然学者たちの理論によっても数学者たちの理論によっても、見た目の静止と先行と逆行は解明される。

八七　惑星の最大の高さ、中間の高さ、最小の高さは何であり、どのようにして起こるのか、惑星は離心円によって運ばれるのか、周転円によって運ばれるのか、これらのことを詳しく説明することは冗長である[4]。したがってわれわれは、合――これをわれわれは別の名前で集合とも呼び習わしている――と、遮蔽と輝き出ることと突然の陰りを説明することにしよう[5]。

さて、議論の始めは次のようであろう。われわれの視線は自然的に真っ直ぐに延びてゆき、さらに恒星天球と言われる球ははるかに高く秀でており、その下に諸惑星の球が、先に説明したような順序で置かれているのだから[6]、最も低く大地に最も近い月の球は、われわれの視線と星辰のうちのあるものとの間の直線上に自らを置くとき、自分より上に配置された他の星辰を遮り、恒星も惑星もすべてを[7]覆い隠すことは明らかである。さらに、太陽は――月は時々これを遮る――より上にある他の星を異なった理由から隠す。あるいは、近づいたときに自分の光の明るさによって他の星の光を覆い隠すことによって。[8] あるいは、自分が障害となることでわれわれの視線を遮ることによって。他方、水星と金星はわれわれの視線からより上の星を、間に入ることで排除もするし、また、等しくない大きさと軌道の傾斜と配置の相違のために、互いにより高くなったりより低くなったりして、しばしば互いに遮り合ってもいる。というのも、これらにおいては、ほとんど離れることなく一緒に連れ立って運行しているので、正確な把握は難しいからである。メルクリウス［水星］だけは、身体が最小で火も小さく、いっそう太陽に接近しくっついているので、太陽の炎によって

（1）本節に対応する記述はテオンにはない。テオン一九一・八―一九二・二一では、離心円と周転円が等価であることが論じられている。

（2）八四でも、アリストテレスは離心円と周転円を拒否し、「星はすべて一つの同じ自然本性的な宇宙の回転運動によって動かされている」述べたとされている。

（3）一一七頁註（3）参照。

（4）この一文はテオンにはない。

（5）以下、月蝕、日蝕、その他の惑星の星蝕が説明される。

（6）「合」については九五頁註（1）参照。「遮蔽（obstaculum）」と「陰り（obsculatio）」とは蝕（defectio = ἔκλειψις）のこと。「輝き出ること（effulsio）」については七一参照。本節についてはテオン一九二・二二―一九四・四参照

（7）テオン一九三・三―四「すべての惑星と、恒星のうちのあるものをも」。

（8）七一参照。

覆い隠されもする。マルス［火星］は自分より上の二つの惑星をしばしば[1]隠す。最も高い土星もまた自分の前を遮る木星によって隠されるし、すべての惑星は自分より上にある直線上の恒星を覆い隠す。同じく月も、太陽と直径だけ隔たり[2]大地の陰に入るときには覆い隠されるが、これはすべての月齢のときに起こるのではない。それは、すべての合において、すなわちすべての新月において、太陽の陰り［日蝕］が起こるわけではなく、あるいは、すべての満月において月の苦難や陰り［月蝕］が起こるわけでもないのと同様である。その理由は、これらの円が傾斜の点で互いに非常に異なっているからである。

八八　すなわち、[3]太陽は獣帯全体の中央の基準線の真下をわずかにずれて、あるいは南へあるいは北へ、約半度傾きながら運行していると言われているが、[4]しかし月は、ヒッパルコス[5]が主張したように、どちらの側にも一〇度逸れていることが見出される。[6]それゆえ、太陽と月の両者の面としての軌道円、すなわち平らでいかなる固体性も欠いた軌道円を、もしわれわれが心でもって、［両者の］軌道円の中心を通って引かれた一本の線が二つの平らな軌道円に背骨を印づけるように、そのように互いに対して真っ直ぐな位置に置かれていると考えるとすれば、両者の直径は同じ線となるだろう。そして近い方の円を切るその頂上の部分はカタビバゾーン［下降点］と呼ばれ、他方、同じく上へ向かうより大きな軌道円を切る最も下の部分は

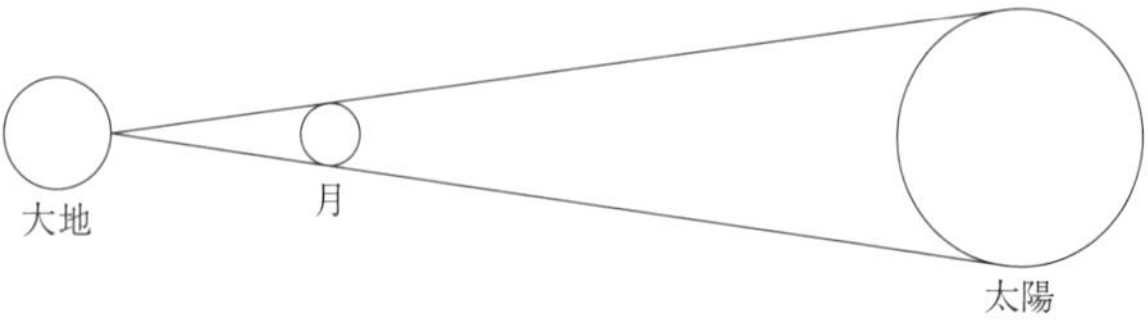

17図

アナビバゾーン［上昇点］と呼ばれる。(7) それゆえ、もし太陽と月の合が真っ直ぐに、いわば鉛錘の定める方向に起こるなら、(8) ［二つの］物体は走り寄って互いに最も近くなるので、月はわれわれの視線の前に横たわり、視覚の狭い通り道を占領して妨害し、太陽の光をわれわれから遮断するだろう。より小さいけれどもずっとより大きなものを、真っ直ぐでそれゆえ狭いわれわれの眼の通り道を遮って、見えなくするのである。(9) 他方、もしそれらの合が鉛直にではなく、間隔の縦［黄経］は同じだが、横［黄緯］を真っ直ぐからいくぶん逸ら

（1）テオン一九三・二〇「ときには」。

（2）地球を挟んで太陽と月が獣帯上の一八〇度反対の位置にあること。

（3）以下、日蝕が起こる条件が語られる。本節についてはテオン一九四・四―一九五・四参照。

（4）七〇第一段落参照。

（5）前二世紀後半の著名な天文学者。体系的な天文観測を行ない、地球の歳差運動を発見した。

（6）七〇第一段落では一二度と言われている。実際には約五度である。

（7）テオン一九四・一三―一九「太陽と月の両者の円を通る［二つの］平面が作り出されたと考えると、それらの面に共通の真っ直ぐな切片があるだろう。両者の円の中心はその上にある。この真っ直ぐな切片はある意味で両者の円の共通の直径であるだろう。これらの円が互いにそこで切られていると考えられる、その直径の両端は［二つの円の］交点であり、一方はアナビバゾーン、他方はカタビバゾーンと呼ばれる」。

（8）「鉛錘の定める方向に（ad perpendiculi destinationem）」とは、地球の中心へと向かう方向のこと。後出の「鉛直に」も同じ。つまり、太陽と月と地球の中心とが一直線上に並ぶこと。

（9）17図参照。底本掲載の写本の図は、太陽と地球を結ぶ直線の引き方が誤っている。

して、火［太陽と月］の一方は北へ、他方は南へと傾いて起こる場合には、いかなる陰り［蝕］も起こらない。[1]

八九　他方、[2]月の苦難あるいは蝕は次のようにして説明される。大地の影が侵入するときに蝕が見られることは、すべての人に明白である。[3]しかし、なぜいつもあるいは毎月見られないのかは、次のように説明すべきである。光を発する火［天体］の光線は、遮る物体のさまざまな形の影を作りながら真っ直ぐに進む。それゆえ、光を発する火が、そこから影が出るところの物体と等しい場合には、火も物体も球形であるとすれば、円筒形の影が生じるだろう。たとえば、光を発し輝くものをABとし、照らされるものをΓΔとし、これらは両者とも等しくて丸いとせよ。すると、一方はAΓ、他方はBΔの光線は、真っ直ぐに上って、互いに沿って等しい距離に位置する［平行になる］ことは明らかである。当然である。円ABの直径は、円ΓΔの直径と等しいからである。同じこれらの光線が上に伸びるとせよ。すると、光線AΓEは光線BΔZと等しい真っ直ぐさで［平行に］、すなわち傾くことなしに隔たっているだろう。それゆえ、ΓEも光線ΔZに対して傾くことなしに隔たり、どちらの光線も無限に伸ばしたとしても、等しい真っ直ぐさで延長し、それらの先端はけっして一致したり互いに接触したりすることはないだろう。このようであるからには、球ΓΔの影は、無限に長くなるとしても、円筒形になることは疑いない。[4]

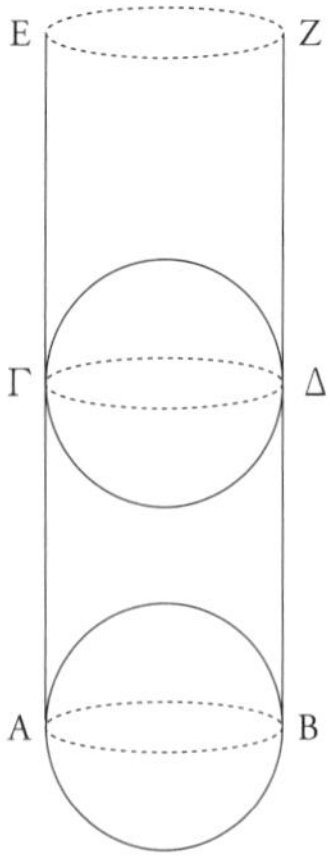

18図

九〇　しかし、[5]もし照らすものが、HΘ のようにより小さく、照らされるものが、KΛ のようにより大きいとするなら、球 KΛ の影 KMΛN は籠の形［円錐台］であり、影が無限に大きくなるとしても、この形は変わることがないのは明らかである。というのも、直径 KΛ が直径 HΘ より大きい[6]のだから、明らかに光線 HKM も ΘΛN も、無限に延ばすほどより幅が広くなる影を形作るからである。それゆえ、もし影が円筒形か籠形であるとすれば、夜にわれわれの上に掛かる多くの星々が、［大地の］影があちらこちらで遮り邪魔することによって、われわれから見えなくなることは必然である。[7]しかし、このことはばかげている。したがって、照らす球は照らされる球よりつねにより大きくなければならない。[8]したがって、もし光をもたらすものが、ΞΟ のように大きさにおいて勝っていて、照らされるものが、ΠΡ のようにより小さくて、さらに両者とも球

---

(1)合のとき月と太陽は同じ黄経上に位置するが、黄緯が異なっていれば、太陽と月と地球は一直線上に並ばないので日蝕は起こらない。黄経とは黄道上の春分点を基準とした天球上の経度、黄緯とは黄道を基準とした天球上の緯度。

(2)本節についてはテオン一九五・五—一九六・四参照。

(3)テオン一九五・七「しばしば語られている」。

(4)プリニウス『博物誌』第二巻五一参照。

(5)本節についてはテオン一九六・五—一九七・七参照。

(6)HM と ΘN が大きさの異なる二つの球に接する線分で、H、K、Θ、Λがそれぞれ球との接点だとすると、KΛ と HΘ は正確には球の直径に一致しない。

(7)もちろん、恒星は太陽の光を反射して輝いているのではないので、たとえ地球の影になっても見えなくなることはない。

(8)「それゆえ、もし影が」からここまでに対応する記述はテオンにはない。

であるとするなら、円ΠΡの影ΠΡΣは円錐形となり、頂点で止まり、そこで終わる。[1] 光線ΞΠとΟΡは上に伸びて、記号Σのところで互いに接する。これは同じことから起こる。なぜなら、直径ΠΡは直径ΞΟ[2]より小さく、それゆえ影の形は円錐になるからである。

九一　したがって、[3] ヒッパルコスは『太陽と月の距離と間隔について』[4] と題された彼の著書の中で、太陽の大きさは大地の一八八〇倍であり、大地は月の二七倍であり、[5] 太陽は月よりもずっと高いと述べているのだから、大地の影が円錐に似た形になるの[6]は明らかである。というのも、太陽の光線ΞΠとΟΡは、大地の直径ΠΡに接して狭くなり、左右のすべてを照らす。他方、大地は太陽の光を遮って、自分の回りに溢れる光によって影を作る。その影は、大地の直径の幅から前進しながら狭くなり、細くなりながら狭さの最終点に至る。大地と太陽から直径だ

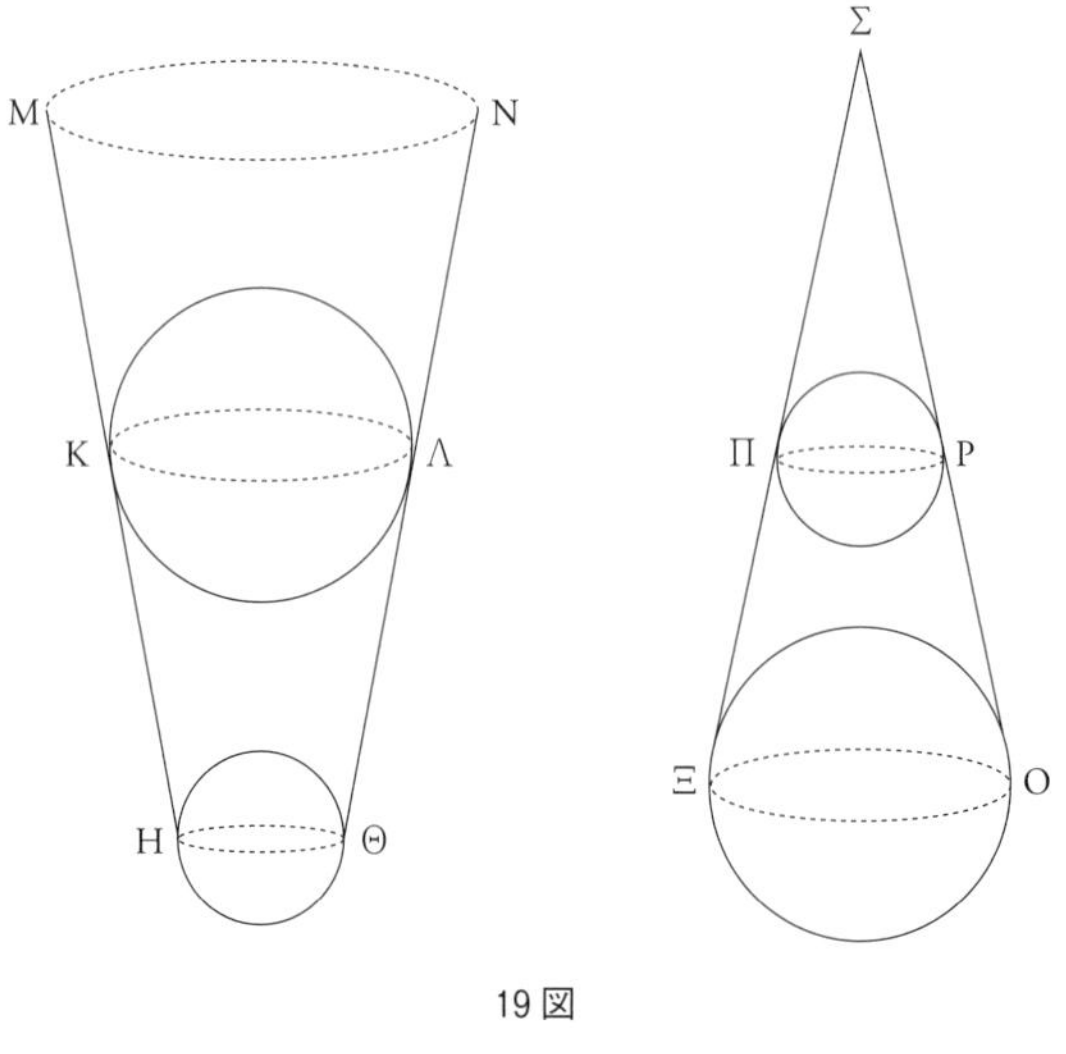

19図

け隔たった夜の月が、(7) その影の中に入るときには、月は固有の光をもたずつねに太陽から光を借りていて、(8) 大地より小さいので、自分の邪魔をする大地によって暗闇の中へと隠される。他方、太陽と大地と月の位置が真っ直ぐに一致せず、直径の線が［太陽と大地と月の］中心の点を通らずに、太陽は北に、月は南にと傾いていたり、その反対であったりする場合には、月は大地の影を逃れるので、いかなる陰り［蝕］も被らない。(9) だが、これらについてはここまでにしておこう。さて、すでにいまや［天文学の解説の］すべてを済ませたのだから、われわれは［プラトンの］言葉へと向かおう。

九二　「そしてすでに、存在のあの種類の混合物はほぼすべて、このようにして諸部分を切り取っていく

(1) プリニウス『博物誌』第二巻五一参照。

(2) ΞΣとΟΣが大きさの異なる二つの球に接する線分で、Ξ、Π、Ο、Ρがそれぞれ球との接点だとすると、ΠΡとΞΟは正確には球の直径に一致しない。

(3) 本節はテオン一九七・八―一九八・八に対応するが、かなり省略や付加がある。

(4) 現存しない。テオン一九七・八には「距離と大きさについて」とある。ヒッパルコスについては一二一頁註（5）参照。

(5) 実際の値は、太陽の直径は地球の約一〇九倍、地球の直径は月の約三・七倍である。

(6) ディオゲネス・ラエルティオス『ギリシア哲学者列伝』第七巻一四四参照。

(7) 一二一頁註（2）参照。

(8) プリニウス『博物誌』第二巻四五、ディオゲネス・ラエルティオス『ギリシア哲学者列伝』第七巻一四五参照。

(9) テオン一九八・三―八「しかしたいていの場合、太陽の身体と満月のときの月の身体とが交点に来ないときには、大地の影はそのように太陽と一直線上に来るであろうが、他方で月は、その影より北か南にあって影の中に入ることはけっしてないのだから、まったく蝕になることはないであろう」。テオンはこの直後に「これらのことをアドラストスは（述べた）」と言って、アドラストスからの長い引用を終えている。

うちに使い尽くされた。そこで［神は］、この系列自体を縦に切り分けて、一つの系列から二つの系列を作り、それらを、ギリシア文字Xの形になるように真ん中を真ん中にして押し当て、先端どうしが互いに出会うまで曲げて円にした(1)。［神は］これら三つのもの、すなわち「有」と「同」と「異」を混合して魂を作り、それを数へと切り分けた。一方は二倍の系列を、二倍から生じる最初の立方数まで、他方は三倍の系列を、三倍から生じる最初の立方数まで。［神は］魂の組織に物体との類似性があるようにと、これらの数の間隔を他の数によって編み合わせようとしたのだ。こうして、諸々の項、一方は六、他方はその二倍である一二が構成されると、六と一二の間隔を二つの中項、八と九、すなわち三分の四と二分の三の力で繋いだ(2)。ちょうど、火の項ともう一つの土の項の間に空気と水の素材が挿入されることによって、宇宙の身体が連続したものとなったの(3)と同じように、数の力が挿入されることによって、いわば元素と素材によって魂の知性的な部分が結びつけられて、魂と物体との間にある種の類似性があるようにと。

そこで、素材でも物体でもないこの「系列」を次のように神が「切り分けた」と彼［プラトン］は言う。直線ABを縦に裂いて、二つの切れ端からXの文字ΓΔ・EZを作り、それからそれ自体を曲げて、互いに結びつけられた二

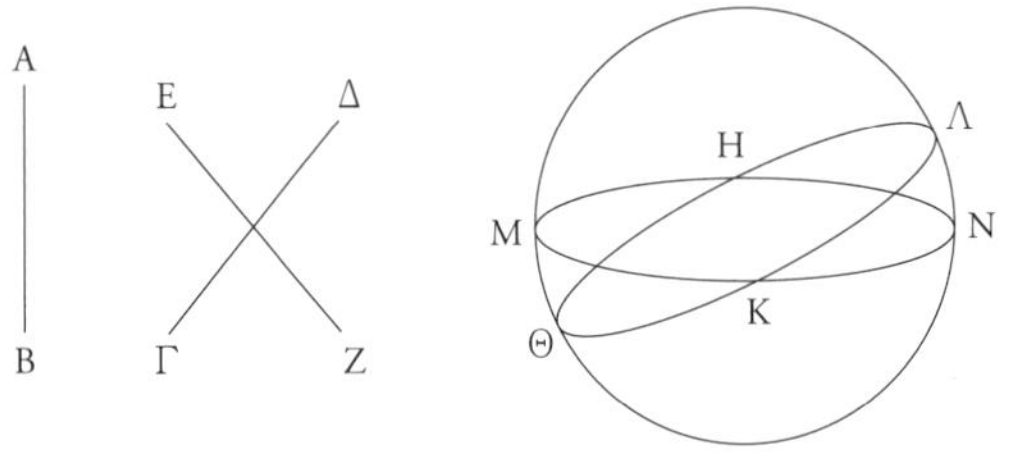

20図

つの円、HΘKΛとHMKNを作り、そしてこれらを、その運動と回転がつねに同じで一様である外側のもう一つの円、すなわち恒星天球によって取り巻くようにと。というのも、これの円運動はつねに同じで、つねに等しい速さで、いつもの運行の道の他にはいかなる場所も望まないからである。そして、彼が「同」と呼んだ外側の円は、恒星天球における最も高い円〔大円〕であり、それをわれわれは子午線と呼び(4)、ギリシア人はメセーンブリノスと呼ぶ(5)。それは両極を包括し、これらとともに回って、恒星天球の姿を縁取る。他方、内側の円は、その中を星座〔黄道十二宮〕の隊列が回転し、それの下を惑星が運ばれているもの〔獣帯〕と理解すべきである。

それゆえ、彼は外側の運動を「同」と名づけた。なぜなら、つねに同じで、少しも異ならず、さまようことなく回転するからである。他方、内側の運動を「異」と名づけた。というのも、獣帯の下をさまようものはすべて惑星であり、それらは各々が円軌道を運行するとはいえ、さまざまな原因と、争いながら付随して起こる偶然の出来事から、ときにはより高くまたより低く、ときにはより遅く、ときにはより速く進みなが

---

(1)『ティマイオス』三六B五―C二。五二第一段落、五八冒頭でも引用されている。

(2)『ティマイオス』三五A一―三六B五参照。

(3)『ティマイオス』三一B四―三二C四参照。

(4)「同」の円は子午線ではなく、昼夜平分円（天の赤道）に対応すると考えられる。昼夜等分円と子午線については六五―六六参照。六七と九三第一段落でも、「昼夜平分円」とあるべきところが「子午線の円」と言われている。九一頁註(5)参照。

(5)六六第二段落では、子午線はギリシア語で「メセーンメリノス」と呼ばれている。

ら、異なった運動をする、あるいはするように見えるからである[1]。それゆえに、惑星は万有の運動によって駆り立てられるけれども、できるだけ逆らい、ときにはより遠くへさまよい、しばしば星座を追越し、しばしば後に残り、しばしば停止し、しばしば後戻りするように思われるのである[2]。

九三　他ならぬまさにこれらのことについて彼［プラトン］が考え述べているということは、次のように語るとき、彼自身が明らかにしている。「そして、われわれが同と呼ばれると語った外側の円を、右の領域から左の側面に沿って右へ[3]と回し、他方、異の円を直径に沿って左の側面へと回した[4]」。というのも、つねに同じで自分自身に一致している回転運動、すなわち恒星天球の運動は、それに沿って子午線の円[5]が旋回しており、宇宙の右の部分から運動しているからである。さらに、宇宙の右の部分とは東であると教えられる[6]だろう。「他方、異の円を直径に沿って」と彼が言っているのは、内側の運動のことであり、これによって獣帯の円の傾斜の下を惑星が運動している。

しかし、宇宙の身体は球に似て丸くて、どの方向にも同様で異なっていないのだから、「側面」や「宇宙の右や左の部分」を語ることは正しくないと、球のことを考えてその形にのみ目を向けている人々には思われる。しかし、宇宙はまた生き物でもあり、しかも知性を働かせる生き物であるのだから、運動の始まりがそこにあり、他の生き物と同じく、その部分から最初に動くところの、右の部分をきっともっているであろう。さらに、宇宙のこの部分は東にあり、それゆえに、ホメロスは鳥の飛翔を占う人について、こう言ったのだと思う。

右へ、東へ、太陽へ、日へ飛んで行こうとも。(7)

また確かに、球の形には何らかの最上部や最下部はないが、しかし生きていて魂をもつ球にこれらを語ることには何の支障もない。というのも、われわれの身体に外から泥や蠟によって何らかの付加物を球のふくらみになるまで付け加えるとせよ。そうすればきっと形が変わるであろう。そして、どの方向にもすべての

(1) 惑星の不規則な運動が地球からの見掛けであることについては、七四第二段落、七七参照。
(2) 六九第二段落参照。
(3) 『ティマイオス』三六C六では「側面に沿って右へ」とだけ言われている。カルキディウスが「右の領域から」を付け加えたのは、右を東と解したかったからであろう。後註(6)参照。
(4) 『ティマイオス』三六C四—七。
(5) 「子午線の円」ではなく「昼夜平分円」と言うべきである。一二七頁註(4)参照。
(6) 恒星は日周運動においても年周運動においても東から西へと進み、惑星の年周運動は西から東へと進むのだから、カルキディウスがここで「同」の円の回転する方向である右を東とみなしているのは誤りであろう。アルキノオス『プラトン哲学講義』第十四章(一七〇・一七—二〇(Hermann))でも、「同」の運動は右向きに東から西へ動くと言われている。カルキディウスも一一四では、「異」の運動は西から東へと進むと言っている。しかし、北を向いて立つときには右が東になるので、『法律』第六巻七六〇D二、『エピノミス』九八七B五では右が東と言われている。カルキディウスも以下で、右を東とみなす例としてホメロスを引用している。どうして『ティマイオス』では西への運動が右へと言われているのかについては、古くから議論がある。プロクロス『「ティマイオス」註解』第二巻二五八・一—二六二・一五(Diehl)、および Taylor, pp. 150–151 参照。
(7) ホメロス『イリアス』第十二歌二三九。

部分が同じに作られて、均等な丸さにまでなったなら、右の側も左の側も、最下部の足も最上部の頭も見えないであろう。四肢は覆いによって隠されているのだから、最下部も最上部も右の部分も左の部分も内部に隠れていることを知っている。しかし、生命をもつ実体の理性は、最下部も最上部も右の部分も左の部分も内部に隠れていることを知っている。そのように、宇宙の諸部分のさまざまな相違は、たとえ四肢が区別できないほど互いに似ていることによって表面上は隠されているとしても、形成された身体や生き物のように、運動と呼吸の活気づけによって明らかになる。

九四　次には以下のように続く。「あの同じで同様な回転運動に、回転の力と主導権が与えられた。というのも、［神は］それを、そのままに一つの分割されないものとして残したからである[1]」。当然である。なぜなら、多くの球は一つずつの惑星を回転させているのに、恒星天球と言われる一つの球は多くの無数の星を回転させているからである。しかし、すべての惑星の運動に反してそれが保持しているその力は、次のように他の仕方によっても理解できる。すなわち、つねに同じで異なることがないその回転は、惑星自体をも自分に固着している他の星をも、夜と昼の回転によって東から西へと回転させているからである。このことから、惑星は「異」と名づけられる変化するあの本性に与っていると言われるのである。なぜなら、惑星は万有の旋回によって駆り立てられて［日周運動においては］東から西へと運ばれるが、結局［年周運動においては］西から東へと運ばれるからである[2]。それはちょうど、航海において、船は風に押されて定められたところへと急いでいるのだが、船員たちの何人かが船首から船尾へと戻るようなものである。

九五　次に彼［プラトン］はこう言う。「他方、内側の円を六回切り分けて」――内側の円とは、すなわち「異」の円である――「二倍と三倍の間隔に従って、七つの等しくない円を作った[3]」。われわれは魂誕生の最初の記述が、次のようになされたことを記憶に留めている。一つの辺は二倍の数から、もう一方の辺は三倍の数から並べられ、両者から七つの項が作られて、それらの各辺に沿って三つの間隔ができた。(4) そこで彼は、魂を表わしたこの略図(5)に相当する類似性をもった宇宙の像と姿を描いて、惑星の七つの円を設置し、(6) それらを互いに対し音楽の間隔［音階の比］で隔たるようにした。ピュタゴラスに従って、調和した運動によって回転する星々が、旋回において音楽の旋律を奏でるようにと。(7) このことは、彼が『国家』の中で、各々の円にはセイレンが立っていて、彼女たちは円と一緒に回転しながら一つの甘美な歌を歌い、異なった八つの音から一つの調和した協和を作り出している、と言っているの(8)と同様である。それゆえ、恒星天球は魂の理性であり、惑星は、たとえば怒りや欲望やその他のそれに類した運動であろう。(9) これらの協和によって全宇宙の生は節度あるものとなるのである。

九六　魂がそれらから構成されている諸部分の区分にも、惑星の配置は一致していると思われる。全体か

---

(1)『ティマイオス』三六C七―D二。五八でも引用されている。

(2) 惑星の運動が恒星天球の日周運動と惑星の年周運動との合成運動であることについては、一一四―一一六参照。

(3)『ティマイオス』三六D二―三。五八でも引用されている。

(4)『ティマイオス』三五B四―C二および本書三二―三三参照。

(5) 四五頁7図参照。

(6)『ティマイオス』三八C七―D一参照。

(7) 七三冒頭参照。

(8)『国家』第十巻六一七B四―七参照。

(9) ロクロイのティマイオス『宇宙と魂の本性について』九九E参照。

ら最初に取られた割当、すなわち最小の割当、大地から月までを、彼［プラトン］は一とする。これの二倍が第二の割当、すなわち月と太陽の間に挿入された割当であり、三倍が第三の、すなわちウェヌス［金星］の割当である。第二の割当の二倍、すなわち第一の割当の四倍が第四のメルクリウス［水星］の割当である。さらに［第一の割当の］八倍がマルス［火星］の割当であり、これが第五の区分である。第六の割当は第三の割当の三倍で、すなわちユッピテル［木星］の領域もしくは円である。さらに、二七部分のサトゥルヌス［土星］の割当が最後の区分である[1]。

九七　しかし、神はあれら七つの円

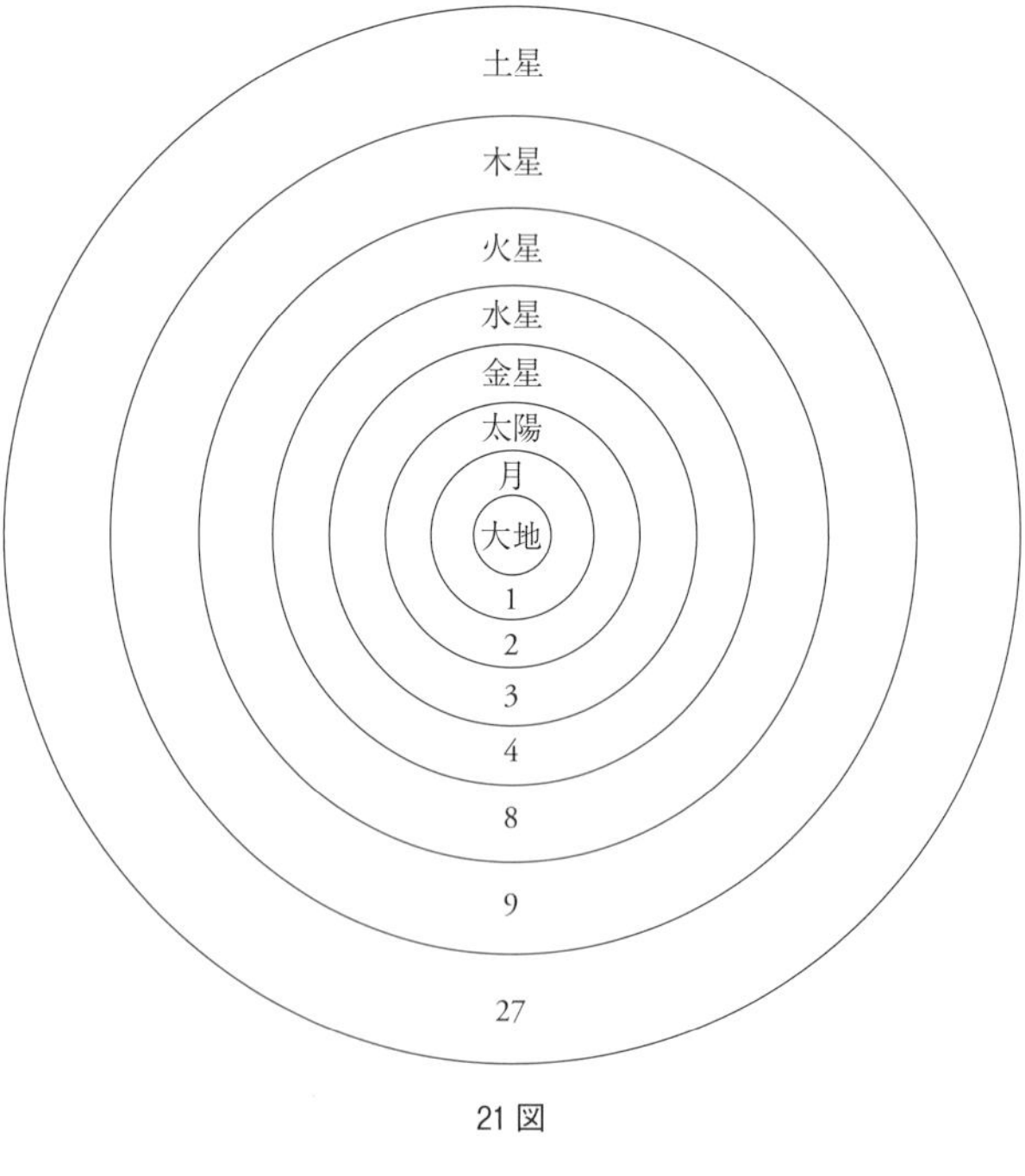

21図

を反対の運動によって運ばれるように命じた、と彼［プラトン］が言う[2]のを、大多数の人たちは、それらすべては全宇宙の運動と反対に動くという意味に理解している。いつでも同じ運動の回転が右側から動き始めるときに、これら七つの回転は自分たちを駆り立てる一つの回転［同の運動］に抵抗すると[3]理解されるという。他の人たちはそうではなく、諸々の惑星自体にそれぞれ異なる反対の回転があって、それらが互いに走り寄り出会う、と解している。なぜなら、それらの回転にはさまざまな多様な相違が見出される[4]からだという。というのは、太陽と月の回転は、宇宙に随伴する自分の離心円あるいは周転円の運動であって[5]、できるかぎり定められた自然の運行から前進を遅らせるが、他の五つの［惑星の］自然的運動[6]は、支配的なあの旋回がそれらを駆り立てるとはいえ、全宇宙の回転に抵抗する運動であると考えられるからだという。

このことから、［惑星は］停止したり、ときには逆戻りしたりするようにさえ見える[7]。さらにまた、惑星のうちのあるものは、サトゥルヌス［土星］やマルス［火星］やユッピテル［木星］のように、昼間は太陽の輝きのもとで隠れていて、ついに夜が終わると太陽が昇る前に現われ、いつも夕方に沈む。しかしこれに対し

（1）マクロビウス『「スキピオの夢」註解』第二巻第三章一四参照。『ティマイオス』三八C七―E一では、火星、木星、土星については言及されていない。ここで述べられる惑星の間隔は、『国家』第十巻六一六E三―八の記述とは一致しない。惑星の配置については七二―七三参照。

（2）『ティマイオス』三六D二―七参照。

（3）九三第一段落、九四、および一二九頁註（6）参照。

（4）七五参照。

（5）太陽の運動の離心円と周転円による説明は八〇―八二参照。ここでは月にも離心円あるいは周転円が想定されている。

（6）天体の「自然的運動」については八六参照。

（7）惑星の留と逆行については、七四、八三参照。

て、月はすべての星より前に夕方に現われるときには、朝に西へと隠れる。他方、金星と水星はどちらの場合にも昇ったり沈んだりする。どうして、他の惑星は太陽からもっと遠くに、ある特定のときには直径だけ隔たるほどに、離れることがあるのだろうか。ところが、水星と金星は、宇宙の東あるいは西のどちらの領域からも太陽の軌道に十分近く、けっして直径だけ隔たることはなく、いつも太陽の近くで自分の軌道を運行している。[1] それゆえにプラトンはこう言ったのだと思われる。「三つのものは速さにおいて等しく同じだが、他のあれら四つのものは自分たちどうしの間でも、これら三つのものとも異なって運行する[2]」。しかし、これらすべての惑星の異なった運動と反対の運行は比によって、すなわち彼が一連の議論によって明らかにしようと努めた比によって支えられている、と彼は述べている[3]。[4]

第六章　天について

九八　そこで、彼［プラトン］はこう続ける。「それゆえ、父の意志どおりに理性的な魂のすべての実体が生じると、その少し後で、物体的なすべてのものをその範囲の中に作り、中心を中心に合わせて、相応しい調和によって結びつけた。しかし、その魂は天の果てを包括し、その外側を取り囲むことによって周囲に広まって、自らの周行によって天を覆い、自分は自分自身の中で回転しながら、倦むことなく賢明な絶え間ない生命の神的な始まりを開始した[5]」。

天はさまざまに語られ理解されている[6]。一つには、ギリシア人がウーラノスと呼んでいる宇宙の表面のこ

（1）太陽と惑星の黄径が一八〇度異なること（地球を挟んで太陽と惑星が獣帯の反対側に位置する）。
（2）七一第三段落、一〇九第二段落参照。
（3）『ティマイオス』三六D五—六。
（4）『ティマイオス』三六D六—七参照。
（5）『ティマイオス』三六D八—E五。
（6）天（caelum = οὐρανός）の諸義については、アリストテレス『天について』第一巻第九章二七八b九—二一でも三つの意味が語られている。

とである。それはあたかもオラノス[1]のように、言わばそれを越えて伸ばすことができないわれわれの視力の限界である。[2]他方では、恒星天球と呼ばれる球のことである。[3]それは、本来は月の球より上にあるすべてのもののことだが、通常はわれわれより上にあるものすべてのことである。その領域で雲が生じ、それよりいくらか上が星のある場所である。というのも、雨が天から降るとか、彗星と呼ばれる星が天に現われるとか、その他、月の球の下に現われるものも、天にあるとわれわれは言うからである。[4]われわれは天という言葉を使って、宇宙全体を呼ぶこともある。[5]

九九　それゆえ彼［プラトン］は、宇宙の魂は「中心から宇宙の身体の端まで」広げられ、またそこからもう一方の端まで「身体の球全体の周りに広まり、その全周囲を覆った[6]」と言っている。このことから、宇宙は最も端の部分に至るまで、宇宙の生命を維持するものによって織り込まれ取り囲まれたことは明らかである。それは内も外も生命の活力によって育まれるためである。なぜなら、万有の身体は他の物体の――そんなものはまったく残っていない[7]――援助も抱擁も必要とせず、非物体的な本性の力によって、全体が生命ある実体で満たされていたからである。

一〇〇　しかし、中心から魂が広げられたと言われるその箇所[8]を、ある人たちは次のような意味で語られたと考えている。魂はあたかも計測することによって身体全体の中心から広げられたのではなくて、その中に生きるための権能が置かれている諸部分、すなわち生命を維持するものと呼ばれている諸部分のうちの一部分から広げられたのである。[9]それゆえ、大地である身体の中心からではなく、生命を維持する領域、すなわち太陽から、魂の活力は宇宙の身体に注ぎ込まれたと理解すべきだ、と彼らは宣言している。実際、大地は不動だが、太陽はつねに動いている。同じく、腹の中心は不動だが、心臓はつねに動いている。今殺されたばかりの動物の心臓も、今なお生きて運動しているのだから。それゆえ、太陽は心臓と類比関係にあり、宇宙全体の生命を維持するものはこの火［太陽］の中に置かれたのだ、と彼らは述べている。(10)

一〇一　また、「魂自身が自分自身の中で回転する」(11)とは、けっして身体の回転によってなされたのではなく、思考と想起の旋回と回転によってなされたと理解するべきである。(12)われわれの魂の運動にも身体が従う

（1）オラノス（ὄρανος）はウーラノス（οὐρανός）のアイオリス方言。

（2）『クラテュロス』三九六B八—C一と偽アリストテレス『宇宙について』第六章四〇〇a七—八の語源解釈が結び付けられている。οὐρανός の語源が、前者では ὁρῶσα τὰ ἄνω（上を見る）から、後者では ἄνω ὅρος（上の限界）から説明されている。ピロン『世界の創造』三七においても、これらの二つの語源説が併記されている。

（3）ヌメニオス「断片」三五（・六）（des Places）。

（4）月より上と下とで天界と地上界を分けることや、彗星を月より下の領域で起こる気象現象とみなすことは、アリストテレスの考えである。

（5）ウィトルウィウス『建築書』第九巻第一章二、プリニウス『博物誌』第二巻一、マクロビウス『「スキピオの夢」註解』第二巻第十一章一二参照。

（6）『ティマイオス』三六E二—三参照。

（7）二四参照。

（8）『ティマイオス』三六E二—三参照。

（9）プロクロス『「ティマイオス」註解』第二巻二八二・一五—一六（Diehl）のポルピュリオスの説参照。

（10）七二と九七頁註（2）、テオン一八七・一三—一八八・七参照。

（11）『ティマイオス』三六E三—四。

（12）『ティマイオス』四七B五—C四、八五A五—六、九〇C七—D七では、思考活動が天体の運動を模した回転運動とみなされている。

ように、身体は魂に従属している。そして、これが宇宙にとっての始まりであり、そこから、「倦むことなく絶え間ない生命の始まり(1)」があったと理解するべきである。それは明らかに、まさに倦むことなく絶え間ない生命が、その時間と運行によって増進されたからである。しかし、永遠には何か別のことがあり、もっと崇高な尊厳性における永続がある。なぜなら、時間には年、月、日、時という諸部分があるが、しかし永遠にはいかなる始まりも終わりもなく、それゆえに限りなく永久なものだからである(2)。それゆえ彼［プラトン］は、宇宙を生み出されたものとして導入したときに、当然の結果として宇宙と同年代である時間の生成をも案出したのである(3)。

一〇二　これらのことは彼［プラトン］自身がやがてもっと詳しく説明するであろう(4)。しかし今は、次のように述べて、魂は非物体的なものであることを説いている。「そして、天あるいは宇宙の身体は目に見えるものとして作られたのだが、他方、魂自体は目に見えないものだが、理性と調和を分けもち、すべての知性の対象であるものより優れていて、最も優れた作者によって作られた(5)」。

すなわち、「目に見えないもの」であると言うことで彼が言明しているのは、少しも感覚に従属しないということであり、視覚によってもその他の感覚によっても知覚されないものは、けっして物体ではありえないということである。他方、「理性を分けもつ」と言っているのは、物体を欠いた理性の本性(6)を明らかにするためであり、実際それは、理性的な魂に固有で相応しい描写である。さらに、魂は「調律されたもの(7)」であると主張しているのは、魂の始原と、魂が最初にそれらから構成されたところの、いわばある種の元素のことを思い浮かべ思い出しているのである。つまり、三つの始原、すなわち分割不可能な実体と分割可能な実体と、「同」と「異」の本性から組み合わされること[8]で、魂が事物の類似性と非類似性、善と悪の差異、望ましい本性と忌むべき本性との区別を、容易に事物自体の中に認識できるようにと[9]。なぜなら、魂は数によって分割され、アナロギアー[10]によって合成され、中項によって緊密にされ、音楽の比によって秩序づけられており、神によって六回切り分けられ[11]、そして再び、宇宙の身体全体の運動に一致する、さまざまに異なる不死の絆によって結びつけられて、すべてを知り、すべてを固有の本性に従って理解するからである。

一〇三　続いて彼［プラトン］は次のように付け加える。「それゆえ、［魂は］同と異の本性が有とともに混ぜ合わされたものから組み合わされて、内的な運動と円環をなす周回によって自分自身へと回帰するので、何か分解可能な実体に出会うときにも、分割不可能な実体に出会うときにも、何が同にして分割不可能な本性に属し、また何が異にして分割可能な本性に属するのかを容易に認識し、生起するものすべての原因を見て

(1)『ティマイオス』三六E四―五。
(2) 永遠と時間の区別については、『ティマイオス』三七E三―三八A八および本書一〇五、二五参照。
(3) 時間が宇宙とともに始まったことについては、『ティマイオス』三七E一―三、ディオゲネス・ラエルティオス『ギリシア哲学者列伝』第三巻七三参照。
(4)『ティマイオス』三六E五―三七A二。
(5)『ティマイオス』三七D三―三八C三参照。
(6) 二二六第一段落、二二七第一段落参照。
(7)「調和を分けもつ（moduláminis compos）」を「調律されたもの（modulata）」と言い換えている。魂が「調律されたもの」であることについては、四〇第二段落、二二六第二段落参照。
(8) 二七―二九参照。
(9) 五一―五五参照。
(10) アナロギアーについては一六参照。
(11) Magee とともに Stover の提案に従って、adeo を a deo と読む。

取り、起こっていることから将来のことを推測する」[1]。すなわち、これらにおいて彼ははっきりと、魂に知られないことは何もないことを明らかにし、次のように語るとき、魂の知性の働きを明白に表わしている。「声もなく音もない魂の理性的な運動が、何か感覚されうるものを眺めて、異の種類の円が誤りなく運ばれるときには、真実で確実な感覚が魂全体に知らせることで、正しく信頼に値する思わくが生じる。他方、分割不可能でつねに同じ種類のものを見るときには、存在するものを内奥の運動が忠実に知らせることで、理解と知識が力を増す[2]」。

一〇四　「声も音もない運動[3]」とは、精神の最も奥深いところに住む理性のことである[4]。しかしこれは言論とは異なっている[5]。なぜなら、言論とは魂に抱かれた理性の仲介者[6]であるのだから。この理性が、生成したり消滅したりするもの、あるいは人工的に生じたもの、一言で言えば感覚されるすべてのものにおいて自らを働かせるとき、しかも内奥にある精神のこの同じ運動がそれでも正しく動くときには、信頼に値する真なる思わくが生じる。しかし、十分に確実で堅固な認識は生じない。なぜなら、知識と思わくの間には大きな隔たりがあるからである[7]。他方、自らをつねに同じである不変な事物の観察者として定め、知性の対象である本性を仰ぎ見て、同じ見物の中で精神の明敏な観想を活発にするときには、今度は恒星天球と呼ばれる球の運動に似た運動が誤ることなく回転して、精神に神的な種類の真の認識を造り出す[8]。

一〇五　いまや彼「プラトン」は永遠と時間の区別へと到り、次のように説いている[9]。知性の対象である宇宙は、知性の対象である神性をもつ他の魂あるものの中で最上位を占める生き物として、感覚されうる宇宙の範型であるからには、全永遠にわたって揺るぎない安定でもって存続する。感覚されうるこの宇宙であるそれ［知性の対象である宇宙］の似像も、作られ創始された永遠の模造に結びつけられるであろう。(10) というのも、永遠の似像とはつまり時間であり、永遠が自分の立場にとどまっているのに対し、時間は少しもとどまることなく、むしろつねに前進し繰り返すものである。したがって、知性の対象である宇宙が永遠にわたっ

(1)『ティマイオス』三七A二―B三。この箇所は五二でも引用されている。
(2)『ティマイオス』三七B三―C三。本節の引用箇所は五六でも引用されている。
(3)『ティマイオス』三七B五―六。
(4)一三八末尾、『ソピステス』二六三E三―五参照。
(5)理性（ratio）と言論（oratio）はともに *λόγος* の訳語となりうる語で、綴りも似ていることからしばしば結び付けて論じられた。たとえば、キケロ『義務について』第一巻五〇、『法律について』第一巻三〇参照。内なるロゴス（理性）と音声として発せられたロゴス（言葉）の区別については、『初期ストア派断片集』Ⅱ一三五（*SVF*）参照。思考（*διάνοια*）と言論（*λόγος*）の違いについてはアルキノオス『プラトン哲学講義』第四章（一五五・一七―二〇（Hermann））参照。
(6)キケロ『義務について』第一巻三〇でも「言論は精神の仲介者」と言われている。
(7)知識（scientia = *ἐπιστήμη*）と思わく（opinio = *δόξα*）の違いについては、五六第二段落、三四一第二段落参照。
(8)プルタルコス『「ティマイオス」における魂の生成について』一〇二四E―F参照。一三七第一段落では、「常に同じで不変な本性」を認識することによって得られる知は「知恵（sapientia）」であり、「変化するもの、生じたものを思いなす」ことによって得られる知は「思慮（prudentia）」であると言われている。
(9)以下、「永遠の似像」としての時間が語られる『ティマイオス』三七D二―E三の有名な箇所の解説。アルキノオス『プラトン哲学講義』第十四章（一七〇・二四―二六（Hermann））、アプレイウス『プラトンとその教説』第一巻一〇（九八・二一―二五（Moreschini））、ディオゲネス・ラエルティオス『哲学者列伝』第三巻七三―七四参照。
(10)宇宙の永遠性については二三―二五参照。

て存在するように、感覚されうる宇宙も全時間にわたって存在する。(1)範型の生と、似像の生は別のものだからである。そして、まさしく同一の瞬間に感覚されうる宇宙は建設され、昼と夜の交替が創始された。(2)これらは時間の要素であり連鎖であり、それらから月と年が生じた。月と年は、比と計算によって分割される時間の諸部分である。(3)

一〇六　「ところが、われわれはこれらを永遠に、すなわち単一の本性に適用するとき、不当にも分割不可能なものの諸部分を捏造している」と彼〔プラトン〕は言う。「というのも、われわれは『あった、ある、あるだろう』と言っている。しかし、かのもの〔永遠〕には『ある』だけが相応しい」(4)。このような主張が表明されたのは、「ある」と言われる時間はまったく存在しないのではないかと疑う人たちのためである。すなわち、彼らが言うには、過去はすべてすでに「ある」ことをやめているし、さらに、もし何かがこれから起ころうとしているなら、そのことはまだ「ある」ことはないし、他方、現在は、不安定な止めどない瞬間の動きなのだから、完全に「ある」わけでもなく、まったく「あらぬ」わけでもない。それはすべてのものが流れること、移り行くことを明らかにしているのだから。(5)

それゆえ、彼が時間の過去の部分を「ある」と言っているのは、「あった」こととして理解されるような意味であって、現在に存在していることとしてではない。たとえば、ホメロスは神のごとき詩人で「ある」、とわれわれが言うときのように。(6)他方、彼が未来を「ある」と言っているのは、すでに今現在、存在しているとみなされるようにではなく、来年には清めの儀式(7)が「ある」とか、オリュンピアの競技会が「ある」とか、われわれが言うときのような意味である。さらに、現在起こっていることを「ある」と言っているのは、何か永久の長きにわたって「ある」とみなされるようにではなく、いわば流れ去り通り過ぎるような意味である。たとえば、今日はコンピタリア祭が(8)「ある」とか、何か他の公共のあるいは私的な祝祭が「ある」、とわれわれが言うときのように。実際、同じ日のある瞬間がすでに過ぎたときでも、相当量の瞬間がさらにまだ残っているからである。同様の意味で、今は一月であるとか何か他の月で「ある」とか、あるいは、子供たちの競技が終わってから青年たちが呼び出され、彼らの後には続いて成人に達した若者が戦うようなときに、神聖な競技会が「行なわれている」とか、われわれは言うのである。

一〇七　われわれは、それらが「あらぬ」ことを示そうと欲するときに、あらぬそれらをも、どうして「ある」と言うのだろうか。(9)たとえば、長方形の一辺は他の辺と不等で「ある」とか、対角線は辺よりも長く

(1)二〇一末尾参照。
(2)時間の発生と宇宙の誕生が同時であることについては、『ティマイオス』三七E一—三および本書一〇一参照。
(3)『ティマイオス』三七E三参照。
(4)『ティマイオス』三七E四—三八A一。
(5)『ティマイオス』三八A八—B五、ヌメニオス「断片」五・七—一四(des Places)参照。
(6)アリストテレス『自然学』第四巻第十二章二二一b三一参照。
(7)「清めの儀式」と訳したlustrumとは、五年ごとの戸口調査(census)の終わりに監察官(censor)によって行なわれた儀式のこと。
(8)道路の守護神ラール(lar)のために毎年十字路(compitum)で行なわれた祝祭。
(9)『ティマイオス』三八B二—三においても、「あらぬものはあらぬものである」という言い方は正確ではない、と言われている。

「ある」とか、われわれが言うような場合である。というのも、われわれはそのように言うことで、それが辺とまったく等しくないこと、それゆえ調和しないことを指摘しているからである。あるいは同様に、プラトンが、質料的なものは何であれいかなる完成ももたないのだから、質料はいかなる実体のうちにも入らないもので「ある」と言っている場合である。というのも、それらはいまだ質料的なものであるかぎりは、形を欠き秩序も姿ももたない[1]。しかし、たとえば石材のように、それらには技巧が加わることで像や何かそのような他のものが生じるという自然的な可能性がある。しかし、可能性のみで実現を伴わないとみなされるものは、完成を欠いているのだから、少しも「ある」ことはないからである。しかしながら、このような議論は、論理に関わることではあるが、自然の論考にはまったく関係ないのだから、後回しにしよう[2]。

一〇八　さて、彼［プラトン］は、時間の生成は必然によって、日と月と年の長さを計算することができるのと同様に、時間も計測可能なものとなるようにと定められたと述べている。そしてそのために、太陽と月の昇没が必要となり、その他の惑星も円の回転の上に置かれて、獣帯の弧の下に横たわる領域で、さまざまに異なった蛇行でもって七重の運動を行なうようにと命じられたと言う[3]。「月の軌道は大地に接した第一の回転運動に、他方」、月から直径だけ隔たった[4]「太陽の軌道は第二の回転運動に。それから、ルキフェルとメルクリウスの火［金星と水星］を、太陽の巡回とともに走るが、太陽とは反対の駆動によって回転する運動に［神は］置いた。それゆえ、これらの星は互いに追いついたり、また逆に追いつかれたりすることになった[5]」と彼は言う。なぜ彼は、これらの星は等しい速さであると言っているのかは、次のように付言するとき、彼自身が明らかにしている。すなわち、行路は一年が経過する長さでこれらすべての星によって巡り終えられるのだが、それらの星はあるときにはより遅く、あるときにはより速く進むので、ときには太陽に追いつき、ときには太陽によって追いつかれるようになっていると(6)。

一〇九　しかし、これらの火［水星と金星］は「反対の力(7)」ももつと彼［プラトン］は言う。このことを人々はそれぞれ違った意味で受けとっている。すなわち、ある人々は、この反対ということは次のことから生じると考えている。太陽は、宇宙全体が運動しているのと同じく、自然的につねに東から西へと運行している(8)のだが、しかし太陽はその周転円を一年の長さで巡り終え、その周転円の回転は宇宙の回転と反対である(9)の

(1)『ティマイオス』五〇E四―五参照。
(2)質料における可能と実現の問題に関しては二八五、三一〇参照。
(3)『ティマイオス』三八C三―D一参照。
(4)太陽の軌道は月の軌道から、月の軌道円の直径と同じ距離だけ離れているということであろう。九六参照。
(5)『ティマイオス』三八D一―六。
(6)この現象は七〇でも述べられている。
(7)『ティマイオス』三八D四。「反対の力（contrariam vim = *ἐναντίαν δύναμιν*）」を前節の引用文（翻訳と同じ）では「反対の駆動（contraria agitatione）」と訳している。これが何を意味するかについては、現代の研究者の間でもさまざまな解釈があり、定かではない。たとえば Taylor, pp.196–202; Cornford, pp. 106–112 参照。本節では、この箇所の解釈をめぐって二つの説が紹介される。
(8)日周運動のことであろう。太陽は年周運動において恒星天球とは逆に西から東に運行する。
(9)周転円の中心がそれに沿って運ばれる導円の運動のことであろう。太陽はこの周転円上を導円とは逆向きに一年で一周するとされる。周転円を用いた太陽の運行の説明については八一参照。

に対し、金星とメルクリウス［水星］は宇宙の回転運動とつねに反対の運動をするのだと。他方、ある人々は次の理由から、これらの星には反対の力があると考えている。メルクリウスと金星は太陽の進行に追いつき、またときには太陽が遅くなっているそれらに追いつく。(1)［水星と金星の］星の出と星の入り、輝き出と隠れ(2)は、ときには朝に、ときには夕方に起こり、ときには［太陽に］先行し、ときにはとり残されるからである。なぜなら、これらはこのようにほとんどいつでも太陽の近くに付き従っているのが見られるからである。このことが実際これらに起こるのは、太陽の円にもこれらの星のどちらの円にも、一つの中心と一つの点があること(3)からである。

一一〇　ついに、ポントスのヘラクレイデス(4)は、金星の円と太陽の円を描いて、この二つの円に一つの点と一つの中心を与えることによって、金星は太陽よりときには上になり、ときには下になること(5)を説明した。すなわち、太陽も月も金星もすべての惑星も、これらの各々がどこにあろうとも、大地の中心点から星の中心点を通って伸びる一本の線によって表示される、と彼は言う(6)。それゆえ、大地の中心から太陽を表示する一本の直線があるだろう。さらに、右と左に他の二つの同じく直線があるだろう。これらは太陽からは五〇度隔たっているが(7)、互いには一〇〇度隔たっている。これらのうち東に近い一方の線は金星を表示している。それは金星が東の領域に近づいて太陽から最も遠く隔たったときであり、それゆえそれはヘスペルス［宵の

（1）『ティマイオス』三八D二―六および本書七〇、一〇八参照。

（2）七一参照。

（3）ここで言われている「円」が単純な軌道円であるとすれば、

「一つの中心と一つの点」（カルキディウスは重言を頻繁に用いる）とは地球の中心のことであり、太陽と水星と金星は地球の周りを同心円状に運行するという、ごく単純な図式になる。しかしそれだけでは、直前で述べられている現象がどうして説明できるのか理解しがたい。ここで言われている「円」を周転円と解せば、太陽と水星と金星とが同じ中心を持つそれぞれ別の周転円上を運行しているという説になる。後註（6）参照。

（4）前四世紀半ばにアカデメイアに学んだ哲学者。

（5）「ときには上（superior）になり、ときには下（inferior）になる」とは、「ときには先行し、ときには後行する」という意味であろう。

（6）本節冒頭からここまではヘラクレイデス「断片」一〇九（Wehrli）、七〇（Schürrumpf）。カルキディウスが伝えるヘラクレイデスの説の解釈をめぐっては多くの議論がある。「これら二つの円に一つの点と一つの中心を与える」を、太陽の周転円と金星の周転円が同じ中心を持つという意味に解せば、金星の軌道は地球を中心とするのではなく、太陽の周転円と同じ中心を持つより大きな周転円上を巡ると解せる。実際、金星の周転円を思わせる円が一一一の末尾に言及されている。しかし、以下の説明においては、それ以外に周転円を示唆する記述は見られない。しかも、周転円の考案はヘラクレイデスよりも明らかに後の時代である。したがって、ヘラクレイデスの説は、金星と太陽はともに地球を中心とする異なった軌道を運行しているのだが、地球からの見掛けにおいては同じ恒星天球上に投影されて、金星は太陽の先になったり後になったりするように見えるということだとする解釈がある。だがこれは、カルキディウスがすでに七四、七七、七八で述べていた天文学のごく初歩的な事柄で、金星の特異な見かけの運動の説明には不十分であろう。あるいは、ここではたんに金星の最大離角と明けの明星と宵の明星の関係を幾何学的に説明しているだけなのかもしれない。ただし、ヘラクレイデスの名は言及されていないが、水星と金星が太陽の周りを巡るとする説は、ウィトルウィウス『建築書』第九巻第一章六、テオン一八六・一七―一八七・一三、マクロビウス『「スキピオの夢」註解』第一巻第十九章七、マルティアヌス・カペラ『フィロロギアとメルクリウスの結婚について』第八巻八五七にも見られるので（テオンとマクロビウスは太陽に周転円を用いている）、カルキディウスがこの説を知っていたとしても不思議ではない。

（7）七〇末尾参照。

明星］という名をもらっている。[1] それは東に夕方日没後に現われるからである。もう一方の西に近い線は、同じ金星が西に近づいて太陽から最も遠く隔たっているときを表示している。それゆえそれはルキフェル［明けの明星］と呼ばれる。なぜならそれは、日没の後に続いて東の部分に見えるときには、ヘスペルスと呼ばれるが、他方、太陽より前に沈み、また再び夜がほとんど過ぎて、太陽より前に昇るときには、ルキフェルと呼ばれることは明らかだからである。

二二　それゆえ、大地と天の中心点が文字Xのある場所にあるとせよ。[2] 他方、上にΑΒΓの記号がある円を獣帯として、弧ΑΒを五〇度とし、同じく弧ΒΓも同じ度数とせよ。そして、線XBを通る太陽の中心点が文字Kにあるとせよ。すると、太陽すなわち文字Bを表示する線XKBがあるだろう。さらに、この線は太陽が動くのと同じだけ、約一日毎に一度動くものとせよ。同様に、他の線XAとXΓは［XBから］五〇度離れるものとせよ。さらに、線XAは東の部分に、線XΓは西の部分にあるものとせよ。後者すなわち線XΓは太陽より前に沈んで前に昇り、前者の別の線はより後に沈んでより後に昇る。したがって必然的に、後者すなわち線XAは文字Aにおける金星、すなわち同じ星が太陽からより離れ

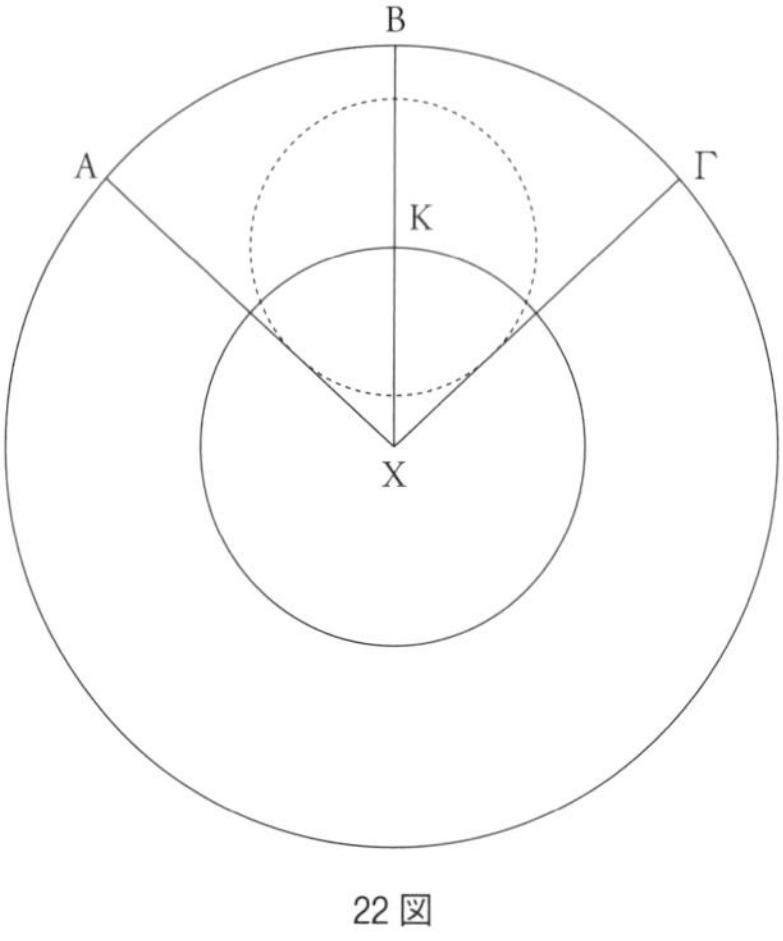

22図

たときのヘスペルス［宵の明星］を表示しており、前者の別の線すなわちΧΓは、同じ星が文字Γの記号において早朝の時間におけるルキフェル［明けの明星］であることを表示している。さらにこのことは、線ΧΚΒを横切って互いに離れている二本の線すなわちΧΑとΧΓ——これらは金星が太陽から離れる限界を表示している——に接する円[3]を描くなら、より明らかになるだろう。

一二　しかし、プラトンと、この問題をより注意深く研究していた人たちは、金星の球は太陽の球よりもいくぶん高いと断言している。[4]金星の球は記号ΔΕΖΗによって限られ、一方では文字Εを通って線ΚΑに接し、他方ではΗを通ってΚΓに接する。[5]それゆえ、自分の円を周回する金星はΕに至るときには、Αに位置して太陽から最も多く、すなわち総計五〇度離れて、東へと向かっているのが見えるだろう。太陽はまさ

（1）六六第一段落参照。

（2）前節で述べられた説を図によって説明する。底本掲載の写本の図は明らかに間違っている。

（3）この円（22図の破線の円）は金星の周転円に相当する。

（4）以下の説明からすると、金星と太陽の二つの周転円の中心が地球から見て一直線上に並び、金星の周転円の方が太陽の周転円より外側に位置するとする説だと考えられる。23図参照。なお、底本掲載の写本の図は明らかに間違っている。水星と金星と太陽の三つの周転円の中心が一直線上にあるとする説は、プロクロス『「ティマイオス」註解』第三巻六四・一—八（Diehl）でも言及されている。

（5）金星の周転円のこと。

しく文字Bのところに変わりなく見えるからである。[1]他方で、金星がHにあるときには、Γの高みに太陽よりちょうど同じく五〇度、西に隔たって見えるだろう。しかし、ΔあるいはZにあるときには、太陽に最も近づいて運行するように見え、一方ではΔのところで大地の領域からより高く離れて合をなし、他方ではZにおいて大地に最も近くなって合をなす[2]ことは疑いない。さらに、より注意深い観察によって次のことがわかる。すなわち、その星自体は、その分離が東であるにしろ西であるにしろ、最大の分離において、およそ五八四日でかつてEあるいはHにあったところへと戻る。[3]その結果、次のようにしてΔEZHである自分の円全体を、先述の星が先述の日数で通過することは明らかである。東から西へ向かうより大きい分離の弧、すなわちHΔEを四四八日で通過し、より小さい弧もしくは窪みEZHを残りの一三六日で通過するように。最大の分離の西か

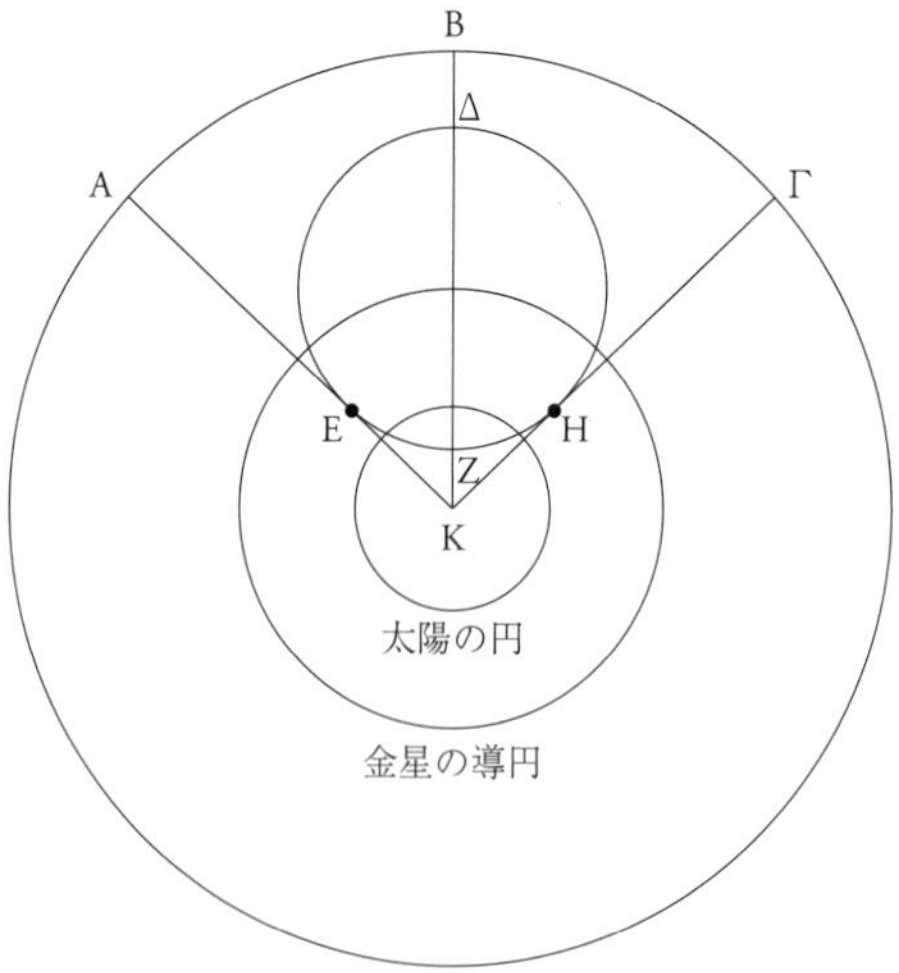

23図

ら東への運行は、この日数によって呼び戻されるからである。それは昔の人たちの度重なる観察が明らかにしたとおりである。

一一三　さらに、彼〔プラトン〕は次のように付け加えている。「さて、それら、すなわち時間のために生じることになっていたものが、各々すべて自分に合った相応しい運動に置かれ、身体が生きた絆によって結びつけられて生き物となり、課されたことを学んだとき[(4)]」。天の物体、すなわち星々が、生きた絆によって結びつけられて生き物となり、神によって命じられたことを認識した、と彼は主張している。すなわち、惑星も固有の球へと導かれて魂と生命を享受しただけではなく、これらすべてとともに、宇宙も魂を用いて理性に与ったのである。というのも、どうして理性を欠いたものが命じられたことを理解できるだろうか。

一一四　「異の本性の運動が、同に結びつけられているので、真っ直ぐな同の本性の運動を横切って斜めに旋回しながら回転させ始めたそれら〔惑星〕は、あるものはより大きな円によって、あるものはより小さな円によって回転させられた。より小さい円を回るものは計られた距離をより速く巡り終え、より大きい円を回るものは、より長い弧によって回転するのだから、より遅く巡り終えながら[(5)]」。「異の本性」が何であるか、

(1) ここでは太陽の周転円は無視され、太陽は太陽の円と線分KBの交点に位置するとみなされている。
(2)「合」については九五頁註（1）参照。
(3) ここでは金星が周転円を巡る周期が約五八四日と言われているが、この日数は金星の会合周期に相当する。
(4)『ティマイオス』三八E三―六。
(5)『ティマイオス』三八E六―三九A三。

そしてその運動は西から東へと運行することは、先にすでに何度も説明した(1)。それゆえ、これは内側にあるのだから、恒星天球と呼ばれる外側の球によって取り巻かれていることが必然であり、それ自身は前進するのに遅いが、より速い恒星天球によって反対の運動へと駆り立てられて、追いつかれたのに、追うものを追いかけたり、追いつくものに追いついたりすることが見られる。しかし、ある惑星はより速く、他の惑星はより遅く自分の軌道を巡り終える。当然である。なぜなら、より小さな円の近道は、より大きな円の遠回りに比べれば、少ない所要時間で回転の距離を完了するからである。サトゥルヌスの星辰［土星］はおよそ三〇年で以前の出発点に回帰するのに(2)、立方数に従って二七日で自分の円を巡り終える月のように(3)。

一二五　「その理由から、同の本性の一様な回転によって、より速く回転するものは、より遅く回転するものによって、追いつくのに追いつかれるように見えるようになった(4)」と彼［プラトン］は言う。「同の本性の一様な回転」は反対の運動によって進もうと努めている星［惑星］を毎日自分の運行へと駆り立てる。しかし、それらの星は自然的に、自分を駆り立てるものの運動とは相反する運動と駆動をもつ自分の円に沿って進行する。かくして、惑星はあるものはより大きな円を、あるものはより小さな円を運行するのだから、より小さな円を運行するものは、その昼と夜の旋回［日周運動］において、より長い軌道に沿って運ばれるゆえに、より遅く前進するものの後を追う(5)。それゆえ、追いつき追い越すものが、追い越したものによって追いつかれるように思われる。なぜなら、たとえば牡羊座の一度のところで太陽と同行している月が、二九日で全円を巡り終えて(6)、同じ星座の二八度で太陽に追いつくと――月は太陽を追い越して先に進むのだから――、あたかも月は太陽から逃げていて、太陽によって追いつかれるように見える。異なった軌道をもつ他の星においても、これと同じ説明が当てはまる。

一一六　それからさらに彼［プラトン］は続ける。「なぜなら、一様で誤ることのないその回転が、それらのすべての円を螺旋状に、あたかも丸まったハアザミの渦巻きのように曲げる」[7]。コンパスの軸が固定されてから、偶然に、あるいはわれわれの意志によってでも、コンパスがすぼまったり広がったりしたときには、円く描かれた線の最後が出発点に到達しないのみならず、適切な道から下や上に遠ざかりながら、円く描かれた線はしばしば次第に狭まったり広がったりする円を作ることになる。この種類の円をわれわれは螺旋あるいはハアザミの渦巻きと呼び習わしている。したがって、恒星天球は惑星を毎日の回転によって駆り立て

(1) 二八、九二―九四参照。
(2) 七〇第二段落参照。
(3) プルタルコス『「ティマイオス」における魂の生成について』一〇一八E、ゲッリウス『アッティカの夜』第一巻二〇・六、ファウォニウス『「スキピオの夢」解説』一七参照。七〇第二段落でも月の周期は二七と三分の一日と言われている。
(4)『ティマイオス』三九A五―六。
(5)「同」の円の日周運動と「異」の円の年周運動との合成運動による惑星の運動の説明。内側のより小さな円を運行する惑星ほど周期が短いので、地球からの見かけで獣帯上に投影されると、より長い距離を進むように見える。これに反対向きに回転する恒星天球の日周運動を合成すると、獣帯上を長い距離進んだものほど短い距離しか進まないことになる。この仕組みについては、一一六第一段落および一五五頁註（1）参照。
(6) 七〇第二段落と一一四末尾では二七日と言われている。
(7)『ティマイオス』三九A五―六。「あたかも丸まったハアザミの渦巻きのように」はカルキディウスの挿入。「ハアザミの渦巻き」とは、柱頭などの装飾のモチーフとしてよく用いられた、丸まったハアザミの葉の意匠のこと。

るので、それらが同じ場所に、そこから前進したところのいわば居場所に、再び現われることを許さないで、通り過ぎるようにと、あるいは、ゆっくりした前進でけっして定められたことところへ到着しないようにと強いる(1)。それゆえ彼は、惑星は螺旋状に、あたかも丸まったハアザミの渦巻きのように、不安定で不均等な回転運動によって回ると、正しく述べたのである。

たとえば、たまたまウェヌスの星〔金星〕が牡羊座にあって、そこで宇宙の回転が、前日の前進からより

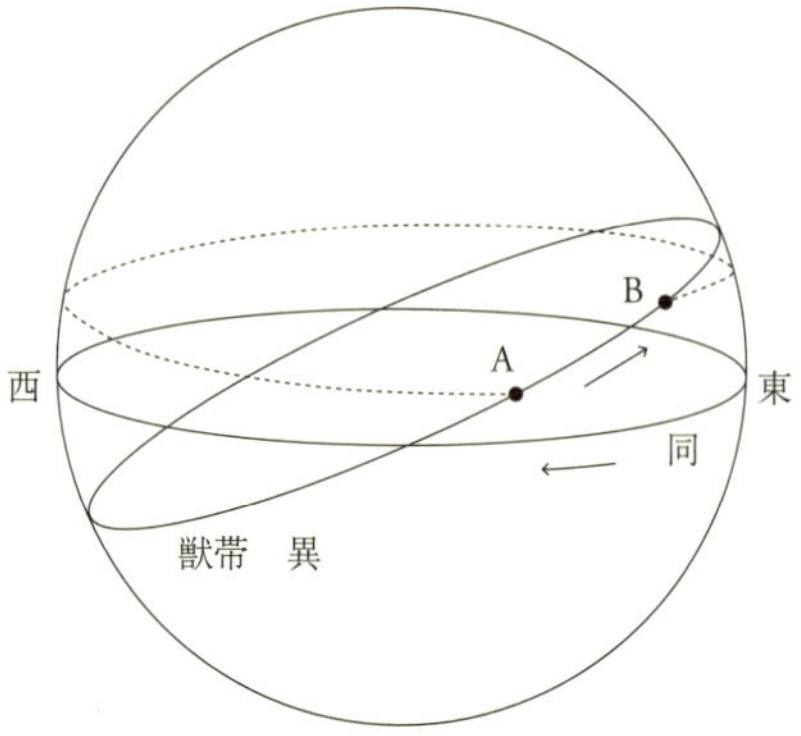

24a 図

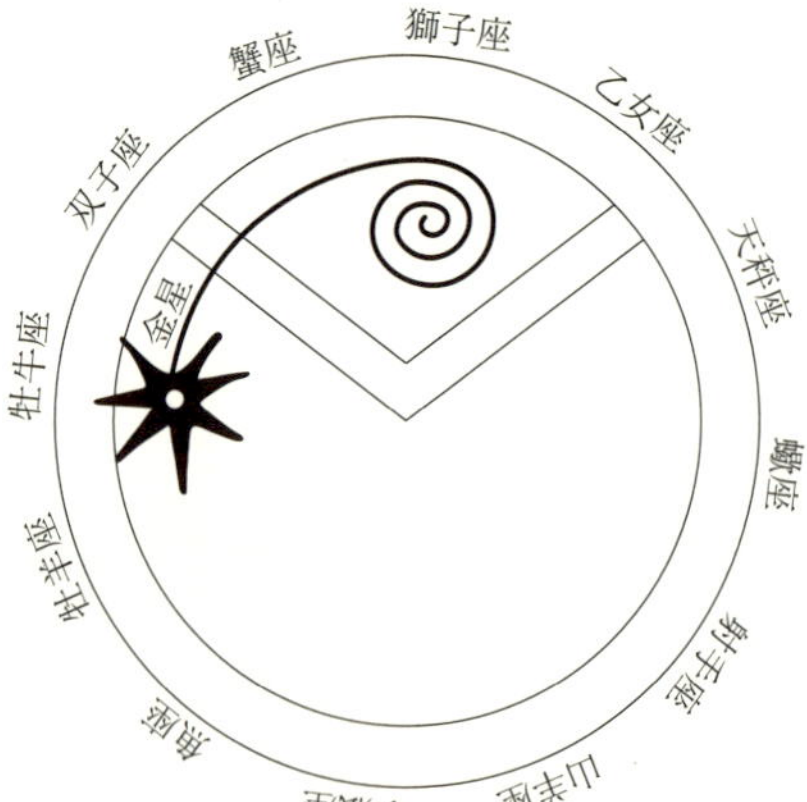

24b 図

長く引き延ばすようにそれを駆り立てるとすれば、そのときにはきっと牡羊座からいくらか離れているだろう。多く回転すればするほど、それだけ牡羊座からより長く先行する星座へ向かって遠ざかり、そしてついには魚座へと、さらにそこから水瓶座へと前進させられるだろう。反対に、もし駆り立てがより緩いなら、それは牡羊座から牡牛座へと向かって、さらに双子座や蟹座へと、つねに出発点から逸らされ、適切な道からさまよい出る不等の輪によって後退するだろう。[2] 実際、この輪のことをギリシア人はヘリクス［螺旋］と

(1) 恒星天球は東から西に向かって一日で一回転の日周運動をする（正確には、恒星は同じ向きに年周運動をするので、一日で約三六一度回転する）。これに対し惑星は、天の赤道（「同」の円）と斜めに交差する獣帯（「異」の円）に沿って、恒星天球とは逆向きに年周運動をする（正確には、惑星は獣帯よりも内側のそれぞれ異なった円に沿って運行するのだが、地球からの見かけでは獣帯上を運行するように見える）。そこで、たとえば24a図において、惑星が一日で獣帯上の点AからBまで進むものとする（実際には惑星が一日で動く距離はごくわずかである）。すると獣帯も恒星天球の日周運動によって回転させられるから、惑星が描く軌跡は「同」の円と「異」の円の合成運動となり、一日後に点Bに到着するまでに惑星が描く軌跡は図の破線のように、球面上に沿って緩やかな螺旋を描くことになる。「螺旋」の解釈についてはプロクロス『「ティマイオス」註解』第三巻七七・一四―八〇・二二（Diehl）も参照。ただし、この仕組みだけでは、年周運動において惑星は獣帯上をつねに順行することになり、惑星の逆行は説明できない。したがって、「追いつくのに追いつかれるように見える」ということも、逆行のことを言っているのではなく、年周運動の速度が速い惑星ほど、日周運動においては遅くなることを言っているのだと思われる。ところが次の段落を見ると、カルキディウスはこれを惑星の順行と逆行を説明するものと解している。

(2) ここでは明らかに金星の順行と逆行が述べられているが、「螺旋」によって惑星の逆行は説明できないことについては前註参照。

呼んでいる。これらには縮小から増大へ、増大から縮小へ移ることが観察され、その形は以下に描かれたものに似ている。(1)

一一七　次に彼［プラトン］は言う。「そして、理性的で熟慮されたこの運動の多様性と節度が視覚によっても観察されるようにと、また、八つすべての運動の輪舞がはっきり見えるようにと、事物の創建者である神は、大地の球から二番目の領域に最も明るい光を灯した。この光をわれわれは太陽と呼んでいる」(2)。太陽が全宇宙にもたらす他の言い尽くせない有益さのためばかりでなく、事物のこれほどの配置がいかなる暗によっても隠されることがないためにも、この火の誕生があったことを彼は述べている。それは、物に色を与えるためばかりではなく、それによって時間の間隔が観察される数の適切さが生じるためでもあり、昼と夜の交代が行なわれるためでもあった。実際、月が自分の円を巡り歩いて太陽に出会うときには、暦月の誕生があるように配置し、太陽が三六五と四分の一の日数で、そこから出発した同じ星座へと戻るときには、暦年の誕生があるように配置した。(3)それゆえ、きわめて思慮深く、天体の観察に対してきわめて熟達した人たちによって、この四分の一の部分が四年目の年の後に一つに集められ纏められて、昼夜の長さを満たすことになったのである。(4)

一一八　「しかし、次のことは理解するのに容易である。八つのすべての回転運動が軌道を巡り終えて、いわばもう一度回転運動の始原にして出発点へと回帰するときには、ついに時間の完全な数が完全な年を満たす。つねに同じにして一様な運動がそれを計る」(5)。完全な年を満たす時間の完全な数と彼［プラトン］が呼んでいるのは、それによって、七つの惑星と恒星と呼ばれる他の星々とがもとの居場所に再び現われ、事物の始原と宇宙の構成の始まりにあったのと同じ配置を作り出し、かくして長さ、高さ、深さが、最初の間隔の長さ、高さ、深さに一致するようになる数のことである(6)。

しかし、この時間は数え切れないほどの年数の経過を含んでいる。なぜなら、惑星の円軌道は等しくなく、必然的に異なった時間で自分の軌道を巡り終え、さらには、あるものは宇宙の中心からより遠くへとさまよい出て、あるものは南や北の丸天井へとより近づき、あるものは大地からより高くなり、あるものは大地の領域から高さにおいてあまり長い間隔で隔たることはなく、また互いに異なった運動で動いてもいるからである(7)。したがって、速いものはより遅く前進するものに、ずっと先に進むものは後ろに退くものに、高いも

---

(1)底本掲載の写本の24b図は意味不明である。
(2)『ティマイオス』三九B二―五。
(3)『ティマイオス』三九B五―C五のパラフレーズ。
(4)これは前四五年から実施されたユリウス暦のやり方である。
(5)『ティマイオス』三九D二―七。
(6)「完全な年」とはいわゆる「大年(magnus annus)」のことで、すべての天体が再び同時に元の位置に戻る周期、すなわち恒星天と七惑星の周期の最小公倍数である。プラトンはその具体的な年数を挙げていないが、『国家』第八巻五四六B三―C六の記述から、一般には三万六千年とみなされている。「大年」については、たとえばキケロ『国家』第六巻(スキピオの夢)二四、『神々の本性について』第二巻五一、アプレイウス『プラトンとその教説』第一巻一〇(九九・二一―一〇〇・三(Moreschini))、アルキノオス『プラトン哲学講義』第十四章(一七〇・三七―四二(Hermann))、マクロビウス『「スキピオの夢」註解』第一巻第十四章四、プロクロス『「ティマイオス」註解』第三巻九一・八―九二・六(Diehl)も参照。
(7)六九第二段落参照。

のは低いものに、右のものは左のものに、より左のものはより右のものに一つに走り寄って、配置において他の星の様子や姿や形と異なる点は何一つない。しかも、すべての星が等しい直径だけ隔たって、一つの方向性とすべての星からなる一つの形を作り出すことが必要であるのに、もし星のうちのある一つのものが、たまたま高さの比に関して昔の星座の位置に再び現われたとしても、横の比に関しては昔の位置に再び現われないだろうし、あるいは、一つの星が完全にすべての度数にわたって昔の位置へと呼び戻されたとしても、異なった条件にある他の星々の完全な再現はけっして起こらないだろう。さらには、完全な再現において見出されるであろう星にも、宇宙の始まりにあった同一の姿を再現するあの機会がやってくるまでには、また別の変化が生じることが必然である。

しかし、この運動とこの配置が宇宙に破滅と破壊をもたらすと考えるべきではない[1]。むしろ、新たな運動の始まりにおいて再創造が行なわれ、いわば新しい活力が与えられると考えるべきである。その更新によって、大地のどこかの地域に何らかの損害が生じるかもしれないけれども。

さて、彼がここまで論じてきたのは、感覚されうる宇宙の構成についてであった。

---

(1) 宇宙が時間においては永遠不滅であることについては二三—二四参照。「大年」において宇宙に破滅がもたらされるという説は、セネカ『自然研究』第三巻二九・一、ケンソリヌス『誕生日について』一八・一一にも見られる。宇宙全体が周期的に火と化すというストア派の「大燃焼」の説については、『初期ストア派断片集』Ⅱ五九六—六三二（SVF）参照。

第二部

第七章　生き物の四つの種族について

一一九　われわれはこれ以前の著作の本文から[1]、製作者である神によって仕上げられた宇宙全体の完成を取り上げて、凡庸な才能が許すかぎりで、プラトンの学説に密着しながら、自然の観想と専門的な理論[2]に従って論じてきた。次に彼［プラトン］は、すべてのことに先立って、最初に確かな誤ることのない回転の背覆いに固定された天の球体［恒星］の生成[3]と、さらに宇宙が包括しているものの生成を論じている。それによって、万有が十分で完全なものとなり、感覚されうる宇宙である生き物が、完全で知性の対象である宇宙、すなわち、それに倣って［感覚されうる］宇宙が生じた範型との、最も近い類似性を獲得するために[4]。

そして彼は、天のものも地上のものも、感覚されうる生き物の四つの種族を自然の観想によって数え挙げている。すなわち、天のものには星々を、他方、地上のものには、飛ぶもの、泳ぐもの、地表を歩くものを[5]。これらが地上のものと言われるのは正しい。なぜなら、それらは大地によって養われ、同じ大地の懐で休らうからであり、また、それらの身体は大部分が土であり、優勢である素材の名前から名付けられているからである[6]。それはちょうど、天のものが、大部分が純粋で澄んだ火から合成されているので、永遠な火と呼ばれているのと同様である。

一三〇　彼［プラトン］は先に述べられた生き物の説明に満足せずに、彼がダイモーンと呼ぶ天使(7)の本性の解明にまで注意を向けている。これらのうち、より純粋なものはアイテールに居場所をもっており、他のものは空気に、第三のものは湿った実体(8)と呼ばれる領域［水］に居場所をもっている。宇宙の内部の領域が理性を用いる生き物によって住まわれて、宇宙のいかなる領域も見捨てられることがないようにと。(9)しかし、これを論じることは、より高次なことで、自然の観想を越えることなので、(10)彼はやむをえず保留して、次のように言っている。(11)神は恒星の生成の後で、それらの各々が最も純粋な四つの素材から――混ぜ合わされた身体を用いる神的な生き物となったので、球のように形作られたいわばきらめく火から――大部分は澄んだ生き物を、最高の調和とともに恒星天球に固定して、その球全体をそのようにして光によって飾った。また、

(1) カルキディウスは翻訳、註解ともに『ティマイオス』三九E二／三を境に、第一部と第二部に分けている。
(2) 一および九頁註(2)参照。
(3)『ティマイオス』四〇A二―C三参照。
(4)『ティマイオス』三九E六―九参照。
(5)『ティマイオス』三九E一〇―四〇A二参照。
(6)『エピノミス』九八一C七―八参照。
(7) ダイモーン(daemon)については、一二七―一三六で主題として論じられる。天使(angelus)については、一三二―一三三参照。
(8) 一二九参照。
(9) 一三〇参照。同様の考えは、たとえばプルタルコス『神託の衰微について』四一六Eにも見られる。
(10) 一二七第一段落参照。
(11) 以下本節の終わりまで『ティマイオス』四〇A二―B三のパラフレーズ。

運動の使用が必要であると思われたとき、神はすべての運動の中から次の二つ特別な運動を分配した。一つは付帯的な運動で、それによって恒星天球が星々を西へと駆り立てるもので、彼はこれをいまや前に進む運動と呼ぶ。もう一つは主導的な運動で、それは回転運動で自分自身の回りを廻るもので、魂の熟考の運動に似ている。他の五つの運動は停止している。

一二二　というのも、わたしが思うには、場所的な運動は七つあるからである[1]。二つは縦に沿ったもので、すなわち前と後ろへの運動である。同じく他の二つは横に沿ったもので、右と左への運動である。他の二つは深さに沿ったもので、上と下への運動である[2]。そして最後は先に言及した回転運動と同様のもので、固定された軸によって回転する運動である。それゆえ、これら七つの運動うちから二つの運動、すなわち主導的な回転運動と付帯的な右へと運ばれる運動だけを用いるようにと、神は各々の恒星に分配したのだから、彼［プラトン］はそれに加えて他の五つの運動が欠けていると正しく述べたのである[3]。続いて彼は、惑星の運動については先に自分が論じたと指摘して、議論を締め括っている[4]。天はこのようにして、知恵があり永遠な生き物である住人によって飾られたのである。

一二三　しかし、情念に隷属した死すべき生き物の誕生も示されることが当然であると思われたのだが、それらは地上のものであるので、その前に正しく適切に、大地そのものについて語るべきだと考えたことを、彼［プラトン］は説明している。そこで彼はこう述べる。神はこの大地をも「すべてのものを貫いてすべてのものを保持する極の両端によって縛りつけられた、夜と昼の見張番として設置した[5]」。ところで、彼が「極」と呼んでいるのは、宇宙の全身体を貫いている軸のことである。他方、「縛りつけられた[6]」というのは二つの意味で理解すべきである。ピュタゴラスによれば、軸の回りで自らを回転させている火のことである。というのも、ピュタゴラス派が賛同する説によれば、すべての素材の原理としての火は宇宙の中心を占め――彼らはそれをユッピテルの見張番と呼んでいる(7)――、さらにその回りを、あたかも円を描いて回転する星のように、地球と対地球が運動しているからである(8)。それゆえ、このように理解するべきか、あるいは、

(1) 七つの運動については、『ティマイオス』三四A一―五も参照。七という数の特殊性については、三六―三七参照。

(2) 前後、左右、上下の六つの運動については、アリストテレス『天について』第二巻第二章二八四b三〇―三二も参照。

(3) 『ティマイオス』四〇B二―三参照。

(4) 『ティマイオス』四〇B六―八参照。

(5) 『ティマイオス』四〇B八―C二。

(6) 原語は *ἰλλομένην*（写本によっては *εἰλλομένην* もしくは *εἰλλομένην*）で、この語の意味をめぐっては古代から議論がある。カルキディウスが訳したように「縛り付けられた（constrictam）」と解することができれば、地球は宇宙の中心に静止しているという意味で問題はない。アルキノオス『プラトン哲学講義』第十五章（一七一・二―八（Hermann））、プロクロス『「ティマイオス」註解』第三巻一四六・三―七（Diehl）も同様に解している。しかし、アリストテレス『天について』第二巻第十三章二九三b三〇―三二では（写本に異読もあるが）「回転している」いう意味に受け取れる。キケロ『アカデミカ前書』第二巻一二三、プルタルコス『プラトン哲学に関する諸問題』第八問一〇〇六C、ディオゲネス・ラエルティオス『ギリシア哲学者列伝』第三巻七五も同様に解している。この地球の運動をめぐっては現代でもさまざまな解釈が提起されている。たとえば、Cornford, pp. 120-134 参照。

(7) アリストテレス『天について』第二巻第十三章二九三b一―四、プロクロス『「ティマイオス」註解』第二巻一〇六・二一―二三（Diehl）参照。

(8) クロトンのピロラオスの説。この説は、アリストテレス『天について』第二巻第十三章二九三a二〇―二四、『形而上学』A巻第五章九八六a八―一二でも言及されている。

それよりいくらか本当らしく、宇宙の中心に大地がくっついて静止していると理解するべきである。それゆえ、プラトンも他の多くの人も、それをウェスタと呼んだ[1]。まさにパイドロスの中で彼はこう言っている。「なぜならウェスタのみは神の住まいにとどまるからである[2]」。

一二三　また彼〔プラトン〕は、次の理由から〔大地は〕「昼と夜の見張番」であり「製作者」であると言っている[3]。なぜなら、太陽はそれ、すなわち大地を巡って運ばれて、太陽自身の下にある大地の部分を照らすことで、昼を作るからである。他方、〔大地が〕自分自身のいくらかの部分を、太陽の弧を描く軌道に対置するときには、大地自身が影になる。こうして影に続いて濃い夜の闇がやってくる。同時に、大地は不動であるので、彼は深い意味を込めて、大地を「夜と昼の見張番」と呼んだのである。というのは、昼が消えて夜が生まれるのでも、夜がなくなって昼が生じるのでもなくて、いずれも損なわれることなしに他方と交代するからである。またこのことは、つねに大地自身が倦むことなく自分の居場所にとどまっていることによって、大地を巡って起こるのだから、わたしが思うには、いわば自分の目の前で行なわれることを見ている者は、まさに「見張番」である。また「〔大地は〕神々の中で最も古い[4]」と彼が言っているのは、わたしが思うには、〔大地は〕生き物を受け入れる場所であり、また領域や場所というものは、その場所に存在するものよりも前に考えられねばならないからであるか、あるいは、点との類比をもっているから[5]である。点がすべての大きさとすべての量より古いものであることは、いわば精神の自然的な観念によってあらかじめ知られる[6]からである。ヘシオドスがこう述べているように。

最初にこの闇が、さらにその後には大地が生み出された。
息するものたちの最も確固たる座、胸広き大地が。(7)

すなわち、ギリシア人がヒューレーと呼び、われわれがシルウァと呼ぶカオスの(8)後に、大地が宇宙の外周の中心に、確固たる不動の基礎としてとどまっている、と彼は述べているのである。さらに、われわれには自然によって、動いているものより先に静止しているものを精神によって知覚する力が授けられている。すべての運動は静止の後に始まるからである。

一二四　また、彼［プラトン］が「輪舞(9)」と呼んでいる、調律された共和する運動によって挙行される惑星の活動は、それらの星の前進と旋回においてはっきりと見られる。たとえば、ある非常に速い運動でかなり長く前進しているように見えるとき、あるいは、長いこと一つの同じ場所にとどまっていたり、後ろへ運ばれていると思われるとき、また合のときにも、東や西に輝き出たり隠れたりするときにも、回帰するときに

---

(1) ローマのかまどの女神。ギリシアのヘスティアに相当する。一七八参照。
(2)『パイドロス』二四七A一—二。
(3)『ティマイオス』四〇C一—二参照。
(4)『ティマイオス』四〇C二。
(5) 五九参照。
(6) 二四七第二段落「先取観念」参照。
(7) ヘシオドス『神統記』一一六—一一八。原文の「カオス（Χάος）」を「闇（caligo）」と訳している。
(8) 二六八第二段落および三三三頁註（1）（2）参照。ここではカオスが質料と解されている。
(9) choream ＝ χορείας（『ティマイオス』四〇C三）。本節は『ティマイオス』四〇C三—D五の解説である。

も、春分秋分においても、あらゆる変位においても、よりいっそう蝕と再び輝くことにおいて、要するに、その他この種のことにおいて見られるように。これらについては、もし人がそれらに委ねられた活動を詮索するなら、その人は無益に余計な苦労をすることになると彼は言って[1]、それゆえ、それらを論ずることは自然学よりむしろ天文学に関わることだと考えて、略述することを弁解している。

すなわち、太陽に接してつねに離れることのないメルクリウス［水星］と金星のように、星辰のうち一緒に進むあるものを、彼は「並列」[2]と呼び、天文学者が逆行と呼ぶものを「後退する回転」[3]と呼び、先行する発進［順行］を「前進」[4]と呼び、さらに「結合」[5]と呼んでいる。しかし、結合には二つの意味がある。一方は鉛直線に沿ったものであり[6]、他方は直径に沿ったものである[7]。そして、鉛直線に沿って起こる結合は、どのような星がどんな星と一緒になるのか、あるいはそれらの合の意味は何であるのかを表示する。他方、直径に沿って［起こる結合とは］、星の中心からもう一方の反対側に置かれた星の中心へと真っ直ぐな線が両者を繋いで結ぶ場合に、互いに反対側に隔たっている二つの星の位置であると理解すべきである。また、数学者が蝕と呼んでいるものを、プラトンはより適切に多少より分かりやすく「妨害」[8]と呼んでいる。それは互いに妨害し合うからではなく、大地から眺めているわれわれにとって、より下の星が下にくることによって、より上の星を見ることが妨げられ、それゆえより下の星が障害となってより上の星が欠けて暗くなるように思われるからである[9]。

一二五　同じく彼［プラトン］は述べる。「長い間隔をおいて再び現われるものが、恐怖や近い将来や遠い将来のある種の不思議な予兆を表示する」。しかし、その表示は、これらのことに関して計算することができる人たちに関わることだと、彼はみなしている。[10] このことから、星は起こっていることを引き起こしているのではなく、将来のことを前もって知らせていると理解できる。[11] この推論に従って詩人ホメロスも「小犬星［シリウス］」が昇るのを「オリオンの犬」と呼んでいる。[12] これに対し、この同じ星をある人は「犬星」と、エジプト人は「ソティス」[13]と呼んでいる。イヌの年と呼ばれるこの年は一四六〇年で満了する。さらに、ホメロスはこの星辰について次のように述べている。

（1）『ティマイオス』四〇D三「徒労であろう」。
（2）parabolas = παραβολάς（『ティマイオス』四〇C四）。
（3）reciprocos circuitus = ἐπανακυκλήσεις（『ティマイオス』四〇C五）。
（4）progressus = προχωρήσεις（『ティマイオス』四〇C五）。
（5）coniugationem = συνάψεων（『ティマイオス』四〇C六）。
（6）二つの惑星が地球から見て一直線上に並ぶこと。『ティマイオス』四〇C六―七 κατ᾽ ἀλλήλους γιγνόμενοι 参照。「鉛直線」と訳した cathetus は κάθετος の音写。ウィトルウィウス『建築書』第三巻第五章六参照。
（7）以下に説明されるように、地球を挟む二つの惑星が地球と一直線上に並ぶこと。『ティマイオス』四〇C七 καταντικρύ 参照。
（8）obstacula = κατακαλύπτονται（『ティマイオス』四〇C七―八）。八七第一段落参照。
（9）蝕については八七―九一参照。
（10）『ティマイオス』四〇C九―D二参照。
（11）オリゲネス『「創世記」註解』断片八・一九（Lommatzsch）、プロティノス『エンネアデス』第二巻第三篇参照。
（12）ホメロス『イリアス』第二十二歌二九参照。
（13）プルタルコス『イシスとオシリスについて』三五九C、ダマスキオス『イシドロス伝』七〇、一〇二、ポルピュリオス『ニュンペーたちの洞窟』二四参照。

この星は明るいが、悲惨な運命を約束する(1)

わたしが思うには、それはその時間の間隔で見られたときである。他方、それは四年が経つときにも見られるが、同じ場所にではない。それゆえ、犬の年は四掛ける三六五年か、あるいは三六五掛ける四年間でもって満了する。

一二六　エジプト人の預言者たちも、彼らがアク(2)と呼ぶ、何年かは見えないある星を恐れている。この星辰は昇るときに、国民の病気と多くの貴族の死を予告する。さらには、ホメロスも――彼は同じくエジプト人であった。エジプトにおいてとても著名な都市である、テバイの人だと言われているのだから(3)――まさにこのことを『イリアス』の始めで密かに論じている(4)。彼は、アキレウスの怒りのために――彼の父はペレウスで、母は海の女神であった――名高い男たちの病気や死のみならず、その他の生き物や戦争に必要な家畜の病気や死までもが起こったと述べている(5)からである。このことを出発点として、彼は他の部分を自由に創作して詩を作ったのである。

他にももっと神聖で尊い話がある。それが物語るところによると、ある星が昇るときには、病気や死が予告されるのではなく、人間の救済と死すべきもののために、尊い神が降臨するのだという。カルデア人のうち本当に賢く、天体の考察に十分精通していた男たちは、この星を夜道で仰ぎ見たとき、神の新たな誕生を尋ねて、幼子のあの偉大さを見出して崇拝し、それほどの神に相応しい捧げ物を献じたと言われている(6)。これらのことは他の人より、あなたが(7)ずっとよくご存知である。

一三七　「しかし、ダイモーンたちの本性を説明することは、人間の才能がなしえることより大きな仕事である」と彼［プラトン］が言っている理由は、この論議が哲学者には無縁のことであるからではなく――というのも、他の誰により相応しいだろうか――、このことを探究することは第一の超越した観想に属するこ

(1) ホメロス『イリアス』第二十二歌三〇。
(2) この語（Ach）はラテン語文献ではこの箇所以外には見られない。シリウスと解する者もいるが、どの天体を指しているのか定かではない。「何年かは見えない」と言われていることからすると、彗星かもしれない。
(3) ホメロスの出身地に関しては、キオス、スミュルナ、コロポンなど諸説があるが、テバイとする説については、ルキアノス『デモステネス賛美』九、ヘリオドロス『アエティオピカ』第三巻二四、オリュンピオドロス『テバイ史』断片三三（Jacoby）参照。
(4) カルキディウスは、ホメロスは『イリアス』でアキレウスのことを語りながら、本当はアクのことを言っているのだと解している。『イリアス』第二十二歌二六―三一では、アキレウスはシリウスに譬えられている。
(5) ホメロス『イリアス』第一歌一―七、五〇―五二参照。
(6) 新約聖書『マタイによる福音書』二・一―一一参照。カルキディウスが新約聖書の記述に言及している唯一の箇所。
(7)『ティマイオス』翻訳の依頼者、オシウスのこと。書簡参照。この記述から、この人物はキリスト教徒であったことが推測できる。一三三でも天使について「あなたはとてもよくご存知」と言われている。
(8)『ティマイオス』四〇D六―七。以下一三六まで、ダイモーンに関する論考が続く。

とだからである。これは秘儀的な観想と呼ばれ、自然学よりいくぶん深遠なものである。[1]それゆえ、今事物の自然本性について論じているわれわれには、けっして相応しいものではないと思われたのである。

それでも彼が、神々であるとみなされているこれらの能力をもつ者［ダイモーン］たちについて、短く簡単に言及しているのは、わたしが考えるには、次の理由からである。すなわち、このようなことについて彼が沈黙することで、宇宙の構成がたとえわずかな部分であっても未完成のまま残されることがないようにと。彼は説得的に真実らしくというよりも信頼に基づいて、「信ずること」はすべての学識より勝っていなければならないことを表明している。[2]誰の主張でもというわけではなく、とりわけ、それが偉大でほとんど「神のごとき」人たち[3]の主張であるときには。さらには、ピュタゴラスについて、「あの方が言っている」のだからもうこれ以上詮索すべきではない、と言われたというのも、理由がないわけではない。

それゆえ、「ある種の神的な知恵を備えた昔の人たちによって語られたことには、かならずしも証明や説得的な主張を適用するべきではない[4]」と彼は述べている。同時に彼が、オルペウスやリノスやムサイオス[5]が神的な能力をもつ者たちについて予言したと表明しているのは、彼が［その話を］喜んだからでも信じたからでもなくて、予言者たちの権威が、これらのことを主張する人たちを少しでも信用しないことができないほどに大きかったからである。

一二八　しかし、『哲学者』と題される本[6]において、最高の注意深さと特別の配慮でもって、彼［プラトン］は次のようなすべての問題を探究している。昔の人間の種族は、人間の利便と生活を営むための便宜のために力と理性によって援助し尽力する、神の助言と摂理に由来するすべてのもの、援助するこれらのものの自体を、神であると考えた。(7) なぜなら、粗野な魂にはまだ真の神を知ることは根づいていなかったからである。

(1) 二一〇でも、ダイモーンに関する議論は「より高次なことで、自然の観想を越えること」と言われている。二七三末尾でも、『パルメニデス』の議論が「秘儀的議論（epoptica disputatio）」と呼ばれ、『ティマイオス』の「自然学的議論」と対比されている。『饗宴』二一〇A一では、ディオティマが語る愛の奥義が「最奥の秘儀的なこと（τέλεα καὶ ἐποπτικά）」と言われている。テオン一四・一八―一五・一では、「真の秘儀と真に存在するものの神秘の伝授」と言われる哲学の、五段階のうちの第三段階が ἐποπτεία と呼ばれ、さらに、「彼［プラトン］は知性の対象で真に存在するものについての研究、すなわちイデアの研究を ἐποπτεία と名づけている」（一五・一六―一八）と言われている。ἐποπτεία とは元来、エレウシスの密儀における秘儀参入の最高段階のことを意味する。

(2)『ティマイオス』四〇D七―E三参照。

(3)『ティマイオス』四〇D八「神々の子孫たち」、D九―E一「神々の子ら」参照。

(4)『ティマイオス』四〇D八―E一のパラフレーズ。

(5) プラトン自身はこれらの名を挙げていないが、カルキディウスは『ティマイオス』四〇D八の「神々の子孫」を自称する者たちをこのように解している。『国家』第二巻三六四E三―四参照。リノスにはいくつかの異なる伝承があるが、たとえば、ヘルメスとウラニアの子と伝えるディオゲネス・ラエルティオス『ギリシア哲学者列伝』第一巻四参照。ムサイオスは、オルペウスもしくはリノスの弟子もしくは子と伝えられる伝説的詩人。

(6)『エピノミス』のこと。二五四冒頭でもこの書名で『エピノミス』のことが言及されている。カルキディウスのダイモーン論はこの書をおもな典拠としているが、ただし、本節の以下の記述は『エピノミス』には見出せない。おそらくカルキディウスは他の著書で読んだことを誤って『エピノミス』に帰したのであろう。『エピノミス』は古くから「哲学者」という副題が付されていた。今日ではプラトンの著作ではなく、プラトンの弟子オプスのピリッポスの著とする説が有力である。ディオゲネス・ラエルティオス『ギリシア哲学者列伝』第三巻三七も、この説を伝えている。

(7) プロディコス「断片」B五（DK）、キケロ『神々の本性について』第一巻三八参照。

すなわち、彼らは牧人や木こりや、その他そのような教養への熱意のない者たちであった。彼らのうち有利な土地に住んでいた者たちが、嵐や洪水といった災害による広範な破滅から生き残った。(1) これらのことを、後になって人間の情念に媚びる詩人たちが、利益への欲望のために、自分たちの詩句によって形を与え、一つずつ描き出して、壮大で意味深長な名前でもって飾った。人間の有害な誘惑やきわめて醜い行為でさえも、情念に耽溺した神の名で呼ぶことまでした。(2) かくして、人間によって神の摂理に帰されるべき感謝の代わりに、冒瀆にとっての始原と端緒が開かれた。この誤った見解は無思慮な人間の空言によって増大した。

一二九　以上のことを、さしあたりプラトンは、ダイモーンの種族について論述した。しかしわれわれは、各々にまでわたってではないとしても、それらの真の理論を簡潔に説明しなければならない。(3) それは以下のごとくである。同じくプラトンは、宇宙には生き物を受け入れる五つの領域もしくは場所があると言っている。(4) それらは同じ場所を占める物体の違いに応じて、互いにある種の位置の相違をもっている。すなわち、最も高い場所は澄んだ火の場所であり、その隣はアイテールの場所であると言う。(5) アイテールの物体は同じく火であるが、より高いあの天の火よりは、いくぶん濃密である。その次には空気の場所であり、次には湿った実体の場所である。これをギリシア人はヒュグラー・ウーシアーと呼んでいる。この湿った実体は空気がより濃密になったものである。(6) 人間が呼吸しているのはその空気である。他方、最も下の最後の場所は土の場所である。さらに、場所における相違と同じ相違が大きさにおいても見出される。つまり、天の場所が最も大きい。それはすべてのものを自分の包囲の内部にもつからである。最も狭いのは大地の場所である。他のすべての物体によって包括されているからである。その他の中間の場所の大きさは、それぞれ連続した比例の理論[7]に従っている。

一三〇　それゆえ、両端の境界が、すなわち最も高いところと最も低いところが、自らの本性に相応しい生き物、すなわち理性を用いる生き物によって、天の場所は星によって土の場所は人間によって、満たされたのだから、宇宙のどの場所も無人のまま残されることがないようにと、他の中間にある場所と領域も、理性的な生き物によって満たされたと考えることが当然である[8]。というのも、宇宙の最下層の領域に住んでいるので脆い身体をもち、自らの情動の不安定さゆえに、その時々で別のものに喜び、無分別で純粋さを欠いた後悔に満ちた魂をもっている人間が、理性的な生き物と考えられている一方で、思慮深い本性をもち、自らの活動の永遠な安定性[9]ゆえに、いかなる後悔にも捕らわれず、すべてのものを包含する火の最も端の領域

(1)『ティマイオス』二二C一—三参照。
(2)詩人に対する同様の非難は、『国家』第二巻三七七D四—第三巻三九二A七に詳しい。『法律』第十二巻九四一B四—C二、キケロ『神々の本性について』第一巻三八、第三巻六三、プリニウス『博物誌』第二巻一四も参照。
(3)『エピノミス』九八四B五—六参照。
(4)『エピノミス』九八一C五—八、九八四B六—D二参照。
(5)『エピノミス』九八四B六参照。『ティマイオス』五八D一—二では、アイテールは空気の一種とされている。アイテールを独立した元素とみなすのはアリストテレスである。ただしアリストテレスにおいては、アイテールは火より上の天の領域を構成する物体である。
(6)『ティマイオス』四九C四—五参照。
(7)一七—二三参照。
(8)『ティマイオス』三九E三—九、『エピノミス』九八一C八—E六参照。
(9)『エピノミス』九八二C五—D二参照。

に住んでいるゆえに、清浄でけっして解体されない身体をもっている星が、魂なしに存在し、生命をも欠いていると考えることは、ばかげたことだからである(1)。

このことには、ヘブライ人の見解(2)も一致している。彼らが主張するには、宇宙を秩序づける者である神は、職務として「太陽には昼を統治するように、月には夜を見張るように(3)」命令し、その他の星もいわば時間の限度と年の印として、また未来の出来事を告げるものとしても配置した(4)。確かに、これらすべてのことが適切に、思慮深く、途切れることなく連続して行なわれることは、理性的な、いやそれどころか、最も知恵のある支配者なしには不可能であっただろう。

一三一　それゆえ、神的で不死な生き物の種族は天のもの、星辰に属するものであり、他方、情念に従属した束の間で滅ぶべき種族は地上のものであるのだから、これら二つのものの間には、両端の境界を繋ぐある種の中間者がいなければならない。ハルモニア〔協和する音階〕や宇宙そのものにおいてわれわれが見るように。すなわち、素材そのものに、中間に置かれて宇宙全体の身体を一つに繋ぎ合わせる中間者があるように、つまり、火と土の間に、中間で両端の境界に触れて繋げる、空気と水という中間者があるように(5)、そのように、天のものと呼ばれる、不死で情念に捕らわれない理性的な生き物がいて、同じく死すべきで情念に従属した他の生き物、すなわちわれわれの種族が存在するのだから、天の本性と地上の本性をともに分けもつ、何らかの中間の種族があり、それは不死でもあり情念に従属するものでもあることは必然である。さらに、わたしが思うには、ダイモーンの本性とはこのようなものであり、不死であるゆえに神性を共有し、滅ぶべきものとの類縁性をもっている。それは感受性があり情念から解放されておらず、その感情はわれ

われにも配慮するからである。(6)

一三二　さらに、われわれが第二の場所に置かれたことに言及した、(7)あのアイテールのものもこの種族に属する。ヘブライ人はこれらを聖なる天使と呼び、尊敬すべき神の観想の前に立ち、最高の思慮と鋭敏な知性をもち、驚くべき記憶力をも堅持していると述べている。(8)彼らは神的なことへの恭順を最高の知恵によって実行し、人間のことを思慮深く援助し、監視者であると同時に実行者でもある。わたしが思うには、彼らはあたかも「精通している者たち」であるかのように、ダイモーンたちと呼ばれるのである。ギリシア人は

(1)『エピノミス』九八三B六―C五、キケロ『神々の本性について』第二巻四二（＝アリストテレス『哲学について』断片二一（Ross））参照。
(2)ヘブライ人の説は、他の諸説と並んでしばしば言及されている。一三二、一七一、二一九、二五六、二七六、三〇〇参照。それらは必ずしも好意的な扱いを受けているわけではないが、二五六でもプラトンの見解と一致すると言われている。
(3)旧約聖書『創世記』一・一六。
(4)アレクサンドリアのピロン『世界の創造』五八―六〇参照。
(5)『ティマイオス』三一B三―C四および本書二〇―二二参照。
(6)『エピノミス』九八五A三―四および本書一三五参照。なお、本節と類似した記述がテュロスのマクシモス『論考』九に散見される。
(7)一二九参照。
(8)『エピノミス』九八四E五―九八五A二参照。

あらゆることを知っている者をダエーモンと呼ぶからである。[1]

彼らは感覚されうる宇宙にとっての監督官であり、第一に、ある種の役割を真似ていると考えるべきである。というのは、神が天使に接しているように、天使は人間に接しているからである。第二に、彼らは何がわれわれに有益であるかを解釈し、われわれの祈りを神に知らせ、また神の意志を人間に知らせ、神にはわれわれの欠乏を報告し、われわれには神の援助をもたらす。[2] それゆえ、報告するという職務につねに熱心であるので、天使と呼ばれるのである。[3] 全ギリシア、全ラティウム、すべての異国、記憶を永久に伝えるために書かれた本による諸国民の感謝の言葉が、この恩恵の証人である。人類のあまりに無力な本性は、より優れた卓越した本性の援助を必要としているからである。それゆえ、万物の創造者にして保護者である神は、人間の種族が存在することを望んだとき、人間が彼らによって正しく支配されるようにと、天使もしくはダイモーンに人間を監督させたのである。

一三三　われわれは善いものにも悪いものにも区別なく付けられた名前を恐れてはならない。なぜなら、天使という名前[4]はけっして恐怖を抱かせるものではないからである。あなたがとてもよくご存知のように、[5] 天使の一部は神の僕であり――そのような者は、聖なる天使と呼ばれる――、一部は反対の力をもつ者の従者[6]ではあるけれども。それゆえ、ギリシア人によって用いられている言葉遣いの習慣に従えば、聖なるダイモーンもいれば、堕落し汚れたダイモーンもいる。[7] 後者については、いずれ論じるのにもっと相応しい場所があるだろう。[8] 今は、プラトンがある種の驚くべき思慮と豊かな記憶力と学習力をもっていると述べている種族について論じよう。それはすべてのことを知っていて、[9] 人間の思考を見抜き、善い人をたいへん喜ぶが、悪い人を憎む。気に入らない人への嫌悪から生じる悲しみに触発されるからである。というのも、神のみが、十分で完全な神性に属しているので、悲しみにも喜びにも触発されることがないからである。[10]

一三四　それゆえ、天[11]のすべての領域にダイモーンたちが住人として割り当てられると、[12]宇宙の中間の座に住み、天に恭順を示し大地のものにも配慮する、能力をもつ者たちによって、相互の交通が行なわれる[13]ようになるという。これらの能力をもつ者たちとは、アイテールと空気のダイモーンたちであり、われわれの

---

(1)『クラテュロス』三九八B六―七参照。ダエーモーン（δαήμων）はギリシア語で「精通している」の意。この語源俗解は後世にも頻繁に言及されている。たとえば、アウグスティヌス『神の国』第九巻二〇、マルティアヌス・カペラ『フィロロギアとメルクリウスの結婚について』第二巻一五四、エウセビオス『福音の準備』第四巻五参照。

(2)『饗宴』三九八B六―七、『エピノミス』九八四D八―E二、九八五B一―四参照。

(3)「天使」と訳したangelusは、もとはギリシア語ἄγγελοςで「使者、報告者」の意。

(4)前註参照。

(5)『ティマイオス』翻訳の依頼者、オシウスのこと。一二六末尾および一六九頁註（7）参照。

(6)新約聖書『マタイによる福音書』二五・四一、『コリントの使徒への手紙』一二・七参照。

(7)エウセビオス『福音の準備』第四巻五、アウグスティヌス『神の国』第十巻一九では、ダイモーンは悪しきものとされている。

(8)悪しきダイモーンについては、一三五第二段落で簡単に言及されているだけである。

(9)一三二第一段落末尾参照。

(10)『エピノミス』九八四E五―九八五A六参照。

(11)この箇所の「天（caeli）」は「宇宙全体」の意味で用いられている。九八末尾参照。

(12)一三〇―一三一では、ダイモーンは宇宙の全領域にではなく、天と地の間の中間の領域に割り当てられている。

(13)ダイモーンを媒介として人間は神的なものと交信するという意味であろう。『エピノミス』九八五B一―三参照。

視覚とその他の感覚からは隔絶している。[1] なぜなら、彼らの身体は、目に見えるほど火を含んでもいないし、その固体性が触覚に抵抗するほど土を含んでもおらず、その全組織はアイテールの純粋さと空気の流動性が結合されたもので、分解不可能な表面を構成していたからである。このことから、少なからぬ人たちが、われわれのこの領域はアイデース、すなわちよく見えないので、正しくもアーイデースと名付けられたと考えている。[2]

さらに、ダイモーンたちがたくさんいることには、ヘシオドスも賛同している。というのも、ダイモーンたちは一万の三倍いて、神に服従することにも死すべきものを保護することにも携わっていると、彼は述べているからである。[3] 彼はダイモーンたちの数の正確な合計を算出してはいないが、完全数3の力[4]によって一万を三倍している。

一三五　それゆえ、ダイモーンの定義は以下のようになるだろう。「ダイモーンとは理性的で不死で感受性をもったアイテールの生き物で、人間たちに細心の注意を払うものである[5]」。「生き物」であるというのは、身体を用いる魂だからである。他方、「理性的」であるというのは、思慮深いからである。さらに、「不死」であるというのは、ある身体から別の身体へと替えることがなく、いつまでも同じ身体を用いているからである。他方、「感受性」があるというのは、思案するからである。なぜなら、感情を甘受することなしには選択を行なうことはできないからである。また、「アイテールの」というのは、その場所と身体の性質から名付けられたからである。他方、「人間たちに細心の注意を払う」というのは、［人間にダイモーンを］守護者として与えた神の意志によってである。この同じ定義は空気のダイモーンにも当てはまるだろう。[6] ただし、このダイモーンは空気の中に住んでいて、大地により近い分だけ、それだけいっそう情念の影響を受けやすいことを除いては。

その他のダイモーンたちはそれほど賞賛に値せず、それほど好意的でもなく、つねに不可視でもない。(7) むしろ、さまざまな姿に変化するときには、目に見えることもある。彼らは鈍重な身体の汚れを引き寄せて、蒼ざめた見かけの影のような姿をまとうこともある。(8) 神の正義の刑罰に従って、しばしば犯罪と不敬に対する復讐者ともなる。(9) 彼らはしばしば自ら進んで害悪をもたらすことさえする。なぜなら、彼らは大地に近いことから地上的な欲望に捉えられ、質料との過度の共同関係にあるからである。(10) それを昔の人たちは邪悪

(1)『エピノミス』九八四E四—六参照。
(2)ギリシア語で「冥界」を意味するハーデース(ᾅδης, 叙事詩形でアーイデース ἀΐδης となる)が「目に見えない」という語アイデース(ἀϊδής)に由来するという語源俗解への言及。『パイドン』八〇D五—七、『クラテュロス』四〇三A五—六、四〇四B一—二、『ゴルギアス』四九三B四—五参照。
(3)ヘシオドス『仕事と日』二五二—二五三参照。
(4)三八第一段落参照。
(5)類似したダイモーンの定義として、アプレイウス『ソクラテスの神について』一三(一三・一〇—一一 (Moreschini))参照。「理性的」については一三〇、「不死」、「感受性をもつ(patibile)」については一三一、「アイテールの生き物」については一三四、「人間たちに細心の注意を払う」については一三一、一三二、一三四参照。
(6)一三四参照。
(7)『エピノミス』九八五B四—C一参照。
(8)『パイドン』八一C八—D四参照。
(9)『エピノミス』九八五A四参照。
(10)質料を悪の原因とする説については、二九六—二九八参照。

な魂[1]と呼んでいた。これらやこのようなダイモーンたちを、人々は適切にも逃亡者の天使と呼んでいる[2]。そのように名づけたからと言って、けっして彼らを咎めるべきではない。

一三六　しかし、プラトンの教えを継ぐ者たちの多くは[3]、ダイモーンとは身体的な任務から解放された魂であると考えている。賞賛に値する人たちの魂はアイテールのダイモーンとなり、他方、劣悪な人たちの魂は有害なダイモーンとなる[4]。そしてこれらの魂は、ついに千年目には地上的な身体を再びまとう[5]。エンペドクレスも同様に、これらの魂は長命なダイモーンになると考えている[6]。ピュタゴラスも彼の『黄金の詩』の中でこう言っている。

身体を捨て去って、自由になってアイテールへと旅立つときには、
あなたは恵み深いアイテールの神となって、人間を脱する[7]。

プラトンはこれらにけっして同意しないと思われる。彼は『国家』の中で、僭主の魂は死後に復讐者たちによって責め苛まれるとしているからである[8]。このことから魂とダイモーンとは別々のものであることは明らかである。なぜなら、責められるものと責めるものとは異なったものであることが必然だからである。また、製作者である神はわれわれの魂を造り出すより先にダイモーンたちを創設したからであり、また、前者［われわれの魂］はダイモーンたちの援助を必要とし、後者［ダイモーンたち］は前者に保護を提供することを、神は欲したからである。さらに、三度の身体をまとうことを通して立派に生涯を送ったある種の魂は、徳の報いに値する行為[9]によって、身体をまとう必然から免れて、空気の領域に、あるいはアイテールの領域にさ

えも格上げされると、彼は考えている[10]。

一三七　ここまではダイモーンの本性についてであった。続いて彼［プラトン］は死すべき種族について論じる。最初は人間と、人間のうちの男性についてである。魂の理性的部分は二つの徳を備えていることを彼は説明する。その一方は、つねに同じで不変な本性を観想するもので、そこから精神の集中によって、知恵[11]が力を増す。また他方は、変化するもの、生じたものを思いなすもので、これには思慮という言葉が相応しい。

(1)「邪悪な魂」については、一七二第二段落、一七四末尾、二九七第三段落、三〇〇参照。
(2)新約聖書『ユダの手紙』六、アウグスティヌス『告白』第七巻二一、『神の国』第十五巻二三参照。
(3)誰のことを指しているのか定かではないが、死者の魂がダイモーンとなるという観念はかなり一般的であった。
(4)アプレイウス『ソクラテスの神について』一五―一六（二五・三―二八・一三（Moreschini））参照。
(5)『国家』第十巻六一五A二―三、『パイドロス』二四九A八―B五参照。
(6)エンペドクレス「断片」B一一五・五（DK）参照。
(7)偽ピュタゴラス『黄金の詩』七〇―七一。
(8)『国家』第十巻六一五E四―六一五A四参照。
(9)「報いに値する行為」と訳したmeritumは、「報い」自体ではなく、「報い」に先行し、「報い」を引き起こす原因となる行為を意味する。一五〇―一五一参照。
(10)『ティマイオス』四二B三―五、『パイドロス』二四九A三―五参照。
(11)「知恵（sapientia = σοφία）」と「思慮（prudentia = φρόνησις）」に関して、一八〇、二一三でも同様の区別が述べられている。このような区別はプラトンには見られない。類似した区別としては、アリストテレス『ニコマコス倫理学』第六巻第七章一一四一b二―三、八―九、アプレイウス『プラトンとその教説』第二巻六（一一七・四―一〇（Moreschini））参照。

そしてさらに、この魂の能力のどちらもが、知性の対象である至高の神によって、万有の身体の、すなわち感覚されうる宇宙の魂に与えられ、その他の理性を欠いた堕落した魂の諸部分、すなわち感覚に対する欲求と、場所的な運動と、身体各部や身体全体を養うものは、建築家である神[1]の命令と指示によって、神自身によって生み出された能力をもつ者たち［神々］に委ねられた、と彼は述べている。[2]そのわけは、これらまでも製作者にして知性の対象である神によって生み出されたとしたら、すべてのものが一つの境遇に属し、すべてのものが不死なるものとなって、死すべき種族がまったく存在しないことで、万有の完成が不完全なものとなってしまうので、そのようなことにならないためである。[3]範型、すなわち知性の対象である宇宙においては、より劣った本性をもつものの種子は知性の対象である仕方で存在するからである。[4]

一三八　さて、本文の言葉を見てみよう。「わたしがその製作者であると同時に父である神々の神々よ[5]」。対話の形式は、論述方式に関わるので、劇の形式をとるが、話題はより崇高な種類のものである。要するに、この種の話題には隠された神秘を物語によって解説することが相応しい。[6]それゆえ著者［プラトン］は、いくつもの理由から、まったく適切にも製作者である神を導入して、神が生み出したものたちが守るようにと欲したことを、神が演説して法を定めるようにしたのである。その理由とは、第一には読者の気晴らしのためである。なぜなら、難解な事柄は魅力的な言葉で趣を添えられると、より容易に魂の内奥へと伝わるからである。第二の理由は、神聖さを交えた予期しない話し掛けの多様さは、演説者の描写に魅了された心に、現在の苦労を感じさせないからである。さらには、著作の新たな始まりが開始されるにあたって、教説の仕方の変化は聞き手の新たな力を駆り立てるからである。なぜなら、聞き手は誰でも単調で煩わしい話に対しては疲れ果てるが、論述方式の新たな希望が現われるときには、より注意深くなるからである。

この箇所で彼は自分自身の学説さえも、自らが考案したことではなく、むしろ神によって告知されたことだと思われるようにと、熱心に主張している。ただし、告知されたと言っても、人間の精神の覆いゆえに[7]――というのも神はいかなる障害によってもあらゆることの理解と知識から妨げられることはないのだが――、内奥の運動を知らせるためには、声の音の中に置かれたあの言葉によってではなく[8]、プラトンが「不可避の布告[9]」と呼んだ神の法によって告知されたのである。

（1）アレクサンドリアのピロン『世界の創造』一七―一八参照。

（2）『ティマイオス』四一C三―D三参照。

（3）『ティマイオス』四一B七―C三参照。

（4）感覚対象である宇宙のモデルとなった「知性の対象である宇宙」にも、死すべき生き物のモデルが存在するということ。「種子（semina）」については、二三第二段落参照。

（5）『ティマイオス』四一A七。「神々の神々」の意味はラテン語訳文・ギリシア語原文ともに判然としない。

（6）イアンブリコス「プラトンの対話篇への註解断片」七四（Dillon）参照。

（7）「人間の精神は肉体によって覆われているので」という意味であろう。ニュッサのグレゴリオス『エウノミオス論駁』第二巻三九一、アンブロシウス『乙女の教育について』第三巻一八、『カインとアベルについて』第二巻第九章三六、アウグスティヌス『アカデメイア派論駁』第一巻第八章二三参照。

（8）言葉が観念を媒介することについては、一〇四、二二〇末尾参照。音声としての言葉によらず神がメッセージを送ることについては、二五五第二段落参照。

（9）『ティマイオス』四二D二―三「掟を定めて（διαθεσμοθετήσας）」を念頭に置いた言葉か。カルキディウスはこの箇所を「布告によって（promulgationibus）」と訳している。一四二、一四三、一四九の「不可避の掟」も参照。

一三九　それでは、神は何と言っているのか。「わたしがその製作者であると同時に父である神々の神々よ[1]」。とても明快である。つまり、彼〔プラトン〕は高貴な者たちに法を定める王を演出しているのである。彼らに与えられた法がその他の能力をもつ者たち〔生み出された神々〕と魂たちにも伝わるようにと。神は自分が彼らの「製作者にして親」であると述べている。製作者であるというのは、彼らが神によって作られたからであり、父であるというのは、彼らが永遠で幸福であるようにと、神が先見の明をもって配慮するからである。「お前たちはわたしの作品であるのだから[2]」。というのは、神は実在のではなく生成の父にして製作者だからである[3]。なぜなら、彼ら高貴な者たち、すなわち星たちは、知性の対象ではなく感覚の対象であるけれど、しかし彼らの作り手はとりわけ知性の対象だからである。

次に彼は、彼らがどんな本性をもつのかを説き、彼らが合成により成り立っていることも説いている。さらに、合成によって成り立っているものは、それらが成り立っているのと同じ理由によって分解されうる。しかし、彼らは分解されえない。当然である。なぜなら、彼らは何らかの時間的な誕生によって存在するのではなく、太古からのすべての時間を経てきた至高の神の意志によって存在するからである[4]。実際、彼らが分解されえないことを表明する者が、彼らにはいかなる誕生もないことを認めることは必然である。実際、始まりをもたないものには確かに終わりがなく、終わりをもたないものには誕生もないからである。

さらに彼は、「理性の力[5]」すなわち理性を、「神的[6]」で「不死なるもの[7]」という名前で呼んでいる。他方、わたしが思うには、欠陥の中にあるもの、すなわち怒りと快楽を、彼は死すべき組み合わされたもの、むしろ彼自身の言葉によれば「織り合わされたもの[8]」という名前で呼んでいる。

一四〇　次いで彼［プラトン］は、魂の本性がはっきりと理解されるようにと、人間の魂の生成へと話を進める。そして、語られることが明白になるようにと、挿入した物語をさらに続ける。すなわち、彼は再び混酒器と、宇宙の魂がそれらから合成されたところの諸力を混ぜ合わせた合成物を取り出して、それらの残りからわれわれの魂を作り上げる。(9) すなわち「同」と「異」、そしてさらに「分割不可能な実体」(10)と「分割可能な実体」のあの二重の本性を材料として。(11) それらは以前のように混じり気のない純粋なものではなかった。なぜなら、最も純粋なものから作り出された魂が、質料のこれほどの欠陥に陥ることはありえないし、脆い

(1)『ティマイオス』四一A七。
(2)『ティマイオス』四一A七―八。
(3) 宇宙を製作したデーミウールゴスとしての神が、「実在の製作者」である「至高の神」と区別されているように受け取れる。これはヌメニオスの説に一致する。ヌメニオス「断片」一六（des Places）では、「生成の製作者」であるデーミウールゴスとしての神は第二の神で、「実在の製作者」である「善それ自体」が第一の神とされている。しかし一三七と二〇一では、「至高の神」は明らかに宇宙の製作者である神と同一視されている。この問題については、一九一第一段落および二三九頁註（5）も参照。「至高の神」については一七六および二二三頁註（5）参照。
(4)『ティマイオス』四一A七―B六参照。
(5)『ティマイオス』四一C七「導くもの（ἡγεμονοῦν）」を念頭に置いた言葉か。二一三、二二〇第三段落でも、理性が「主導的部分」と言われている。「主導的部分」については二六一頁註（8）参照。
(6)『ティマイオス』四一C七。
(7)『ティマイオス』四一D一。
(8)『ティマイオス』四一D一―二。
(9)『ティマイオス』四一D四―六参照。
(10) Bakhouche, Magee とともに Waszink の提案に従って、nec non indiuiduae を挿入する。
(11)『ティマイオス』三五A一―八および本書二七―三一参照。

死すべき身体と一緒になることもありえないからである。「ほぼ同じ方法で混ぜたのだが、それでも以前に生じたものと同じ純粋さと清らかさは生じなかった[1]」と彼は述べている。当然である。なぜなら、死に従属した生き物の種族に生命を与えるこれらの魂には、純粋な理性もしくは混じり気のない知性は見出されず、かなりの怒りと欲望が見出されるからである[2]。

それゆえ、彼は次のように述べる。混ぜ合わされた魂それ自体はさらに縦に裂かれて、その一つの部分は「同」と呼ばれる本性の回転運動に従って完全なままに残される。これによってすべての神的なものは知性を働かせ、知性を働かせるものたちは知恵あるものとなる[3]。他方で、彼は「異の本性」の部分を、先に論証されたように、惑星の理性的な運動に従って、音階論と数論と幾何学の中項によって六回切り分ける[4]。これは「思わく」と呼ばれる魂の力である[5]。これを導き手として、われわれは生成し消滅するものを知る[6]。魂の構成が組織作られた理由は、わたしが思うには、どちらの本性の原理をも自分自身の中にもつことで、同じ魂が知性の対象であるものも感覚の対象である実体も知ることができるようになるためである。これが理性的な魂の成り立ちである。それは、永遠の法の先見ある指図によって人間が過ちの機会を受け取るときに[7]、敬うべき神によって作られ、人間の頭に結び付けられたのである[8]。

一四一　次に彼［プラトン］は述べる。「［神は］星の数と等しい魂を選んで、それぞれの魂をそれぞれの星に割り当て、相応しい乗り物の上に乗せると、それらの魂に、万有の本性を眺めるようにと命じて[9]」。魂たちの種蒔きをする前に、それぞれの星にそれぞれの魂を乗せたのは、それによって魂たちがこれらの乗り物を用いて、星の軌道上を回りながら宇宙の全本性を考察するためである。そのことで彼は、神性の援助なしには、魂は自分自身では神的なものを何一つ見ることも理解することもできないということを説いている。

一四二　「不可変の定めの法を教えた[10]」。ここでいま彼［プラトン］は重大で困難な問題を引き起こしている。これについては多くの論争が古人の間で行なわれ、今もなお続いている。それゆえ、今はプラトンの学説に従ってごく簡略な考察がなされることが適当である[11]。なぜなら、他の人たちの学説まで論究することは長くなるからである。彼らの多くは運命によっては何も起こらないと考え、他の人たちは裁量や意志によっては何も起こらず、運命によってすべてのことが起こると考え、またある人たちは運命によって起こることもあるが、それに劣らず意志によって起こることもあると考えている[12]。

---

(1)『ティマイオス』四一D六—七。
(2)三〇、五三末尾、二〇四参照。
(3)『ティマイオス』三六B七参照。
(4)『ティマイオス』三七C一—三および本書一〇三—一〇四参照。
(5)『ティマイオス』三五B四—三六D七および本書五二、九五—九六参照。
(6)『ティマイオス』三六B六—八および本書一〇三—一〇四参照。
(7)神に命じられた神々によって人間の魂の非理性的部分が作られるとき。『ティマイオス』四一C二—D三および本書一三七、二〇一、一八六参照。
(8)『ティマイオス』四四D五参照。
(9)『ティマイオス』四一D八—E二。一四三、一四七でも引用される。
(10)『ティマイオス』四一E二—三。前節の引用文の続き。「運命づけられた法（*νόμους τε τοὺς εἱμαρμένους*）」を「不可変の定めの法（legesque immutabilis decreti）」と訳している。
(11)以下、一九〇まで「運命（fatum）」に関する論考が展開される。
(12)カルキディウス自身の立場は、この三番目の見解である。一九〇第二段落参照。

一四三　さて、プラトンによれば、摂理が先行し、運命がその後に続く。なぜなら、彼はこう言っているからである。「神は宇宙を構成した後に、魂を星の数と等しい数に分けて、それぞれの魂をそれぞれの星に割り当て、全宇宙の本性を示して、運命の全連鎖を明らかにした」[1]。すなわち、これらの言葉のうち、始めの部分は摂理のことを述べており、二番目の部分は運命の法を述べている[2]。それゆえプラトンによれば、摂理が先に生じたのである。それゆえわれわれは、運命は摂理から生じるとは言うが、しかし摂理が運命から生じるとは言わないのである[3]。したがって、プラトンによれば、運命は二つの意味で理解され述べられている[4]。一つは、運命の実体をわれわれが魂でもって見る場合であり、もう一つは、生起する事柄から、運命が存在することと、それがどんな力をもっているのかを、われわれが認識する場合である。彼はこの運命を、『パイドロス』では「不可避の掟[5]」と呼び、『ティマイオス』では神が「万有の本性」について天の魂たちに語った「法[6]」と呼び、『国家』では、悲劇のようにではなく神について語る人たち[7]の仕方で「ラケシスの言葉[8]」と呼んでいる。

一四四　したがってわれわれは、「不可避の掟」を不可避な原因に基づくけっして変えることができない法と解釈し、「万有の本性」について神が魂たちに述べた法を、宇宙の本性に従い、宇宙のすべてのものがそれによって支配される法と解釈し、「ラケシスの」すなわち必然の女神の娘の「言葉」を、未来のことが過去と現在のことに結びつけられる神的な法と解釈することができる[9]。他方で、実体として考えられた運命は宇宙の魂である[10]。これは恒星天球と、さまようと思われている球と、第三の月下の球の三部分に分かれている[11]。これらのうち、上方の高いところにあるものはアトロポスと呼ばれ、中間のものはクロトと呼ばれ、

(1)『ティマイオス』四一D八—E三および本書一四一、一四七参照。
(2)「運命の全連鎖を明らかにした」が「二番目の部分」で、その前はすべて「始めの部分」に当たるのだろう。一四七では、ここで述べられた仕事はすべて「摂理の任務」と言われているからである。
(3)以下一四七まで、摂理と運命の区別が論じられる。同様な区別は、偽プルタルコス『運命について』五七三B、ネメシオス『人間の本性について』三八（一〇九・一六—一一八（Morani））にも見られる。摂理と運命の関係については、一七六—一七七も参照。
(4)この一文から本節の終わりまでとほぼ同じ記述が、偽プルタルコス『運命について』五六八C—Dに見られる。偽プルタルコスでは、運命の二つの意味を簡潔に「一方は活動（ἐνέργεια）であり、他方は実体（οὐσία）である」と言っている。
(5)『パイドロス』二四八C三「アドラステイアの掟」。アドラステイアは復讐の女神ネメシスの別名で「逃れられない者」の意。
(6)『ティマイオス』四一E二。
(7)二九六および三六七頁註（10）も参照。
(8)『国家』六一七D六。ラケシスは運命を司る女神モイラたちの一人で、「分配する者」の意。それぞれの運命を個々人に割り当てる。次節参照。ラケシスの「言葉」は一五四で引用されている。
(9)この一文と同様の記述が、偽プルタルコス『運命について』五六八Dに見られる、ネメシオス『人間の本性について』三八（一〇九・一一—一三（Morani））も参照。
(10)一四九、一五二でも同じことが言われている。この見解は、偽プルタルコス『運命について』五六八E、ネメシオス『人間の本性について』三八（一〇九・一一（Morani））にも見られる。
(11)宇宙の魂を三部分に分ける同様の記述が、偽プルタルコス『運命について』五六八Eに見られる。三つの部分とは、恒星天球の領域、諸惑星の領域、地上の世界のこと。

下のものはラケシスと呼ばれる。[1] アトロポスと呼ばれるのは、いかなる逸れもなくさまようことがないからである。クロトと呼ばれるのは、さまざまに錯綜した複雑な旋回のためである。これによって、「異」の本性の逸脱した運動が導入するものが生じる。[2] ラケシスと呼ばれるのは、その職務をくじで割り当てられたかのように、先に述べたものたちのすべての仕事と役目を引き受けるからである。

ところで、少なからぬ人たちは、摂理と運命とは本当は一つのものであるのに、それらの違いが憶測されていると考えている。というのは〔彼らによれば〕、摂理とは神の意志であり、神の意志とは原因の連鎖である。そしてこのことから、神の意志は先を見通すことであるゆえに、摂理と名づけられ、[3] 他方、それは原因の連鎖でもあるゆえに、運命と名づけられているのである。[4] このことから次のことが帰結する。運命に従うことは摂理からも起こることであり、同様にして、摂理に従うことは運命からも起こることである。たとえばクリュシッポスがそう考えている。しかし他の人たちは、摂理の権威から起こることは運命によっても生じるが、しかし運命によって生じることが摂理からも起こることにはならないと考えている。たとえばクレアンテスがそうである。[5]

一四五　しかし、プラトンがよしとする説は以下のとおりである。すべてのことが摂理から生じるわけではない。なぜなら、割り当てられた事物の本性は一様ではないからである。したがって、あることは摂理のみから生じ、あることは〔運命の〕定めから生じ、少なからぬことはわれわれの意志から生じ、さらに少なからぬことはさまざまな運からも生じ、また任意に起こる多くのことは偶然によって生じるのである。そして、神的で知性の対象であるものと、これらに近いものは、摂理にのみ従っているが、自然的なものや物体的なものは運命に基づいている。(6) 他方、われわれの裁量と権限に属することは、われわれの意向［意志］に従っている。(7) 他方、われわれの外部に置かれ、理由なしに予想外に起こることは、われわれの処置から始まったことなら、運によって生じると言われ、われわれの計らいなしに始まったことなら、偶然に生じると言われる。(8)

一四六　これらすべてのことを、彼［プラトン］はより明瞭に『ティマイオス』において次のように言って区別している。「これらがこのように秩序づけられて、事物の創造者が以前のあり方にとどまっていたとき」(9)。

（1）偽プルタルコス『運命について』五六八Eでは、最も高い部分がクロト、中間がアトロポスと言われている。どちらも運命の女神モイラたちの一人で、クロトは「糸を紡ぐ者」、アトロポスは「変えられない者」の意。ラケシスについては一八九頁註（8）参照。

（2）「異」の円とその運動については、五八（『ティマイオス』三六B六―D七の引用）、九二―九五参照。

（3）「摂理」と訳した prouidentia の字義どおりの意味は「あらかじめ見ること」。「摂理」の語義については一七六第三段落参照。

（4）運命が「原因の連鎖」と言われることについては、『初期ストア派断片集』I九八、一七五、一七六b、II九一七、九一八、九二一、九三二（SVF）参照。

（5）この段落全体が『初期ストア派断片集』II九三三（SVF）に収録されている。ただし、クレアンテスが摂理と運命をこのように区別していたという報告は他にはない。ストア派一般に、摂理と運命を同じものとみなしていたと思われる。同書I一七六、II五二八、六三二、九三七（SVF）参照。

（6）摂理と運命の区別については一四六―一四七参照。

（7）意志（uoluntas）については一五五―一五七参照。

（8）運（fortuna = *τύχη*）と偶然（casus = *αὐτόματον*）については一五八―一五九、およびアリストテレス『自然学』第二巻第四章一九五b三一―第六章一九八a一三参照。

（9）『ティマイオス』四二E五―六。

いったい［神は］何を秩序づけたのか。もちろん、万有の魂と全物体を適切な調和によって結びつけたのである。「息子たちは父の命令を理解して、命じられた教えに従って、死すべき生き物の不死なる始原を受け取って、宇宙の素材、火、土、水、空気から、必要なときには返すという条件で、元素を負債として借りて、受け取ったものを接着した。それによって彼ら自身が結合されているあの解くことができない絆によってではなくて」[1]。すなわち、わたしが思うには、第二の神々[2]が服従した神の命令とは、永久の秩序を維持する理法であり、これが運命と呼ばれ、それは自らの始原を摂理から得ているのである。

一四七　さらに、次のように言うときにも［摂理と運命を区別している］。「［神は］万有という機関[3]を構成するとすぐに、星の数と等しい魂を選んで、それぞれの魂をそれぞれの星に分配し、それらの魂たちを相応しい乗り物の上に乗せて、万有の本性を眺めるようにと命じて、不可変の定めの法を教えた」[4]。なぜなら、万有という機関を完成すること、星の数と等しい魂を選ぶこと、相応しい乗り物に乗せること、万有の本性を示すこと、不変の定めの法を教えること、これらすべては摂理の任務だからである。しかし、ここで述べられた法がまさに運命であり、それは宇宙の魂に挿入された神の法であり、万物の有益な指揮者である[5]。このように、運命は摂理から生じるが、しかし摂理は運命から生じるのではない[6]。

一四八　いまやまさに、務めと働きとして考えられた運命について論じよう[7]。というのも、このことについては倫理学的にも自然学的にも論理学的にも、非常に多くの論争が行なわれているからである。すなわち、生じるものはすべて無限であり、無限［の過去］から果てしなく無限な時間にわたって生起しているけれども、しかし、あらゆるものをあらゆる方向から包括している運命そのものは、有限であり限定されたものである。なぜなら、法であれ理性であれ、要するに神性を備えたものは、無限定なものではないからである。そしてこのこと自体は、「完全な年」[8]と呼ばれるときの天の状態と配置から明らかになる。そのことについてプラトンはこう言っている。「しかし、次のことは理解するのに容易である。八つのすべての回転運動が軌道を巡り終えて、いわばもう一度回転運動の始原にして出発点へと回帰するときには、ついに時間の完全な数が完全な年を満たす。つねに同じにして一様な運動がそれを計る」[9]。というのも、その限界が一定の回

(1)『ティマイオス』四二E六—四三A二。
(2)宇宙の製作者である神によって生み出された、天体を始めとする諸々の神々。
(3)uniuersae rei machinaを「万有という機関」と訳した。原文『ティマイオス』四一D八にはただ「万有（τὸ πᾶν）」とあるだけ。ただし、『ティマイオス』三〇B七—三一A一、九二C六では宇宙は「生き物」と言われており、ここでもmachinaは「生き物」と対比される「機械」という意味ではなく、「秩序をもった統一体」というほどの意味であろう。二九九にも「宇宙という機関（mundi machina）」という表現がある。ちなみに、mundi machinaという語はルクレティウス『事物の本性について』第五巻九六にも見られるが、ルクレティウスの用例も同様に解するべきであろう。
(4)『ティマイオス』四一D八—E三。一四一、一四三参照。
(5)ネメシオス『人間の本性について』三八（一〇九・一三—一六（Morani））参照。
(6)一四三および一八九頁註（3）参照。
(7)以下、一五四まで「働きとして考えられた運命（in actu positum fatum）」（=活動（ἐνέργεια）としての運命）が論じられる。運命が二つの意味で考えられることについては、一四三および一八九頁註（4）参照。本節全体とほとんど同じ記述が偽プルタルコス『運命について』五六八F—五六九Bに見られる。
(8)「完全な年」については一一八参照。
(9)『ティマイオス』三九D二—七。一一八でも引用、解説されている。

転の周期によって考察されるような、この全時間が完了したときには、天であれ地上であれ生起するものはすべて、再び新たにかつての状態へと戻ることは必然だからである。たとえば、星座の今の状態は時間の長い継起の後に再び元の状態に戻され、また同じようにして次に続く状態もつねにこのようになる。

一四九　このことから、働きとして考えられた運命は、無限の多様性で無限の時［過去］から無限の時［未来］にわたって起こる出来事の運命ではあっても、しかしそれ自体は限定されたものであり、不可変でつねに同じ固有性をもっていることが明らかになる。なぜなら、円運動とそれを計る時間も、両者とも円であるように、そのように輪を描いて旋回するものはすべて円であることは必然だからである。[1] それゆえ、彼［プラトン］は運命を「不可避の掟」[2]と呼んでいる。不可避の力と能力を、宇宙の中で継起的に連続的に起こるすべてのことの、第一の原因と理解しているからである。さらに、それは三つの部分からなる宇宙の魂である。[3] これをわれわれは先の箇所で、実体として考えられた運命と述べた。[4] 他方、「掟」とは神の法である。これをわれわれは不可避の原因ゆえに容赦ないものであると主張した。[5]

一五〇　さらに、この法は「声明」であり「規律」である。[6] 神はこれを宇宙の魂に万物を永久に支配するために定めた。なぜなら、神はたんに宇宙が存在することのみではなく、永遠で分解不可能であることを配慮したからである。[7] この規律は、それ自身の中にあらゆるものを含んでいるので、あるものはある種の前提として生じ、あるものは前提に従って生じる。[8] ちょうど幾何学において、始原［公理］は前提として存在するが、定理は前提に従って存在するように。つまり、始原、たとえば点や線やその他そのようなもののいわば起源や元素が承認されたうえで、定理が前提に従って明らかにされるように。あたかも、定理が承認された前提の結果をもっているかのように。そのように規律も、すべてを包括する秩序と法として存在し、われわれの報いに値する行為に基づいた先行する原因を、[9]ある種の始原としてもっているのである。[10]他方、必然に縛られて生起することは、前提と必然に基づいて、その結果として生じるのである。[11]

一五一　それゆえ、神の法すなわち運命[12]の始原は摂理であり、[13]他方、運命は、自分に服従する従順と服従しない頑固さとを、いわば宣告によってともに包括するものである。さらに、懲罰と報償は配分された報い

（1）偽プルタルコス『運命について』五六九C参照。
（2）『パイドロス』二四八C二。一四三および一八九頁註（5）参照。
（3）一四四第一段落および一八九頁註（11）参照。
（4）一四四第一段落および一八九頁註（10）参照。
（5）一四四第一段落参照。
（6）「声明（oratio）」とは、宇宙の製作者である神が生み出された神々に向かって語りかける言葉『ティマイオス』四一A七—D三を、「規律（sanctio）」とは同書四二E七の τάξις を指す。
（7）『ティマイオス』四一B二—三参照。
（8）ex praecessione を「前提として」、secundum praecessionem を「前提に従って」と訳した。カルキディウスは καθ' ὑπόθεσιν を ex praecessione と、ἐξ ὑποθέσεως を secundum praecessionem と訳していると思われる。ネメシオス『人間の本性について』三八（一〇九・一八—二〇（Morani））参照。
（9）一七一末尾では、人間が「先行する原因（causa praecedens）」であると言われている。
（10）因果関係が演繹的な論理関係と重ね合わされている。
（11）アルキノオス『プラトン哲学講義』第二十六章（一七九・八—一三（Hermann））、ネメシオス『人間の本性について』三八（一一〇・二—三（Morani））参照。
（12）アプレイウス『プラトンとその教説』第一巻一二（一〇一・一九（Moreschini））でも運命は「神の法」と呼ばれている。
（13）摂理が運命と区別され、運命の上位に置かれることについては、一四三—一四七、および一八九頁註（3）参照。

に値する行為の前提に従って発生する。しかし、賞罰いずれかの側に配分された報いに値する行為の前提は、われわれの魂の運動、判断、同意、欲求、忌避であり、これらはわれわれの内に置かれている(1)。なぜなら、これらを選ぶことも、これらの反対を選ぶことも、われわれの手中にあるからである(2)。それゆえ、事物のこの秩序にして最古の法においては、あるものは前提として生じると言われ、われわれの能力に属する。他方、その後に生じることとは、前提に従って、必然に縛られている。そして、法と法に従うこと、すなわち法に適ったことが別々のものであるように、運命と不可避の必然(3)によって運命に従うこと、すなわち運命づけられたこととは、別々のものなのである(4)。

〔五二〕　それゆえ、万有の魂は実体として考えられた運命であり、同じくこれに付与された教えが万物を正しく管理する法である。それは務めと働きとして考えられた運命(5)を含んでおり、次のような仕組みと帰結をもっている。「これこれのことがあるなら、これこれのことが後に続いて起こる」。それゆえ、これらに先行するものはわれわれの内にあり、後に続くことは運命に従っている。これ〔後に続くこと〕は他の名前では「運命づけられたこと」と呼ばれ、運命とはまったく異なっている。結果として三つのものがあることになる。すなわち、われわれの内に置かれたもの(6)、運命そのもの、運命の法に従って報いに値する行為に応じて身に振りかかるものである。

そこで、彼〔プラトン〕は法それ自体の言葉を記したのである。「自らを神の随行者として、真に存在するもののうちの何かを見た魂は、次の周回の時まで無傷であろう。そしてもし、つねにそうするなら、つねに無傷のままであり続けるだろう(7)」。それゆえ、これはまさに運命と呼ばれるのが適切な法と宣告である。実際、ソクラテスが法の宣告に従って、自らを神の随伴者としたことは、ソクラテス自身のなしたことであった。他方、ソクラテスがそのように生きたので、彼の魂が次の周回の時まで無傷に保たれることは、運命づけられた定めに従って起こる。そしてもし、彼がつねにそうするなら――それはソクラテスの手中にある――、彼は運命に従ってつねに無傷であるだろう。

一五三　このような仕方でライオス[8]はアポロンから予言を受けた。

禁じられた畝間に子供らの種を蒔くことに用心せよ。
生まれたなら、その者は汝を不敬にも殺すであろう。

(1) 一六四では「欲求、判断、意志、同意、準備、選択、回避はわれわれのものである」と言われている。

(2) 偽プルタルコス『運命について』五七一C―E、ネメシオス『人間の本性について』三八(一〇九・一八―一一〇・九(Morani))参照。「われわれの手中に」と訳した penes nos (= ἐφ᾽ ἡμῖν) という表現については、たとえばアリストテレス『ニコマコス倫理学』第三巻第五章一一一三b六―一一一五a三、『初期ストア派断片集』Ⅱ九七九(SVF)、エピクテトス『提要』一も参照。

(3) 一五三参照。

(4) 一七九、偽プルタルコス『運命について』五七〇C―E参照。

(5) 運命が二つの意味で考えられることについては、一四三および一八九頁註(4)参照。

(6) 前節では「われわれの魂の運動、判断、同意、欲求、忌避」が「われわれの内に置かれたもの」と言われている。これらはわれわれの意志に依存する。

(7) 『パイドロス』二四八C三―五。偽プルタルコス『運命について』五七〇Aにも同じ箇所が引用されている。

(8) 伝説的なテバイの王で、オイディプスの父親。

そして屋敷じゅうが血に染まるであろう。(1)

つまり、彼［アポロン］はこの神託によって、蒔かないことがライオスの手中にあったことを明らかにしている。これが前提である。他方、後に続いて起こったことは、もはやライオスの能力の内にはなく、むしろ前提としての報いに値する行為に従って運命づけられた必然の内にある。もしも、ライオスがその運命に陥ることが必然であったか、あるいは、すでにずっと以前から不可避の必然(2)によってその災難が身に振りかかっていたなら、探索は無益であり、予言も無益であっただろう。しかし、彼［アポロン］は続いて起こることを予知していたので、運命に従って種蒔きが行なわれることを禁じた。彼［ライオス］が自制しようと欲するなら、それは彼の能力の内に置かれていることを知っていたからである。他方、ライオスは、人間として未来のことを知らなかったので、知っている者［アポロン］に、自分は何をなすべきか尋ねた。しかし、彼は運命に操られてではなく、自制心のなさに打ち負かされて、種を蒔いたのである。

一五四　同様にして、テティスは息子［アキレウス］にこう予言した。もし彼がトロイアにおいて戦うなら、友情(3)が彼に破滅をもたらし、巨大な名声とともに早すぎる死が待ち受けているが、もし故郷に帰るなら、栄光のない生涯の長い期間が待ち受けているだろう。(4)しかし、彼はいかなる運命の暴力にも強制されずに戦った。彼はけっして選択に迷ってはいなかったからである。いわば胆汁の暴力［怒り］によって、栄光へと傾いた好みによって、彼は戦ったのである。プラトンのあの言葉もこれらに一致している。「責任は選択する者にある。神は非難を免れている(5)」。同じく、「徳は自由であり、いかなる必然にも従属していない(6)」。あるいはラケシスが魂たちに言った言葉、「彼らのうちのいかなる魂も、くじによってダイモーンによる支配のもとに到る者はいない。そうではなく、彼ら自身が自発的に、各人が選ぶべきだと考えたダイモーンを自分に選ぶのである」(7)。そしてモーセによれば、神は最初に生まれた者たちに、それらから善と悪の知識が彼らの魂に入り込むところの、木の実を食べることを禁じた(8)。なぜなら、自制する能力も自制しない能力も彼らのものであったので、彼らに忠告を与えようと欲した神は、何を用心すべきかを明らかにしたのである。もしそれが起こることが必然であったなら、神は無益に禁じることはなかったであろう。

一五五　さて今度は、人間の能力の内にあることについて論じよう。存在するすべてのものは、昔の人々によって、可能なこと、必然的なこと、どっちつかずなことの三つの部分に分けられた。可能なことは類で

---

(1) エウリピデス『フェニキアの女たち』一八―二〇。アプロディシアスのアレクサンドロス『運命について』三一（二〇二・一〇―一一（Bruns））、オリゲネス『ケルソス論駁』第二巻二〇（＝『初期ストア派断片集』Ⅱ九四一、九五七（SVF））でも、運命論との関連でこの箇所が引用されている。ライオスの事例はキケロ『運命について』三〇（＝『初期ストア派断片集』Ⅱ九五六（SVF））、アルキノオス『プラトン哲学講義』第二十六章（一七九・一五―一九（Hermann））にも見られる。

(2) 一五一参照。

(3) 写本には amicitia（友情）ではなく amica（愛人）とあるものも多い。amicitia と読めば、親友パトロクロスの死への復讐を意味し、amica と読めば、アキレウスの「怒り」の発端となった女ブリセイスを指すことになる。

(4) ホメロス『イリアス』第十六歌三七への古註（Erbse）参照。

(5)『国家』第十巻六一七E四―五。

(6)『国家』第十巻六一七E三「徳は主人を持たない（ἀδέσποτον）」の意訳。

(7)『国家』第十巻六一七E一―二のパラフレーズ。

(8) 旧約聖書『創世記』二・一七参照。

あり、必然的なことと不確かなことは種である。したがって、すべての可能なことは、不確かなことか必然的なことかのいずれかである。[1] さて、必然的なことがそう呼ばれるのは、必然によって縛りつけられているからである。そして、可能なことの大部分は起こることを妨げることができないが、いくらかのことは熟慮によって妨げられたり逸らされたりされるのだから、それらは次のような定義によって概略が表現される。必然的なこととは、その反対が不可能であるところの、可能なことである。[2] たとえば、すべての生じたものは滅びること、成長したものは老いることがそうである。なぜなら、生まれたものはすべて死ぬこと、高齢に達したものは老いることは必然であり、その反対の余地、すなわち生じたものが滅びないことはありえないからである。他方、不確かなことの定義は次のとおりである。不確かなこととは、その反対のことも可能であるところの、可能なことである。[3] たとえば、今日、日没後に雨が降るだろうということがそうである。なぜなら、これは可能なことであり、その反対、すなわち日没後にまったく雨が降らないことも可能なことだからである。[4]

一五六　しかし、不確かな出来事にはより多くの相違がある。すなわち、あることは頻繁なことであり、あることはその頻度が起こるか起こらないか半々である。たとえば、髭を生やしていること、文字を知っていること、訴訟を起こすことがそうである。他方、稀な事例であることとは、頻繁なことに対立している。他方、半々に起こることには、半々でないことが対立している。それゆえ、半々に不確かなことの選択は人間の手中にある。[5] 人間は理性的な生き物であり、あらゆることを理性と熟慮へ呼び戻すからである。他方、理性と熟慮は魂における主導的部分の内奥の運動である。[6] 主導的部分は自ら動くもので、その運動が同意もしくは欲求である。それゆえ、同意と欲求は自ら動くものではあるが、ギリシア人がパンタシアーと呼ぶ表象を伴わないわけではない。(7) このことから次のことが起こる。表象が欺くときに、魂の主導的な能力のあの運動もしくは同意は、非常にしばしば歪められて、最善なものの代わりに悪しきものを選んでしまう。このことにはさまざまな原因がある。熟慮するさいの粗雑な不注意や、無知や、精神が不適切な嗜好に過度に没頭していることや、誤った考えの先入観や、悪しき習慣など、とにかく何らかの欠陥のある種の独裁的な支配

(1) 偽プルタルコス『運命について』五七一B、ネメシオス『人間の本性について』三四（一〇三・一七—一八（Morani））参照。「不確かなこと」と訳した dubium は *ἐνδεχόμενον* の訳語。たとえば、アリストテレス『ニコマコス倫理学』第六巻第五章一一四〇b二八の用例「他の仕方でありうること（*τὸ ἐνδεχόμενον ἄλλως ἔχειν*）」参照。

(2) 偽プルタルコス『運命について』五七一Bにも同じ定義がある。アプロディシアスのアレクサンドロス『運命について』九（一七五・七（Bruns））、ネメシオス『人間の本性について』三四（一〇三・一八—一九（Morani））も参照。

(3) 偽プルタルコス『運命について』五七一Bにも同じ定義がある。ネメシオス『人間の本性について』三四（一〇三・二〇—二一（Morani））も参照。

(4) 偽プルタルコス『運命について』五七一C、ネメシオス『人間の本性について』三四（一〇三・二二—一〇四・一（Morani））にも同様の例が記されている。

(5) 偽プルタルコス『運命について』五七一C、ネメシオス『人間の本性について』三四（一〇四・一—六（Morani））参照。

(6) 二二〇第三段落でも、クリュシッポスの定義として「魂の内奥の運動が理性的な力である」と言われている。

(7) 「主導的部分（principale = *ἡγεμονικόν*）」、「同意（assensus = *συγκατάθεσις*）」、「欲求（appetitus = *ὁρμή*）」（*ὁρμή* は通常「衝動」と訳される）、「表象（imaginatio = *φαντασία*）」はいずれもストア派の用語。たとえば『初期ストア派断片集』II八三六（*SVF*）参照。

である。このことゆえに、われわれは意志によってというより、むしろ強制力もしくは激しい誘惑によって過ちを犯すと言われるのである。[1]

一五七　これらのことが以上のようであるのだから、占いは保持され、予言から権威が剝奪されることはないと思われる。実際、予知する人は、運命の知らせがそのようになされると、何かに着手すべきだとか、着手するべきではないとかいう忠告を与えることができるし、数学者［天文学者］は正しく合理的に、星辰や星座の好都合な位置からある行動を企てるべき端緒をつかむだろう。これこれのことが生じるなら、これこれのことが起こるだろうと。[2] さて、これらのことやこれに類することは、不確かな出来事に対する対処法である。これらのことにおいて健康によいことを熟慮するのが医学である。諸学問やとくに法の立案もそれぞれの地位をもっている。というのも、法とは高邁なことを命じ、その反対を禁じる命令以外の何であろうか。[3] それゆえに、これらのことの選択はわれわれの能力の内にあるのだから、称賛の名誉や、叱責の不名誉や、報償の恩恵や、刑の懲罰や、その他の徳の奨励と悪の抑制も、正当に与えられるのである。

一五八　さて、事物の何が摂理であるのか、[4] あるいは、何が実体として考えられた運命であり、[5] また務めと働きの中に見出される運命であるのか、[6] あるいは、何が人間の能力の内にあるのか、[7] また何が運命の定めに従って起こることであるのか、[8] われわれは論じたのだから、今度は運についてと偶然によって起こることについて論及しよう。[9] 運の力はすべて人間の事柄に属し、偶然にはいわば他の管轄があると、彼［プラトン］は述べている。[10] なぜなら、生命を欠いている事物や、生きていても理性をもたない生き物に、自然本性や技術によらずに起こることは、すべて偶然によって生じると言われ、他方、人間に起こること、あるいは人間

の営みにとって都合のよいことや妨げとなることは、運によることであり、運の裁量によるものとみなされるからである。(11)

ところで、原因のうちあるものは主要なものであり、あるものは付帯的なものである。(12) 商取引や土地の視察やその他これに類することは、旅をすることの主要な原因である。たとえば、旅行く人たちを太陽と暑さが焼き、その後に続いて顔の日焼けが起こるとき、［旅は日焼けの］付帯的な原因である。なぜなら、日焼けをするために旅が企てられたのではないからである。それゆえ、運も偶然もともに主要な原因に付帯する原因であるとわれわれは言うであろう。したがって、主要な原因は運命にあり、付帯的な原因は運と偶然にあ

(1) 一六五参照。
(2) 一五二第一段落参照。
(3) 法の定義については、『初期ストア派断片集』Ⅲ三一四、三一五（SVF）、アプロディシアスのアレクサンドロス『運命について』三五（二〇七・八—九（Bruns））、および本書一八〇冒頭参照
(4) 一四五—一四七参照。
(5) 一四四第一段落および一八九頁註（10）参照。
(6) 一四八—一四九参照。
(7) 一五五—一五六参照。
(8) 一五一—一五四参照。
(9) 偽プルタルコス『運命について』五七一E参照。
(10) プラトンの著作にはこのような記述は見当たらない。
(11) 偽プルタルコス『運命について』五七二E、ネメシオス『人間の本性について』三九（一一二・二四—一一三・一（Morani））参照。このような運（fortuna = τύχη）と偶然（casus = αὐτόματον）の区別は、アリストテレス『自然学』第二巻第六章一九七a三六—b二二に遡る。
(12) 偽プルタルコス『運命について』五七一Eでも「原因のうちあるものは自体的なもの（τὰ καθ᾽ αὑτά）であり、あるものは付帯的なもの（τὰ κατὰ συμβεβηκός）である」と言われている。以下に続く例は異なる。

る。そして、生じることは、あることは必然によって決定されており、あることはありふれた頻繁な事例であり、あることは稀に起こるのだから、運も偶然も稀に起こることのなかに見出される[1]。そして、運による非理性的で驚きを伴った予期しえない出来事は、人間の意図にその始原をもっている。他方、偶然は人間の意図なしに生じる[2]。偶然に起こることは、生命を欠いたものか、言葉を喋らない生き物において見出されるからである。

一五九　したがって要約すれば、われわれの意図に始まりをもつ二つの原因が、意図されたゆえにではなく、まったくそれと異なって予想に反して起こるような仕方で出会うときには、それは運の戯れである。たとえば、ある人が密かに宝物を地中に隠して、その後に、農夫がブドウか何か他の植物を栽培する意図をもって穴を掘っているときに、その宝物を見つけるような場合である[3]。確かに、彼が宝物を埋めたのは、他人がそれを見つけるためではなく、掘り出すことが必要になったときに、彼自身が取り戻すためであり、農夫は宝物を見つけるためではなく、穴を掘るために働いたのだが、しかしどちらも予期しない運を身に受けたのである。

それゆえ、運は次のようにも正しく定義できる。運とは、意図に始原を発する同時に起こる二つの原因の遭遇である[4]。この遭遇から期待に反して驚きを伴う何らかのことが起こる。たとえば、債権者が長いこと返済を要求している未払いの債務ゆえに、弁護士を雇うために広場にやって来たとき、ちょうど同じ場所に債務者も商売のためにやって来て、そこで債権者と出会った債務者が、弁護士を証人として長いこと滞納していた債務を差し出すような場合である[5]。というのも、どちらにもそこへやって来るのに異なった原因があったのであり、その行為は、もうすぐにでも行なわれようとしていたことというより、意図していなかったことだからである。

したがって、偶然も、生命を欠いたもの、あるいは言葉を喋らない生き物において、同時に一緒に起こる理性を伴わない複数の原因の遭遇であろう。たとえば、閉じ込められた野獣が檻から逃げたのに、ひとりでに再び同じ檻に戻ってくる場合や、ひとりでに岩が崩れ落ちるとわれわれが言う場合である。

さて、運命についてと、われわれの能力の内にあることについて、そして運と偶然についても、十分に論じられた。

一六〇　しかし、これらのことに対しては反論がいくつも提起されているのだから、それらを提示して、

---

(1) 偽プルタルコス『運命について』五七二B、アプロディシアスのアレクサンドロス『運命について』八（一七三・一五—一六（Bruns））、ネメシオス『人間の本性について』三四、三九（一〇二・一九—二〇、一一二・一八—一九（Morani））参照。

(2) 一四五末尾参照。

(3) 同様の例がアリストテレス『形而上学』Λ巻第三十章一〇二五a一五—一六、『ニコマコス倫理学』第三巻第三章一一一二a二七、偽プルタルコス『運命について』五七二A、アプロディシアスのアレクサンドロス『運命について』八、二四（一七二・二五—二六、一九四・一七—一九（Bruns））、ネメシオス『人間の本性について』三九（一一二・二一（Morani））にも見られる。

(4)「プラトン派」による同様の定義が、偽プルタルコス『運命について』五七二A—B、ネメシオス『人間の本性について』三九（一一二・一九—二一（Morani））にも見られる。

(5) 同様の例がアプロディシアスのアレクサンドロス『運命について』八（一七二・三〇—一七三・五（Bruns））にも見られる。

反駁するべきである。というのも、そのとき初めてプラトンの見解は確固たる基礎の上に置かれたことになるであろうから。彼ら［ストア派］は言う。[1]「それなら、もし神はすべてのことを、それらが生じる前に始めから知っていて、永久の至福の幸福な必然によって、あたかも何らかの運命によってであるかのように掌握されている天の事象だけでなく、あのわれわれの考えや意志をも知っているとすれば、つまり、あの不確かな事柄[2]の本性をも知っていて、過去も現在も未来も掌握していて、しかも始めからそうしていて、そして神であるからには欺かれることはありえないとすれば、われわれの能力の内に置かれていると言われることも、運によることや偶然の支配下にあると言われることも、すべてのことは確かに始めから配分され決定されているのである」。

さらに、これらすべてはすでにずっと以前から決定されているのだから、生起するすべてのことは運命から生起すると彼らは結論する。法も奨励も叱責も訓育も、そのようなすべてのことは、運命の取決めによって掌握されている。というのは、もしある人にあることが起こると決定されているなら、それが誰の力や援助によって生起することになるのかも一緒に決定されているのだから。たとえば、もしある人が無事に航海することになっているとすれば、それが彼に起こるのは、他の誰かではなく特定の操舵手が船を操ることによってである。あるいは、ある国に善い制度と習慣が行なわれることになっているとすれば、たとえばスパルタのように、そのことはリュクルゴス[3]の法律によって起こらねばならない。同様に、もしある人が正しい人になることになっているとすれば、たとえばアリステイデス[4]のように、その人には正義と公平を身につけるのに両親の教育が援助となる。

一六一　技術も運命の定めのもとに服することは明らかだと、彼ら［ストア派］は言う。なぜなら、どの病人が治療する誰によって回復するかも、運命によってすでにずっと以前から決められているからである。さらには、定めの取決めがそうであるときには、医師によってではなく素人によって病人が癒されることもしばしば起こると、彼らは言う。[5] 称賛や叱責、懲罰や報奨の場合にも同様である。なぜなら、対立する運命によって、正しい行ないがいかなる称賛ももたらさないばかりか、反対に非難や処罰をもたらすことが、しばしば起こるからである。[6]

なおまた、占いは出来事がすでにずっと以前から決定されていることを明らかに証明していると、彼らは

（1）以下、本節と次節で、すべては運命によって決定されているという、ストア派の説が紹介される。ここから次節の終わりまでが『初期ストア派断片集』Ⅱ九四三（SVF）に収録されている。ストア派の運命に関する言説は同書Ⅱ九一二―一〇〇七（SVF）に集められている。

（2）一五五参照。

（3）スパルタの法制を確立したとされる伝説的な立法者。

（4）前五世紀初めペルシア戦争のときに活躍したアテナイの政治家、将軍。後世に正義の人として称えられる。一七二でも言及されている。

（5）このことから、われわれの行為と努力はすべて無意味であるという、いわゆる「怠け者の論法（ἀργὸς λόγος）」が生じる。一七五第二段落、キケロ『運命について』二八―二九参照。これに対する反論としてはキケロ同書三〇、オリゲネス『ケルソス論駁』第二巻二〇（＝『初期ストア派断片集』Ⅱ九五六、九五七（SVF））も参照。

（6）この考えは一七二で論駁される。

言う[1]。なぜなら、定めが先行していなかったなら、予言者がその説明に近づくことはできなかったのだから[2]。実際、われわれの魂の運動は、運命の定めへの奉仕に他ならない。なぜなら、魂の運動は、運命が行なうことによって、われわれを通じて行なわれることが必然であるのだから[3]。かくして、人間は「それらなしには行なわれることができない」と言われるものの地位を占めているにすぎない[4]。それはちょうど、場所なしには運動や静止がありえないのと同じである。

〔一六二〕　これほど攻撃的に、運命そのものより乱暴に主張されたことに対して、われわれは何と答えるだろうか。確かに神はすべてのことを知っているが、しかし各々のことをそれ自身の本性[5]に応じて知っているのである。すなわち、必然に服従することは、必然に屈服することとして知っているが、他方、不確定なことは、それには熟考する道が開かれているという本性を備えたものとして知っている。なぜなら、神はどっちつかずなことの本性を、確実で必然に縛りつけられたことを知るような仕方で知っているのではなく――そうすると、神は欺かれ、知らないことになってしまうから――、その本性に応じて、真に不確かなことを知るような仕方で知っているのだから。

それでは、われわれは何と言おうか。神はすべてのことを知っており、神の知識は永遠の昔から確固たるものである。さらに、知られるものは、あるものは神的で不死なるものであり、あるものは滅亡する時間的なものである。不死なる事物の実体は安定し固定されたものであり、死すべきものの実体は可変的で不確かなものであり、本性の不安定性ゆえに違ったときに違った状態にある。それゆえ、神的な事柄には確実で永続的な必然によって守られた幸福があり[6]、そのような事柄に関する神の知識は、知識自体の確実な把握ゆえにも、知られるものの実体ゆえにも、確実で必然的な知識である。他方、不確実なことには、それらが不確実であり、その結末がどっちつかずの状態にあるという――それらはその本性と異なったあり方はできないのだから――必然的な知識はあるが、しかし不確実なこと自体は、必然に服従するというより、むしろどちらの方にも可能性があるのである。(7)

一六三　したがって、不確かなことは始めから厳密に配分され決定されているのではない。おそらく、それらは不確実で、不確定な結末に依存しなければならないという、まさにそのことを除いては。(8)それゆえ、人間の魂の本性も、ときには徳へと向かい、ときには悪へと傾くことは、ちょうど身体がときには健康に、ときには病気に近づくように、最初から明らかに確固として決定されているのである。(9)他方で、誰が将来悪くなるか、あるいは善くなるかは、決定されていないし強制されてもいない。それゆえに、法、指導、熟考、

(1) ストア派のこの見解については『初期ストア派断片集』Ⅱ九三九―九四四（SVF）参照。一六九―一七一で論駁される。一八五でも同様の反論が繰り返される。
(2) 予言と運命については、一五三―一五四、一五七、一六九―一七一参照。
(3) ネメシオス『人間の本性について』三五（一〇六・二―三（Morani））参照。
(4) この考えは一七一で論駁される。
(5) Magee に従って ipsorum を削除する。
(6) 一六〇第一段落では、天の事象が「永久の至福の幸福な必然によって……掌握されている」と言われている。
(7) 偽プルタルコス『運命について』五七〇F参照。
(8) オリゲネス『祈りについて』六・三参照。
(9) アプロディシアスのアレクサンドロス『運命について』三四（二〇六・五―六（Bruns））参照。

奨励、警告、教導、養育の確かな配慮、称賛、叱責、その他これらと同様なものがある。正しく生きることの選択は、われわれの手中にあるのだから(1)。

一六四　それゆえ、もし存在するもののうちのかなり多くのものがわれわれの権限に属し、その他のものがわれわれの能力の外にあるとすれば——確かに、欲求、判断、意志、同意、準備、選択、回避はわれわれのものであるが(2)、他方、富、名声、容姿、頑健、その他、われわれが望むことはできるが、所有権を主張できないようなものは、われわれのものではない(3)——、もしかして誰かが、われわれの能力の内にないものを、われわれの権限に属していると臆断しようと欲するなら、その人は何もわかっていないと言われるのは正しい(4)。それゆえ結果として、われわれに属するものをわれわれのものではないと臆断する人もまた、思うに、何もわかっていないことになる。つまり、人間の能力の内にない好都合なことを獲得したからといって、称賛される人は誰もいないのである。その人はおそらく恵まれた人だとみなされるだけである。幸運は彼の裁量の内にはないのだから。しかし、正義を約束し合うこと、節度を守る苦労、その他の徳(5)を遵守することにおいては、われわれは正しく称賛される。徳は自由だからである。反対のことをすれば、われわれは非難される。われわれは過ちを犯すために努力しているとみなされるからである。

一六五　さらに彼ら［ストア派］は、過失は自発的なものではないと言う(6)。なぜなら、神性に与っているすべての魂は、自然的欲求によって確かにつねに善を求めているのだが、しかしときには、善いことと悪いことの判断を誤るからである。というのも、われわれのうち、ある人たちは最高の善とは快楽であると思い、またある人たちは富であると思い、またかなり多くの人たちは名声であると思い、真の善そのものよりむしろあらゆるものを最高の善であると思っているからである。誤りの原因はさまざまである。その第一の原因をストア派は二重の歪曲と呼んでいる(7)。これは事物それ自体からも、評判の流布からも生じる(8)。

実際、母親の子宮から離れていく子供たちには、ただちに誕生がかなりの苦痛を伴って起こる。なぜなら、彼らは暖かで湿った居場所から、冷たく乾いた空気が取り巻くところへと移るのだから(9)。この子供たちの苦痛と寒さに対して、医学の代わりに産婆の巧みな備えが提供される。生まれたばかりの者たちは温かい湯で温められ、温めることによって母親の胎内の代わりにそれと類似した状況が用意される。これによって柔弱な身体は和らげられ、子供たちは喜びを感じ静かに眠る。それゆえ、苦痛と快楽の両方の感覚から、快く喜

(1) 一五七末尾参照。

(2) 一五一では「われわれの魂の運動、判断、同意、欲求、忌避」が「われわれの内に置かれている」と言われている。

(3) 一五一参照。

(4) エピクテトス『提要』一参照。

(5) 思慮と勇気が念頭に置かれているのだろう。たとえば『法律』第一巻六三一C五―D一、『初期ストア派断片集』Ⅲ二六二―二六五、二八〇(SVF)、キケロ『占いについて』第一巻一五参照。

(6) 本節から一六八の第一文までが『初期ストア派断片集』Ⅲ二二九(SVF)に収録されている。

(7) 『初期ストア派断片集』Ⅲ二二八―二三六(SVF)参照。「歪曲(peruersio, peruersitas)」、「歪み(deprauatio, prauitas)」についてはー七二、一八一、一九九、二九七―二九八でも言及されている。魂が歪められること(deprauari)については一五六、一八四も参照。

(8) 以下、一六六の終わりまで「事物それ自体」に起因する歪曲が説明され、一六七において「評判の流布」に起因する歪曲が説明される。

(9) エピクロス「断片」三九八(Usener)、『初期ストア派断片集』Ⅱ八〇六(SVF)参照。

ばしいものはすべて善いものであり、反対に苦痛をもたらすものは悪いものであり避けるべきであるという、ある種の自然的な憶測が生じる。[1]

一六六　彼らはより大きな年齢になると、不足と満足、甘言と批判についても、これと等しく同じ見解をもつようになる。それゆえ、その年齢に達すると、あらかじめ獲得された見解に固執して、すべての魅惑的なものは、たとえ役に立たないものであっても、善いものであり、すべての骨の折れることは、たとえ有益であっても、悪いことだとみなす。その結果、富が最も優れた快楽の道具であるからといって、富をことのほか尊重し、気高さより名声を愛好する。確かに、本性上すべての人間は称賛と気高さを欲求するものである。というのも、気高さは徳の証なのだから。しかし、思慮深く知恵の探究に取り組んでいる人々は、どのような、どんな種類の徳を修養すべきかを知っているが、他方、無知な大衆は物事を知らないために、気高さの代わりに名声と人々の評価を尊重し、徳の代わりに快楽に染まった人生を追求する。[2]　彼らは、欲することをなすことができる能力を、あたかも王の卓越性であるかのようにみなしている。実際、本性上人間は王のような生き物であり、王であることにはつねに権力が伴うからといって、彼らは王であることも権力に付随すると推測する。王であることとは、服従する者たちを正当に保護することであるにもかかわらず。[3]　同様に、幸福な人は心地よく生きることが必然であるからといって、彼らは、快楽とともに生きる人をも、幸福であると思う。わたしが思うには、このようなことが、事物から生じて人間の魂を占領する誤りである。

一六七　他方、［評判の］流布からは、上に述べた誤りに続いて、母親や乳母の願望から、富や名声やその他の誤って善とみなされたことについての教唆が生じる。[4]　さらに、脅すことにおいても――これらによって幼い年代の者はより激しく動揺させられる[5]——、また宥めることやこのようなすべてのことにおいても、混乱が生じる。さらに、成長した精神にとっての誘惑である詩や、その他の著者や作者の見事な作品は、未熟な魂に、快楽と苦痛に関して、どれほど好みの傾向を植えつけることか[6]。画家や彫刻家も、魂を勤勉から逸楽へと駆り立てはしないだろうか。しかし、悪徳の最大の煽動者は体内の体液の混合状態にある。これらの体液の過多や不足によってわれわれは欲望や怒りへと傾く[7]。これらに加えて、人生の営みそのものと巡り合わせの危機として、病気、奴隷状態、必需品の欠乏などが生じる。これらに捕らわれることで、われわれは

---

(1)『初期ストア派断片集』Ⅲ二二四、二二六、二三四（SVF）参照。

(2)キケロ『法律について』第一巻三一—三二（＝『初期ストア派断片集』Ⅲ二三〇（SVF））参照。

(3)ストア派によれば、知者のみが王と呼ばれる。『初期ストア派断片集』Ⅲ六一七—六二二（SVF）参照。

(4)キケロ『義務について』第一巻一一八、『法律について』第一巻四七（＝『初期ストア派断片集』Ⅲ二二九b（SVF））参照。

(5)『国家』第二巻三八一E一—六、『パイドン』七七E三—七参照。

(6)セネカ『倫理書簡集』一一五・一一—一二（＝『初期ストア派断片集』Ⅲ二三一（SVF））参照。

(7)体内におけるさまざまな体液のバランスによって身体の状態が決定されるという観念は、ヒッポクラテス全集の多くの著作に見られる。後には、身体だけでなく、精神能力や気質・性格も体液の混合状態（concretio ＝ κρᾶσις）に依存すると考えられるようになった。ことに、ヒッポクラテス全集『人間の本性について』七に由来する、血液、粘液、黒胆汁、黄胆汁を重視する四体液説は、ガレノスにも継承され、古代末期には占星術などさまざまな観念をも巻き込んで、医学の分野のみならず多方面にわたって、近代に至るまで西欧の思想に多大な影響を及ぼした。体液説は一八一でも論じられている。

高邁な努力から、そのような状態にある人生に見合った仕事へと引き下ろされ、真の善の認識から呼び戻されてしまうのである。

一六八　それゆえ、知者であろうとする者には[1]、大衆とは区別された教育とともに、自由人的な教育と高邁さへと導く教えも必要であり、知恵へと駆り立てるすべての優れたものを見て考察すべきである。なによりも、最大の善を認識するためには神の援助が必要である。最大の善は神性に固有のものではあるが、しかし人間にも分け与えられている。身体の魂の力への従順も、訓練の苦労に耐えるために十分でなければならない。同様に、善い指導者と、われわれの各々に神霊として割り当てられた性向[2]も十分でなければならない。実際、ソクラテスに「子供のときから同伴していたダイモーン[3]」は、行なうべきことの指導者であったと言われているからである。それは、彼にある行為を行なうようにと促したのではなく、起こることが望ましくないことを禁じたと言われている。なぜなら、人間の能力の内にあることは、無思慮に行なわれるなら、それが行なわれることが有害なときには、災いをもたらすからである。恵み深い神霊はそれをソクラテスから防いでいたのである。

一六九　しかし、必然に従属することに関する占い、さらに、どっちつかずではあるが、すでにその運命づけられた結末が成就したことに関する占いも、もしそれを占いと言ってもよいとすれば、真実で把握可能である[4]。一度起こってしまったことは、行なわれなかったことにはできないからである[5]。しかし、その結末が、まだ先行していない報いに値する行為に、今なお依存しているどっちつかずなことに関する占いは、どっちつかずで曖昧である。たとえば、アポロンの次の予言のように。

ハリュス川を渡れば、クロイソスは最大の王国を滅ぼすであろう。(6)

すなわちここには、わたしが間違っていなければ、三つのどっちつかずなことがあった。一つは、キュロスとペルシア人の王国が滅びることになっていたのか。もう一つは、むしろクロイソス自身とリュディア人の王国が滅びることになっていたのか。三つ目には、適当な協定によって戦争が中止されようとしていたのか。というのも、このことは起こりえたし、中止された戦争の例はいくつか以前にもあったからである。しかし、両者の意志は武器を放棄することに反対であったゆえ、キュロスも野蛮で傲慢な性格で、クロイソスも自信家で大いに権力欲があったので、続いて起こった定めは、彼らの間にはけっして平和はないという両者の意

---

(1)「知者（sapiens = σοφός）」はストア派が目指す人間の理想像である。『初期ストア派断片集』I二二六—二二九（SVF）参照。

(2)ここで「性向」と訳した propositum は ἦθος の訳語かもしれない。ヘラクレイトス「断片」一一九（DK）参照。『ティマイオス』九〇A二—四では、理性的魂が「神がこれをダイモーンとして各人に与えた」と言われている。

(3)『テアゲス』一二八D二—三参照。

(4)「把握可能」と訳した complexibilis の語義には議論があるが、必然的なことやすでに結果が定まっていることに関する占いは、確実で誤りようがないということ。本節から一七一にかけて、一六一第二段落で述べられたストア派の占いに関する説が論駁される。

(5)アプロディシアスのアレクサンドロス『運命について』二七（一九七・一五—一六（Bruns））参照。

(6)ヘロドトス『歴史』第一巻五三、アリストテレス『弁論術』第三巻第五章一四〇七a三八、キケロ『占いについて』第二巻一一五参照。ハリュス川は小アジア中部の川、現クズルウルマク川。リュディア王クロイソスは「最大の王国」をペルシアのことだと思い、前五四七年ハリュス川を渡りペルシアに進軍するが、キュロス二世率いるペルシア軍に敗れ、クロイソスは捕虜となり、リュディアは滅ぼされた。

図によって、確定され生じたのである。したがって、それ以外のどちらの可能性もまだあったのであり、どちらの王国が消滅するのかということは不確かであった。それゆえに、不確かな予言と不確かな意味の神託が行なわれたのである。何が起ころうとも、それはアポロンによって予言されていたとみなされるようにと。

一七〇　他にも多くの忠告に似た予言がある。不確実なことのうちから一方を選ぶことがわれわれの能力の内にあるとき、選択において無知から誤ることがないようにと、慈悲深い神性は人間たちに何を選ぶべきか忠告するからである。たとえば、アルゴス人たちが、ペルシア人に対する戦争を企てることは適切かどうか神託に尋ねたとき、答えはこうであった。

> 隣人に憎まれ、神に大いに愛でられる民よ
> 武器による防御を固めよ。身体のすべての
> 危機は頭の影によってのみ守られる。(1)

すなわち、［神は］何を選ぶべきかを、そして選択は人間の手中にあることを知っていたからである。しかし、選択の後に続いて起こることは、運命の手中にあるのである。

一七一　ヘブライ人(2)にも、次のようにして、未来のことに関する予言とともに、神から忠告が与えられた。「もし汝らがわたしの指令に服従するなら、地上のすべての善きものが汝らのものとなるであろう。かくして、乳と蜜の流れは不足することがないであろう。もし汝らがわたしの指令を蔑ろにしたなら、身に振りかかる罰の連続を神の声があらかじめ告げている」(3)。実際、人間の能力の内に置かれていたこと、すなわち天の命令に服従するか蔑ろにするかは、不確かであったのだから。もしも不可避の定め(4)が彼らの選択に先行し

ていて、蔑ろにされることが必然であるなら、予言は余計なことであり、約束も脅しも余計なことであろう。したがって、あることは人間の能力の内にあるのであり、人間は、反対の見解をもつ人たち[5]が主張するように、行なわれることがそれらを通じて行なわれるところの素材[6]ではなくて、先行する原因[7]である。運命から生じることは、これの後に続いて起こるのである[8]。

一七二 「しかし、かなり多くのことが期待に反して生じる」と彼ら［ストア派］は言う。われわれはこのことを知っている。これらのことはすべて二種類に分けられる。そのうちの一つは非常に稀に起こることで、たまたま生じることか、何らかの偶然によって引き起こされることである[9]。たとえば、人間から怪物が生ま

（1）ヘロドトス『歴史』第七巻一四八「隣人には憎まれ、不死なる神々には愛でられる者たちよ／槍を内側に構えて、警戒して座り／頭を守れ。頭が身体を救うであろう」。ペルシア戦争のさい、アルゴス人がギリシア同盟軍に参加すべきか否かを、デルポイのアポロン神に問うたときの神託。「頭」とはポリスの成年男子、「身体」とはポリスの全住民のことで、参戦せず成年男子を育成せよという意味に解せる（当時アルゴスはスパルタとの戦争で多くの成年男子を失っていた）。結局、アルゴスはギリシア同盟軍に参加しなかった。

（2）一七五頁註（2）参照

（3）旧約聖書『申命記』六・一―三、八・一九―二〇、一一・八―九、一六―一七、二八参照。

（4）一四三、一四四、一四九の「不可避の掟」参照。

（5）ストア派のこと。

（6）一六一末尾「『それらなしには行なわれることができない』と言われるもの」と同義。

（7）一五〇末尾参照。

（8）一五二第一段落参照。

（9）一五八第二段落参照。

れるような場合である。もう一つはより頻繁に生じることだが、しかし人間の判断の歪みに端を発している。怒っている力をもった人たちによって、あるいは敵によって、物事が判断される場合である。たとえば、ソクラテスに起こったことや、同じ人々［アテナイ人］の判断によってきわめて正しい人であったアリスティデス[1]が有罪判決を下されたことがそうである。あるいは、ある預言者が邪悪な者たちによって身体を切り刻まれたり[2]、別の預言者が石で埋め殺されたりした[3]場合がそうである。これらのことの原因までもが運命の手中にあるのだろうか。

彼らは、このような犯罪は運命に特有のことであると言うとき、互いに異なる対立する力、すなわち徳と悪徳とを同時に［運命の］定めに帰するという、ありえないことをしていることを理解していないのである。つまるところ、彼らが運命であると欲するものを、彼らに決めさせよう。神的な徳であろうか。しかしそうだとすれば、それは悪の原因ではないだろう。あるいはむしろ、邪悪な魂であろうか。しかし、悪からはけっしていかなる善も生じえないのに、善いこともまた運命によって生じると言われる。おそらく、彼らはある種の混合された実体であると言うだろう。それでも、同一のものが悪と同時に善にも与っており、不節制も節制も生み出し、徳と悪徳とのその他の対立をも引き起こすなどということが、どうしてありえようか。

一七三　さらに、［ストア派の］運命に関する判定はどうなるであろうか[4]。運命は確かにすべてのものが善くあることを欲しているのだが、しかしそうできないのだろうか。すると、運命は何か弱いもので力をもたないことになるだろう。運命はそうできるのだけれども、しかしそう欲していないのだろうか。しかし、それはまったく何か野蛮なことで、途方もない悪意である。むしろ、そう欲してもいないし、できもしないのだろうか。しかし、運命に関してそのようなことを言うのは、とりわけ恥ずべきことである。そうできもするし、欲してもいるのだろうか。そうだとすると、運命はあらゆる善いことの原因であり、悪いことの責任は運命とは関係ないことになるであろう。

一七四　それでは、悪はどこから来るのか。[5] 彼ら［ストア派］は星の運動にその原因を帰している。[6] しかし、その運動自体はどこから来るのか。その運動自体が、同じ運動から悪も善も生じるようなものであるのは、星がそう欲しているからなのか、あるいは星の意に反してなのか。もしそう欲しているからだとすれば、星は魂をもったもので[7]意図に従って運動していることになる。もし意に反してだとすれば、星にはいかなる

---

(1) 一六〇末尾および二〇七頁註(4)参照。アリステイデスはテミストクレスと対立し、陶片追放に遭っている。

(2) おそらくイザヤのこと。テルトゥリアヌス『忍耐について』一四、『スコルピアケ』八、オリゲネス『アフリカヌス宛書簡』九参照。

(3) おそらくエレミアのこと。テルトゥリアヌス『スコルピアケ』八参照。

(4) 以下本節で、カルキディウスは運命と意志と能力に関して四つの選択肢を枚挙し、テトラレンマを構成してみせる。類似した議論として、セクストス・エンペイリコス『ピュロン主義哲学の概要』第三巻一〇—一一、ラクタンティウス『神の怒りについて』一三・一九—二一（＝エピクロス「断片」三七四（Usener））参照。

(5) 二九七第一段落参照。「悪はどこから来るのか」はプロティノス『エンネアデス』第一巻第八篇の表題でもある。

(6) 以下に本節で論じられる問題に関しては、プロティノス『エンネアデス』第二巻第三篇「星は（地上の出来事を）引き起こすかどうかについて」を参照。本節のストア派批判に関しては二九八第一段落も参照。

(7) プロティノス『エンネアデス』第二巻第三篇二「これら運行するものを魂のあるものとみなすべきか、あるいは魂のないものとみなすべきか」参照。

［自発的な］活動もないことになる。

とにかく、すべての星は神的で善きものであって、いかなる悪も生み出さないか、あるいは、いくつかの邪悪な星があることになる。しかし、あの神聖で善に満ちた場所に(1)邪悪なものが存在するということは、どれほど妥当なことであろうか。すべての星辰は天上の知恵に満ちており(2)、さらに悪は愚かさから生じることをわれわれは知っているのに、邪悪な星が存在するなどと言うことは、どれほど妥当なことであろうか。こんなことを言うのは許されないことだが、おそらく、同じ星があるときには善きもので、あるときには邪悪になって、それゆえでたらめに恩恵をほどこしたり悪行をなしたりするのだと想定すべきでないかぎりは(3)。しかし、同一の本性を備えた天の実体が、すべての星において同じではなく、むしろ非常に多くの星が、いわば固有の本性から堕落するなどと考えることは、ばかげたことである。「しかし、きっと星は意に反してこのことを被るのだ(4)」［と彼らは言う］。だが、嫌がっているものに過ちを犯すことを強いるほどの必然とは、いったい何であろうか。それ自身は神的な魂であろうか、あるいは邪悪な魂であろうか。

一七五　本当に、彼ら［ストア派］が言うように、それによって現在起こっているすべてのことが生じ、未来に起こるであろうすべてのことが生起するような、何らかの理法(5)があるのだろうか。しかし、もちろん理法によって悪が生じるなどと言うことは、奇怪なことである。むしろ、悪はいかなる理法にもよらずに生じると言うことの方がずっと真実らしいだろう(6)。［さもなければ、理法は(7)］不公正であり、あるいは気まぐれでさえあることになる(8)。しかし、われわれの報いに値する行為がどんな場合にもあらかじめ定められているのではないとすれば(9)、原因のあの不可避の連鎖(10)はどこから始まりを得るのだろうか(11)。

しかし、不敬虔に語られ考えられた他のことはともかくとしても、彼らのこの主張によって神の摂理までもが除去され、同時にすべての神性が放逐されることに[12]、誰が耐えることができようか。というのも、もしもすべてのことがこの狡猾な人たちの主張に従って生じ、必然に駆り立てられるままに、激しい衝撃によって突き動かされるのだとしたら、神がすることは何であろうか[13]。それでも、この偽りの臆見は、犯罪者に

(1)プロティノス『エンネアデス』第二巻第三篇二「それらは神的な場所に座を占め」参照。
(2)『法律』一二巻九六七E一、『エピノミス』九八二C六、『初期ストア派断片集』I一二〇（SVF）参照。
(3)一七二第二段落参照。
(4)プロティノス『エンネアデス』第二巻第三篇三「それらは故意にではなく、場所と形に強制されて、これらのことをなす」参照。
(5)ストア派において運命が理法（λόγος ＝ ratio）と呼ばれることについては、たとえば『初期ストア派断片集』II九一三（SVF）参照。
(6)悪の原因に関するカルキディウス自身の見解については、一七四第二段落「愚かさ」、一八八第二段落「欠如」、三〇一（プラトンの説として）「徳の欠如」参照。
(7)主語に ratio を補う。述語の形容詞 iniquus, libidinosus が男性形なので（ratio は女性名詞）、男性名詞 stellarum motus（星の運動）を補う案もあるが、カルキディウスは ratio の原語であるギリシア語 λόγος（男性名詞）を念頭に置いていたのであろう。
(8)Magee に従って est を esset と読む。
(9)一五一参照。
(10)一四四参照。
(11)原因の連鎖にはそれ以上遡れない始まりがあることについては、アプロディシアスのアレクサンドロス『運命について』二五（一九五・二八―二九（Bruns））参照。
(12)ネメシオス『人間の本性について』三五（一〇四・一八（Morani））参照。
(13)アプロディシアスのアレクサンドロス『運命について』一七（一八八・一―二）参照。

とっては罪の言い逃れをより容易にし——彼らには、自分の魂の歪曲[1]に罪を帰するのではなく、運命の暴力に不平を言うことが許されるだろう——、善き人たちの称賛に値する人生を送ろうとする願いと思慮への衝動をより減退させる。[2]それゆえ、狡猾と虚偽から合成されたような類の人間たちのことなど放っておくべきである。彼らは、彼ら自身の考えによれば、不幸な運命のもとに生まれついたのであり、運命によってこれらのことやこれに類したことを考えるようになったのだから。[3]

一七六　しかし、われわれは神の法に従って、最初から、順序正しく、運命についてプラトンが——少なくともわたしが思うには——真理そのものに突き動かされて述べたことを振り返ってみよう。[4]まず、存在するあらゆるものと宇宙そのものは、第一に至高の神[5]によって保持され支配されている。この神は、すべての実在とすべての本性のかなたにある。[6]評価と理解の及ばない[7]至高の善である。[8]この神自身は完全性に満たされていて、いかなる仲間も必要としていないが、[9]あらゆるものがこの神を求めている。[10]この神について今これ以上のことを語ることは、話を逸らすことになってしまう。

次には、摂理によって［万物と宇宙は支配されている］。これはかの至高のものに次いで第二の高位にある。ギリシア人はこれ［摂理］をヌースと呼んでいる。[11]さらに、これは知性の対象となる実在で、[12]至高の神へと

（1）一六五—一六七および二一一頁註（7）参照。

（2）アプロディシアスのアレクサンドロス『運命について』一六（一八六・三〇—一八六・一（Bruns））参照。いわゆる

「怠け者の論法」。二〇七頁註（5）参照。

（3）ストア派への皮肉。アプロディシアスのアレクサンドロス『運命について』三六（二〇六・二一—二二六（Bruns））参照。

（4）以下、本節から次節にかけては、宇宙を支配する神的原理の階層構造が語られる重要な箇所。至高の神（＝至高の善）、摂理（＝知性）、運命（＝宇宙の魂）の三つの原理が順に階層をなす。一八八の要約も参照。これはカルキディウスの『ティマイオス』解釈の骨子であると同時に、註解に一貫して見られる彼の世界観の基礎にもなっている。

（5）「至高の神（summus deus）」という言葉は、二六、五五、一三七、一三九、一八八、二〇一、二一九にも見られる、カルキディウス哲学の最高原理。一三七と二〇一では、宇宙の製作者である神（opifex = δημιουργός）と同一視されている。

（6）『国家』第六巻五〇九B八―九「善は実在ではなく、むしろ実在のさらにかなたにある」参照。

（7）『ティマイオス』二八C三―五「この万有の作り手にして父を見出すことは大仕事であり、また見出したとしても、すべての人に語ることは不可能だ」参照。一八八では、至高の神は「語られえない」と言われている。

（8）最高原理である神と『国家』の善のイデアを同一視することは、ヌメニオスに顕著である。ヌメニオス「断片」一六、一九、二〇（des Places）参照。アルキノオス『プラトン哲学講義』第十章（一六四・三一―三六（Hermann））、第二十七章一七九・四〇―四一（Hermann）でも、「第一の神」が「善」、「あらゆる善の原因」、「第一の善」と言われている。

（9）神の自己完結性については、たとえばアルキノオス『プラトン哲学講義』第十章（一六四・三二―三三（Hermann））、アプレイウス『プラトンとその教説』第一巻五（九二・一〇（Moreschini））参照。

（10）アリストテレス『形而上学』Λ巻第七章一〇七二a二三―b四参照。不動の動者としての神の観念は、アルキノオス『プラトン哲学講義』第十章（一六四・二三―二六（Hermann））にも見られる。

（11）quem が男性形なのは述語 noyn が男性名詞だから。二五二では、「神の知性」をギリシア人はヌースと呼ぶと言われている。二六九、二九六でも、「必然」と対置される宇宙論的な「知性（intellectus = νοῦς）」が摂理と同一視されている。なお、「至高の神」が「知性」と言われていないことにも注意。アルキノオス『プラトン哲学講義』第十章（一六四・一八―二三（Hermann））、ヌメニオス「断片」一六（des Places）では、「第一の神」も「知性」とみなされている。

（12）摂理は、宇宙論的な「知性」と同一視されると同時に、われわれにとっては（感覚の対象ではなく）「知性の対象となる実在（intellegibilis essentia）」である。

たゆまなく回帰することによって[1]〔至高の神と〕善性を競っており[2]、かのもの〔至高の神〕から善性を汲み取っている。創始者自身〔至高の神〕によって高邁なものにされる他のものと同様に、摂理自身もかのものによって飾られている[3]。それゆえ、この神の意志を、万物の賢い保護者であるかのように、人間は摂理と呼んでいるが[4]、それがそう呼ばれるわけは、大多数の人が推測しているように、あらかじめ未来の出来事を見て知性を働かせるゆえではなくて[5]、精神に固有の活動である知性を働かせることは、神の精神にこそ固有なことだからである[6]。しかも、神の精神は永遠である。それゆえ、神の精神は知性を働かせることの永遠の活動である。

一七七　この摂理に運命が従う[7]。運命とは、知性の知恵ある調和によって、万物の舵取り[8]のために告知された神の法である[9]。これに、第二の精神と呼ばれるもの[10]、すなわち、先に説明したように、三部分に分かれる宇宙の魂が従う[11]。それはちょうど、熟達した立法者[12]の魂を法と呼ぶのと同様である。この法、すなわち運命に従って、すべてのものは各々の固有の本性に応じて支配されている[13]。すなわち、天のものはすべて、祝福された必然と不可変の一貫性によって支配されている[14]。なぜなら、それらは摂理に近く接しているからである。他方、〔地上の〕自然的なものは頻繁に起こること[15]によって支配されている。そのわけは、自然の法によって生起するものはすべて、生成しては消滅するからである。同じく、技術と学問は自然を模倣する[16]ゆえ

（1）アルキノオス『プラトン哲学講義』第十章（一六五・二（Hermann））参照。

（2）Magee に従って aemulae を aemula と読む。ヌメニオス「断片」一六（des Places）では、第一の神は「善それ自体」であ

るのに対し、第二の神は「善の模倣者」と言われている。
(3) アルキノオス『プラトン哲学講義』第十章(一六五・三—四(Hermann))参照。
(4) 一四四第二段落、偽プルタルコス『運命について』五七二F、五七三B、ネメシオス『人間の本性について』四二(一二五・五—六(Morani))でも、摂理は「神の意志」と言われている。『ティマイオス』四一B四で神が語る「私の意志」も参照。なお、「神の意志」は一三二、一三五、一三九でも言及されている。
(5) ここでは「摂理」の語義について、ラテン語 prouidentia(あらかじめ考えること)とギリシア語 πρόνοια(あらかじめ見ること)が合わさっている。prouidentia の語義については、たとえばキケロ『発想論』第二巻一六〇参照。πρόνοια の語義については、たとえばプロティノス『エンネアデス』第六巻第八篇一七参照。
(6) ギリシア語 πρόνοια を念頭に置いた語義。カルキディウスは接頭辞 προ- を「あらかじめ」ではなく、「上位」の意味に解しているのか、あるいは proprius(固有な)の意味を読み込んでいるのであろう。知性を働かせること(intellegere = νοεῖν)が神の精神に固有であることについては、三〇一第二段落、アルキノオス『プラトン哲学講義』第十章(一六四・二六—三一(Hermann))参照。
(7) 運命が摂理に従属することについては、一四三、一四六、一四七、一五一参照。
(8) 七五「摂理の舵」参照。
(9) 一四七参照。
(10) 一八八参照。摂理が「第一の精神」に当たる。
(11) 宇宙の魂が「三部分に分かれる」ことについては、一四四第一段落および一八九頁註(11)参照。本節では、運命に宇宙の魂が従属するように受け取れるが、一四四第一段落、一四九、一五二冒頭では、「実体として考えられた運命」が宇宙の魂であると言われている。
(12) 一八八参照。ヌメニオス「断片」一三(des Places)では製作者としての神が、またプロティノス『エンネアデス』第五巻第九篇五では知性(ヌース)が、「立法者」と呼ばれている。アルキノオス『プラトン哲学講義』第十六章(一七二・一〇(Hermann))も参照。
(13) 一六二、偽プルタルコス『運命について』五七〇E参照。
(14) 一六〇第一段落参照。
(15) 一五六、一五八第二段落参照。
(16) 二三第二段落、アリストテレス『気象論』第四巻第三章三八一b六参照。

に、技術によって作り出されるものも頻繁なものでたびたび生起する。しかし、この法によって支配されるものは、理性と秩序によって、力によることなしに、支配されている。[1] というのも、理性と秩序を欠いているものはすべて暴力的なものだからである。そのようなものは長く持続しない。自分の本性に反するゆえに分裂してしまうからである。[2]

一七八　それゆえ、各々のものは各自の神に従う。プラトンが言うように、「翼ある戦車に乗ってすべてのものを配分し指揮する天の王にして司令官、戦列の隊長、崇高な将軍に、十一の部分に配分された、天の者たちの軍団と天使たちの勢力が従う」。というのも、「ウェスタのみは自分の玉座にとどまっている」[3]と彼は言っているのだから。つまり、万有の身体の魂にしてその魂の精神であるウェスタは、摂理によって制定された法に則って、星にきらめく天の手綱を執っている。この法が、ある種の継起と序列の連鎖によって決定を下す運命であると、われわれは何度も語ったのである。他方、司令官である神の「翼ある戦車」とは、恒星天球のことだと理解すべきである。なぜなら、すでに説明したように、[4] それは序列においても一番であり、他のすべての運動より速いからである。また、彼は軍隊の十一の部分を次のように数え挙げている。第一は恒星天球の領域、次には七つの惑星の領域、九番目はアイテール[5]の領域で、ここにはアイテールのダイモーンたちが住んでいる。[6] 十番目は空気の領域、十一番目は湿った実体［水］の領域、十二番目は大地で、これは宇宙の回転とは別に不動のままとどまっている。[7] しかし、このことはおそらく主題から外れたことであろう。もっとも、これは着手した話題[8]に相応しいことではあるけれども。運命は力によらず、いかなる逃れえない必然にもよらず、健全な仕方で整然と遂行されているのだから。[9]

一七九　この事物の秩序から稀な事例であるあれらのことが発生する。[10] それらのうちのあることには運が支配権をもち、あることは不意にひとりでに生起し、偶然がこれらすべてを支配すると言われる。[11] 実際、これら［稀な事例すべて］は、運命の指令に含まれているので、運命づけられたことではあるが、われわれによって行なわれることと同じように、暴力的な必然によって生じるのではない。[12] なぜなら、これらはわれわ

（1）一七八末尾、一七九参照。
（2）二七〇、アリストテレス『天について』第三巻第二章三〇〇a二三「力ずくでと自然本性に反してとは同じことである」参照。
（3）以上の引用符の箇所は『パイドロス』二四六E四―二四七A二の自由なパラフレーズ。最後の一文は一二二末尾でも引用されている。
（4）六九第一段落参照
（5）アイテールを四元素と区別して、天を構成する特別な物体とみなすのはアリストテレスの説。アリストテレス『天について』第一巻第二章二六八b一四―第三章二七〇b二四参照。プラトンは『ティマイオス』五八D一―四でアイテールを空気の一種とみなしている。カルキディウスは一二九でアイテールを火の一種とみなしている。
（6）一二〇、一三二、一三四―一三六参照。
（7）アプレイウス『プラトンとその教説』第一巻一一（一〇〇・四―一四（Moreschini））にも恒星天球から大地に至る領域が列挙されているが、アイテールには言及されていない。
（8）一七六から始まるプラトンの運命に関する見解のこと。
（9）一七六、一七九参照。
（10）一五六参照。そこでは、不確かなことが、「頻繁なこと」、「起こるか起こらないか「半々なこと」、「稀なこと」に分類され、人間に選択の自由があるのは「半々なこと」とされている。
（11）運と偶然については一五八―一五九参照。
（12）運命と運命づけられたものの区別については、一五一―一五二参照。

れの法に内包されてはいるが、われわれが用いる法に従って生起するのではないからである。[1]

たとえば、法が祖国に対する反逆者を処刑するようにと命じる場合を考えてみよ。それはどういうことか。法が刑罰を宣告する者を反逆者と呼ぶからといって、必然的に法が反逆者を作り出すことになるだろうか。わたしが思うには、そうではない。すなわち、反逆者は自らの邪悪な考えによって、あるいはむしろ無思慮によって、犯罪に走ったのだが、罰せられるのは法に従ってなのである。また反対に、勇敢に戦った者には褒賞が授与されるという法がある。法はこのことを命じてはいるが、法が勝者や勝利を作り出すわけではない。それでも、褒賞を与えるのは法である。それゆえ、法は一般に、すべての人に何をなすべきかを命じ、すべての人に不適切な行為を禁じる。しかし、すべての人が法に従うわけではなく、すべての人が法に命じられたことをなすわけでもない。このことは、選択は人間にまかされているが、すべての人が同じ選択をするわけではないことを明らかにしている。しかし、これらのことから帰結することは、法に適ったこと、すなわち刑罰と褒賞は、法によって定められたものだということである。

一八〇　わたしが思うには、このようなことも、人間たちに高邁なことを命じその反対を禁じる、運命と呼ばれるあの天の法である。[2]さらに、これに従うことがわれわれのなすべきことであり、それは運命の軛から自由なことである。しかし、善い行ないをする者が称賛されることは、法にも一般の判断にも適ったことであり、それゆえその反対のことについても同様である。確かに、欺くことや最悪の人生を送ることも、［法の］宣告に内包されており、先行するものとして、人間の裁量のうちにある。さらに、悪い人生を送ることは人間に固有なことであり、それゆえに罰せられることは、法に従うことであるのだから、明らかに運

命づけられた必然によることである。(3)

さらに、これらすべてのことは人間の魂のなかにその座をもっている。この魂は自由で自らの裁量に基づいて行為する。さらに、魂の最善の部分(4)は、プラトンが二重の徳をもっていると描写したものである。一つは、神的な事柄を把握することにおける徳、知恵であり、もう一つは、死すべき事柄を配慮することにおける徳で、これは思慮と呼ばれる。(5)

一八一　もし誰かが、体内の体液とそれらの生来のあの混合状態(6)に着目して、運命なくしては、多くの人が不節制であったり、他の人が節度ある人であったりすることはないと考え、そして、不節制な人は体液の不調和のせいで苦しむが、節度ある人は混合状態のよさのおかげで快適に過ごすのであり、これらすべては［運命の］定めによってそうなるのだと考えるとすれば、確かにその人の考えは真実である。なぜなら、人間という弱い種族は、不幸な混合状態によって苦しむか、あるいはほどよい混合状態によって高邁さの獲得を

（1）運命と法律を対比する本節と類似した記述が、偽プルタルコス『運命について』五七〇C―Eにも見られるが、その論旨は異なる。偽プルタルコスでは、法が包括することすべてが合法的ではない（たとえば反逆や姦通）のと同様、運命はすべてのことを包括するけれど、すべてのことが運命によると言うべきではなく、神の命令に従って生起したことのみを運命によることと言うべきだ、と論じられている。

（2）一五七および二〇三頁註（3）参照。

（3）一五〇―一五一参照。

（4）魂の理性的部分のこと。

（5）「知恵」と「思慮」の区別については、一三七第一段落および一八一頁註（11）参照。

（6）体液の混合状態については、一六七および二一三頁註（7）参照。

助けられるか、自然によって配分されているからである。それゆえ、このような欠陥に対して、理性と熟慮という健全さが摂理の法によって与えられたのである。というのも、貪欲、欲望、残忍性、その他このような疾病は、子供のときには少しもたいしたものには見えないが、成年に達したときには有害なものになる。わたしが思うには、熟慮の健全さも増強されているときには、それには高邁な努力の栄誉が助けとなり、善意ある人の叱責が有益で、懲罰がそれを癒す。これとは反対に、精神の歪み[1]は逆境によって鈍らされ、傲慢になる。

一八二　それゆえ、身体に関与しているのだから、人間と動物とその他の生命を欠いたもの[2]との間には、身体的な事象の共同と共有がある。すなわち、生まれること、養われること、成長することは、人間と他のものとに共通している。しかし、知覚することと欲求することとは、人間と、言葉を喋らない理性を欠いた動物との間にのみ共通している。さらに、野性もしくは飼い馴らされた動物の欲望と怒りは非理性的な欲求であるが、他方、精神を理性へと向けることがその特性である人間の欲望と怒りは理性的である。しかし、理性を働かせ、知性を働かせ、真実を知ろうとする欲求は、人間に特有であり、そのような人間は欲望と怒りから最も隔たっている。というのも、それら［欲望と怒り］は言葉を喋らない動物においても［人間より］ずっと激しいものとして見られるが、理性を完成させることと知性とは、神と人間のみの特性だからである[3]。

一八三　しかし、［理性は］まさに人間たちの間においても等しくない。なぜなら、人が興奮しているときには、欲望と怒りと、さらには理性までもが互いに争い、交互に相手を圧倒するからである。たとえばホメロスによれば、ラエルテスの息子の若者［オデュッセウス］が、次のようにしたときの理性がそうである。

胸を叩きながら心を激しく叱咤した。

「わが心よ、どうして我慢できないないのか。もっと酷いことにも耐えたことがあるのだから[4]」。

彼の魂の中では、そのとき理性が怒りを屈伏させたのである。エウリピデスによれば、これと反対にメディアの心の中では、荒れ狂う怒りが理性の光を消してしまった。すなわち彼女はこう言っている。

どれほど残忍なことを考えているのか、いまやわたしは気づいていないわけではない。

それでも怒りが心の正気を打ち負かす[5]。

これほどまでに、嫉妬の度を越した苦痛は、健全な熟慮に道を閉ざしたのである。

一八四　それゆえ、自制心のある人の魂の中では、いつでも熟慮がより大きな力をもち、節度のない人の弱さは、理性に反して魂の劣悪な部分によって支援される。これら劣悪なものは、しばしばそれら自身の間でさえ互いに争う。たとえば、テレンティウスの劇の中の青年のように。彼は激しい愛の炎に抵抗するのに、高邁な怒りに頼った。不当にも「閉め出された」彼を、「娼婦の」誘惑と媚態によって呼び戻そうと、「自ら

（1）一六五第一段落および二一一頁註（7）参照。

（2）おそらく植物のこと。二二五第二段落でも「魂は動物の中にしかない」と言われている。二七九頁註（7）も参照。

（3）アリストテレス『魂について』第二巻第三章四一四b一八―一九参照。一三五ではダイモーンも「理性的な生き物」と言われている。

（4）ホメロス『オデュッセイア』第二十歌一七―一八。

（5）エウリピデス『メデイア』一〇七八―一〇七九。この箇所は、怒りが理性を打ち負かす例として頻繁に引用されている。たとえば、アルキノオス『プラトン哲学講義』第二十四章（一七七・六―六（Hermann））参照。

招いている」恋人に、彼は会いに行くことを拒んだときに。[1]

それゆえ、われわれが秘められた胸の内で審理し、行なうべきかどうか熟考し、最後にはいわば投票によって判決を下すような事柄が、どれだけわれわれ自身のものではないと言えるだろうか。おそらく、欲望によって駆り立てられたり歪められたりするので、われわれは審理に相応しい者ではない、という理由を除いては。公正な裁判には、嫌悪や好意や同情といった先入観があってはならないからである。

一八五 「しかし、未来の出来事の予言は、あらゆることがすでにずっと以前から配分され秩序づけられていたことを証明している。この配分と秩序が運命と呼ばれるのだ」と彼ら［ストア派］は言う。[2] ところがむしろ、この予言自体が、運命の必然が支配していることをあらゆる点で否定している。[3] なぜなら、予言とは未来のめぐり合わせの合理的な推測であり、それは確実で必然に縛られたことにおいてではなく、不確実でどっちつかずのことにおいて威力を発揮するものだからである。[4] というのも、生まれたばかりの赤ん坊について、死すべきものとなるか不死なるものとなるかを、誰が予言者に尋ねるだろうか。むしろ、いつでも尋ねられるのは不確かなことである。たとえば、どれほどの寿命が定められていると思うか、金持ちになるのか貧乏になるのか、高い地位につくのか庶民の低い身分の境遇になるのか、といったことである。これらすべてのことは観察や知識によって、また専門的な技能によっても推定することができる。[5] すなわち、あるいは鳥の飛び方によって、あるいは内臓によって、あるいは神託によって、人間はある好意的なダイモーンが予言してくれることで前もって気づかされる。[6] このダイモーンは、次々と継起するすべてのことを知っている。[7] それはちょうど、医師が医学の知識に基づいて患者の死や健康を予言したり、あるいはまた、天候に無知ではない操舵手が、ある小さな雲から嵐がやって来ることを予知したりするのと同様である。[8] これらのことすべては運命によってではなく、専門的な理論[9]や熟練や経験によって把握される。

一八六　同様に、星辰の運動から予言が行なわれる場合にも、星座が観察されるのが常であり、星々の昇没と位置関係が理論へと導かれ、それに従って豊作や不作が起こる。このような理論はすべて、物体か、物体に固有なものか、十分に物体［身体］に隷属している魂に関わるものについての推測に他ならない。わたしが思うには、このことからプラトンは、魂の構築は［宇宙の］製作者である神が司るが、魂に織り込まれるものを作る職務は別の下位の神的な能力をもつ者たちに委ねられた、と述べているのである。[10] その結果、純粋で混じり気がなく理性に漲る活発な魂は神によって作られたのだが、魂の劣悪な部分の創始者とみなさ

（1）テレンティウス『宦官』四六―四九参照。
（2）一六一第二段落および二〇九頁註（1）参照。
（3）アプロディシアスのアレクサンドロス『運命について』一七（一八八・一一―一六（Bruns））参照。
（4）一六九―一七一参照。
（5）キケロ『占いについて』第一巻一一、第二巻二六参照。
（6）ダイモーンが人間に好意的であることについては、一三二、一三五、一三六、一六八参照。
（7）ダイモーンが優れた知力と記憶力をもつことについては、一三二、一三三、二五四第一段落参照。
（8）キケロ『占いについて』第一巻二四、ネメシオス『人間の本性について』三四（一〇三・三―五（Morani））参照。
（9）一および九頁註（2）参照。
（10）『ティマイオス』四一C二―D三および本書一三七、二〇一参照。「神的な能力をもつ者たち（diuinae potestates）」とは神によって生み出された神々のこと。二三五、二四七参照。二三二、二五四第一段落では、ダイモーンたちがそう呼ばれている。

れるのは、製作者である神によってそのような仕事を委ねられた、これらの能力をもつ者たちとなったのである。

一八七　さて、織り込まれた魂の劣った部分とは、人生を送るためにとても適した道具である怒りと欲望である。というのは、正当な怒りが自ら理性の同伴者にして援助者となる[1]ときには、この人生において魂の雄々しい感情によって正当に行なわれたり護られたりするものはたくさんあるし、また、欲望の穢れに反して、高邁で適度な欲望から生じるものもたくさんあるからである。それゆえ、純粋な宇宙の魂に宇宙の永久な運動を支配することが任せられているように、そのように人間を生かしているこの魂にも、怒りと欲望を混ぜ合わせた理性が必要であった。生き物全体が理性へと向き直ったときには、天上のものにも注意を向けて眺めるために。また、地上のものを見下ろしたときには、その眺めも無関心なものではなく、同じ傾向から地上的なものへの配慮が生まれるために。

一八八　したがって、多くのことを短くまとめるなら、この問題の整理は次のように理解すべきである。[2]存在する他のすべてのものが、それから実体性を提供されるところの事物の始原は、至高の語られえない神である。[3]その次には、この神の摂理が第二の神であり、[4]これは永遠な生も時間的な生も、両方の生の立法者[5]である。第三は、第二の精神もしくは知性と呼ばれる実体[6]で、いわば永遠な法の見張り番である。[7]これらに服従するものが、法に従順な理性的な魂たち[8]であり、また、これらに仕える力が自然、運、偶然[9]と、報いに値する行為の視察者にして監視者であるダイモーンたち[10]であろう。したがって、至高の神が命令を下し、第二のもの[11]が秩序づけ、第三のもの[12]が通告する。そして、魂たちが法に従って行動するのである。

西洋古典叢書

月報 142

2019＊第3回配本

オルコメノスのアクロポリス

目 次

2019年11月
京都大学学術出版会

西洋古典と中世宇宙論

中村　治

キリスト教化された中世初期のヨーロッパにおける学校としては、修道院付属学校が知られていたが、十一、十二世紀に都市が成長すると、司教座教会付属学校やそこから成長したパリ大学などが代表的な学校となっていった。それらの学校では、聖書を理解し学ぶことが目指された。ところで聖書の「創世記」には自然学的な事がらも含まれているが、それを理解するための手段はキリスト教内になかった。そこで人々は古典の力を借りて「創世記」を解釈しようとしたのである。ところが自然学的な内容を持つ著作は、カルキディウスの註釈付ラテン語訳プラトン『ティマイオス』を除き、中世初期ヨーロッパにほとんど伝わっていなかった。そこで、たとえばシャルトルのティエリ（一一五六年以後に没）は、それを用いて「創世記」を解釈し、神は創造の最初の瞬間に火、空気、水、土の四元素を創造したと考えたのであった。

十二世紀以後にアラビア語やギリシア語からラテン語訳されたアリストテレスの多くの著作が理解され始めると、やがてアリストテレスの考えがプラトンのそれに取って代わっていった。たとえばトマス・アクィナス（一二二四／二五—七四年）は、宇宙が先の四元素だけで構成されているとは考えなかった。単純運動には、中心へ向かう運動、中心から離れる運動、中心のまわりを回る運動があり、それら単純運動は単純物体の自然的運動でなければならないので、単純物体にも、中心へ向かう運動をする物体（土・

水）、中心から離れる運動をする物体（火・空気）、中心のまわりを回る物体（天界の物体）の三種類があるというアリストテレス自然学上の前提にトマスは同意し、天界は四元素とは異なる物体でできていると考えたのである。そして天体の運動についても、恒星は恒星天球に、惑星は各惑星天球にそれぞれはめ込まれて動いているというアリストテレスの考えに同意したのであった。

しかしトマスの考えがアリストテレスの考えと全く同じかというと、そうではなかった。たとえばアリストテレスは、星の運動の数があるだけ天球があり、各天球には動者が存在していて、天球を動かしていると考えた。他方トマスは、各天球の動者を天使に置き替え、恒星に一つ、各惑星に一つずつ天球をあてがった。トマスはまた、アリストテレスの恒星天球の外側に光輝天球（caelum empyreum）、つまり天使たちが世のはじめから住み、信仰に生きた人が復活後に住む場所があると考えた。天球の動者を天使とすることにより、トマスは、天体の逆行運動のような不自然な運動を説明するとともに、天体をキリスト教の神によるこの世界の配慮の手段に組み込み、そして信仰に励んだ場合の死後の行き先をも示そうとしたのであった。

トマスの宇宙論は、アリストテレス的宇宙像を用いてキリスト教的世界観を示したものであると言うことができるであろう。しかしそのような宇宙論は、キリスト教的なものとしては不十分とやがて見なされるようになった。たとえばトマスは、アリストテレスに従い、宇宙は一つであり、空虚はどこにも存在しないと考えていた。ところで全能なる神は論理的矛盾を伴わないことであれば何でもなしうる。そして複数の宇宙が存在することに論理的矛盾はない。それゆえ、神は複数の宇宙を創造しうるはずである。すると、この宇宙の外に空間が存在しうると考えなければならないことになる。また、球形の宇宙を直線的に動かすことに論理的矛盾はないので、神はそれをなしうるはずであるが、球形の宇宙が直線的に動いた後には、空虚が残るはずである。それゆえ、宇宙の複数性や空虚の存在可能性の否定は、神の全能性の否定を意味することになると、十三世紀末から十四世紀には考えられるようになったのである。

では、当時の人々は複数の宇宙や空虚が存在すると考えるようになり、アリストテレスを学ばなくなったのか。決してそのようなことはなかった。論理的矛盾がなければ、神がどんな宇宙であれ創造できることを認めるとしても、実際にどのような宇宙を創造したのかを知ろうと思えば、観察や実験をして確かめなければならない。ところがそうした記録がその頃にはまだほとんど見られないのである。アリストテレス哲学はパリ大学の教育に深く浸透していた。そして当時の人々は、アリストテレスを批判的に読もうとしたが、宇宙もこの世界を探求するための適切な方法もだいたい彼が考えたようなものと考えていたのである。

このことは、アリストテレス的な宇宙像を念頭に置きながらも地球の自転の可能性を論じたパリ大学学芸学部教師ジャン・ビュリダン（一二九五頃―一三五八年頃）とその影響を受けたニコル・オレーム（一三二〇頃―八二年）において、顕著にみられる。もっとも彼らは、上述のトマスとは異なり、光輝天球のように星のない天球が存在するとは考えなかった。そしてオレームの場合、空気の層を上・中・下の三層に分け、火の層と上層の空気は天界と同様に日周運動すると考えていた。そのような宇宙の上層部（天界・火の層・上層の空気）と中心部（中層と下層の空気・水の層・地）を念頭に置き、地球の自転の可能性を論じたのである。

宇宙の上層部が一日に一回、東から西へ回転し、中心部が静止しても、宇宙の上層部が静止し、中心部が一日に一回、西から東へ回転しても、地球にいる人には、天界の動きは同じように見えるはずである。もし宇宙の中心部が西から東へ回転しているなら、地球にいる人には強い東風が感じられるであろうという反論に、オレームは、中層と下層の空気もいっしょに回転しているので、われわれには東風が感じられないのであると答えている。もし宇宙の中心部が西から東へ回転しているなら、真上に射られた矢ははるか西に落ちるであろうという反論には、東へ動いている船の上にいる人が手を帆に沿って下ろせば、その人自身は手を帆に沿って動かしていると思うであろうが、岸から見ている人には、船上の人の手は帆に沿っての運動と東への運動とから合成された運動で動くように見えるのと同様に、真上に射られた矢は、東への地球の運動と合成された運動をするので、それがそこから射られた場所へ落ちてくるように見えるのであると答えている。ところで、少ないあるいは小さな作用によっても成されうるはたらきが、多くのあるいは大きな作用によって成される場合、そのはたらきは、むだである。同様に、天界の日周運動を、天界と比べれば極めて小さい地球の日周運動に置き換えることによって、すべての現象が救われるので、神が天界に日周運動をさせているとすれば、それはむだなことをしていることになるとも言う。

ところが地球自転説に有利と思えるこのような議論を展開した後、オレームは天動説支持を表明するのである。それは、地球自転説を採った場合、「地球を自転させているものは何か」をアリストテレスの自然学では説明できなかったからではないか。また、東へ動いている船上の人が手を帆に沿って降ろした場合、その手が岸にいる人には東への運動と合成された運動で動くように見えるのを説明できても、「真上に射られた矢がそこから射られた場所へ落ちてくるのはなぜか」をうまく説明できなかったからではないか。地球は天界と比べると極めて小さいが、アリストテレスの自然学では、地が極めて重く、それを動かすのは困難であるのに対し、天界は極めて動かされやすい物体でできていると考えられていた。結局のところ、オレームはアリストテレスを批判的に読んではいたが、宇宙の構造も自然学上の前提もだいたいはアリストテレスが考えたようなものであると認めていたのである。

地動説はニコラウス・コペルニクス（一四七三―一五四三年）以後に本格的に唱えられるようになっていくが、彼らは「地球を回転させているものは何か」、「真上に射られた矢がそこから射られた場所へ落ちてくるのはなぜか」という問題にうまく答えられたのであろうか。

コペルニクスは、地球が自転していると信じていたが、地球を動かすものについては「単純物体はその自然な場所にあっては円運動をし、そこから何らかの仕方で離れると、直線運動をする」と言うのみであった。

ヨハネス・ケプラー（一五七一―一六三〇年）は、惑星運動に関する三法則により惑星の位置予測に成功したが、太陽の磁気的力が惑星を動かし、極間の引力と斥力によって引き起こされる振動が惑星を円軌道から逸れさせ、楕円軌道上に動かすという彼の考えは、仮説に留まった。

ガリレオ・ガリレイ（一五六四―一六四二年）は、「月を回転させるものについては知られていない」と言った。

アイザック・ニュートン（一六四二―一七二七年）は、閉じた軌道に物体を保つには引力が必要であり、空間中に安定した軌道とケプラーの第三法則に従う体系を維持するには逆二乗引力が必要であると主張した。また、慣性という考えを知っていたニュートンは、真上に射られた矢の問題に答えることができた。それ以後、地球の自転は次第に受け入れられていったが、その証明はフーコーの振り子の実験（一八五一年）を待たなければならなかった。

以上の概観により、十三世紀以降もニュートンの時代までギリシア・ラテンの古典的な自然学は学ばれていたし、一般に受け入れられていたと言ってよいであろう。

（西洋中世宇宙論・大阪府立大学教授）

連載

西洋古典雑録集 ⒃

運命愛

ローマ五賢帝の最後に位置するマルクス・アウレリウス・アントニヌス帝が遺した『自省録』には含蓄のある言葉が少なくない。そして丁寧に読むと、いろいろ考えさせられるものがある。その一節を次に紹介しよう。「君が遠回りをしながら到達したいと願っているすべてのものを、いまでも手に入れることができる。もし自分で自分に拒むことをしなければ、すなわち、あらゆる過去を捨て去り、未来のことは神の摂理にゆだねて、ただ現在だけを敬虔や正義にかなうように導くならば。敬虔にと言うのは、君が自分に割り当てられたものを愛するためであり……、正義にと言うのは、君が自由に回り道をせずに真実を語り、法律と自分の価値にそくしたことをおこなうためである」(『自省録』第十二巻一)。

ここでまず「君が自分に割り当てられたものを愛するため」という言葉が気になる。「割り当てられたもの」の原語は「ト・アポネモメノン」で、もとは「アポネモー」という動詞の現在完了分詞である。アポネモーとは分配する、配分するという意味だが、これは各人にあたえられた運命を指している。ここでアウレリウスは「過去を捨て去り、未来のことは神の摂理にゆだねて、ただ現在だけを敬虔や正義にかなうように導け」と言うが、そこに矛盾はないのか。アウレリウスの思想的基盤になっているストア哲学は、神の摂理や運命を認めている。「自分は将来こうなって、ああなって、終にはこうなるぞ」というのが運命だが、運命を認めるといろいろ難しい問題が出てくる。ローマの文人アウルス・ゲリウスの『アッティカの夜』に、ストア派のクリュシッポスの思想に対する批判が紹介されている。人間が悪事をなした場合に、それが自由意志によってではなく、運命に導かれてのことであるならば、どうしてその人に対して法律に基づく刑罰を下すことができるだろうか(第七巻二・四)。この問題の結論として、ゲリウスはキケロの『運命について』を引用して、クリュシッポスは運命と自由意思の両立を説明する問題で、悪戦苦闘するもみずから混乱に陥っている、という趣旨の文章を引用している(同巻二・一五。ただし、現存のキケロの『運命について』にはこの言葉はない)。

運命については、エピクロス派はそんなものはないと否定するが、ストア派のほうは肯定する。しかし、運命を肯定するというのはどのような意味なのだろうか。右に刑罰の例を挙げたが、もう少し分かりやすい例で述べると、例えば、明日はテストがあるとする。運命論では、自分が努力してもしなくても、その結果はもうすでに決まっている。努力の有無に関わりなく点数が決まっているのであれば、努力する者は愚かであることになるだろう。しかし、ストア派の哲学についてのそうした理解は間違っていると思われる。アウレリウス帝の少し前のストア哲学者にエピクテトスがいるが、弟子のアリアノスが遺した『要録（エンケイリディオン）』を読むと、「お前の仕事は、あたえられた役を立派に演じることだが、どの役を選ぶのかは、他者である神の仕事である」（『要録』一七）という一節がある。人の一生のシナリオを書くのは神であり、そのシナリオが摂理であり、運命にもなる。そして、そのシナリオを演じる俳優が人間である。その人間は自分の配役が奴隷であるか、あるいは奴隷を所有する主人であるかを知っているが、その筋書きは、つまりどのような人生を送るのかは分からない。つまり、私たちは自由意志に基づいて行動するのであるが、物語のシナリオである神の摂理は人知を超えたものなのである。

哲学者ニーチェに「運命愛」という言葉がある。ラテン語でアモル・ファーティー（amor fati）という。古典にその例を求めるならば、右の『自省録』の一節や、エピクテトスの『要録』（八）が該当するだろう。ニーチェによれば、この世に存在するすべてのものは必然的にそのようにあるわけで、これを未来永劫において繰り返す。これが永劫回帰であるが、これを超克するための方途が運命愛である（『悦ばしき学問』二七六）。永劫回帰についてストア派は、宇宙がある時に大燃焼を起こし、再び秩序を回復して、周期的にこれをいつまでも繰り返すという思想を主張する（『初期ストア派断片集』Ⅱ五九六以下）。これを厳密にとれば、ソクラテスはいつか再びメレトスによって訴えられ、敗訴し、死刑になるという滑稽な話になるのであるが、それは別としても、このような宇宙の周期的消滅と再生の思想は、ストア派の運命論と切り離すことができないものである。ニーチェはストア派の運命論に共感し、この世に存在するものが必然的にそのように存在し、これを未来永劫において繰り返すという永劫回帰を超克するために、運命をそのままに受け入れるという運命愛を主張したわけである。ニーチェの理解は別としても、ストア派においてそれはけっして受動的な諦念の思想ではなかったことは知られてよいだろう。

（文／國方栄二）

西洋古典叢書

［2019］全６冊

★印既刊　☆印次回配本

●ギリシア古典篇

デモステネス　弁論集 6　佐藤昇・木曽明子・吉武純夫・平田松吾・半田勝彦 訳

パウサニアス　ギリシア案内記 2☆　周藤芳幸 訳

プルタルコス　英雄伝 5★　城江良和 訳

ホメロス外典／叙事詩逸文集　中務哲郎 訳

●ラテン古典篇

オウィディウス　変身物語 1★　高橋宏幸 訳

カルキディウス　プラトン『ティマイオス』註解★　土屋睦廣 訳

●月報表紙写真――ボイオティアのオルコメノスは、ホメロス『イリアス』にも歌われているように、ミュケナイ時代には英雄神ミニュアスゆかりのミニュアイ族の地としてギリシア屈指の栄華を誇っていた。その繁栄はコパイス湖の灌漑・干拓による土地の豊饒さによるところが大きかったようで、湖の水位上昇により耕地を失うと勢力は縮小されていった（撮影地点一帯も水没していた）。しかしポリスは紀元前後まで存続し、古典期やヘレニズム期にも多くの歴史的場面に登場している。写真中央に聳える標高三〇八メートルの山上にあるアクロポリスには古代の城塞跡（前四世紀）がよく残り、今も偉容を留めている。その麓にはミニュアスの宝庫と伝えられる遺構（実はミュケナイ時代の大型円形墳墓）や、それに隣接している円形劇場（前四世紀）をはじめとして各時代にわたる多数の遺跡を見ることができる。（一九九五年六月撮影　高野義郎氏提供）

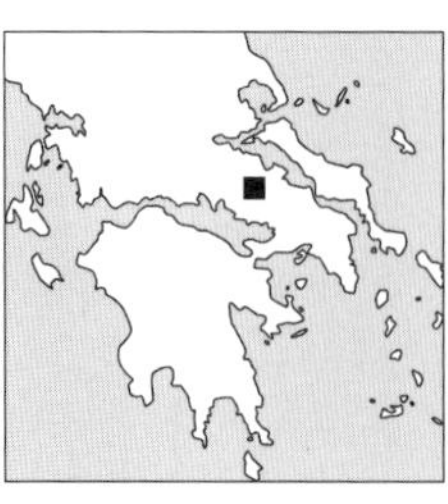

一八九　さらに、しばしば述べたように、法とは運命そのものである。(13) この法に服従し、第一の神の尊敬すべき足跡をたどる人は、永久な法の規律に従って、すなわち運命に従って、いつでも至福の人生を送る。だが他方で、神に随行することを怠った魂たちは、何か別の反対の仕方ではあるけれども、これらもやはり

(1)『国家』第四巻四四一A二―三参照。

(2)一七六―一七七で述べられた階層的な三つの原理が再説される。

(3)一七六第二段落参照。ヌメニオス「断片」一二（des Places）、アルキノオス『プラトン哲学講義』第十章（一六四・八、一六五・五（Hermann））、アプレイウス『プラトンとその教説』第一巻五（一九〇・一一（Moreschini））でも、神は「語られえないもの」と言われている。

(4)一七六第三段落参照。ヌメニオス「断片」一六（des Places）は宇宙の製作者（デーミウールゴス）としての神を「第二の神」と呼んでいる。

(5)一七七および二二五頁註（12）参照。

(6)「宇宙の魂」すなわち「運命」のこと。一七七および二二五頁註（11）参照。「摂理」が「第一の知性」、「第一の精神」に当たる。

(7)「摂理」と「運命」と「宇宙の魂」と「法」の関係については、一七七参照。

(8)おそらく『ティマイオス』四一C七―八「つねに正義とあなた方［神々］に従おうとする者たち」を念頭に置いた言葉で、人間の中にある魂の理性的部分を指す。

(9)自然については一七七、運（fortuna）と偶然（casus）については一五八―一五九参照。

(10)偽プルタルコス『運命について』五七三Aにおいても、ダイモーンたちは「人間の行為の監視者にして監督者（*φύλακές τε καὶ ἐπίσκοποι*）」と言われている。カルキディウスによれば、ダイモーンとは、神的で永遠な生物である天体と死すべき地上の人間との、中間に位置する存在とされる（一二九―一三五参照）。したがって、非理性的な魂と肉体を備えた人間の地位は、ダイモーンのさらに下の階層になるであろう。

(11)摂理＝知性。

(12)運命＝宇宙の魂。

(13)一七七、一七八、一八〇参照。

運命に従って人生を過ごす。それは、彼らがいつか自分たちの過ちを悔いて罪を贖い、それから不死なる神と永遠の神的な能力をもつ者たちの輪舞へと向き直るまで、そしてあの厳格な法が劣悪な境遇から幸せな境遇へと移ることを許すまで続くのである。だがこのようなことは、もしもすべてのことがいわば単調で厳格で呼び戻すことができない必然によって縛られているとすれば[1]、きっと起こりえないであろう。このことから、摂理はすべてのものを自らの内に包み込んで保持していることは明らかである。実際、摂理に従うものはすべて正しく指揮されているからである。他方、運命とは摂理の掟[2]であり、われわれの能力の内にあるものを先行するものとして内包し、報いに値する行為をなす余地をも内包している[3]。懲罰や称賛——これらは運命づけられたことである——や、偶然か運によって生じるすべてのことが[4]、その後に従う。

一九〇　さて、どうしてこの〔運命についての〕論考はこれほど長くなってしまったのか[5]。その理由は、多くの人が真理を知ることを少しも気にかけずに、それどころか真なる理論に抵抗しようとして、自分自身も欺かれ、他人をも避けがたい誤りの危険に巻き込んでいるからである。というのも、彼らは宇宙の指揮のある一部分だけを見て、宇宙全体の配分についてまで判決を下し、ある一部分で見出したことが宇宙のすべての部分にもあてはまると主張する。それゆえ、彼らが何らかの真実を述べている場合には、互いに矛盾することを述べているにもかかわらず、彼らの言うことはもっともらしく思われる。しかし、部分的に知っているだけなのに、あたかも宇宙全体についても知っているかのように思っているので、彼らは互いに反駁し合っているのである。

すなわち、あることが運命によってなされるということは真実である。そして、あることがわれわれの能力の内にあるということも、真実であることが示された。[6] それゆえ、すべてのことが運命によって生じると述べる人[7]は、何かあることがわれわれの能力の内にあることを証明する人によって反駁されることは当然であり、ついには、すべてのことをわれわれの能力の内に置き、運命には何も残さない人は、誤っていることが暴露される。というのも、あることは運命の中にあり、われわれの権限の外にあることを、知らない人がいるだろうか。したがって、運命によって生じることもあれば、人間の裁量と意志によって生起することもあると説くあの理論のみが、真実の確固たる揺るぎない見解である。

一九一　次に彼［プラトン］は、諸々の法そのものと運命の掟を言い添える。[8] まず、第一の法に従って、魂に一様の本性が備わることで、いかなるえこひいきもなく、すべての魂に、徳を所有するための平等な能力が、運命によって分配される。[9] 次いで、第二の法を付け加える。その法によって、神々の行進のお伴をして、存在する事物の永遠な真実の本性を眺めたすべての魂は、地上のものとして養われるために、人間の姿をま

(1) ストア派の運命論を念頭に置いている。一七五、一八五参照。
(2) 一四三および一八九頁註（5）、一四四、一四九参照。
(3) 一五〇―一五一参照。
(4) 一五八―一五九参照。
(5) 運命に関する論考は一四二から始まり、四九節にわたる。本節がその結論である。
(6) 一五五―一五九参照。
(7) ストア派を念頭に置いている。一六〇―一六一参照。
(8) 『ティマイオス』四一E二―三参照。一四二冒頭に引用されたこの言葉から、運命に関する長い論考が始まった。本節から再び『ティマイオス』の解説に戻る。
(9) 『ティマイオス』四一E三―四参照。

とうことが定められた[1]。つまり、「敬虔な本性の生き物[2]」とは人間を意味している。言葉を喋らない[3]生き物は、けっして神を認識することはできないからである[4]。さらに、理性を備えたもののうちで最も優れた生き物[5]は、他の天の生き物[6]に自ら実体性を授けるものであるが、その生き物も、事物の始原を自らの内にもつ他のはるかに優れたもの[7]を崇める。他方、いわばある種の序列によって、より下の地位の力をもつ者たち[8]がその後に従い、各々がより優れたそれぞれの神性を敬う。それゆえ、人間は理性を用いる生き物のなかで最も低いものであり、自分より優れたより高貴なすべてのものを敬うのだから、彼が［人間のことを］「特別な敬神の念を備えたもの[9]」と言ったのは正しい。

そして、人間の本性には優れているものと劣っているものとの二種類があるので[10]、優れているものを区別する第三の法が必要であった。さらに、優れた性は男性で、劣った性は女性であるが、それによって魂に何らかの相違があるようにというのではなく——実際その本性は一つなのだから[11]——、はかない死すべき定めが子供を産んで後継者とすることを熱望するので、性に区別が必要であったからである。つまり、男性と女性の徳［魂の卓越性］は同一であるのだが、しかしそれらの身体には異なった機能がある。その一方［男性］はより熱くより濃密で、他方［女性］はより冷たくより希薄だからである[12]。

一九二　別の法がその後に続く。彼［プラトン］は次の言葉でもってそれを表現している。「そして、定めの必然によって［魂が］身体に植え付けられて、身体の材料[13]が、あるものは流れ去り、またあるものは相互に各部と入れ替わることで、さまざまに変化するときには[14]」。ここで彼が「必然」と言っているのは、身体をまとうことが不可避な責務であったということである。なぜなら、地上のものは、身体との結合を利用する以外の仕方では、支配する理性的な魂によって支配されることができなかったからである。さらに、この地上の身体は長く存続することはなく、流れ落ちる急流[15]のように、自分自身も流れ出し、流れ出すものによっ

(1)『ティマイオス』四一E四―四二A一、『パイドロス』二四六E四―二四八E三参照。
(2)『ティマイオス』四二A一「生き物のうちで最も敬虔なもの」。
(3)「言葉を喋らない(mutus)」は「理性をもたない」と同義。二八、二九、一八二、三〇〇末尾参照。
(4)たとえばキケロ『法律について』第一巻二四、プルタルコス『もの言えぬ動物が理性を用いることについて』九九二E参照。
(5)宇宙の製作者としての神(opifex = δημιουργός)のことか。そうだとすると、ここでは製作者としての神が「至高の神」と区別されていることになる。一三九および一八五頁註(3)参照。あるいは、宇宙のことか。宇宙も理性をもった生き物で、「感覚されうる神」(『ティマイオス』九二C七)とも言われている。他方、一三五では「生き物(animal)」とは「身体を用いる魂」だと言われている。宇宙の製作者である神は身体をもたないであろう。
(6)天体のこと。
(7)「至高の神」のこと。一七六、一八八参照。
(8)ダイモーンたちのこと。一二九―一三二、一八八、二三二参照。
(9)『ティマイオス』四二A一「生き物のうちで最も敬虔なもの」。
(10)『ティマイオス』四二A一―三参照。
(11)魂に性の区別がないことについては、一九六参照。
(12)アリストテレス『動物の発生について』第一巻第十九章七二七a二三―二六、第四巻第一章七六五b一七―一八、プルタルコス『食卓歓談集』第三巻四参照。
(13)supellexを「材料」と訳した。三四九第二段落の用例を参照。
(14)『ティマイオス』四二A三―四。
(15)二〇四冒頭および二五三頁註(2)、三二五末尾参照。

ても溢れかえっている[1]。というのも、身体には多くの通路や多くの排出溝がある。それらには、はっきりと目に見えるものもあれば、隠れて目に見えないものもある。これらを通って、体液や気息や、その他食べ物や飲み物の余剰物が運ばれる。自然は生き物を保持するために、これらのものが出て行くように工夫し、排出して失われたものに対しては、湿ったものや乾いたものを食べることと、外を取り巻く空気を呼吸することから、適当な分量を補給する。それゆえ、自然はすべての入ってくるものに、それらの分量と大きさに応じて、通路を作り上げたのである。他ならぬプラトンが「あるものは流れ去り、またあるものは相互に各部と入れ替わることで」と言っているのは、まさにこのことである。

一九三　それゆえ、この法は何よりもまず次のことをもたらした。「感覚が暴力的な受動状態によって駆り立てられる[2]」。そのとおりである。実際、生命は感覚なしにはありえない。なぜなら、生きているものと生命を欠いたものとの間には、わたしが思うには、次のような相違があるからである。前者は感覚するが、後者は感覚することなしに存在し、生まれるものは生命を得ると同時に感覚を始め、身体と魂の分離［死］において感覚することをやめるからである。とにかく、受動であれ、能動であれ、何か他の状態であれ、この感覚は生きているものに固有で、身体と魂の結合によって融合されたものである。確かに、「暴力的な受動状態によって」と言われているのは正しい。というのも、魂はいつも同じ自在さで観想するが――観想とは自在な精神集中であるのだから――、他方、感覚は身体と魂との受動の共同から生じるからである。そして、身体には、魂に触れることもなく、知らぬ間に密かに消えてゆくような多くの刺激があり、見たり聞いたりすることにはそのような見落としがあるのだが、しかし身体には、ある種のもっと暴力的な刺激があって、それは魂にまで伝わるのである。

一九四　したがって、感覚とは、外部に置かれたさまざまに刺激を与える何らかのものによる身体の受動であり、この受動が魂の座にまで伝わる。[3] この受動が穏やかで、打撃するというよりもむしろ柔らかに撫でることによって身体を動かすときには、魂は身体に快い刺激を感じる。そこで、この種の感覚は快楽と呼ばれる。他方、受動が何らかの粗さを伴ったものである場合には、それは苦痛という名を得る。[4] したがって、快楽と苦痛は感覚の種であり、感覚自体は類であることは明らかである。さらに、このようなすべての欲望には快楽と苦痛の状態が混合されているので、その結果、このようなことへの愛は苦痛と快楽の間に置かれていることが見出される。[5] 実際、楽しむことへの期待は快楽を生み出すが、待たされることは悲しみと苦痛を生み出すからである。したがって、愛の法則は感覚の法則に従っている。確かに、愛は身体の保存にきわめて貢献しており、これが世代を継続させている張本人である。

（1）『ティマイオス』四三A五—六「流れ込み流れ出る身体の中に」参照。

（2）『ティマイオス』四二A五—六。passio（= πάθος）を「受動状態」もしくは「受動」と訳した。ここでは「感情」のこと。

（3）これと類似した感覚の定義が、アルキノオス『プラトン哲学講義』第四章（一五四・三四—三六（Hermann））に見られる。

（4）快楽と苦痛に関する同様の定義としては、ディオゲネス・ラエルティオス『ギリシア哲学者列伝』第二巻七八（キュレネ派の説）参照

（5）『ティマイオス』四二A六—七「快楽と苦痛が混ざり合った愛」参照。

これと同じことは、理性もなく限度もなく、いわば心の野蛮な炎によって駆り立てられるときには、怒りにおいても見出される。この怒りに対しては、魂には健全な用心が備わっている。怒りは極端に大きくなると、恐れという悪徳へと移り変わる。[1] そうなると、魂の気力はより際限がなくなって怒りの限界へと進み、それと同時に、魂には身体の保護のために用心が与えられているので、それらは際限なく大きくなることで、魂を統治するよりもむしろ混乱させる。

一九五　彼［プラトン］は述べる。「そして、その他それら[2]の後につき従う混乱や、自らの本性に応じてそれらとは異なった状態によって突き動かすものが［生じる］。だが、もしそれらを制御して屈服させるなら、その者たちには正しく穏やかな生涯があるだろうし、もしそれらに打ち負かされるなら、不正で多難な生涯があるだろう。そして、勝利した者には、伴侶である星の共同の住まいへと帰る道が開かれ、その後は真実の幸福な生を送るであろう。他方、打ち負かされた者は、二度目に生まれるときには性別を変えて、弱い女の性へと追いやられる。それでも悪徳と不節制から離れない者は、罰としてより劣ったものへの放逐が止むことがなく、その習性と報いに値する行為に相応しい粗暴な獣の姿をまとい続ける[3]」。

「後につき従う混乱」と彼が言っているのは、欲望と苦痛に類似し合致した受動状態としては、競争心や妬みや嫉みや、他のそのようなものであり、他方、快楽に類似したものとしては、他人の不幸を喜ぶことや名声に自惚れることや虚栄であり、さらに、恐怖に類似したものとしては、忌避や恐れであり、同じく、怒りに類似したものは、激怒や蛮勇や激昂や、これらに類したものである。「自らの本性に応じてそれらとは異なった状態によって突き動かすもの」と彼が言っているのは、すなわち、まさにこれらとは反対の徳を飾るものであり、それらは徳によって成り立っている。「だが、もしそれらを制御して屈服させるなら、その者たちには正しく穏やかな生涯があるだろう」と彼は言う。彼は明白な仕方で、疑うことができないように、魂は選択する自らの権利をもっていることを説いている。

一九六　さらに、［神は］これらすべてのことの褒賞として、悪徳に勝利した魂には、天の住居への帰還と永久の解放を定めた。他方、欲望によって自らを汚した魂には、次の生涯の責務としてその習慣と習性に相応しいより過酷な来世を定めた。というのも、彼らが男性から女性の姿へと移るのは、魂自体が性別を変えることによってではなく[4]、より劣った性の身体を受け取るからである。よりよい節度ある生涯を選んだ魂は、よりよい境遇へと呼び戻されるであろう。しかし、より劣ったものとなって、より悪く生涯を過ごすなら、身体への過度の執着ゆえに、粗暴な獣の本性に至るまで、より劣悪な生涯が定められるであろう[5]。

一九七　しかしエンペドクレスは、ピュタゴラスに従って、魂は粗野な獣の本性のみならず、さまざまな姿に生まれ変わるよう定められていると言っている。彼は次のように述べている。

（1）『ティマイオス』四二A七「恐怖と怒り」参照。

（2）この引用文の直前『ティマイオス』四二A五―七で述べられている「感覚」、「愛」、「恐怖と怒り」のこと。前節で説明されている。

（3）『ティマイオス』四二A七―C四。

（4）魂に性の区別がないことについては、一九一第二段落参照。

（5）『ティマイオス』四二B三―C四のパラフレーズ。さまざまな生き物への転生については『ティマイオス』末尾の九〇E六―九二C三で詳論される。人間以外の動物への転生は『パイドン』八一D九―八二B八、『パイドロス』二四九B一―五、『国家』第十巻六二〇A三―D五でも語られている。転生の解釈については一九八および二四五頁註（7）も参照。

というのは、わたしはずっと以前に、少年や堅い木、
鳥や水の生き物、それから白い乙女として生まれた(1)。

性別の質料における転換によってのみではなく、異なった生き物の姿へも転生する(2)。彼自身が他の言葉でもって――これらによって彼は動物を食べることを控えねばならないと考えている――次のように証言しているように。

父親は不敬にも姿を変えた子孫の四肢を生贄にして
神々に祝宴を捧げる。残忍な祈りに犠牲獣の心は怯え、
悲惨な料理によって食卓は汚される。
同様に、息子は家畜のように母親や父親を殺し、
愛しいものたちの四肢を歯の下に噛んでいることに気づかない(3)。

同じく他の箇所で。

人々よ、殺人をやめよ。見ないのか、
お前たちは己の四肢と自らの内臓を食べているのを(4)。

一九八　しかしプラトンは、理性的な魂が理性を欠いた動物の容貌をまとうとは考えていない。むしろ、身体は悪徳の残留(5)に似たものとなるので、身にまとう身体は、前世の習性から増大した魂の悪徳によって野蛮なものとなる、と彼は考える。怒りっぽい人間や勇敢な人間はライオンの獰猛さへまで導かれ、他方、野蛮で貪欲な人間はオオカミの本性によく似たものへと至り、その他のものも同様である(6)。しかし、魂は以前

の境遇へと帰還することがあり——だがこのことは、穏やかで人間に相応しい習性へと純粋に帰還するまでは起こりえない——、また、悔悟である熟慮の理性的な矯正は、理性なしに生きているものには生じないのだから、プラトンによれば、人間の魂はいかなるときもけっして獣に転生することはない(7)。

一九九　次に、彼［プラトン］はこう述べている。「同様でつねに同じであるあの速やかな宇宙の回転運動が、

(1) エンペドクレス「断片」B一一七（DK）。この断片の原文は、ディオゲネス・ラエルティオス『ギリシア哲学者列伝』第八巻七七、ヒッポリュトス『全異端派論駁』第一巻三の引用によって今日に伝わる。

(2) Waszink の提案に従って、non の後に tantum を、animantium の後に formas transeuntes を補って読む。

(3) エンペドクレス「断片」B一三七（DK）。この断片の原文は、セクストス・エンペイリコス『学者たちへの論駁』第九巻一二九、オリゲネス『ケルソス論駁』第五巻四九の引用によって今日に伝わる。

(4) エンペドクレス「断片」B一一七（DK）。この断片の原文は、セクストス・エンペイリコス『学者たちへの論駁』第九巻一二七の引用によって今日に伝わる。

(5)「残留（reliquiae）」については、二四九、二五三冒頭、二五六第二段落も参照。

(6) 獣に生まれ変わることを、字義どおりではなく比喩的に、獣のような性格と容貌もった人間に生まれ変わるという意味に解している。たとえば、ボエティウス『哲学の慰め』第四巻三・一五—二一参照。

(7) たとえば、ポルピュリオス（アウグスティヌス『神の国』第十巻三〇＝「断片」三〇〇（Smith））やイアンブリコス（ネメシオス『人間の本性について』二（三五・六—一一（Morani））も同様の見解をもっていた。アウグスティヌスはこの点でポルピュリオスを称賛している。これらに対し、ヌメニオス「断片」四九（des Places）、アルキノオス『プラトン哲学講義』第十六章（一七二・八—一九（Hermann））、プロティノス『エンネアデス』第六巻第七篇七などは、獣への転生を字義どおりに解している。

それらに追いついて、火と水と土と空気とが結集して生じた、それらのすべての悪徳とすべての汚れを拭い去って、無思慮で無抑制な誤りが理性の抑制と節度へと引き戻されるまでは、苦難は止むことがないであろう[2]」。知性を働かせている魂の運動は「つねに同じである回転運動」を示すが、他方、魂が知性を働かせるために熟考するときには、魂はそれと似た回転運動を示す。実際、これらが理性的な魂の徳だからである[3]。さらに、彼が魂の「無思慮で無抑制な誤り」と言っているのは、火や土やその他の物体の元素から生じた誤りのことで、魂はそれらに対抗して身を持することで、自らの昔の神性へと帰っていき、立派な報いに値する行為に相応しい本性を手に入れるであろう。

これらの法が偉大な製作者である神によって魂たちに通告された、と彼は述べている。これを通告した理由を、彼はこう説明している。「それを黙っていることで、今後の罪の責任が自分に及ばないようにと[4]」。人間に悪が生じるのは、神の定めや意志からではなく、人間自身の無思慮や歪み[5]からであることを、彼は明らかにしようと意図している。

二〇〇　それから、運命の法を解説した後に、「神はわれわれの魂のあるものは大地に、あるものは月に、あるものはその他［の天体］に種蒔きをした[6]」。これらは「時間の道具」であると彼［プラトン］は言っている。これはピュタゴラスの見解と一致している。大地においてと同様に、月の球にも、その他の惑星にまでも人間が存在するというからである[7]。他方、彼自身の見解とも一致している。他の本の中では同じ人[8]が、地上の事物の監督を任される魂たちは交代で任務を果たすと主張しているからである。最初に大地に蒔かれる魂がまず任務を果たし、それらの後に、月の球に蒔かれる魂が、それに続いて他の球に蒔かれる魂が、その時々に任務を果たすようにと。

二〇一　引き続いて、次に〔神は〕自分が作った「神々(9)」、すなわち星たちに、相応しい魂の受容器(10)である

(1)転生して劣悪な境遇に陥った魂たちのこと。内容的には、この引用文は一九六の記述の後に続く。

(2)『ティマイオス』四二C四―D二。

(3)一三七、一八〇では、理性的な魂の二つの徳として「知恵」と「思慮」が区別されている。「知性を働かせること(intellegere)」が前者、「熟考すること(deliberare)」が後者に相当する。「熟考」については二三〇、二六四、二六五参照。「同」と「異」の回転運動と魂の二つの能力については一四〇参照。

(4)『ティマイオス』四二D三―四。「それを黙っていることで」はカルキディウスの付加。

(5)一六五―一六七および二一一頁註(7)参照。

(6)『ティマイオス』四二D四―五。

(7)偽プルタルコス『哲学者たちの自然学説誌』第二巻第三十章八九二Aでは、ピュタゴラス派の説として、月に動物や植物が存在すると言われている。イアンブリコス『ピュタゴラス的生き方』第十八章八二も参照。

(8)『法律』第十巻九〇四C六―E三では、魂は宇宙のあらゆる場所に転生することが示唆されている。あるいはむしろ、ロクロイのティマイオス『宇宙と魂の本性について』九九D―Eでは、人間の魂は月や太陽やその他の惑星から導き入れられたと語られている。ただし、以下に述べられる「交代で任務を果たす」というのはカルキディウスの解釈であろう。

(9)この神々が、カルキディウスが解釈するように、天体のみを指しているのか否かは判然としない。『ティマイオス』四二D六では「若い神々に」とだけ言われている。四〇D四では、天体が「目に見える生まれた神々」と言われているが、四一A三―四では、神が語り掛ける神々が「目に見えるように周行する神々も、望む期間だけ姿を現わす神々も」と言われている。「望む期間だけ姿を現わす神々」とは、天体以外の生み出された神々であろう。

(10)『ティマイオス』四九A六、五一A五では「場(コーラー)」が生成するものの「受容器(ὑποδοχή = receptaculum)」と呼ばれている。カルキディウスはこれを「質料」と同一視している。二七八第一段落、三〇八第一段落、三一八末尾、三二一第二段落、三四四、三五〇参照。

「人間の身体を作ることを命じ」、それらの身体に生命ある実体の補助となるすべてのものを付加するように命じた。最初には欲求を。これは怒りと欲望に分けられる[1]。これらなくしては、死すべき生き物の身体は存在することも、手助けされることもできない。次には、生活に必要なものを供給する諸々の技能を。そして、「死すべき本性のものができるかぎり善く支配されるようにと、力に応じた」その他すべてのものを[2]。「力に応じた」というのは、作り出すものの力のことではなく、作り出されたものの力のことである。なぜなら、人間は善への傾向も悪への傾向ももっているからである。このことから、しばしば人間自身が自分たちにとって悪の創始者となることになった[3]。それゆえ、至高の製作者である神の秩序は[4]、死すべき身体の中に、けっして死すべきものではなくむしろ神的で永続するものは自分自身で構成したが、いつか解体するであろうものを作り出すことは、年少の者たちに委ねることになったのである[5]。そして最後に、「手配を済ませると、［神は］自分本来の状態にとどまっていた[6]」と彼は言う。以上のことはどういうことか。もちろん、神の摂理が、永遠なものにも生まれて生成したものにも、すべてのものに配慮するようにと、神的で永遠なものには不死性を与えたが、時間的なものには、一続きの完全な永続性ではなく、代々受け継いでいくことによる永続性を与えた[7]、ということである。

第八章　人類の誕生について

二〇二　次に彼［プラトン］は、人間の身体の構築そのものと、感覚の原因と、感覚の後に続くその他のことを述べる。「彼らは、宇宙の素材である火と土と水と空気から、必要になったときには返還するという条件で、元素を借り受けて[8]」云々と彼は言う。われわれの身体が四つの素材から合成されていることは明白で

（1）魂の気概的部分と欲望的部分のこと。『ティマイオス』六九D六―七〇A七参照。
（2）以上は『ティマイオス』四二D五―E三の説明を交えたパラフレーズ。
（3）『ティマイオス』四二D三―四、E三―四、および本書一九九第二段落参照。
（4）「至高の神」と「製作者である神」が同一視されている。一三七でも「至高の知性対象である神」が「建築家である神」、「製作者にして知性対象である神」と言い換えられている。
（5）一三七参照。
（6）『ティマイオス』四二E五―六。
（7）一〇五「知性の対象である宇宙が永遠にわたって存在するように、感覚されうる宇宙も全時間にわたって存在する」参照。
（8）『ティマイオス』四二E八―四三A一。

である。すなわち、われわれの身体には、触覚に抵抗するある種の可触性があるが、それは土の固体性なしにはありえない。さらにまた別に、身体には熱と同様に可視性もあるが、火なしには、身体はそのようなものではありえない。[1] そのうえ身体には、動脈と呼ばれる血管があるので、気息が満ちている。[2] さらに、血液やその他身体から流れるものとして、水分がある。しかし、水なしに水分はありえず、空気なしに気息はありえない。それゆえ、われわれの身体には水の一部と空気や火や土の一部がある。[3] そこから、私が思うには、昔の人たちによって人間は小さな宇宙と呼ばれたのである。[4] もっともなことである。宇宙全体も人間全体も、すべて同じものからできているからである。どちらの身体も同じ素材をもっているし、魂も同一の本性をもっているからである。

二〇三　さらに、彼「プラトン」は目に見えない結合を「釘」[5] と呼んでいる。これは、あるいはディオドロスによれば、小さな粒子の堆積、あるいはアナクサゴラスによれば、同じ類似したものどうしが形成する集塊、あるいはデモクリトスとレウキッポスによれば、上述のものの多様な絡み合い、あるいはエンペドクレスによれば、ときには結集、ときには分裂――彼は結集を友愛、分裂と分離を憎悪と呼んでいる――、あるいはストア派によれば、さまざまな物体の到るところでの結集と呼ばれる。[6] これらすべてのある種の結び目と連結が微細な固体の粒子にあると彼「プラトン」は言い、それらを「釘」と名づけている。それゆえ、人間の身体のこのような構築に、神は永遠な魂の二つの円運動を付け加えた、と彼は述べている。[7] これらの円運動は魂の仕事であり、その一方は知性であり、もう一方は思わくである。[8] さらに、魂が遂行するすべてのことがなければならない。それゆえ、魂の実体はけっして不活動ではない。したがって、人間の身体は到るところで不死なる魂の二つの回転運動によって全体が結びつけられ、すべての部位から生命の活力[9]によって維持されている。さらに、彼はそれを、先に述べた排出と補充のために[10]、「流れ込み流れ出る身体[11]」と呼ん

(1)『ティマイオス』三一B五―六参照。

(2)古代医学ではプラクサゴラス（前四世紀後半）以来、しばしば動脈（*ἀρτηρία* = arteria）には血液ではなく気息（*πνεῦμα* = spiritus）が流れていると考えられていた。二一四、三〇三参照。ただし『ティマイオス』七二D二では、*ἀρτηρία* は「気管」の意味で用いられている。

(3)三〇三にも同じ議論がある。

(4)小宇宙（ミクロコスモス）である人間は大宇宙（マクロコスモス）と照応するという思想は古代ではかなり一般的なものだが、ここで用いられている breuis mundus（小さい宇宙）という語は、マクロビウス『「スキピオの夢」註解』第二巻第十二章一一にも見られる。これは *βραχὺς κόσμος* の訳語と考えられるが、*βραχὺς κόσμος* という語はアレクサンドリアのピロン『カインの子孫』五八、『栽培』二八に見られる。他方、ネメシオス『人間の本性について』一（一五・六（Morani））、プロクロス『「ティマイオス」註解』第一巻五・一一、二〇二・二六―二六、第三巻一七二・九（Diehl）などでは *μικρὸς κόσμος* という語が用いられている。この語はアリストテレス『自然学』第八巻第二章二五二b二六にも見られ、デモクリトス「断片」B三四（DK）にまで遡る。

(5)『ティマイオス』四三A三。

(6)これらの哲学者の列挙については、二七九、セクストス・エンペイリコス『学者たちへの論駁』第九巻三六二―三六三参照。ディオドロスは前三〇〇年頃のメガラ派の哲学者。偽ガレノス『哲学史』一八、ストバイオス『抜粋集』第一巻第十章一六参照。アナクサゴラスについては、キケロ『ルクルス』一一八、アウグスティヌス『神の国』第八巻二、アナクサゴラス「断片」A四六（DK）参照。エンペドクレスについては、偽プルタルコス『哲学者たちの自然学説誌』第一巻第三章八七八A参照。

(7)『ティマイオス』四三A四―五。

(8)一四〇参照。

(9)「生命の活力（uitalis uigor）」については、二九、三三、五四、九九参照。

(10)一九二参照。

(11)『ティマイオス』四三A五―六。

でいる。
二〇四　「さらに、円運動は激しく流れる急流に結びつけられた(1)」と彼［プラトン］は言う。彼が「急流」と呼んでいるのは、物体的な質料のことである(2)。その理由は、それは流れることをやめることがなく、けっして確固たる不変性にとどまることも、安定した不変性を保持することもないからである。「魂は身体を取り押さえることはなかったが、自らが身体によって掌握されることもありえなかった(3)」と彼は言う。どうして魂は身体を支配しなかったのか。なぜなら、身体はそのとき身勝手のために、魂の指図といわば手綱に従わなかったからである。他方、魂はけっして身体によって取り押さえられなかった。というのも、身体自身が魂の軌道によってぐるりと取り押さえられており、それによって包括されていなければ、身体はすぐにも分散していたからである。「しかし、それら［魂の円運動］は無理やり運んだり、また反対に無理やり運ばれたりした(4)」と彼は言う。確かに、それらは身体の貪欲さに強いられて過誤へと運ばれたが、しかし、その身体に生命と健康を与えてやることによって、身体を運んだ。これは魂の本来の任務である(5)。しかし、これはどちらも強制力なしには行なわれない(6)。なぜなら、魂は自らの意志によって過誤へと陥ったのではないし、身体も生来の貪欲さを我慢して辛抱強く耐えることは意に沿わなかったからである。身体は自らの本性上、分解と分散をもたらすものだからである。
二〇五　「それゆえ、生き物全体が動くようになったが、しかし急激で無秩序な動きによってであった(7)」。当然である。なぜなら、動かすものは動かされるものなしには運動を起こすことはできないし、動かされるものも動かすものなしにはまったく動くことはできず、どちらにとっても、もう一方がその場にあることが必要だからである。そして、わたしが思うには、動かすものは魂であり、動かされるものは身体である。[8] これら〔魂と身体〕から生き物も、その運動も成り立っている。そして実際、このことから、子供の魂が無分別であることや、[9] どのようにしてすべての生き物にその本性に応じて感覚が刺激されるのかが、[10] すべて理解できる。

「それらには親しい六つの運動がある」[11]。というのも、これら〔生き物の身体〕の中には、つねに最も高いところへと向かっていくことをその本性とする火がある。また、宇宙の中心に座を占めるいくぶんかの土もある。また、ある種の気体状のものと湿ったもののもある。これら二つ〔空気と水〕は、自らの本性によってあちこちへ広く、要するにあらゆるところへと運ばれる。生き物はこれらの運動に与っている。

(1)『ティマイオス』四三A六。

(2) カルキディウスが「急流（torrens）」と訳している語は ποταμός（川）である。一九二、三二五末尾でも身体・物体が「急流」と言われている。物体あるいは質料の流動性については三五頁註（3）参照。

(3)『ティマイオス』四三A五―六の自由なパラフレーズ。

(4)『ティマイオス』四三A七。

(5) 五三末尾参照。

(6) 二七〇参照。

(7)『ティマイオス』四三A七―B二。

(8)『パイドロス』二四五E二―六参照。五七で引用されている。

(9) 次節および一六五―一六七、二〇八―二一一参照。

(10) 二〇七および一九三―一九四参照。

(11)『ティマイオス』四三B二。六つの運動とは、前後、左右、上下への運動のこと。同書四三B二―四および本書一二一参照。

二〇六　さらに、子供の魂はより動きやすく、きわめて落ち着きがない。その理由は、一つには、いまだ理性が確立されていないので精神が非理性的で弱いためであり、もう一つには、その年代においては熱と水分が過剰に満ちているためである。(1) それは彼〔プラトン〕自身が『法律』の中で、子供は火の過剰な熱と格闘しているので、それゆえ子供には自然的な運動が、無秩序に判断を伴わず、まったく不適切に頻繁に起こると述べているとおりである。(2) それゆえ、彼は「というのも、途方もないうねりが節度なく流れ込んだり流れ出たりして(3)」と言っている。「流れ込む」というのは、非常な熱によって素早く消費された食べ物を頻繁に再び取り入れる場合のことであり、「流れ出る」というのは、排出の必要のためである。ヒッポクラテスは、排出による損失のために消耗しないように、子供の身体は多量の食べ物によって回復されるべきだと勧告することで、このことを立証している。(4) しかし、若い年代の者は食べ物を摂ることに喜びを感じ、食べ物を減らされたり、まったく与えられなかったりすると苦痛を感じる。このことから、快楽をあたかも善であるかのように愛好し、苦痛をあたかも悪であるかのように嫌うようになるのである。(5)

二〇七　さらに、「外部から(6)」やってくるものとは、冷と乾、すなわちより粗くて硬い感触である。これらすべては粗い感覚を刺激する。これらと反対のものは何であれ、嗅覚や味覚に触れると心地よく快楽をもたらす感覚を刺激する。まさにこれらの感覚が、始めにも今に至るまでも、「最大で乱暴な運動を惹き起こす(7)」と彼は言っている。というのも、質料が過度の無秩序な流れでもって援助すると、感覚は魂全体とそのすべての活動を乱暴な衝撃によって掻き乱すからである。(8) そして、魂の一方の部分(9)、精神にして知性はより神聖で神的であって、けっして逸脱することはなく、いかなる誤った偽りの思わくによっても誘導されることはないのだけれど、感覚は反対の運動を起こして、それ［知性］の運動を妨げ、魂全体におけるそれの支配を制限した(10)。その結果、魂には知性があったのに、妨害する感覚によって、それは何もなすことができなかった。それでも感覚は、魂のもう一方のあの部分、思わくを完全に滅ぼすことはできなかった。というのも、これもまた神的な能力を備えていて、魂と身体との運命的な結合以前には、「結びつけた者のみによって以外には、分解することはできなかった(11)」からである。しかし、［感覚は思わくに］不適切な活動を行ない、偽りの思わくを信じるようにと強いることで、自分の本性に反して運行するように強いた(12)。

(1) ガレノス『「ティマイオス」註解』断片一二（Larrain）参照。
(2)『法律』第二巻六六六A五―七参照。
(3)『ティマイオス』四三B五―六。
(4) ヒッポクラテス『箴言』第一巻一三、『食餌法について』第一章一八参照。
(5) 一六五参照。
(6)『ティマイオス』四三C一。
(7)『ティマイオス』四三C七―八。
(8)『ティマイオス』四三C八―D二参照。
(9) 魂の二つの部分については一四〇参照。
(10)『ティマイオス』四三D二―三参照。
(11)『ティマイオス』四三D七。同書四一A七―B六も参照。
(12)『ティマイオス』四三D三―四「また異の軌道を揺さぶった」参照。

第九章　人間の多くは賢いが、賢くない人もいる理由

二〇八　次に彼［プラトン］は、魂誕生において説いたこと(1)を思い出させながら、天体の軌道と一致した魂の運動を整えたあの中項とアナロギアーが、いわば自分の領域と場所から追い出されたと述べている。(2)それは以下のこと意味している。子供においては魂の精神と知性がまったく不活発で、あたかも魂の運動を妨げる縄によって縛られているかのようであるが、それでも若年者が何かを欲求したり判断したり表象したりするときには、理性は何らかの活動をしている。ただし、上で述べた理由と物事への無知ゆえに、感覚がこれらのことへと理性を引っ張り、その類のことによって制限するので、その働きは正常ではない。アリストテレスもこの点に同意して、乳児期の子供は、始めはまだすべての男性が父親ですべての女性が母親だと思っており、年齢が進んで区別ができるようになっても、ときには区別を誤り、しばしば偽りの像に捕らわれて、像に向かって手を伸ばすことさえある、と述べている。(3)彼［プラトン］はこのようなことをすべて「逆立ちした」(4)思わくと呼んでいる。損なうものを快適なものだと思い、有益なものを有害なものだと思う場合、すなわち、破滅をもたらす快楽へと運ばれ、有益な苦労を嫌う場合がそうである。(5)本性上、欺くことにおいて

最も力を発揮する感覚を、もしも過度に信用することがなければ、きっとこのようなことにはけっしてならないであろうに。

二〇九　そして、事柄全体をはっきりと説明するために、彼［プラトン］は非常に分かりやすい例[6]も用いている。最高の愚かさとは、ただ知らないだけではなく、知らないということそれ自体を知らず、それゆえ誤った表象に同意して、真実であることを偽りだと臆測することである。たとえば、悪が有益で、徳が有害で破滅をもたらすと思うような場合がそうである。実際、このような見解は、最高齢者に至るまで非常に多くの人々の心をとらえている。彼らは、不正を行なうことが最も有益で、正しい行ないをすることは有害であるとみなし、それゆえ忌み嫌っている[7]。これらの人たちをアリストテレスは、年をとった子供と呼んでいる。彼らの精神は子供の精神と少しも相違がないからである[8]。

二一〇　われわれが言った例とは次のようなことである。向かい合って立っているとき、われわれは確かにわれわれの左側に反対側に立つ人たちの右側をもっており、彼らもまた同様に、逆にわれわれの左側を右

(1)『ティマイオス』三四B一〇―三七C五、本書二六―四五参照。
(2)『ティマイオス』四三D三―E二参照。
(3)この一文から次節の終わりまでが、アリストテレス『哲学のすすめ』断片一七（Ross）に収録されている。アリストテレス『自然学』第一巻第一章一八四b一二―一四も参照。
(4)『ティマイオス』四三E四。
(5)一六六参照。
(6)次節で述べられる。
(7)一六五―一六六参照。
(8)前節の半ばからここまでが、アリストテレス『哲学のすすめ』断片一七（Ross）に収録されている。

側にもっている。それゆえ、二人のうちの一方は正しく本性に従って立っていても、他方は「頭を地面につけて、頭の代わりに足を持ち上げて、向かい合っているなら、そのときには、互いに見詰め合うと、相互に右側を左側だと思い、左側を右側だと思うだろう[1]」と彼［プラトン］は言っている。魂も身体を与えられたばかりの始めにうちには、事物を考察する際に、何かこのようなことを被ると彼は言う[2]。それゆえ、子供の魂がそのようなものであるからには、唯一の真実に永久に同じであるものは、知性の対象であり物体を伴わない本性のものであり、他方、生じては滅ぶもの、すなわち物体的で感覚されうるものについては、流動的で変化しやすいものであると聞いても、わたしが思うには、子供の魂は感覚に助けを求めて、感覚の証言を容易に信じ、知性の対象である本性のものなど何一つ存在しないと信じて――感覚はそんなものがあるとは夢にも思わないのだから――、真実で確かなものの代わりに、見たり触れたり、その他の感覚で知覚することができるもの、感覚されうるものだけが存在すると臆測する。子供の魂はそのように臆測しながら、わたしが思うには、精神や知性に関与することはないだろう。それゆえ、彼はこう付け加えたのである。「そのような運行にはいかなる確かな導き手もない[3]」。というのも、あたかも知性はそのとき活動していないかのように、知性が魂の他の部分に対して導き手として現われることもないし、思わくの働きがある魂のあの部分が導き手として現われることもないからである。感覚は、奴隷であるのに自分が支配していると思い[4]、原初の光輝と地位のいくぶんかを保持していると思うほどに、その部分を屈服させ奴隷状態に陥れている。

二一　だが、彼［プラトン］はどんな生き物の魂についてもこれらのことを言っていると思われないように、こう付け加えた。しかし、人が大きくなって、「成長と栄養の進行はいまや細い川となって流れ、魂の円運動がより静かな動きで自らの道を進み、時の経過とともにより落ち着いた後では」[5]。そのとおりである。人はより完全になり、事物の認識においてより熟達する分だけ、日々よりよくなるからである。そのときには、感覚はその欺く習性を見破られて、使者としての権威はより小さくなり、魂からの信頼もより小さくなるだろう。ことに、「もしより洗練された学科によって教育されたなら、あらゆる混乱と病気から解放されて生涯を過ごすだろう。もしそれを怠るなら、愚かさを友として人生の欠損した道を這いずりながら、ついには冥界に呼び戻されるだろう」[6]と彼は言っている。当然の結果である。なぜなら、［神は］人間を魂と身体から作るのだから。それゆえ、両方とも世話をするごくわずかな人は、無傷で頑健になるだろう。どちらの世話もしない人は、無力で虚弱になるだろう。二つのうち一方だけ世話する人は、欠損した者になるだろう。それゆえ、教養がなく、身体にだけ注意を払う人は、疑いなく欠損した人生を送るであろう。正しい思わくはあっても、知性の対象である奥義の聖なる秘儀を授からない人の魂もまた、欠損したものとなるだろう。

二二　同時に、彼［プラトン］は人間全体の構成について各部分にわたって完全に論究したのだから、今度は身体各部ごとに、宇宙の身体の構成において行なったように、各部分の有用性を明らかにし、われわれ

(1)『ティマイオス』四三E四—六。
(2)『ティマイオス』四四A八—B二参照。
(3)『ティマイオス』四四A四—五。
(4)『ティマイオス』四四A七参照。
(5)『ティマイオス』四四B一—四。
(6)『ティマイオス』四四B八—C四。

の視覚と聴覚の原因を説明する。[1] 彼は感覚の有用性や感覚を補助する身体各部の有用性も論じている。[2] 記憶についても述べているし、[3] 夢についても述べている。[4] 鏡の中に似像として見られるものの原因も説明し、[5] それらすべての原因と理由をさらに分析している。何が第一の原因であり、何が第一の原因に付随するものなのか、何がそれ自体は不動だが、他のものを動かすのか、何がまさにそれらによって何らかの必然から動かされるのか、何が何らかの有用な事物を作り出すために、理由をもって動かし、何が理由なしに勝手に動かすのかを論証している。[6]

二一三 そこで、彼［プラトン］は頭から始める。身体のこの部分は「いわば主導的な秀でたもの」[7] であり、それゆえ、高く聳え立つ場所に、身体全体の砦のように配置されねばならない、と彼は言う。哲学者たちからヘーゲモニコンと呼ばれる魂の主導的部分、[8] すなわち理性の住まいとなるように。これには二つの機能がある。一方は知性を働かせるもので、他方は思わくを働かせるものである。これらに従って、学識を伴った知恵や、正しい思わくを伴った思慮が力を発揮する。[9] 著者は、これらを魂の「二つの神的な回転運動」[10] と呼び、そして、それらを合わせて、人間の身体を形成した神的な能力をもつ者たち［神々］は、宇宙の身体に倣って頭を丸く球形に作り、そのように形作られた頭に、理性的な運動を結びつけた、と言う。[11] この理性的な運動が魂の主導的な能力である。それゆえ、魂の主導的な能力は頭に座をもつと、彼は言っているのである。

二一四 しかし、このことについては昔の哲学者の間でも今日の哲学者の間でもさまざまに異なった見解があるのだから、比較することで、プラトンの見解の方が真理という点で他のものよりどれほど優れている

のかが明らかになるように、われわれは一つずつ検討してみるべきである。(12)

質料の実体は分割可能であると考えた人たち(13)は、巨大な空虚の中に、あるいは部分をもたないものを置き、

(1) 視覚については『ティマイオス』四一B一—E二および本書二三六—二四六参照。聴覚については『ティマイオス』四六A二—C六および本書二五七—二五九参照。

(2)『ティマイオス』四六E六—四七E二および本書二六四—二六七参照。

(3)『ティマイオス』四六A二および本書二四九参照。

(4)『ティマイオス』四五E二—四六A二および本書二五〇—二五六参照。

(5)『ティマイオス』四六A二—C六および本書二五七—二五九参照。

(6)『ティマイオス』四六C七—E六および本書二六〇—二六三参照。

(7)『ティマイオス』四四D五—六「最も神的なもので、われわれの内のすべてのものに君臨するもの」。

(8)『ティマイオス』にも四一C七「導くもの（ἡγεμονοῦν）」、四五B一—二「指導に与るもの（τὸ μετέχον ἡγεμονίας）」、七〇C一「主導する（ἡγεμονεῖν）」といった表現は見られるが、ヘーゲモニコン（ἡγεμονικόν = principale）はストア派の用語である。たとえば『初期ストア派断片集』Ⅰ一四九c、Ⅱ八三六（SVF）、および本書二二〇参照。「主導的部分」という語は七、一五六、二一四、二一六、二一九、二二〇、二二四、二三一でも用いられている。ヘーゲモニコンという語は、たとえばアルキノオス『プラトン哲学講義』でも、プラトン哲学の解説に何度も用いられている（同書第十七章、第二十五章、第二十九章参照）。

(9)「知恵」と「思慮」の区別については、一三七第一段落および一八一頁註（11）参照。

(10)『ティマイオス』四四D三。

(11)『ティマイオス』四四D三—五参照。

(12) 以下、二二一五まで魂に関する諸説の紹介と検討が行なわれる。

(13) 質料を分割可能とみなす人たちは、二七五でも言及されている。

あるいは部分をもつが、無差別で互いに似ているものを置き、あるいは原子（アトムス）もしくは硬い塊を置いたが[1]、魂の主導的部分にはいかなる一定の明確な場所も与えなかった[2]。というのも、彼らが主張するには、気息は喉を通って肺に流れ込み、呼吸において希薄になって、心臓の座へと移動する。それから、心臓から伸びている動脈を通って催眠血管[3]と呼ばれる血管へ到達する。というのは、これらが傷つけられると、昏睡をもたらす死が訪れるからである。また、これらを通る気息は、神経の細くて狭い通路によって頭に運ばれる。そして、ここで初めて感覚の始まりが生じて、身体の他の部分へ流れていくと、彼らは言う。さらに、共通の感覚は触覚である[4]。しかし、感覚はわれわれがそれによって感覚するさまざまな身体各部ごとに固有なものになる。つまり、感覚器官がどのようなものであるかに応じて、そのような感覚が存在するからである。たとえば、眼によって視覚があり、耳によって聴覚があり、その他の感覚も同様である。しかし、気息は一つである。それが多くのものに変形するのである[5]。

二一五　というのは、魂は次のいずれかであるのだから。あるいは、アスクレピアデス[6]が考えるように、ある種の塊は滑らかで球形をしていると同時にたいへん繊細で、魂はそれらから成り立っているのか――魂はまったくの気息であるのだから[7]――。あるいは、火と魂は同じ物体から造られていると考えたデモクリトスに従えば、魂は火の原子である[8]のか。もしくは、エピクロスがよしとするように、まさに原子が何らかの偶然によって理由なしに一箇所に走り寄って、原子の類似性ゆえに魂を作り出し、それらの原子のうちの一つが動かされたときには、魂である気息全体も同時に動かされる[9]のか。それゆえ、たいてい雪と聞けば、人間は同時に白さと冷たさを思い浮かべるし、あるいは、誰かが何か酸っぱいものを食べているとき、それを見ている人たちは唾液が増えるので絶え間なくつばを吐くし、誰かがあくびをすると、同時に他の人たちもあくびをするし、調和したリズムにおいてわれわれは音によって心を動かされるのである。

二一六　以上のとおりであるのに、(10)どうしてわれわれは足によってではなく頭によって知恵を働かせるの

(1) 物体に関する三つの見解が区別されている。類似した分類がアプロディシアスのアレクサンドロス『混合について』二一三—二一四にも見られる。「部分をもたないもの」と訳した expertia は、おそらく ἀμερῆ の訳語で、ディオドロス（二五一頁註（6）参照）の説。「互いに似ているもの（sui similes）」は、おそらく ὁμοιομερῆ の訳語で、アナクサゴラスの説。「原子（atomos）」はもちろんデモクリトスやエピクロスら原子論者の説。これと並列される「硬い塊（solidas moles）」は、おそらく ἄναρμοι ὄγκοι の訳語で、ポントスのヘラクレイデス（一四七頁註（4）参照）とアスクレピアデス（後註（6）参照）の説。これらの説は偽ガレノス『哲学史』一八にも列挙されている。

(2) 二一五—二一六参照。

(3) caroticas uenas の訳。以下に述べられるように、ギリシア語 καρωτικός は「眠りや麻痺をもたらす」という意味だが、カルキディウスは「頚動脈」を意味する καρωτίδες と混同しているのだろう。

(4) 他の四つの感覚も、感覚器官と物体との接触によって説明される。

(5) 以上はアスクレピアデスの説とみなされている。

(6) 前一世紀頃のビテュニア出身の医師。ローマで活動した。粒子論に基づく生理学説を唱えた。テルトゥリアヌス『魂について』一五・二でも、アスクレピアデスはデモクリトスと並べて論じられている。

(7) 魂を気息（πνεῦμα = spiritus）と考えるのはストア派の説でもある。二二〇参照。

(8) デモクリトス「断片」A一〇一、一〇二（DK）参照。

(9) このような説はエピクロスの他の資料では知られていない。

(10) 「魂が身体と同じく何らかの物体であるとすれば」の意。

かを彼らは探究している。知識や学識は絶え間ない感覚の訓練によって強化され[1]、思慮の始まりはある種の節度から生じ、絶え間ない使用によって促進され、完成へと至るからである。度重なる観察は基礎的な知識を生み出し、同様に基礎的な知識は技術を生み出す。技術は時間と使用によって強化されて学識となる。同様に、彼らは魂の主導的な力が頭に存することを否定する[2]。その理由は、非常に多くの生き物は頭を切り落としてもある程度のあいだ生きていて、まるで身体全体にいかなる損傷も加えられていないかのように、普段どおりの行動をするからである。たとえばミツバチや雄バチがそうである。それらは頭を切り離してもしばらく生きていて飛び回り、刺激に対して自らの本性に従って自分自身を守る。もし魂における主導的部分が頭に存しているとしたら、そのようなことはしなかっただろう。彼らはそれが心臓にあることも否定する。なぜなら、ワニは心臓が取り除かれてもしばらくのあいだ生きていて、暴力に対して抵抗するからである。この同じことは海のカメにも陸のヤギにも見られる。

二一七　これらに対しては、他の人たちから以下のような反論がなされている。その始原といわば学説の土台が脆弱で不適切に築かれているのだから、彼らの学説全体がぐらつくとしても、何の不思議もない。彼らの魂についての見解は何か。もちろん、魂は微細な粒子から成り立っているということである。それゆえ、物体は魂の始原であり、魂にはいかなる固有の実体性もなく、むしろそれは物体にあるだろう。というのも、彼らによれば、物体が魂と魂の生命を作り出すからである。それゆえ、彼らのこの見解に従えば、魂はけっして同一ではなく、多様で変化するものだとみなされていることになる。というのも、彼らは、物体は魂より古いものだと言う[3]のだから、物体に第一の地位を与えているからである。さらに、物体はつねに流動し変化している。[4] それゆえ、第二位の状況にある魂は、物体と同じことを被るだろう。それゆえ、魂は時と老いによって変化し、同様に、物体の本性がもたらすその他のことに襲われるだろう。かくして、このように悪く基礎付けられた説は、高邁な結論[5]に到達することができないのである。

二二八　しかし、質料は一続きのもので、ある種の合一によって互いに連続したものだとみなす人たちの中で、たとえばエンペドクレスは次のように述べて、魂の主導的な力を心臓に置いている。

心臓の血液によってわれわれの知性は活動するのだから。[6]

実際、われわれは奥深くにあるわれわれの感覚によって、われわれの外部にあるものを類縁性に従って知覚するのだから。[7] それゆえ、こうも言っている。

われわれは土を土的なものによって、アイテールを炎によって、

(1) 偽プルタルコス『哲学者たちの自然学説誌』第四巻第二章八九八Cのアスクレピアデスに関する報告を参照。
(2) 以下本節の終わりまでとほぼ同じ議論が、テルトゥリアヌス『魂について』一五・二に、アスクレピアデスの説として紹介されている。
(3) 魂が物体より先なるものであることについては、二六参照。
(4) 物体の流動性については、二四および三五頁註(3)参照。
(5) 魂の不死を念頭に置いているのだろう。
(6) エンペドクレス「断片」B一〇五(DK)参照。同じ詩句がテルトゥリアヌス『魂について』一五・五にも引用されている。
(7)「似たものが似たものによって知られる」という考えは古代において広く見られる観念である。

水分を湿ったものによって、気体をわれわれの息によって知覚する。(1)しかし、これらすべてのものについて、それらがどのようなもので、互いにどれほどの相違をもっているかを、心臓の血液によってわれわれは判別する。

二一九　ヘブライ人(2)もまた、次のように語るとき、魂の主導的部分について彼［エンペドクレス］と同様に考えていると思われる。「お前の兄弟の血がわたしの前で叫んでいる」(3)。また同じく他の箇所でも、「血とともに肉を食べてはならない。すべての動物の血は魂［命］であるのだから」(4)。これらのことが、そうすべきであるように、動物の血液は魂であるという意味に理解されるとすれば、血液は非理性的な魂——その諸部分が無作法な欲求である——の乗り物であるのだから、そのような主張には確かに根拠がある。しかし、人間の魂は理性的なものであることを認めるなら、彼らは自分たちが次のように言っていることを信じるべきである。すなわち、神は自らが作った人間たちに神的な気息を吹き込んだ(5)。その気息によってわれわれは理性を働かせ、知性も働かせ、その気息によって敬虔に神を敬い、われわれに神性との類縁性が備わり、われわれは神々であり、至高の神の息子たちであると言われる(6)。そのような神との類縁性、すなわちわれわれがそれによって理性的認識を行なうところの理性を、血液であるとみなすことは、正しく考える人のすることではない。これらすべてのことは、エンペドクレスに対する反論としてもわれわれは述べてきた。

二二〇　他方ストア派(7)は、確かに心臓が魂の主導的部分の座であることには同意するが(8)、身体とともに生じる血液が主導的部分であることには同意しない。実際、ゼノンは気息を次のように論究している。「身体から離れ去ることによって生き物が死ぬもの、それが確かに魂である。ところで、生来の気息が離れ去ることによって生き物は死ぬ。それゆえ、この気息が魂である」(9)。同様に、クリュシッポスも次のように言っている。「われわれは確かに同一のものによって呼吸し生きている。ところが、われわれは生来の気息によって呼吸している。ゆえに、われわれは同じ気息によって生きてもいる。ところが、われわれは魂によって生きている。それゆえ、生来の気息が魂であることが見出される」(10)。

彼は言う。「それゆえ、この魂は八つの部分に分かれていることが見出される。すなわち、魂は主導的部

(1)エンペドクレス「断片」B一〇九(DK)＝アリストテレス『形而上学』B巻第四章一〇〇〇b六—九参照。この詩句は**五一**でも引用されている(言葉遣いは若干異なる)。

(2)一七五頁註(2)参照。

(3)旧約聖書『創世記』四・一〇。

(4)旧約聖書『創世記』九・四、『レビ記』一七・一一、『申命記』一二・二三参照。

(5)旧約聖書『創世記』二・七、および本書**五五**、**三〇〇**第二段落参照。

(6)旧約聖書『詩編』八二・六参照。

(7)本節全体がクリュシッポス『魂について』からの引用として、『初期ストア派断片集』II八七九(SVF)に収録されている。

(8)『初期ストア派断片集』II八三七、八三八(SVF)参照。

(9)この引用文は『初期ストア派断片集』I一三八(SVF)に収録されている。同書I一七三(SVF)収録のテルトゥリアヌス『魂について』五・三とネメシオス『人間の本性について』二(二二・三—六(Morani))も参照。「生来の気息(*naturalis spiritus* = *πνεῦμα σύμφυτον*)」とは、外界の空気とは別に動物が生まれつき体内にもっている気息で、感覚や精神作用を伝達する物質と考えられていた。すでにアリストテレスにも見られる概念。たとえばアリストテレス『動物の諸部分について』第二巻第十六章六五九b一七参照。

(10)『初期ストア派断片集』II七七八(SVF)参照。

分と五つの感覚と、さらに発話する実体［言語能力］と種を蒔き生殖する能力から成り立っている。[1] さらに、魂の諸部分は、あたかも泉の源からのように、心臓の座から流れ出て、身体全体に広がって、身体各部の到るところを生命の気息で満たし、栄養や成長や場所移動による運動や感覚による教示や行動への衝動といった、無数のさまざまに異なった力によって支配し制御している。[2] そして、魂全体は、自分の従僕である感覚を、知覚したことの通報者となるように、あたかも幹から枝を広げるように、あの主導的部分から［身体各部へ］広げ、自らは感覚が知らせたことについて、王のように判断を下す。[3] さらに、知覚されるものは、物体であるからには合成されたものであり、同様に個々の感覚も、それぞれがある一つのことを知覚する。これは色を、他のものは音を、あれは汁の味を、これは香料の香気を、あれは触れることで粗いものと滑らかなものを識別するというように。そして、これらすべては現在に関することである。いかなる感覚も、過去を記憶することもなければ、未来を予測することもない。他方、各々の感覚が受けたことを理解し、感覚が知らせることからそれが何であるかを推論して、現在のものを受け取り、その場にないものを記憶し、未来のものを予見することは、内奥の熟考と考察に固有のことである」。

彼は精神の内奥の熟考をこう定義している。「魂の内奥の運動が理性的な力である」[4]。実際、言葉を喋らない生き物でも魂の主導的力をもっていて、それによって食べ物を識別し、表象し、罠を避け、断崖や深淵を飛び越え、必需品を認識するが、しかし、それは理性的ではなく、むしろ自然的である。ところが、死すべきもののうち人間だけが精神の善き主導的部分、すなわち理性を用いている。同じくクリュシッポスが、次のように述べているように。「クモが、何か小さな虫がどの方向から網に入り込もうとも、間近に感知するために、巣の真ん中ですべての糸の端を足で押さえているように、[5] そのように魂の主導的部分も、感覚が何かを知らせるときには、間近に認識するために、心臓という中央の座に位置して、感覚の端を握っているのである」。

声もまた、胸の奥から、すなわち心臓から発せられると彼ら［ストア派］は言う。すなわち、気息は心臓の深奥から進んでゆく。そこには筋で覆われた境壁[6]が間にあって、心臓を両方の肺やその他の生命の器官から隔てている。気息が喉の狭部に突き当たり、舌やその他の発声器官によって形作られることで、分節された音、すなわち言葉の元素が生み出される。[7] それを仲介者として、秘かな精神の運動が開示される。[8] それ[9]を彼［クリュシッポス］は魂の主導的部分と呼んでいる。

（1）『初期ストア派断片集』Ⅱ八二七—八三三（SVF）参照。
（2）アリストテレス『魂について』第二巻第二章四一三b一一—一三参照。
（3）『初期ストア派断片集』Ⅱ八三四—八四九（SVF）参照。
（4）一五六でも「理性と熟慮は魂における主導的部分の内奥の運動である」と言われている。
（5）『初期ストア派断片集』Ⅱ八三六（SVF）では、身体に広がる魂の諸能力がタコの触手に譬えられている。
（6）横隔膜とする解釈もあるが、以下の記述を見るとむしろ心膜のことか。
（7）『初期ストア派断片集』Ⅰ一五〇、Ⅱ八八五、八九四（SVF）参照。
（8）一〇四、二六七第一段落末尾参照。
（9）「それ（Id）」が何を指すのか明確ではないが、内容としては心臓の内奥に位置する気息のことであろう。

二二一　したがって、彼ら［ストア派］[1]は、魂は気息であると言うことで、魂が物体であることをはっきりと認めている。そうであるとしたら、物体が物体に結合されていることになる。ところで、結合は、接合か、混和か、化合かによって生じる[2]。もし身体と魂が接合されたものだとしたら、これら二つのものの接合からなる合成物とは、全体が生きているからには、何であるか。というのは、彼らに従えば、生命は気息の中にのみあるのだが、気息は接合されても身体の内奥にまで浸透することはないからである。接合されても何ものも入り込むことはないからである。しかも彼らは、生き物は全体として生きていると言う。したがって、魂と身体は接合によって結合されているのではない[3]。他方、もし混和されているなら、魂は何か一つのものではなく、混和された多くのものであろう[4]。ストア派は、気息すなわち魂は、ある一つのものであると公言している。それゆえ、それらは混和されているのではない。残るのは、化合によって存続することである。するると、二つの物体が互いに自分たち自身の中に行き渡って、物体がそこに置かれていた一つの場所が、二つの物体に収容場所を提供することになる[5]。水が入っている容器は、ブドウ酒と水を同時に受け入れることはできないにもかかわらず。したがって、身体と魂は接合によっても、混和によっても、化合によっても結合されていない。このことから、魂は物体ではないことが結論される[6]。したがって、魂は物体を伴わない力であり能力である。そして、魂において主導的であるものは、自らの本性に相応しい座をもたねばならない。

二二三　しかしまた、アリストテレスは魂を次のように定義している。「魂とは、可能的に生命をもつ器官を有する自然的物体の第一の完成態である[7]」。ここで彼は、形象の中にある形相としての実在を完成態と呼んでいる[8]。というのも、実在は三つの意味で理解されるからである[9]。一つは、生き物や技術によって作られ

（1）本節は最後の一文を除いて、『初期ストア派断片集』Ⅱ七九六（*SVF*）に収録されている。

（2）結合（あるいは混合）の三つの区別については、『初期ストア派断片集』Ⅱ四七一―四七三（*SVF*）参照。接合（applicatio = *παράθεσις*）とは、たとえば大麦と小麦が混ざっているように、異なった物体がたんに隣り合っているだけの場合。混和（permixtio = *κρᾶσις*）とは、ぶどう酒と水が混ざり合うように、複数の物体が相互に全体に浸透するが、それぞれのもとの性質は保持される場合。混和された物体は再び分離することも可能だという。化合（concretio = *σύγχυσις*）とは、ある種の薬剤に見られるように、それぞれの元の物体の性質は失われ、別の性質を持つ物体が生じる場合。ストア派は身体と魂の結合を「混和」と考えた。ただし、カルキディウスの「混和」と「化合」の理解はこれとは異なるようである。

（3）『初期ストア派断片集』Ⅱ七九七（*SVF*）（＝アプロディシアスのアレクサンドロス『魂について』一一五）参照。

（4）カルキディウスは物体の相互浸透を認めないので（二二七第二段落参照）、「混和」とは物体がばらばらになって混ざり合うことと考えているのだろう。

（5）「化合」とは、ある物体に別の物体が混ざり合っても、互いに浸透して体積が変わらないことと考えているのだろう。このことはそもそも、同じ場所を同時に二つの物体が占めることはできない（したがって相互浸透を認めない）ので、ありえないとされる。

（6）本節の以上の議論とよく似た記述が、リュディアのプリスキアヌス『コスロエスへの回答』四四にも見られる。二二七第二段落でも同様の議論が繰り返される。

（7）アリストテレス『魂について』第二巻第一章四一二a二七―二八。ただし「器官を有する（organici = *ὀργανικοῦ*）」はこの直後に補われる。この点では、偽プルタルコス『哲学者たちの自然学説誌』第四巻第二章八九八Cの定義に文字どおり一致する。「完成態」と訳した perfectio は、以下にも述べられるように、*ἐντελέχεια* の訳語。本節では以下この定義の意味が解説される。

（8）アリストテレス『魂について』第二巻第一章四一二a九―一〇「質料は可能性であり、形相はエンテレケイアである」参照。この見解は二二五で批判される。

（9）アリストテレス『魂について』第二巻第一章四一二a七―九では、質料と形相と両者から成るものという、実体の三つの意味が語られている。ネメシオス『人間の本性について』二（二六・一二―一五（Morani））にも同様の記述が見られる。カルキディウスの以下の記述はこれらとは直接対応せず、わかりにくい。

たもののように、物体から成るもので、それが実在と呼ばれるのは、それ自体が存在するとともに、他の存在するものを存在させるからである。[1] もう一つは、それによって、形を欠いた素材すなわちいまだ質料であるものを、われわれが精神でもって考察するものである。[2] というのも、それは可能的には、それから作られることができるあらゆるものであるが、現実にはいまだ何かあるものではないのだから。たとえば、青銅の塊や、加工されていない木材がそうであるように。第三には、実現がそれ［質料］に生じることでそれを完成させ、[3] 形を刻印することによって整え、完成されたものは、技術が印づけた形から、その名前を受け取る。たとえば、彫像が、そのモデルとなったものの形との類似から、似像と呼ばれるように。同様に、彼が言うには、人間は確かに生き物であるが、質料と素材としての実在でもあり、身体と魂から成り立っているのだから、素材と形から合成されたものでもある。それゆえ、身体は人間の素材であり、他方、魂は形相もしくは形である。その形相、すなわち魂に従って、人間は生き物［魂あるもの］と呼ばれる。それゆえ、個々のものがそれによって形づけられるこの形相を、アリストテレスは一般にエンテレケイア、すなわち完全な完成態と呼んでいる。なぜなら、これが現われることによって、以前には可能性においてのみ存在した質料が実現へと至るからである。

同様に、生きているものにも二つの意味がある。わたしが思うには、魂と身体である。それは、学ばれるものが二つのもの、すなわち学識と魂によって結び合わされるのと同様である。しかし、学識によっての方がより先である。魂はまさに学識によって教えられるからである。同様に、われわれが健康であるのは、健康と身体によってである。しかし、健康によっての方がより先である。身体は健康によって健全になるからである。そのように、われわれが生きているのも、身体よりむしろ魂によってである。身体の生命は魂の中に置かれているからである。それゆえ、魂は身体のエンテレケイアである[4]。そして、物体も、あるものは球や立方体のように数学的なものとして語られ、あるものは船や彫像のように人工的なものとして語られるが、大部分は、運動の始原を自分自身の中にもつ自然的なもの、すなわち生命を用いるものであるのだから、自然的な魂が物体のエンテレケイアであることは必然である。

他の分類もまた可能である。すなわち、物体のうちあるものは、元素のように単純であり、あるものは、単純なものから組み合わされたもののように、合成されたものである。合成されたもののうち、あるものは器官を有するものと呼ばれるが、あるものは、金や青銅や宝石やその他のように、動けない本性のために少しも器官を有するものでなく、名前をもたない。しかし、動物や植物や、一般にどんなものであれ生命を用いるものの［身体］は器官を有するものである[5]。というのも、それらは調律されており、それによって何か

(1) アリストテレス『魂について』第二巻第一章四一二a一一―一二に基づく。「物体から成るもの」は質料と形相の合成体であろう。

(2) 質料としての実体のことを言っているが、質料はそれ自体を直接認識することはできないので、このような言い方がなされる。二七四第二段落、二九九第二段落、三〇三第二段落参照。

(3) 「形相がそれに生じることでそれを完成させ、実現へと至らせる」と言うべきか。「実現」と訳した effectus は *ἐνέργεια* の訳語。

(4) この段落のここまでの記述は、アリストテレス『魂について』第二巻第二章四一四a四―一九に基づく。

(5) アリストテレス『魂について』第二巻第一章四一二a二八―四一二b四参照。

を為したり被ったりする身体各部の利便性をもっているからである。すなわち、食物を摂取するためや、等しい同じ本性の子孫を生み出すために、あるいは、歩行するすべてのもののように、感覚するためや、場所から場所へと移る運動のため、あるいは、より能力のある動物のように、熱望と欲求に従って衝動を作り出すのに役立つようにと。[1]

これらのことから、アリストテレスは「魂とは器官を有する自然的物体のエンテレケイアである」[2]と結論している。さらに、そのようなものは物体を受け入れるものでなければならず、実際そうであると彼は言う。すなわち、あるものは、卵や種子のように、可能的にのみ生き物であり[3]、あるものは、温められることで卵や種子から生まれる生き物のように、実現と働きが伴っている。このことから、魂はどんな物体のエンテレケイアでもあるのではなく、魂を受け取ることができ、その保護によって生きることができ、行動することによって生命の運動を実行でき、生命の受動をも経験できる、そういう物体のエンテレケイアであることが明らかになる。それゆえ、定義には「可能的に生命をもつ」が付け加わる。

二三　さて、魂の定義は、ペリパトス派の著者たちによれば以上のとおりである。しかし、この定義から帰結することが明らかにするのは、第一に、魂は物体的な何かや感覚されうる何かではなく、むしろ知性の対象であり、物体を伴わないということである[4]。しかし、魂は物体によって受け入れられる。というのは、魂はまさに物体に完成を与え、物体のエンテレケイアであり、それ自身は不動なものでありながら、技術や学問がそうであるように、生きている間は動いている生き物の中にあるのだから、ある種の付帯的な意味においては動くものだからである。というのも、魂が自然的な運動を生み出す間だけ、生き物は何かを為したり被ったりしながら動くからである(5)。

魂は知性の対象であり物体を伴わないのだから、したがって量もまた伴わないことが見出される。実際、魂にはいかなる長さも幅も深さもないからである。すなわち、魂は線や面としてあるのではなく、いかなる形ももたず、部分から成り立つもののように、分割可能でもないからである。とはいえ、他のある種の仕方では分割される。すなわち、同じ分類によって、魂の力や能力と同様に、魂の部分も考察されるように(6)。他方、魂にはいかなる種別もない。何らかの類には種別が語られるのが常であるのだが。たとえば、弁論に関する学問は知性の対象であり物体を伴わないが、それには、学識を誇示するための弁論と、さらにまた市民集会用の弁論、あるいは法廷弁論の種別があると言われる(7)。

---

(1)アリストテレス『魂について』第二巻第二章四一三a二〇―二五、および本書次節最終段落参照。

(2)アリストテレス『魂について』第二巻第一章四一二b五―六。

(3)三一〇参照。

(4)アリストテレス『魂について』第二巻第二章四一四a一九―二二、『青年と老年について、生と死について』第一章四六七b一三―一七参照。

(5)アリストテレス『魂について』第一巻第三章四〇五b三一―四〇六a二、偽プルタルコス『哲学者たちの自然学説誌』第四巻第六章八九九B参照。この見解は二二五第二段落で批判される。

(6)アリストテレス『魂について』第一巻第五章四一一b五―一〇、『青年と老年について、生と死について』第一章四六七b一六―一九、テルトゥリアヌス『魂について』一四・三参照。

(7)弁論の三種類については、アリストテレス『弁論術』第一巻第三章一三五八b六―七参照。

それゆえ以上のように、魂もまた物体を伴わず、大きさを伴わないものであるのだから、魂は分割不可能な本性のものではあるが、われわれが魂を次のように分類するとき、魂の部分を語ることと、魂の能力を語ることには何の違いもない。すなわち、あるいは自然的種類に。それによってすべての生き物が養われ成長し子孫を産む。あるいは感覚的種類に。それによって、魂をもつものと生命のみを享受するもの、すなわち動物と植物は互いに異なっている。[1]または、場所から場所へと移動する種類に。すべての這うものや欲求をもつものがそうであるように。欲求は、その中に欲望と怒りがあるより完全な動物に見出される。または、他のものより完全な、理性を用いるものがもつ種類に。[2]これは人間の本性にのみ見出される。

二二四「したがって、魂は全体として生きている生き物のあらゆる部分にある」[3]と彼［アリストテレス］は言う。確かに、魂の自然的種類は身体全体にわたって自らを分配しているが、[4]感覚の場合は、触覚は身体全体にわたってあるが、しかし視覚や聴覚やその他の感覚は、それぞれの感覚器官である別々の部分にある。他方、魂の主導的な部分もしくは能力——各々の感覚が知らせることがそこへと運ばれ、知覚されたことについて判断を下し、さまざまな仕方で感覚に現われるものがどのようなものに属するのかを吟味するもの——を、アリストテレスは心臓の内奥に位置すると主張している。[5]そこに魂のその他の種類、すなわち、表象、記憶、欲求、外への運動も位置づけられる。[6]

確かに、魂のあらゆる力の始まりといわばある種の根は、心臓の座から発する。消化された食べ物の汁は心臓の血管を通ってその他の身体へ行きわたり、場所的である身体の運動は心臓から始まりを受け取るからである。すなわち、血管と腱の始まり、いわば結節はまさに心臓であり、[7]知性はそれに接して活性化され、理性によって点火され[8]、その同じ場所に集結すると信じられている[9]。確かに、知性は可能的にはそこに住んでいるが、現実には心臓の囲い[10]と近隣の外側を行き来している[11]。

これらやその他このような多くの種類の論証が、先に言及した人［アリストテレス］によって、魂の主導的な力が心臓にあることを証明するために主張されている。主導的な力は生きているものにとって特別なものなので、生命をもった他の身体の部分は暴力や衝撃を受けても生き物が死ぬことはないのに、心臓の座はど

(1)二二五第二段落でも「魂は動物の中にしかない」と言われている。二七九頁註(7)参照。
(2)アリストテレス『魂について』第二巻第三章四一四b一六―一九参照。「より完全なものに」という言い方は、テルトゥリアヌス『魂について』七四・六にも見られる。
(3)アリストテレス『動物の発生について』第一巻第十九章七二六b二二―二四、第二巻第一章七三四b二五参照。
(4)アプロディシアスのアレクサンドロス『魂について』九七参照。「魂の自然的種類」とは、栄養と成長と生殖を司る魂の能力。前節第三段落参照。
(5)アリストテレス『動物の諸部分について』第三巻第四章六六五a一一―一二、アプロディシアスのアレクサンドロス『魂について』九四、九六、九八参照。
(6)アプロディシアスのアレクサンドロス『魂について』九七参照。
(7)『ティマイオス』七〇A七―B二、アリストテレス『動物の諸部分について』第三巻第四章六六六b一三―一六、『睡眠と覚醒について』第二章四五六a五、『動物の発生について』第二巻第六章七四三b二五―二六参照。
(8)アリストテレス『魂について』第三巻第五章四三〇a一五参照。
(9)アプロディシアスのアレクサンドロス『魂について』九〇参照。
(10)二二〇第四段落の「境壁」のことか。
(11)いわゆる「能動知性」に関する後代のペリパトス派の説を念頭に置いているのかもしれない。

んな小さな衝撃にも動物が死ぬことなしに持ち堪えることはできないほどである。ところで、もし誰かが名前の先入観に導かれて、心臓疾患がしばしば治癒したと言うとすれば、それは名前を誤解している。もちろん、その疾患は心臓のではなく胃の疾患であることは周知のことだからである。[1]

二二五　これらに対しては、以下のような反論がなされる。[2]確かに、他のほとんどすべてのことは、正しく事物の本性が告げるとおりに、プラトンの学説に一致して述べられたが、しかし魂の実体に関しては誤っていると思われる。すなわち、魂は、アリストテレスがエンテレケイアと呼ぶ、形相としての実在[3]ではないであろう。というのは、これは身体に生じる形相であって、この人はそれを形相としての実在と名づけているが、むしろ、プラトンが考えるように、それは物体から離れて純粋で、知性の対象で、範型の地位を占める形相の像であるのだから。[4]それゆえ、それによって物体が形成されるこの形相に従って、事物に名前が付けられたことは[5]真実ではあるが、しかし、魂がこの形成されうる形相であるということに関しては、誰も彼の説を承認できない。実際、この形成されうるものというのは、物体が生まれることによって生じ、物体が解体することによって滅びる。しかし、魂はあらゆる物体よりも古く、かつて身体と結びつく以前にも固有の実体をもち、死んだ生き物から分離されても存続するのに何ら支障がない。その結果、魂が永遠の運動の中にあることは明白である。魂はそれ自身の本性からの内的で本来的な運動をもっているからである。[6]したがって、魂と形相としての実在はそれぞれ別のものである。

また同様に、このエンテレケイアは魂をもたないものにも見出される。というのも、もしどんな種子や胎児の完成態も完全であるとしたら、どうして植物や樹木よりもむしろ動物が然るべき時に完成態を受け取るのか。だが実際、魂は動物の中にしかない(7)。さらに、胎児の中にある完成態は、いまや成人によって利用され、成人とともに成長する。だが実際、魂には始まりがなく永遠である。魂は、アリストテレスがエンテレ

（1）アプロディシアスのアレクサンドロス『魂について』九八参照。「心臓疾患」と訳した cardiaca passio（＝ καρδιακὴ νόσος）は字義どおりには「心臓の病気」だが、しばしば胃病の意味で用いられた。

（2）二二二―二二四で述べられたアリストテレスの説が批判される。アリストテレスの魂の説への反論は、プロティノス『エンネアデス』第四巻第七篇八、ネメシオス『人間の本性について』二（二六・一〇―二九・一八（Morani））、リュディアのプリスキアヌス『コスロエスへの回答』四四―四六にも見られるが、カルキディウスの議論とは異なる。カルキディウスと類似した議論がポルピュリオス「断片」二七四―二七六（Smith）（＝エウセビオス『福音の準備』第十五巻一一）に見られる。

（3）二二二第一段落参照。

（4）ここでは、物体から独立して存在する形相と、物体に内在する形相（形相の像）とが区別されている。三三七および四一五頁註（10）参照。

（5）二二二第一段落参照。

（6）二二七第三段落参照。

（7）animal を基本的には「生き物」と訳したが、植物や人間との対比で語られている箇所では「動物」と訳した。アリストテレス『魂について』第二巻第二章四一三a二〇―b九によれば、植物も生きており「魂をもつもの（ἔμψυχον）」であるが、「動物（ζῷον）」ではない。偽プルタルコス『哲学者たちの自然学説誌』第五巻第二十六章九一〇Bにも同じ報告があるが、そこでは、プラトンとエンペドクレスによれば、植物は「魂をもつもの」であり「動物」でもあるが、エピクロス派によれば、植物は「魂をもつもの」ではない、ストア派と言われている。二九―三一では、植物には魂があることが論じられている。ただし一八二では、植物が「生命を欠いたもの」と言われているように受け取れる。

ケイアはそうであると認めているように、運動を伴わないことがなく、永久の運動の中にある[1]。それには運動の力が自然に備わっているからである。

それゆえ、魂は始めに、理性的なものと欲求がそれから起こるものとの二種類に分けられる。次には、［前者は］思わくと知性に、そして最後に、［後者は］怒りと欲望に分けられる。この分類に基づいて、各々の魂の種類には相応しい身体の部分が、いわば道具として割り当てられている。

二二六　しかし、われわれはプラトンの見解を越えて先走りしたり、それから何かを省略したりしていると思われないように、彼の見解自体を述べよう。それはある種の暗がりの中にあるすべてのことを照らすであろう。要するに、プラトンによれば、魂とは物体を欠いた、自分で自分を動かす、理性的な実体である[2]。魂が何ものかであることは誰も疑わない。というのも、魂は感覚によって引き起こされたある種の先行する衝動によって、物体を動かすからである。しかし、存在するすべてのものは十の類に分けられるのだから[3]、各々の類の特徴を受け入れるものは、同じ類に結びつけられるだろう。さらに、すべてのカテゴリーのうちで実在に固有であるのは、反対の受動状態を代わる代わる受け入れることと[4]、最も古くて他の類よりも先に知られることとであるのは[5]、すべての人にとって確かなことである。したがって、たとえば人間の身体は、疑いの余地なく実在である。その理由は、病気と健康、醜さと美しさといった反対の受動状態を代わる代わる受け入れるからである。そのように、魂は明らかに実在であることが論証される。魂も反対の受動状態を代わる代わる受け入れるからである。たとえば、正義と不正である。さらに、前者は身体の健康に一致し、後者はまさに身体の病気に相当する。そのように、美しさには節度が、醜さには欲望が、強さには勇気が、弱さには臆病と無気力が、一般に身体のよい状態は、徳である魂のよい状態に対応し、他方、身体の悪い状態は悪徳に対応する。(6)

さらに、魂は先にも確証されたように、調律され、自らの運動の中に置かれ、数と類縁性をもっている。(7)

---

(1)同様の批判が、ポルピュリオス「断片」二七四(Smith)、アッティコス「断片」七(des Places)、アプロディシアスのアレクサンドロス『魂について』一七、七八にも見られる。

(2)これとまったく同じ魂の定義は他に見出せないが、偽プルタルコス『哲学者たちの自然学説誌』第四巻第二章八九八Cには「プラトンは、魂とは知性対象である実体で、それ自身によって動くものであり、調和のとれた数に従って動く、と考えた」とある。「自ら動く実体」という規定は、ポルピュリオス「断片」二七六(Smith)、マクロビウス『「スキピオの夢」註解』第一巻第十四章一九にもある。「自分で自分を動かすもの」としての魂の観念はプラトン『パイドロス』二四五C五―四六A二(五六に引用されている)に遡る。

(3)アリストテレス『トポス論』第一巻第九章一〇三b二〇―二三、『カテゴリー論』第四章一b二五―二七参照。カテゴリーについては三一九、三三六でも語られている。プルタルコス『「ティマイオス」における魂の生成について』一〇二三E、アルキノオス『プラトン哲学講義』第六章(一五九・四三―四四(Hermann))では、プラトンが十のカテゴリーを示したと言われている。

(4)アリストテレス『カテゴリー論』第五章四a一〇―二二、アプロディシアスのアレクサンドロス『魂について』一二一、ネメシオス『人間の本性について』二(二三・一八―一九(Morani))、リュディアのプリスキアヌス『コスロエスへの回答』四三―四四、聖証者マクシモス『魂について』三五六b―c参照。

(5)アリストテレス『形而上学』Θ巻第一章一〇四五b二六、Z巻第一章一〇二八a三二―三三参照。

(6)『ソピステス』二二七C一〇―二二八E五、アプレイウス『プラトンとその教説』第一巻一八(一〇九・一三―一一〇・一四(Moreschini))参照。

(7)四〇―四五参照。

これらすべてが実在に属すわけではなく、存在し実在性をもっているものに応じて保持される。したがって、代わる代わる反対のものを引き受けることが実体に固有なことであるとすれば、同様にそのことは魂にも共通であって、疑いなく魂は実在以外の何ものでもないことになる。確かに、服従し追従するもの、すなわち物体が実在であるのを承認するのに、他方、君臨し支配するもの〔魂〕が実体とみなされることを否定するのはばかげたことである。プラトンが、その地位とともに徳の卓越性という点でも、魂は尊ぶべきものであり、明らかに身体の支配者であると述べているときに。(1)

二二七　かくして、魂は確かに実在であり、物体より古いこと、(2)そしてエンテレケイアのように、受胎された種子とともに成長し、それとともに成熟し、完成へと至るのではないことが、(3)論証された。しかし、実在には、物体的なものと物体を欠いたものとの二つの意味があるのだから、続いてわれわれは、魂は物体を欠いた実在であることを説明しよう。

第一に、魂はあらゆる物体に浸透し、それに生命を与えるからである。実際、これは物体を伴わない本性のものに固有のことである。たとえば、蜂蜜のような物体に滲みわたる甘さや、空気のような物体に浸透する光がそうである。すなわち、もしこれらが物体であるとすれば、他の物体に接合されているか、混和されているか、化合されていることが見出されるだろう。(4)しかし、これら〔甘さや光〕は接合されたものではないし、魂も物体に接合されたものではない。生命が物体に生じるのは、魂の接合によってでなく、魂があらゆる部分に自らを行きわたらせるからである。混和によってでもない。なぜなら、〔そうだとすれば〕魂は何か一つのものではなく、混合された多数のものであることになるだろうから。(5)化合によってでもない。実際、いかなる物体も他の物体にくまなく浸透することはできないからである。[6] それゆえ、ある人たちが考えるように、魂は物体や物体的な何かではない。したがって、魂は物体を伴わないものである。

第二に、あらゆる物体は、内的な運動か、外的な運動によって動かされる。魂を伴わないものは外的な運動によって、魂を伴うものは内的な運動によってである。[7] したがって、もし魂が物体であるとすれば、それは他のものから取った魂を用いるか、魂を伴わないかのどちらかであろう。しかし、これらはどちらも理屈に合わない。それゆえ、魂は物体を伴わない。以上のことからも、魂は内的な生得の運動によって、それ自身が自らによって動くことが論証された。[8] それゆえ、魂は不死でいかなる誕生もないこと、単純でいかなる結合から成るものでもないこともまた帰結する。

---

(1) ここでは essentia を「実在」、substantia を「実体」と訳したが、ともに同じ *οὐσία* の訳語で、カルキディウスはほぼ同義で用いている。二七および四一頁註（2）参照。
(2) 二六参照。
(3) 二二五第二段落参照。
(4) 二二一参照。
(5) 二七一頁註（4）参照。
(6) 二二一および二七一頁註（5）参照。
(7) 『パイドロス』二四五E四―六（五六に引用されている）参照。『パイドロス』のこの箇所に基づく同様の議論としては、キケロ『トゥスクルム荘対談集』第一巻五三、『国家について』第六巻二八、アプロディシアスのアレクサンドロス『魂について』一一四、ネメシオス『人間の本性について』二（二八・一二―二九・二（Morani））、ヘルメイアス『パイドロス』註解』一〇五、一〇九、一一八、聖証者マクシモス『魂について』三五七a、テルトゥリアヌス『魂について』六・一参照。
(8) 二二五第一段落参照。

二二八　この点で、真理の探求にまったく関心がない人たちは、不当に非難するのが常である。[1] すなわち、彼らが言うには、プラトンは『パイドロス』の中では、[2] 魂はいかなる合成も伴わないもので、それゆえ解体されることがないと主張しているのに、『ティマイオス』の中では、[3] 魂が合成されたものであることを認めている。実際、彼は、製作者である神が魂を融合し、いわば混ぜ合わせたとき、魂を分割不可能な実体と分割可能な実体から成り立つもの、また「異」と「同」の本性から成り立つものとしているのだからと。しかし、不幸で惨めなことに、彼らは次のことを知らないのだ。合成されたものとは、たとえば船や家のように、[4] 時間における何らかの始まりから作られたものである。しかし、合成されたものではないが、合成によって説明できるものがある。たとえば、四度と呼ばれる音楽の協和[5] や幾何学の定理がそうである。それゆえ、同様に、生じたものというのも、たとえば彫像のように、時間における何らかの始まりから生まれたり、作られたりしたものである。しかし、たとえば球のように、思考のうえでの生成によって説明できるもの[6] は、それとははるかに異なった別のものである。それゆえ、プラトンが、魂は生まれたものであり、製作者である神によって作られ合成されたものだと語っているとしても、ある一定の時点から実体の始まりを手に入れたとか、以前は存在しなくて、後になって存在し始めたとかいうことを言っているのではない。そうではなくて、生起と合成によって説明できるという意味で言っているのである。[7] 実際、魂は誕生も合成も伴わないと言っているときには、彼は明らかに魂にいかなる始まりも、いかなる合成の始原も与えてはいない。

二二九　したがって、魂は、ある意味では生み出されたものであり、また別の意味では生成を伴わないものであると、プラトンは述べており、魂には非常に異なった意味がある。というのも、魂には、理性を働かせるためのある力があり、同じく、怒りの活力と呼ばれる別の力も、欲望する別の力もあるからである。(8) これら［怒りと欲望］は欲求の種類であり、しかし本性的に理性に服従するものである。したがって、理性を働かせる力が魂の最善の力であり、その他の力は二番目と三番目の勢力をもつ。プラトンは魂について以上のような意見を述べている。それらをわれわれは簡潔に論じた。

二三〇　また彼［プラトン］は、魂はすべての四肢と全身に行きわたり、各々の身体部分いわば器官を通し

---

(1)アリストテレス『魂について』第一巻第二章四〇四b一六―一七参照。

(2)『パイドロス』二四五C五―二四六A二および本書五六参照。

(3)『ティマイオス』三七A二―四参照。

(4)ピロポノス『宇宙の永遠性について』第五巻八（一四九・一（Rabe））（ポルピュリオスの報告）、第六巻第十章（一五四・六―一九（Rabe））でも「生成したもの」の例として家と船が挙げられている。

(5)協和音については四〇―五〇参照。

(6)「生成によって説明できる」と訳した rationem generationis habere と同じギリシア語表現 *λόγον γενέσεως ἔχειν* が、プロクロス『「ティマイオス」註解』第一巻二一九・六―八（Diehl）のアルビノスの報告、ピロポノス『宇宙の永遠性について』第五巻八（一四八・九（Rabe））のポルピュリオスの報告にも見られる。

(7)プラトンによれば魂は永遠であるのに、どうして『ティマイオス』では魂が生み出されたものとして語られているのかという問題は、本書二六でも論じられている。

(8)プラトンの魂三部分説については、『国家』第四巻四三四E三―四四一C三、『ティマイオス』四四D三―六、六九D六―七〇A七、およびアルキノオス『プラトン哲学講義』第十七章、第二十三―二十四章（一七三・一一―一五、一七六・六―三六（Hermann））、アプレイウス『プラトンとその教説』第一巻一三、一八（一〇三・六―一〇四・八、一〇九・五―一三（Moreschini））、マクロビウス『「スキピオの夢」註解』第一巻第六章四二参照。

て自らの力を誇示している、と考えている。それゆえ、知覚することにおいて感覚に現われるすべてのことは魂へもたらされるが、感覚がもたらすものはさまざまに異なっている(1)、と考えている。したがって、魂には主導的な二つの力がある(2)。一つは熟考する力(3)で、他方は何かを激しく欲するようにと突き動かす力である(4)。熟考する力は理性的な生き物に固有な力だが、他方の力は生き物それ自体に固有なものである。その結果、身体各部はこれらの力に適合した相応しいものとして設計されている。

〔二三〕 理性的な力はある種の王の卓越性によって秀でた力なのだから、それには、いわば身体の城砦(5)にして王宮(6)が、すなわち、その中に魂の主導的部分が住む、頭という住居がある。それは宇宙に似せて丸く球形に作り上げられており(7)、清浄で、食物や栄養物から生じる汚物から分離されている(8)。その住居には確かに、いわば旗手(9)である理性の随伴者である感覚も住んでいるが、それはすなわち、最も近くから感覚の仲介によって知覚されることに関して判定を下すためであり、さらには熟考によって呼び出された知性が、表象の想起によって真実の光景(10)の記憶へと引き戻されて、熟考によって容易にかつて見たすべてのことを思い出すためである。というのも、感覚が熟考に対してもつ比と同じ比を熟考は知性に対してもっていることを、誰が知らないだろうか。というのは、まさにプラトンが『国家』の中で述べたように、推測から思わくが生じ、思わくから知性が生じるからである(11)。

頻繁に起こることから自然の秘密を理解することは容易である。実際、精神とその熟考を妨害するあらゆる身体の疾患は、頭においてのみ生じるからである。すなわち、譫妄、忘却、癲癇の発作、狂乱、黒胆汁の炎症は、頭という城砦にその始原をもつ(12)が、それによって精神とその熟考が傷つけられ、それゆえより鈍くなるのではなく、病気によって妨害された器官が本性に従って自分の仕事を果たすことや、魂の命令に従うことができなくなるのである。脳の座は、わたしが思うには、いかなる疾患にも耐えることができない。というのも、脳が疾患を感じることで人の死が起こるからである。(13) それゆえ、理性も見られるものに、見られ

(1) キケロ『トゥスクルム荘対談集』第一巻四六参照。
(2) 魂の主導的な力とは通常、理性を指すが（たとえば二一三参照）、ここでは理性的能力と非理性的能力の二つを指す。『国家』第四巻四三九Ｄ四―八参照。二三二でも非理性的能力が「主導的なもの」と呼ばれている。
(3) 魂の理性的能力のこと。一九九第一段落、二三一参照。
(4) 魂の非理性的能力である怒り（iracundia = *θυμοειδές*）と欲望（cupiditas = *ἐπιθυμητικόν*）のこと。
(5)『ティマイオス』七〇Ａ六、『国家』第八巻五六〇Ｂ七―八参照。理性の座である頭を「城砦（arx = *ἀκρόπολις*）」に譬えることは、キケロ『神々の本性について』第二巻一四〇、ラクタンティウス『神の業について』一六・四、ニュッサのグレゴリオス『人間の製作について』一二・一五六Ｃにも見られる。
(6) アプレイウス『プラトンとその教説』第一巻一三（一〇四・六（Moreschini））参照。
(7)『ティマイオス』四四Ｃ三―五および本書二三四参照。
(8)『ティマイオス』六九Ｄ六―Ｅ三参照。
(9) ニュッサのグレゴリオス『人間の製作について』一二・一五六Ｃ参照。
(10)『パイドロス』二四七Ｄ四「真実を観想し」参照。
(11)『国家』第七巻五三三Ｄ四―五三四Ａ五では、「実在（*οὐσία*）」対「生成（*γένεσις*）」＝「知性（*νόησις* = intellectus）」対「思わく（*δόξα* = opinio）」＝「知識（*ἐπιστήμη*）」対「確信（*πίστις*）」もしくは「思考（*διάνοια*）」対「影像知覚（*εἰκασία*）」という類比関係が述べられている。「感覚（sensus）」は「確信」と「影像知覚」に、「熟考（deliberatio）」は「知識」と「思考」に対応する。「推測（coniectura）」は「確信」と「影像知覚」に対応する。
(12)『ティマイオス』八五Ａ五―Ｂ二参照。
(13) プロティノス『エンネアデス』第三巻第六篇八参照。

るものも理性に、相互に証言を提供し合うとすれば[1]、どちらの仕方によっても、魂の主導的な力は脳の座に位置しているというプラトンの学説は、まったくの信頼に値する真実であることが証明される。

二三二　しかし、二番目の地位をもつと先にわれわれが述べた、あのもう一つの主導的なもの[2]は、理性的な生き物にではなく、生き物それ自体に［固有なもの］である。したがって、動物に共通なものは心臓である身体の中心にあるが、理性的な生き物に共通なものは脳にある[3]。それゆえ、他の動物は心臓にある一つの主導的なものを用いるが、しかし人間は、一つは心臓にあり、もう一つは頭にある、二つのものを用いる。確かに、人間の身体各部は宇宙の身体の秩序に従っている。それゆえ、もし宇宙と宇宙の魂が以下のような秩序をもっているとすれば、すなわち、最も高いところは天体に割り当てられ、天使やダイモーンと呼ばれる神的な能力をもつ者たちの支配下にあるが、大地は地上的なものの支配下にあり、そして天体は命令を下し、天使の能力はそれを実行し、他方、地上のものは支配されることで、第一のものは最も高い場所を占め、第二のものは中間を占めるが、支配下にあるものは最も低い場所を占めるとすれば[4]、それに応じて人間の本性においても、あるものは王に相応しく、あるものは中間に置かれ、第三のものは最も低い場所に置かれる[5]。つまり、命令を下すものは最も高く、行動するものは中間のもので、支配され援助されるものは第三のものである。したがって、魂は命令を下し、胸に置かれた魂の活力は実行し、他の陰部に至る下のものは支配され管理される。

二三三　そして、この同じ秩序をわれわれは『国家』の書の中にも見出す。その書の中で、人間が自分たちに対して用いる正義が探究され、魂の能力が自分の仕事を認識し他のものを欲しないときに正義は力を得ると論じられたとき、彼［プラトン］は一人の人間の気質から国と民衆の明瞭な見本へと議論を避難させて、国民に関する正義を論究する。(6) 実際、彼は、その都市の主導的な人たちを最も思慮深く最も賢い者として、都市のより高い場所に住むように命じ、これらの次の場所に、軍隊の武装した若者たちを住まわせ、彼らの下には職人や大衆を置いた。あの者たちは賢い者として指図を与え、軍人は行動し実行し、他方、大衆は適切で有益な援助を提供するようにと。(7) それと同じように魂も秩序づけられていることをわれわれは見る。すなわち、魂の理性的部分は最も賢いものとして、第一の部分、いわば身体全体の城塞(8)の場所を占め、他方、怒りに似た活力は、軍隊の若者たちのように、心臓という陣営にとどまり、欲望あるいは欲念である大衆と職人は、本性上より低い場所に遠ざけられ隠された。(9)

二三四　彼［プラトン］は言う。「それゆえ、これらすべてに次のような同意と、いわばある種の共鳴があるときには、すなわち、指図すべきものが正しく自らの職務を全うし、二番目の地位のものがこれに従い、最

(1) 二四六第一段落にも同様の表現がある。
(2) 魂の非理性的能力のこと。二三〇参照。
(3) 偽プルタルコス『哲学者たちの自然学説誌』第四巻第三章八九九Bでは、このような説がピュタゴラスに帰されている。
(4) 一三〇、一八八参照。
(5) 宇宙と人間の照応については二〇二参照。
(6)『国家』第四巻四三四D六―四三五A四参照。
(7)『国家』第二巻三七四D四―三七六C六、第四巻四二八C一一―D七、四二九A八―B四、四三四A三―C一〇参照。
(8) 二三一参照。
(9) 魂の三部分と国家の三階層の対応については、アルキノオス『プラトン哲学講義』第三十四章（一八八・一二―三〇（Hermann））も参照。

も劣った最後のものがより優れたものたちの言うとおりにするときには、人間の生活のみならず、国と国民の生活も称賛に値する格別に幸福なものとなるであろう」[1]。これらのことからプラトンは、人間の真の特性は、その姿が宇宙の形に似ている頭に存することを明らかにしている[2]。そして、頭は万有の身体に生命を与える魂［宇宙の魂］と姉妹である魂[3]によって支えられており、事物を認識するすべての道具、すなわち感覚は、頭に結びつけられ、精神は外で起こることを、近くにいる感覚の申告によって頭でもって理解する。確かに、これらの感覚は宇宙には必要でなかったが[4]——宇宙の周囲の外側には何も存在せず何も起こらないのだから[5]——、しかし、人間を完全に構成するためには感覚が是非とも必要である。なぜなら、知性と知恵を働かせることの始まり、いわばある種の種子は、知覚することにあるからである。

二三五　さらに、彼［プラトン］は、なぜ身体の他の部分は頭の下に置かれているのかを論証している。彼は言う。「動物は地上での仕事を司らねばならなかったが、しかし大地の表面は、下り坂になったり上り坂になったりの障害によって大部分が不均等であった。したがって、頭の自然的な運動、すなわち丸く転がることによっては、大地を行くことは不可能であったので、それゆえ神的な能力をもつ者たち[6]は、よく似た同じ本性の乗り物として、その他の身体と将来運動に必要になるであろう部分を、それによって理性の住居が他の部分から突出するようにと、頭の下に縫い付けた」[7]。そして、移動する運動からは、いわば前進の結合が生じ、後ろはそこから運動が始まったところだが、前はそこへと突進が生じるところであるのだから、「前進する任務の方が後退する任務よりもより相応しいと思われた」[8]と彼は言う。わたしが思うには、その理由は、宇宙の運動も先行するものへと動かされるし、動物の本性にとっても前進することの方が後ろへ動くことよりもより相応しいからである。要するに、身体全体の形成は自然の先見のある巧みさによってそのように秩序づけられたのだ。口と顔は前進する方へ向かって置かれ、[9] 感覚も前方へ目を向けることで進むための導き手となる。

(1) 前節で述べられた『国家』における議論のまとめ。とくに『国家』第四巻四三四C七—一〇参照。
(2) 二三一第一段落参照。
(3) 魂の理性的部分のこと。
(4) 『ティマイオス』三三B二—D四参照。
(5) 『ティマイオス』三二C六—八および本書二一四参照。
(6) 『ティマイオス』四四D七「神々（θεοί）」のこと。二二三頁註（10）参照。
(7) 『ティマイオス』四四D三—四五A二のかなり自由なパラフレーズ。
(8) 『ティマイオス』四五A三—四。
(9) 『ティマイオス』四五B一—二参照。

第十章　視覚について

二三六　それに続いて、彼［プラトン］は感覚と感覚器官についての議論を付け加え、すべての感覚の中で最も優れた最も光輝ある視覚[1]から始めて、われわれが見る原因を詳しく論じている[2]。しかし、このことについては、彼の後にも非常に多くの他の人たちが、本を書くことでさまざまな見解を表明しているのだから、提示された事柄の論考がより完全なものとみなされるように、傾聴に値する見解に触れておこう[3]。

無数の微小なものが集まることで充填された空虚[4]によってであれ、永久なものの連続した広がり[5]によってであれ、事物の始原が物体であるとみなした人はすべて、われわれは似像の突入によってものを見る[6]と述べている。すなわち、流動的な素材[7]は、自分との類似性によって形成された、物体の微細な流出物を発散しているという。それらは、目に見える事物の似像であり、われわれの視覚はそれらに突き当たると、吸収され受け取られたものを通路によって、われわれがそれによって知覚するところの気息[8]へと送り届けるという。似像の塊が比較的細かいときには、わたしが思うには、視覚は分離され引き伸ばされて、知覚されるものは白く見えるが、比較的大きいなら、視線を混乱させ黒く見える。同じ仕方でその他のものも、形と色の類縁性に応じて形成され色づけられる。これらの人たちによっては、同じ仕方で他にも多くのことが語られているが、その各々に深く立ち入るべきではないだろう。

二三七　他方、ヘラクレイトスは、魂の緊張あるいは集中である内奥の運動は、眼の通路を通って伸びていき、そうして見られるものに到達し触れると述べている(9)。

他方、ストア派は(10)、見ることの原因を生来の気息の緊張(11)に置き、その形姿は円錐形(12)に似ていると主張する。すなわち、この気息が瞳と呼ばれる眼の奥から進み出て、最初は細いけれど、伸びていくほどに立体的に太くなり、見られるものの側に至ると、視覚の照射によってすべての方向に伸び広がるという。そして、全自然は限度と尺度をもって動かされるのだから、円錐の広がりと大きさにも限度があり、視覚に非常に近い視

(1)『パイドロス』二五〇D一—四参照。
(2)『ティマイオス』四五B二—D三参照。
(3)夢に関する論考の冒頭、二五〇にも同様の文言がある。
(4)二一四第二段落参照。
(5)二一八冒頭参照。
(6)デモクリトスに由来する説。ディオゲネス・ラエルティオス『ギリシア哲学者列伝』第九巻四四末尾、キケロ『善と悪の究極について』第一巻二一参照。
(7)物体の流動性については三五頁註（3）参照。
(8)二一四第二段落参照。
(9)ヘラクレイトス「断片」A一六（DK）参照。
(10)ここから本節の終わりまでが『初期ストア派断片集』Ⅱ八六三（SVF）に収録されている。
(11)『初期ストア派断片集』Ⅱ八六四、八六六（SVF）では、見ることは「空気の緊張」によると言われている。「生来の気息」については、二二〇および二六七頁註（9）参照。
(12)『初期ストア派断片集』Ⅱ八六四、八六六、八六七（SVF）参照。視線が眼を頂点とする円錐形をなすことは、偽アリストテレス『問題集』第三巻第九問、第十五巻第六問でも述べられている。

覚対象も、あまりに遠く隔たった視覚対象も、はっきりとは見えないという。もちろん、円錐自体は緊張の限度と尺度に従って大きくなるという。そして、その底面が真っ直ぐになったり曲がったりして注視される姿に突き当たるのに応じて、見られるものが現われることになる。[1] 実際、遠くに見える貨物船は、注視する力が弱まり、気息が船のすべての部分に注ぐことがないので、とても小さく現われる。同様に、四角い塔が円柱のように丸く見えたり[2]、斜めから見た柱廊が眼の歪みのせいで、先へ行くほど狭く見えたりする。[3] そのように、星の火も小さく見えるし、地球より何倍も大きい太陽でさえも、直径二ペース以内の円に見える。[4]

さらに、彼ら［ストア派］の考えでは、精神が知覚するのは、気息が精神を突き動かして、見られる姿の結集から自分が受けたことを精神の内奥に伝えることによってである。気息が引き伸ばされ、いわば開通した場合には、見られるものが白いと告げるが、混ぜ合わされて比較的濁っている場合には、黒くて暗いと表示する。[5] これと同じようなことを、海の魚に触れて麻痺する人たちが経験している。[6] 例の毒が糸と竿を通って、そして手を通って這い進み、内奥の感覚にまで入り込むからである。

二三八　幾何学者たちは、ペリパトス派と一致して、視覚は光線を発することによって働くと考えている。[7] すなわち、光り輝く瞳の外衣を通して、光線は真っ直ぐに飛び出して澄んだ線を伸ばす。その線は眼の回転によって引き回されて、その運動によってあらゆる方向に注視の光を撒き散らす。実際、眼の球は丸く滑らかで、滑りやすい液体によって、あたかも泳ぐように、視覚の追跡する線をどちら側にも容易に回すからである。それゆえ、彼らは見られるものを幾何学の点に譬えて、そこへと向かって視覚の緊張が運ばれるとみなす。しかし、あまりに素早い転回ゆえに、見るものの明るい表面を通してすべてのものが見られると、彼らは考える。劇場や何かその他の多くの人々が集った場所で、人々の顔の一部をざっと見わたしただけで、われわれは人々全体を見ているように思うのと同様である。

二三九　同じ人たち〔幾何学者〕が言うには、われわれが見るのは、彼らがパシスと呼ぶ直視によってか、

(1)『初期ストア派断片集』Ⅱ八六七（SVF）参照。

(2)見間違えの例として頻繁に語られる。たとえばルクレティウス『事物の本性について』第四巻三五三―三五九、五〇〇―五〇一、プルタルコス『コロテス論駁』一一二一A、セクストス・エンペイリコス『学者たちへの論駁』第七巻二〇八―二〇九、テルトゥリアヌス『魂について』一七・六参照。

(3)ルクレティウス『事物の本性について』第四巻四二六―四三一、セネカ『恩恵について』第七巻一・五、『自然研究』第一巻三・九、テルトゥリアヌス『魂について』一七・六参照。

(4)これもよく知られたこと。たとえばヘラクレイトス「断片」B三（DK）、キケロ『善と悪の究極について』第一巻二〇、セネカ『自然研究』第一巻三・一〇、プロティノス『エンネアデス』第二巻第八篇一参照。

(5)前節第二段落参照。

(6)シビレエイのことか。プリニウス『博物誌』第三二巻七参照。

(7)眼から視覚対象へ向けてある種の光線が発せられているという考えは、古代の視覚理論においてかなり一般的な観念であった。ネメシオス『人間の本性について』七（五六・二〇―五八・八（Morani））では、幾何学者たちの説として、両眼から発せられる光線の交点を頂点として前方に広がる円錐が述べられている。それゆえ、われわれは多くの視覚対象を一挙に捉えるが、正確に見ているのはその交点のみだとされる。眼から発せられる視線は、アリストテレス『気象論』第一巻第六章三四三a一三、第二巻第九章三七〇a一九でも言及されているが、アリストテレスは『感覚と感覚対象について』第二章四三七b一〇以下で、この考え方に疑義を呈している。

エンパシスと呼ぶ映視によってか、パラパシスと名づける透視によってかである[1]。直視によってとは、単純に容易に見られるものや、穏やかに視覚を受け入れるので、視覚が曲げられ、あるいはむしろ反射されて[2]、再び眼へと帰って来るように、視覚を自ら跳ね返すことがけっしてないものの場合である。他方、映視によってとは、光線の折り返しが眼の視線へと走り戻ることによって見られるものの場合である。鏡や水や、その他、その表面が滑らかではあるが非常に稠密なので、ぶつかったものを跳ね返すのに適した力があるものの中に観察されるようなものがそうである[3]。

それゆえ、その中に見る力がある光線[4]も、鏡の上で反射して、二本の線が挟む角を作る。その一方は、眼から出発して鏡へと至る線であり、他方は鏡から顔へと戻ってくる線である。その角が鋭い場合には、光線は鏡の中にわれわれの顔の映像が見えるようにする。視線が顔へと戻って来て、そこから秘かに似像を鏡の奥へと追い立てるからである。このことから、われわれの顔は鏡の側に移ったように思われる。鏡から跳ね返る似像が鏡の反対側に立っていると見えるように、あたかも向かい合って立っている二人の人が、右側を左に、同じく左側を右にもっているかのように、われわれの映像はわれわれに対して右側と左側を交換して表示する[5]。同じ鋭い角でも、何らかの位置の転換か性質の変化によって、より鋭くより細長くなる場合には、より遠くへと逸れて行くことで、われわれの後ろにあるものすべてを鏡の中に見えるようにする。しかし、角が鋭くなく直角の場合には、直角の方向にわれわれの上方にあるものが見えるだろう。他方、角が鈍角でもっと広い場合には、われわれに対してもっと高くにあるものが現われるだろう。

二四〇　他方、いかなる角もできず、光線が反射しないときには、もちろんいかなる映像も鏡に現われない。

たとえば、丸い容器や球に似た容器の場合がそうである。だが実際、鏡の形が、四角い船形や半円筒形のように、その表面が湾曲して丸くなっていて、それから、この同じ鏡を、半円筒形が真っ直ぐに見え、さらにその両縁もしくは張り出した部分がことあそこで両脇の前に立つような方向にして見る場合、わたしが思うには、そのとき光線は交差して、鏡の滑らかな硬さゆえに反射されて、その最も近い側面へ滑り落ち、尖がった十の形になる。(6) かくして、両方の縁が張り出しているゆえに、右側の映像が左側に、左側もまた右側に投影されて、われわれの右側が鏡の中でも右側に、同じく左は左に見え、偽りの映像が偽りの映像の治療

(1)「直視」と訳した tuitio（＝ φάσις）は、すぐ次に述べられるように、反射や屈折なしに直接ものを見ること。「映視」と訳した intuitio（＝ ἔμφασις）は、鏡などに映してものを見ること。本節から二四一で説明される。ἔμφασις については、アリストテレス『夢占いについて』第二章四六四b一〇―一二も参照。「透視」と訳した detuitio（＝ παράφασις）は、水やガラスなど透明な物体を通してものを見ること。二四二および二九九頁註（5）参照。detuitio と παράφασις という語は他の文献には見られない。用語は異なるが、同様の三分類がダミアノス『オプティカ』一二にも見られる。偽プトレマイオス『鏡について』三一八（Rose）も参照。

(2) frangere を「反射する」と訳した。

(3) 偽プルタルコス『哲学者たちの自然学説誌』第四巻第十四章九〇一D参照。

(4) 二三八および二九五頁註（7）参照。

(5) 鏡では左右が反転して見える現象のこと。『ティマイオス』四六B三―六、エウクレイデス『カトプトリカ』定理一九参照。

(6) 十を表わすローマ数字Xが引き伸ばされた形。

法となるだろう[1]。

この同じ鏡は、突出した縁の一方が上に、他方が下になるように、半円筒形が真っ直ぐではなく横に見えるようにして、われわれの向かい側に置かれるなら、傾斜によって反射した光線の同様の発進ゆえに、ひっくり返った映像と逆さまの似像を見せる[2]。なぜなら、鏡の張り出した部分に向かって真っ直ぐな視覚は、上の突出部を見るときには、ひっくり返った似像が最も下に投影されるが、下の部分を見るときには、顔は上の縁に向かって飛んでいくからである。

二四一　さらに、歪んだ映視の原因は光の反射にあることを、次のような実験が示している[3]。すなわち、二つの鏡を、一つは顔の前に、もう一つは背後に、斜めにして、物体が障害物となって行き来する光線の視覚を妨げないように配置するなら、そのときには、われわれは背後にある鏡の中に自分の後頭部を見る。このことは次のことがなければ起こらないだろう。すなわち、視覚の光線が自らを向かい側の鏡に送り、その対置された鏡によって反射して角を作り、そこから再び走り戻って後ろの鏡に突進し、そこから再び生じた角によって後頭部の場所に到達するのでないとしたら。そしてこのようにして、実際の視覚によっては知覚できないものが、飛び交う視線の光によってもたらされるのである。同様にして、切断された中空の球のような形に作られた鏡があるときには、実際の顔よりも大きな顔が現われるのも、あらゆる方向に自らを注ぎだす光線の光によって、いわば沸き立つように映像が広げられるからである。

二四二　他方で、彼ら［幾何学者］によってパラパシスと呼ばれること[4]は、鏡の表面にではなく内部に、いわば奥底に、何らかの黒さが影を落とすことで似像が見出される場合である。たとえば、透明ではあるが曇ったガラスの板や、底が深いために暗い池におけるように。というのも、この場合は、視覚は緻密な表面の中にまでは入り込まず、内部のものを見るけれども、はっきりと見るにはいたらないからである。しかし、光線の反射は、透明な素材の滑らかな表面と暗い色の陰りのために、見ているわれわれ自身も鏡の中にいて、われわれの顔を鏡の表面に映して見ているのではなく、鏡の内部に見ていると思うほどになる。これが、われわれが鏡に近づくとき映像も近寄り、われわれが後退するとき映像も一緒に退くように思われることの原因である。(5)

---

(1) 左右に湾曲した鏡では、左右の視線が交差することで、平面鏡では反転する左右が、さらに反転して元どおりになるということ。『ティマイオス』四六B六—C三および二五九、ルクレティウス『事物の本性について』第四巻三一一—三一七参照。

(2) 上下に湾曲した鏡では上下が反転して見えるということ。『ティマイオス』四六C三—六参照。

(3) 以下に述べられるような実験は、他の文献には見られない。

(4) 二三九第一段落参照。

(5) カルキディウスの説明では、エンパシス（映視）とパラパシス（透視）の相違が判然としない。ダミアノス『オプティカ』一二で「水の下や透明なものを通して見られるものは、すべて透過によって（κατὰ διαφάνειαν）見られる」と言われているのが、パラパシスに相当すると思われる。また、偽プトレマイオス『鏡について』三一九（Rose）では、水やガラスを見るとき、われわれは表面に反射するものを見ると同時に、水の底やガラスの向こうにあるものを見ることもあり、その場合、どちらの映像も不完全なものになることが論じられている。パラパシスとはこのような見え方のことだと思われる。

二四三　彼ら〔幾何学者〕は、両眼から伸びる光線が同一のものであることを、ヒュポキュシス[1]と呼ばれる疾患や、二重にものを見て二重の瞳をもつと信じられている人たちの視覚から論証している。すなわち、濃い液体が、眼の周囲全体を占領し覆うのではなく、視覚の部分がこちらとあちらで妨げられないように、眼の中央に位置する仕方で眼の中に溜まったときには、光線が裂かれて、視覚が二手に分かれるので、この障害に悩まされる人たちは、自分たちは二重にものを見ていると思う。したがって、二重の瞳にも同じ障害があることを、医師たちの経験は明らかにしている。すなわち、二重の瞳をもつ人たち[2]は、本来の瞳でもって存在するものを正しく見るが、例の瞳でもって物のもう一つの似像をも見る。それゆえ、医師たちは、自然が望むものより余計であるものを取り除き、例の自然に反した瞳を、外科手術を施すことで除去する。これを行なえば、視覚本来の完全さが回復する。

　これらのことが、視覚に関して承認された古人の見解である。彼らはプラトンの説を都合よく借用して自分独自の学説だとしたように、わたしには思われる。というのも、彼が完全な理論を提示して、見ることの原因自体とともに、その原因の後に従ってそれを援助し、それらなしには視覚が存在できない他のことをも教えたとき、後代の者たち[3]は、その十全な見解から一部を取り出して、その一部を全体であるかのように思ったので、それゆえ彼らは、まるで真実を語るかのように、正しい印象を与えるのである。しかし、部分にはけっして完全性はないのだから、彼らはいくぶん誤っている[4]。プラトンの見解を説明したなら、そのことを事柄そのものが明らかにするであろう。

二四四　すなわち、プラトンはこう考える[5]。眼から純粋で澄んだ光が流れ出す。その光は、われわれの内奥にある火のいわば火花で、太陽の光との同族性をもっている。(6) 他方、太陽の光は眼へと運ばれると、目に見える姿を注視するための魂の道具となる。眼の滑らかな硬さときれいな丸さは、瞼の細い糸で編まれた皮膜で保護されているので、出会う光に容易に耐える。しかし、見る力がその中に置かれているところの中心は、繊細な物体と純真でほとんど非物体的な純粋さをもっているので、注視が入ってくることを受け入れる。(7) 見ることの第一の原因は内奥の光であるが、しかしそれはけっして完全ではなく、相応しい任務を遂行するのに十分ではない。なぜなら、同族の外部の光の援助が必要だからである。それはたいてい太陽の光だが、あるいは太陽の光を模倣する他のものの光でもよい。それゆえ、外部の光が、眼から流れる出る光と合体して、それを強化し、見ることにとって流れるに適したものとするので、それゆえ、見られる物体そのものか

(1) おそらく白内障のこと。ケルスス『医術について』第六巻第六章三五、ディオスコリデス『薬物誌』第一巻七三、第二巻一二、アイリアノス『動物の本性について』第七巻一四、イアンブリコス『秘儀について（アバモンの答え）』第三巻二五参照。

(2) 「二重の瞳を持つ人たち」と訳した bicori は *δίκοροι* の訳語と考えられるが、この箇所以外に用例がない。

(3) 二四六冒頭参照。

(4) 同様の批判が二五一末尾にも見られる。

(5) 以下で述べられるプラトンの説については、偽プルタルコス『哲学者たちの自然学説誌』第四巻第十三章九〇一B—C参照。

(6) 『ティマイオス』四五B六—八参照。視覚と太陽の関係については、二五七第二段落、『国家』第六巻五〇八A四—B一一も参照。

(7) 『ティマイオス』四五B八—C二参照。「注視」と訳した contemplatio とは、ここでは視覚を成立させる純粋な光のことであろう。このあたりのプラトンの記述については、エンペドクレス「断片」B八四（DK）も参照。

ら色を引き出す。

ところで、色は視覚に固有の感覚であることを、誰が知らないだろうか。「それゆえ、色とは物体の表面に降り注ぐある種の炎である」(1)(2)と彼は言う。それが眼の受容能力に等しいときには、見られるものは透明なもの(3)となり持続するが、より小さいときには、広くて開いた視覚が受け入れることになるので、明るく白いものになる。他方、物体から発散される色が、眼の周より大きいなら、視線が覆われ混乱させられて、見られるものは黒い色に見える(4)。

二四五　したがって、これら三つが集まることによって視覚は成立し、見ることには三重の理由がある(5)。すなわち、眼から出て行く内奥の熱の光。これが第一の原因である。われわれの光と血縁関係にある外部の光。これが同時に作用し援助する。目に見える姿の物体から流れ出る光、炎もしくは色。これはちょうど、それらなしには課された仕事を成し遂げることができないすべてのものと同じである。仕事をするために必要な道具がないようなものである。これらのどれかが欠けていれば、視覚が妨げられることは必然である。

二四六　これら［視覚に関するプラトンの説］はこれほど十分にこれほど入念に仕上げられているのに、後代の哲学者たちは、最良でない相続人たちが父の財産を無駄に浪費するように、完全で豊穣な見解を、切り刻まれたつまらぬ意見に貶めてしまった(6)。それゆえ、プラトンの学説を確実に探究するためには、医師や自然学者たち、非常に高名な人たちの昔の考察を呼び出さねばならない。彼らは健全な自然の巧みさを理解するために、人間の身体の諸部分を、各部を解剖することによって探査した。彼らはそのようにして、もし見ることが理性に一致し、理性も見ることに一致するなら(7)、ついには疑惑や思わくよりも確信をもてるようになるだろうと思ったからである。

したがって、明らかにされるべきは眼の本性である。このことについては、他の多くの人たちの中でも、自然学に熟達し、初めて敢えて解剖に着手したクロトンのアルクマイオンと[8]、アリストテレスの弟子カリステネスと[9]、ヘロピロスが[10]、多くの輝かしいことを明るみに出した。すなわち、魂の最高の主導的な能力が位置する脳の座[11]から眼窩にまで通じる、生来の気息を含んだ二本の狭い通路がある[12]。それらは、一つの始点、

---

(1) ガレノス『『ティマイオス』註解』断片二三（Larrain）参照。

(2)『ティマイオス』六七C五—七参照。

(3)「透明な」と訳した manifesta は、ここでは『ティマイオス』六七D六 *διαφανῆ* の訳語であろう。

(4)『ティマイオス』六七D五—E四参照。

(5)『ティマイオス』四五B二—C七参照。

(6) 二四三第二段落参照。

(7) 二三一末尾にも同様の表現がある。

(8) ピュタゴラスと同時代（前五世紀）の南イタリアのクロトン出身の哲学者。生理学的問題に関心をもっていた。この段落から本節の終わりまでが、アルクマイオン「断片」A一〇（DK）に収録されている。同所収録の他の資料も参照。

(9) アリストテレスの甥の歴史家（前三二七年没）。アレクサンドロス大王の東方遠征に従軍、最期は大王と対立して処刑された。彼が眼の解剖学に貢献したという報告は他にない。

(10) カルケドン出身の医学者（前三三〇—二六〇年頃）。プラコサゴラスの弟子で、アレクサンドリアで活動、初めて体系的な人体解剖（おそらく生体実験も）を行ない、解剖学の基礎を築いた。

(11) 魂の主導的部分が脳に位置することについては二三一、およびアルクマイオン「断片」A一七（DK）も参照。

(12) 古代では一般に神経は管で、中には気息（spiritus = *πνεῦμα*）が流れていると考えられていた。「生来の気息」については二二〇および二六七頁註（9）参照。

同じ根から伸びており、しばらく行くと額の内奥で結合し、また二股の形に分かれて眼窩の座へと達している[1]。そこ［眼窩の上］には眉の小道が斜めに伸びている。薄皮の内部は生来の体液を含んでいるので、それらの通路はそこ［眼窩の奥］から湾曲して、目蓋の覆いに保護された球を満たす[2]。このことからそれらは眼球と呼ばれている。

さらに、一つの座から光を運ぶ通路が伸びていることは、確かに解剖が第一に教えることではあるが、しかしそのことからは、眼は両方が同時に動くのであり、片方を動かさずにもう片方を動かすことはできないことも理解できる。さらに、眼そのものの内部構造は、硬さの異なる四つの膜もしくは薄皮[3]から成ることを、彼らは識別した。もしそれらの相違や特徴まで論究しようとするなら、提示された主題よりも大きな仕事を引き受けることになってしまうだろう。

二四七　さしあたり、プラトンの言葉を明示してから、それらにはどんな自然の秘密が内包され表現されているのかを考察しよう。彼は、頭の道具であると述べた諸々の感覚について語ったときに、次のように付言した。「それらの中で、最初に光をもたらす眼の球がきらめいた[4]」。続けて、「思うに、火には二つの力がある。一つは貪欲で破壊的であり、もう一つは無害な光でもって宥めるものである。それゆえ、そこから昼をもたらす光が広がる後者の火と同族で親近性のあるものを、神的な能力をもつ者たち［神々］は眼の身体として工夫した。なぜなら彼らは、われわれの身体の内奥の火が、明るく純粋な火と浄化された流れの兄弟として、眼を通って流れ広がることを欲したからである[5]」。

太陽と眼の同族性は、すべての人が若年のときから知っている共通した先取観念[6]である。実際、太陽はすべての人から宇宙の眼と呼ばれており、(7) それゆえ、同じ著者は『国家』の中で、「太陽は目に見えない神の似像であり、他方、眼は太陽の似像であり、何か太陽のようなものである(8)」と述べているからである。したがって、知性の対象である宇宙には卓越したそれ自身の太陽があり、感覚されうる宇宙においてそれに似ているのが、この光をもたらす火の球［太陽］であり、その似像が、それによって生き物の視覚が照らされる光、すなわち眼である。

さらに、視覚が眼を通って流れ出ることは、自然学者も医師も同意している。彼らは頭の部分を解剖して、自然の先見のある巧みさを調べているときに、二股に分かれている通路によって火の流れが運ばれることを識別した(9)。彼［プラトン］はこう言っている。「滑らかで凝縮され、いわばより強い固さによって吟味されてはいるが、それらの狭い中心はより微細な、そういう光の球を通って、純粋な火がその中心を通って流れる

---

(1) 左右の視神経が交差していることを言っている。次節第三段落でも言及される。
(2) 眼窩に到達し眼球内に入った神経が、眼球の内壁に沿って球面状に広がることを言っているのだろう。
(3) 角膜、強膜、脈絡膜、網膜のことか。
(4)『ティマイオス』四五B二―三の意訳。
(5)『ティマイオス』四五B三―八のパラフレーズ。
(6)「先取観念」と訳した anticipatio は *πρόληψις* の訳語で、エピクロスの術語。キケロ『神々の本性について』第一巻四三参照。
(7) バシレイオス『ヘクサエメロン』第六講一、エピパニオス『パナリオン（異端派論駁）』梗概一・七（ストア派）、第一巻七（ピュタゴラス）、プロクロス『「ティマイオス」註解』第二巻八四・六―八（Diehl）参照。
(8)『国家』第六巻五〇八B三―四、一二―C二参照。
(9) 二四六第二段落参照。

ようにした」[1]。

二四八　それではどうだろう。自然学者たちは、眼球は膜もしくは硬い薄皮によって包まれていると主張するとき、眼の本性を異なった仕方で解釈していると思われるだろうか。さらに、眼窩の座にまで達しているあの狭い中心は、純粋な火がそれを通って流れるところのもの以外の何であろうか。彼［プラトン］はこう述べている。「かくして、昼間の光が視覚の流れに付け加わるときには、当然、互いに出会う二つの似たものが、一つの物体の姿へと結合する。そこへと輝き出る眼の視線が突進し、そこへと流れ出る内奥の流れの視線が類縁関係にある映像と衝突して跳ね返される」[2]。

彼は明らかに、次のことが起こるたびに視覚が生じると言っている。妨げられずに眼から流れ出る内奥の熱の光が、彼が「類縁関係にある映像」[3]と呼ぶ何らかの可視的な素材に衝突し、その同じ場所で、素材の性質に応じて形づけられ色づけられる。そして、その光から、類縁関係にある映像との衝突によって反射して眼の入り口まで戻ってくることで、精神の奥所にまで届く、視覚という感覚が成立する。そのうえ、昼間の光が内奥の火の光に付け加わるということは、太陽の光の流出がなければ何も見えないということも明らかにしている。

最後に彼はこう述べている。「同族的な火が夜の中へと退いた後には、その援助から見放された内奥の光は、いまや隣接する空気とのいかなる性質の共有ももたなくなるので、無用となって後に残る。そして、眠りを誘うものとなって、見ることをやめる。なぜなら、目蓋を閉じると」――これらの覆いは「眼の安全のための保護」であると彼は言った――「内奥の火のあの力は閉じ込められて、その押し込められた火の力が諸部分へと注ぎ出る。そのようにして、内奥の運動の緊張は眠りの平静さへと緩められる」[4]。そのときには、視覚の騒がしさが少しも精神を妨害することがないからである。

(1)『ティマイオス』四五B八―C二参照。

(2)『ティマイオス』四五C二―六のパラフレーズ。

(3)「類縁関係にある映像 (contingua imago)」と訳しているのは『ティマイオス』四五C四 *σῶμα οἰκειωθὲν*(親しいものとされた物体)のこと。

(4)『ティマイオス』四五D三―E三のパラフレーズ。

第十一章　映像について

二四九　彼［プラトン］は次のように述べている。「生来の気息がより濃密になることで、平静さがより深くなるときには、われわれはまったく夢を見ないか、あるいは何か浅く不確かでぼんやりした夢を見る。しかしもし、魂の動きの残留が著しい場合には、それらがどのようなものであり、どの場所にあるかに応じて、そのような視覚の似像が明瞭に生じ、その映像の印象深さのため、日中も記憶の中にとどまる[1]」。

さらに、［魂の］動きの残留は、あるいは節度ある考えから、あるいは抑制のない考えから、また、ときには賢明な考えから、ときには愚かな考えから生じ、鎮められたり、怒りへと駆り立てられたりする。また場所に応じてとは、あるいは理性の座である頭に、あるいは男らしいあの憤りの力が支配する心臓に、あるいは肝臓や下腹部に、ということである。ちなみに、この領域［肝臓や下腹部］はすべて欲望に割り当てられている[2]。

二五〇　われわれは、昔の人たちがさまざまに考えた夢の議論に入っていくのだから、傾聴に値する見解に言及しよう[3]。アリストテレスは、神の摂理が月の領域にまで進行すると考えるが、しかし、［月より］下の領域は摂理の掟[4]によって支配されることも、天使たちの力や忠告によって助けられることも、ダイモーンたちの先見が介入することもないと考え、[5]それゆえ、あらゆる占いを無効だとし、未来が予知されることを否定しているので、[6]夢の一つの種類だけを受け入れ認めている。それは、われわれが起きているときに行なっ

（1）『ティマイオス』四五E三―四六A二のパラフレーズ。「生来の気息」と訳しているのは四五E一 *πυρὸς ἐντός*（内部の火）のこと。

（2）『ティマイオス』における魂の三部分説については四四D三―六、六九D六―七〇A七参照。プラトン自身は、魂の理性的部分を頭部に、気概的部分を横隔膜の上の胸部に、欲望的部分を横隔膜の下の腹部に位置づけているだけだが、後にガレノスは、プラトンの説を継承しつつ、魂の諸部分の座をさらに明確に身体の器官と結びつけ、理性的部分は脳に、気概的部分は心臓に、欲望的部分は肝臓に位置すると考えた。たとえば、ガレノス『ヒッポクラテスとプラトンの学説』第六巻冒頭（五・五〇五―五〇六（Kühn））参照。

（3）視覚に関する論考の冒頭、二三六にも同様の文言がある。本節から二五六にかけて、『ティマイオス』解釈の枠を越えた、夢に関する論考が展開される。

（4）「摂理の掟（prouidentiae scitum）」は一八九で「運命」と言われている。

（5）アリストテレスは夢を論じるにあたり（少なくとも現存する文献では）、神の摂理や天使やダイモーンには言及していない（ただし、*δαιμόνιον, δαιμόνια* という語は『眠りと目覚めについて』第一章四五三b二三、『夢占いについて』第二章四六三b一四に見られる）。アリストテレスの説と称するこの説の出所は定かではない。アリストテレスは、天界は四元素とは別のアイテールという特別な物体によって構成されていると考えたが（『天について』第一巻第二章二六八b一四―第三章二七〇b二四参照）、アイテールが月の天球までに限られることについては、偽アリストテレス『宇宙について』三九二a三〇にも言及されている。

（6）アリストテレスは必ずしもすべての占いや予言を否定しているわけではないが、『夢占いについて』第二章四六三b一二―二二では、「神が夢を送る」という考えを否定している。

たり考えたりしたことから生じる夢で、記憶の中に居座ることで、睡眠中に［覚醒時に］なしたことや思案したことを意識している魂を、動かしたり妨げたりする。(1)

彼は間違ってはいない。夢にはこのようにして生じるものもあるからである。しかし、アリストテレスが考えるように、これが唯一ではない。なぜなら、われわれは多くの知らないことや気づかないこと、魂によってけっして経験されなかったことを夢に見るからである。［夢の中で］まだその噂が知られていない出来事が、どこかで起こったことが示されたり、まだ起こっていない未来の出来事が予示されたりすることがたびたびあるからである。しかし、この人［アリストテレス］はある種の独自のやり方で、十分で完全な学説よりも、自分に正しいと思われたことを選び出したら、他のことは尊大な無関心によって無視するのである。

二五一　他方、ヘラクレイトスは、ストア派が同意しているように(2)、われわれの理性を、宇宙の事物を支配し制御している神的な理性に結びつけている。不可分の同伴によって、われわれの理性は［神的な］理性の定めを関知するものとなって、眠っている魂に感覚の働きによって未来のことを告げる。その結果、知らない場所の映像や、生きている人や死んでいる人の似像が現われることになる。そして彼は、占いは役に立つもので、それに相応しい人たちには神的な能力をもつ者たちの(3)教えによってあらかじめ忠告が与えられると主張している。これらの人たちもまた、確固たる完全な知識の代わりに、見解の一部を乱用している。(4)

二五二　次のように考える人たちがいる。われわれの知性は、宇宙の蒼穹を飛び越えて(5)、ギリシア人がヌースと呼ぶ神的な知性(6)に自らを混ぜ、そしてあたかもより大きな学識からほんの小さな知識を借りたかのように、最高の秀でた精神が思い描くことを、夜の孤独の機会が魂の合一(7)へと招くとき、われわれの精神に告げると。しかし、われわれはたいてい、宗教的でない夢ばかりか、実際、不敬な夢をも見るのであり、そのようなことを、最高の別格の知性、あるいは精神もしくは摂理が、思い描くと考えるべきではないのだから、人々のこの見解が誤りであることは明らかである。

二五三　しかし、プラトンはたいへんな入念さと最高の注意深さによって、問題の隠された点を徹底的に検討して、夢の生じる仕方が一つではないこと、実際、たとえば思考の残留や、何らかの偶然の出来事の刺

---

(1)アリストテレス『夢について』第三章四六二a二九—三一「感覚されたものの運動に起因する表象が、人が眠っているときに、眠っている状態において生じるとき、それが夢である」参照。

(2)本節はヘラクレイトス「断片」A二〇（DK）、『初期ストア派断片集』Ⅱ一一九八（SVF）に収録されている。ヘラクレイトスの真正断片には夢への言及はないが、睡眠と覚醒についてはしばしば言及されている。とくにB二六（DK）参照。いずれにせよ、本節はストア派の説と言うべきであろう。

(3)三一三頁註（5）参照。

(4)底本の区切りに従ったが、他の校訂者たちはこの一文の前で本節を区切り、この一文を次節の文頭につなげている。それに従えば、次節の始めは「次のように考える人たちもまた、確固たる完全な知識の代わりに、見解の一部を乱用する人たちである」と訳せる。一部分にしか当てはまらない見解を全体に適用する人たちへの批判は、二四三第二段落にも見られる。

(5)二六六第一段落にも「人間の精神を天の蒼穹にまで投げ上げるのは観想のみ」という言葉がある。プラトニストにしばしば見られる、魂が飛翔するというイメージは、『パイドロス』二四六A六—C三に遡源する。

(6)一七六第二段落でも、ギリシア人は摂理をヌースと呼ぶと言われている。

(7)「魂の合一（coetus animae）」とは、「われわれの知性」が「神的な知性」と一つになることであろう。プロティノスのいわゆるエクスタシス（魂の一者との合一）の説とみなす者もいるが、疑わしい。この説が誰のものか定かではない。

激からも生じることを理解し見て取った。それは『国家』第九巻で、次のような言い方で彼が説いているとおりである。[1]「わたしが思うには、法に反する、役に立たず少しも必要でない欲望が、すべての人間の精神をでたらめに揺り動かす。しかし、それらのうちのあるものは、法の懲戒や、節度あるよりよい快楽に導かれて、あるいは、すっかり枯れてしまうか、あるいは、ほんのわずかな微弱な残り物の中に弱く不活動なものとなって隠れている。ところが、他のものは向こう見ずな狂気にまで増強される。それらは眠りを通じて途方もない力を振るう。きわめて温和な指導者である理性が眠り、魂のより粗野な他の部分が、いわば大変な酩酊によって増長し、眠りを突き動かして汚れた欲望へと手を伸ばすときにはいつでも。実際そのときには、あたかも気高さや羞恥心の命令から解放され自由になったかのように、それ［魂の粗野な部分］が敢えて行なわないことは何もない。すなわち、それが思うには、母親を抱擁したり同衾したりすることをも恐れることなく、人間であれ神々であれ、誰とでも交わることをもためらわず、いかなる殺人や恥ずべき行為も差し控えるべきだとは思わない。これに対し、それ［魂の粗野な部分］が健全な状態にあって、汚れなく眠りに就くときには、精神の理性的な勤勉さによって眠らないように命じられ、それは賢い徳の探求によって養われ、さらに節度ある欲望によって馴致される。欠乏を嘆くこともできず、過度の充足によって負担がかかることもなく、[2]節度を越えて悲しんだり喜んだりして騒ぐこともなく、思慮を妨げることがないように。むしろ、汚点のない純粋な理性によって、理性を働かせることと真理の探求において、自分本来の仕事を成し遂げようと企てるように。そしてそれに劣らず、怒りを和らげて、けっして激昂したまま眠らないように。そのときにはきっと、魂の理性的部分は、いかなる欲望にも怒りの悪徳にも妨げられることなく、純真な思慮である真実の探求へと至り、夢のいかなる邪悪な種類も生じないであろう」。実際、彼はこれらにおいて、『ティマイオス』で簡単に触れたことを十分に説いた。(3)

二五四　しかし他方で、神の摂理と天の力をもつ者たちの愛によって人間のもとに生じる夢の原因と理由を、彼〔プラトン〕は『哲学者』と題された書物の中で説明している。(4)すなわち、眠りを通じて神が気に入ったことを真実のけっして偽ることのない幻象によって知らせるたびに、神的な能力をもつ者たちがわれわれに配慮していると彼は述べている。(5)彼らにはある種の驚くべき記憶力のよさと、その地位と神性に相応しい知恵があると彼は言う。彼らは人間たちの考えを見通すことができるので、その結果、善き人たちには愛を、悪しき人たちには嫌悪を示すという。(6)

(1) 以下の引用文は『国家』第九巻五七一B四—五七二B一のパラフレーズ。

(2) 欲望の「過度な充足」が夢に与える影響については、キケロ『占いについて』第一巻六〇、マクロビウス『「スキピオの夢」註解』第一巻第三章四参照。

(3)『ティマイオス』四五E三—四六A二、二四九参照。ただし、『ティマイオス』には七一A三—七二C一の肝臓の説明においても、夢と予見に関する興味深い議論があるが、カルキディウスは言及していない。カルキディウスの翻訳と註解は五三C三までで、『ティマイオス』のそれ以降の箇所については註解の中でも明示的には言及されていない。

(4)『エピノミス』のこと。一七一頁註(6)参照。

(5)『エピノミス』九八五C二—三参照。「神的な力をもつ者たち(diuinae potestates)」とはダイモーンたちのこと。二三二でもダイモーンたちがそう呼ばれている。二五一、二五四第一段落、二五五第二段落、二五六第一段落参照。一八六では、宇宙の製作者である神によって生み出された下位の神々がそう呼ばれている。

(6)『エピノミス』九八四E五—九八五A四参照。

彼は明らかな事例から引き出した例証を提示している。すなわち、彼が『クリトン』と名づけた書物の中で、ソクラテスはまさに起ころうとしている出来事を夢の報告に導かれて予言している。彼は言う。「わたしには、優美さの点で格別なある女性が見えた。さらに衣服は白かった。わたしを名前で呼んで、次のようなホメロスの一節を言った。『あなたは三日目に肥沃なプティアの野に行くでしょう(1)』」。

再び『パイドン』の中で彼は言う。「たびたび同一の夢がわたしに現われたのだが、そのつど違った姿が、わたしにムーサの技の仕事を行なうように命令した。そのことをわたしは、死ぬことが避けがたい必然であると告げられた今となっては、すでに以前からアポロンに献じていた賛歌を完成させることだと解釈する。約束を果たさず誓約を履行しないまま、生涯を終えることがないようにと(2)」。もちろん、詩作はムーサの技と同族であることはすべての人に明らかである。実際、わたしは次のことから、ソクラテスはこれらのことを夢に見るのが常であったと思う。すなわち、身体も魂も清らかであることによって、その生き物全体は活力をもつからである。

二五五　さらには、眠っていない人にも、その人の行動を抑制する、好意ある神性は欠けていない。プラトンが『エウテュデモス(3)』の中で次のように言いながら論証しているように。「若年のときからわたしには同伴者としてある種の神の合図がある。それは声であって、わたしの魂と感覚にやって来るときには、行なおうと企てたことを控えるようにと合図するが、いかなる行為も行なうようにと勧めることはない。そのうえ、誰か親しい人が何かをしようとしてわたしの忠告を参考にしようと欲するなら、その場合にも、それは行なうことを禁じるのだ(4)」。もちろん、これらのことや合図には確かな信憑性がある。なぜなら、人間の弱い本性は、先に彼が主張したように[5]、より善いより優れた本性のものからの援助を求めているからである。

さらに、ソクラテスが知覚したその声は、わたしが思うには、空気を打つことによって響くようなものではなく、ずば抜けた純粋さゆえに清明で、それゆえよりよく知性を働かせる魂に、いつもの神性の現前[6]とそれとの合一を啓示するような声である。純粋なものは純粋なものと接触し交わるのが正当なことだからである[7]。また、われわれは夢の中で声や会話によって発せられた言葉を聴くように思うが、それは通常の声ではなく、声の働きを真似た表示である。そのように、眠っていないソクラテスの精神は、明瞭な印の合図に

---

(1)『クリトン』四四A一〇―B二のパラフレーズ。ホメロスの詩句は『イリアス』第九歌三四三。プティアはテッサリアの町で、アキレウスの故郷。ソクラテスはこの詩句を、人生の旅路が終わり故郷に帰るとき、すなわち死のときが三日後（今日の数え方では二日後）に迫っていることを告げる言葉だと解釈した。

(2)『パイドン』六〇E四―六一B三の要約。ソクラテスは以前には、自分が行なっている哲学活動こそがムーサの技（ムーシケー）で、夢はそれを奨励しているのだと解釈していたが、死が迫った今となって、それは通常の意味でのムーサの技、詩作のことを意味しているのかもしれないと思い返した。

(3)『テアゲス』の誤り。

(4)『テアゲス』一二八D二―七。ソクラテスのダイモーンの合図については一六八、および『ソクラテスの弁明』三一C七―D六も参照。

(5) 二五四第一段落。

(6)『パイドロス』二四二B九「ダイモーンのいつもの合図」参照。

(7)『パイドン』六七B一―二参照。

よって神性の現前を予感していたのである。[1] 実際、知性の対象である神[2]は自らの本性の善性ゆえにあらゆるものに配慮しながら、自分はいかなる肉体との結合ももたないので、神的な能力をもつ者たちを介在させることによって、人間の種族に助力しようと欲していることを疑うべきではない。実際、それらの恩恵は、前兆や占いから、夜の夢においてであれ昼であれ、噂を広めている予知の評判から、病気に対して告げられた治療法からも、[3] 預言者たちの真実を語る霊感からも、十分に明らかである。[4]

二五六　したがって、夢の原因を説明する仕方には多くの種類がある。[5] すなわち、いわば奥深くに刻印された悲痛の痕跡によって精神がひどく揺り動かされ衝撃を与えられることで、睡眠中に過去の狼狽の映像をよみがえらせるという夢[6]もあれば、また、魂の理性的部分の、あるいは、純粋で混乱から解放された部分の、あるいは、情念に置かれた部分の思考に基づいて生じる夢[7]もあるし、それればかりか、助言を与える神的な能力をもつ者たちによって予示される夢[8]や、何らかの過失のために罰として戦慄すべき恐ろしい姿となって現われる夢[9]もあるからである。

この点で、ヘブライの哲学[10]はプラトンの学説に一致している。というのも、彼らはさまざまな呼び方をしているからである。すなわち、夢とも、また幻象とも、それから警告とも、さらには顕現とも、それればかりか啓示とも呼んでいる。[11] 夢とは、残留から魂の運動が生じるとわれわれが言ったものである。[12] 幻象とは、神的な力から送られるものである。[13] 警告とは、天使の善性の配慮によってわれわれが指導され警告される場合である。[14] 顕現とは、眠らずにいる人に、天の力が、驚くべき姿や声によってはっきりと何かを命じたり禁じたりしながら、目に見えるものとして現われる場合である。[15] 啓示とは、未来のめぐり合わせを知らない人に

(1)プルタルコス『ソクラテスのダイモニオンについて』五八八C—E、アプレイウス『ソクラテスの神について』二〇（三二・一九—三三・二（Moreschini））参照。
(2)一五頁註(14)参照。
(3)古代において癒しの神として人気の高かったアスクレピオスは、患者に夢の中で治療法を教えると信じられていた。
(4)アルキノオス『プラトン哲学講義』第十五章（一七一・二〇—二六（Hermann））、アプレイウス『ソクラテスの神について』六—七（一五・六—一六・一九（Moreschini））でも、占いや予知の類が神によるものとして肯定的に語られている。
(5)本節は二五〇から始まる夢に関する論考の結論。
(6)これは二五〇でアリストテレスの説として語られた夢と同類であろう。
(7)二四九と二五三で語られた夢がこれに当たる。
(8)二五四で語られた夢がこれに当たるだろう。二五一で「神的な諸力の教えによってあらかじめ忠告が与えられる」と言われている点は、これと共通している。次の段落で述べられる「警告」もこれに類するだろう。
(9)このような夢の事例は述べられていないが、これも神的な夢の一種である。二五四第一段落末尾の「悪しき人たちには嫌悪を示す」場合に当たるかもしれない。あるいは、『ティマイオス』七一B五—C二を念頭に置いた記述か。
(10)「ヘブライ人」については一七五頁註(2)参照。以下で述べられる夢の五類型は、アレクサンドリアのピロン『夢について』に由来するとする説がある。ピロンのこの書は全五巻のうち二巻が現存するのみで、その中では三種類の夢しか述べられていない。
(11)夢を五つに分類することはマクロビウス『『スキピオの夢』註解』第一巻第三章二—一一にも見られるが、これらとは必ずしも一致しない。
(12)「残留」から生じる夢については二四九、二五三参照。二五〇のアリストテレスの説もこれに類するだろう。
(13)「幻像(uisum)」という語は二五四第一段落でも用いられている。「神的な力から(ex diuina uirtute)送られる」と言われているのは、「神的な能力をもつ者たち」(ダイモーンや下位の神々)の介在なしに、神が直接送る夢という意味であろうか。
(14)天使については一三二—一三三参照。カルキディウスは天使とダイモーンを同一視している。前段落の「神的な能力をもつ者たちによって予示される夢」に相当するだろう。
(15)二五五で語られたソクラテスのダイモーンの合図はこれに類するだろう。

差し迫った結末の秘密が明かされるときである。(1)

夢については十分に語られた。今度は、［プラトンの］言葉自体を考察すべきである。

二五七「だが実際、鏡に現われる似像を(2)」と彼［プラトン］は言う。いまや彼は、映視と呼ばれる視覚のあの方法、(3)すなわち、鏡や池の深みから似像が跳ね返ってくる場合を説明する。しかし、それはアリストテレスの教えと同じ仕方ではない。すなわち、アリストテレスの考えによれば、視覚の光線が鏡の硬い表面に衝突し、それゆえ折れて、その先端が顔に向かって帰ってきて、顔に向かい合って生じた自分の顔を認識することで、鏡の中に顔の似像が現われると思うのだという。(4)ところがプラトンは、神のごとき才能と思慮を備えていたので、次のように考えている。鏡のきれいで硬い表面へと合流する二つの光の集合、すなわち、昼間の光と、眼を通って流れ出し自分と一緒に顔から流れ出る色を運ぶ内奥の光との集合が、鏡の中に形成されることで、色づけられた顔の輪郭と、形づけられ縁取られた色によって、顔とそっくりな似像が描き出されるという。実際、彼は次のように述べている。「だが実際、鏡に現われる似像を理解することは容易である。内奥の火と、外部に置かれた火の両方の火の出会いによって」、すなわち、内奥の烈火と外部に置かれ、「きれいで滑らかなある素材」すなわち鏡に「突き当たる」光との出会いによって、「それらは多くのさまざまな姿に形作られ」、さまざまに形成された鏡はさまざまな映像を生み出すので、「似像が滑らかな物体を見ることによって跳ね返ってくる」と彼は言う。(5)

二五八「しかし、右側が左側にあるものとして見える(6)」。今度は、彼は視覚の入れ替わりについて論じる。ある種の鏡は半分にされた球に似せて窪んだ形に作られているのだから、その中央の膨らんだ部分に注視を向けるなら、右側が左に、またその反対に〔左側が右に〕見えるだろう(7)。同じく、右眼の注視は似像の左側に、同じく、左眼の視線は右側に、通常とは異なった仕方で触れるだろう。当然である。というのも、両眼の視覚は真っ直ぐに運ばれるのだから、右の視覚の直線によって右側が触れられ、同じく、左〔の視覚の直線〕によって左側が触れられることが帰結した。ところがいまや、あたかも映像が回転し反対側に立つかのように、〔左右が〕反対になるのである。

二五九　「しかし、物体の右側が、実際にそうであるように、鏡においても右に見え、同じく、左側が左に見えることがある」(8)。彼〔プラトン〕は、窪んだ円柱もしくは半円筒形の形に作られた鏡に現われる、ある種の二重の映像のことを述べている(9)。というのも、もう一度言えば、両眼の視覚は真っ直ぐに運ばれるのだから、右の視覚は、突出して斜めになった右側に、左の視覚もそのような左側に突き当たることは必然である。

---

(1)「啓示（reueratio）」が「幻像」や「警告」や「顕現」と、どのような点で区別されるのか定かでないが、二五五で「啓示する（reuelare）」という動詞が用いられている。
(2)『ティマイオス』四六A二―三。
(3)二三九参照。
(4)アリストテレス『気象論』第三巻第四章三七三a三五以下参照。
(5)『ティマイオス』四六A二―B三のパラフレーズ。プラトンの視覚理論については二四四―二四五、二四八参照。
(6)『ティマイオス』四六B三―四。
(7)『ティマイオス』四六B三―六の記述は、平面鏡に映る像の左右が反転して見えることを言っていると考えられる。二三九第二段落参照。
(8)『ティマイオス』四六B六―七。
(9)二四〇参照。

ところが今度は、二つの側面に集められた形は、きれいで傾いていて、それゆえ滑りやすい両側の表面を、反対側へと、つまり、右の視線から生じた形は左側に、左の視線から生じた形は同様に右側へと滑って行く。それらの形は、反対の側面への移行を行ない、同時に反対側に立つように見えるのだから、似像の右側をわれわれの右に、同じく左側を左に、反対側に見せる。これ［このプラトンの理論］を借用した後代の哲学者たちは、その他の眼の錯覚を、先に述べたように説明した(1)。

二六〇　さらに続けて彼［プラトン］は述べる。「まさに、これらの感覚は、最高で最善な最上位の形相を作り出そうとする製作者である神の活動に召使として仕える(2)」。というのも、すべての感覚の中で最も優れたものである視覚(3)について述べたとき、彼はそれを説明するのに物体の名前を用いて、火とか、光とか、炎とか名づけてきたのだが(4)、それではまるで、より優れた非物体的な力の協力なしに、物体の働きによって感覚が統御されているかのように自分が考えていると思われるかもしれないので、そういうことがないようにと、まさにこれらの感覚は、道具が製作者に召使として用いられるように、神の活動に召使として仕えると、彼は述べたのである。ところで、神の最も優れた作品とは、神が知性で捉える対象である(5)。

しかし、次のように「大多数の人は思いなしている(6)」と彼は言う。すなわち、彼らは、物体なしに何か作用を受けたり作用を及ぼしたりするものは何一つ存在しないし、物体がそれに服従し召使として仕えるような非物体的なもの、たとえば、精神や知性や魂や自然本性といったものも、何一つ存在しないと考える。むしろ、物体自身が固有の性質によって事物の差異を作り出すと考える。すなわち、冷は土と水を、熱は火と空気を、また、凝集と硬さは土と火を、弛緩と拡散は空気と水を作り出し、また、反対のものを生じさせる火の力は、物体の相違に応じて、ときには凝集するものを、ときには弛緩するものを作り出すと。[7]「一つの同じ熱によって、泥は固まるが、蠟は溶ける[8]」場合のように。

二六一　「ところが、これらすべてのものは、知覚することもないし、理性と思慮によってなされるべき事柄のなかに見て取れる理性と知性を知ることもない[9]」と彼は言う。明らかである。理性を働かせたり知性を働かせたりすることは、物体にではなく魂に固有のことだからである。ところが、魂は目に見えないのだから、非物体的なのものである。あらゆる物体は目に見えるものであり、知覚されるからである。[10]したがって、物体と魂は区別されたものであり、それらの本性も異なっているのだから、地位と序列も異なっている。「したがって、知恵を愛する者は誰であれ、思慮あるものの原因を、他のものより先に探求することに努めるだろう[11]」。さらに、それらの原因とは、熟考し知性を働かせる魂の能力が、それらによって熟考し、理性を働かせ、知性を働かせるところのものである。「しかし、他のものによって動かされて他のものを動かす

(1) 二三八—二四三第一段落参照。
(2) 『ティマイオス』四六C七—D一のパラフレーズ。
(3) 『ティマイオス』四七A一—二参照。
(4) 『ティマイオス』四五B四、七、C三、六七C六参照。
(5) 三〇四第二段落にも「神の業とは神の知性活動であり、それはギリシア人によってイデアと呼ばれている」とある。三七九頁註(1)も参照。
(6) 『ティマイオス』四六D一。
(7) 『ティマイオス』四六D一—三参照。
(8) ウェルギリウス『牧歌』第八歌八〇—八一。
(9) 『ティマイオス』四六D四のパラフレーズ。
(10) 『ティマイオス』四六D五—七参照。
(11) 『ティマイオス』四六D七—E一。

ような原因は、第二のものと考えるべきである」[1]と彼は言う。明らかに彼は、理性的な魂の受動的で欠陥のある部分[2]のことを言っている。その中には衝動がある。[3]というのも、衝動は第一には、内奥の生来の運動によって自分自身を動かす魂の部分によって動かされるが、他方、付帯的には動かす欲望によっても動かされ、さらに、衝動自体が身体を動かすからである。

二六二　したがって、魂の第一の運動は、自分で自分を動かす永遠の実体と規定される。しかし、動かされて動かす一般の運動は、動かされるものにおける動かすものの作用である。それは、切ることが切られるものにおける切るものの作用であるのと同様である。[4]この運動にはいくつかの区別がある。彼［プラトン］は『法律』でそれらを明示した。[5]物体には八つ、魂には二つの区別がある。物体的な運動を彼は場所的運動と呼んでいる。これには移動と回転の二種類がある。さらに、彼が質と呼ぶもう一つのものにも、同じく結合と分離の二種類がある。量の部類に入ると彼が述べる第三のものも、同様に増大と減少の二種類をもつ。第四は実在に関するもので、これにも同じく二種類が考えられる。一つは生成、もう一つは消滅である。魂にも同様に二つの運動がある。一つは、他のものを動かし、自らは固有の生来の運動以外には、いかなるものによっても動かされない運動である。もう一つは、他のものを動かしながら他のものによって動かされる運動である。[6]これは魂の受動的な状態で、苦悩によって圧迫されている。[7]

二六三　それゆえ、知恵を愛する者は、次のようにすれば正しく行なうことになるだろう。これらのことについて論じるべきときには、自然の序列を守って、最初の箇所で魂について論究し、その後で身体について論究するのである。[8]さらに、魂について論じようとするときには、まず、自分で自分を動かすとともに他のものをも動かす魂、その中に熟考し知性を働かせる力がある魂[9]について論究し、それから続いて、他のより優れたものによって動かされて何かあるものを動かす魂も論じるのである。

後者の種類の運動は、「もし知性に従うなら、ある程度、秩序あるものとなるだろうが、あまり従わないなら、でたらめに勝手気ままに突進し、それが駆り立てるものを混乱した無秩序なものとして後に残す[10]」と彼は言う。そしてこう付け加えている。「それゆえ、われわれも同じ仕方で行なうべきである[11]」。すなわち、まず自らの運動によって動かされる本性のものについて述べるべきである。これは秩序の点で勝っており、

（1）『ティマイオス』四六E一―二。知性的な真の原因と物理的な二次的原因の区別については『パイドン』九七B八―九九D二、他のものによって動かされる物体と自らを動かす魂の区別については本書五七（『パイドロス』二四五C五―二四六A二の引用）、『法律』第十巻八九四E四―八九五C一三参照。

（2）「理性的な」ではなく「非理性的な」と言うべきか。二九七第三段落（ヌメニオスの説）、および一九九、二三〇、二六三参照。

（3）「衝動（impetus）」については二二六、二九八第一段落末尾参照。

（4）マクロビウス『「スキピオの夢」註解』第二巻第十五章一三参照。

（5）『法律』第十巻八九三B四―八九四C八参照。

（6）キケロ『神々の本性について』第二巻三二、マクロビウス『「スキピオの夢」註解』第二巻第十五章二五参照。

（7）「苦悩」と訳した *aegritudo* は、ここでは πάθος の訳語として用いられているのだろう。たとえばキケロ『トゥスクルム荘対談集』第三巻二三参照。

（8）二六参照。

（9）一九九、二三〇、二六一参照。

（10）『ティマイオス』四六E三―六を敷衍した記述。

（11）『ティマイオス』四六E二―三。

それによって、唯一つねに真実である永遠なものが理解され知られる。それから次に、動かすために他者の運動を必要とする他のものをも明示するべきである。さらに、感覚は両方の運動にとって必要である。なぜなら、感覚によって不当な欲望が駆り立てられもすれば、最善の事柄についての知性と知識が増強されもするからである。

第十二章　視覚の賛美

二六四　「さて、眼への補助については十分に語られた。今度は、眼の働きの最も重要な有用性について述べねばならない」[1]。それは大多数の事柄においてもそうだが、とりわけ哲学を習得することにおいて明らかに見て取れるもので、この恩恵よりも大きないかなるものも神によって人類に与えられたことはなかったと、彼［プラトン］は言う[2]。というのも、哲学全体には、考察と実践という二つの任務があるとみなされている。考察とは、神的で不死なる事物の観想に対して名づけられたもので、他方、実践とは、理性的な魂の熟考に従って、死すべき事物を見守り保護することに現われるものである[3]。さて、視覚はどちらの種類の任務にも必要だが、とりわけ考察に必要不可欠である。

(1)『ティマイオス』四六E六―四七A一。
(2)『ティマイオス』四七B六―C六参照。
(3) アルキノオス『プラトン哲学講義』第二章（一五二・三〇―一五三・二（Hermann））参照。

さらに、この哲学は、神学、自然の探究、証明されるべき論理の知識(1)の三種類に分類される(2)。というのも、前もって天や星辰を見て、事物の原因や、時間的な始まりをもつ天や星辰の始原をも知ることへの愛によって養われることがなければ、人は神を求めたり、敬虔になろうと努めたりすること――それは神学に固有のことである――はないだろうし、また、われわれが今行なっているまさにそのことを、行なうべきだと考えることもないだろう。これらのことはもちろんひとえに自然の研究に属する。さらには、昼と夜の交替によって暦月が考え出され、一年と季節の循環が計算され、数の発生と計量の誕生が導き出された。これが哲学の第三の分野に属することは明らかである。

二六五　しかし実際、実践的な哲学にとっても、視覚がどれほど有用で必要であるかを、彼［プラトン］は次のように述べて教えている。「神が人間に眼を与えた理由は、天において行なわれる精神と摂理の回転に注目して、それらと似た運動を自分の精神の中に確立し――それが熟考と呼ばれる魂の運動である――、混乱したものではあるが、神の先見のある精神の穏やかで静かな運動にできるかぎり似た運動を据えるためである(3)」。それは習慣と生き方を正すことであり、そのことは公私ともに、家のことも国家のことも、正しく健全に指導するのに役立つ。実際、実践的と呼ばれる哲学のもう一つの種類は、これらのことに基づいているからである。さらに、この種類は倫理的、家内的、公共的の三種類に分類される(4)。これらすべての仕事に、見ることの使用は役に立つ。

二六六　「他のより些細なことは」すなわちさまざまな技術や学問に関わることは「放っておく」と彼［プラトン］は言っている(5)。というのは、船の舵取りも、畑を耕すことも、描いたり作ったりすることの巧みさも、視覚がなければ自分の仕事を正しく成し遂げることができないであろうが、人間の精神を天の蒼穹にまで投げ上げる[6]のは観想のみだからである。それゆえ、アナクサゴラスは、なぜ生まれたのかと尋ねられたとき、天を示し星辰を指して、「これらすべてを観想するため」と答えたと伝えられている。[7]

他方、ストア派は、視覚を神と呼びながら、彼らが最善と考えるものは、神という美しい名前をも与えられるべきだと言った。[8] テオプラストスは、視覚の美しさを主張しながら、視覚を形相の名で呼んでいる。[9] 見ることの視線が消えた顔は、醜くなり、あたかも永遠の狼狽の中にいるかのようになるだろうから。

（1）本節末尾で語られるように、これは論理学ではなく数学である。

（2）アリストテレスに由来する哲学の分類。アリストテレス『形而上学』E巻第一章一〇二六a一八―一九参照。哲学の分類については、アルキノオス『プラトン哲学講義』第三章（一五三・二五―一五四・九（Hermann））も参照。

（3）『ティマイオス』四七B六―C一のパラフレーズ。

（4）倫理学、家政学、政治学のこと。同じ分類がアルキノオス『プラトン哲学講義』第三章（一五三・四一―四二（Hermann））にも見られる。

（5）『ティマイオス』四七B三―四参照。

（6）二五二参照。

（7）アナクサゴラス「断片」A一（DK）参照。

（8）Magee に従って、uocant eo を写本どおり uocantes とし、id enim を idem として、pulchro を削除しないで読んだ。この一文は『初期ストア派断片集』II八六三（SVF）に収録されている。ギリシア語で「見ること（θέα）」を「女神（θεά）」と結びつける語源解釈のことを言っているのだろう。プルタルコス『イシスとオシリスについて』三七五Cも参照。

（9）テオプラストスに関するこの報告は他では知られていない。ギリシア語で「形相（εἶδος）」を εἶδον（「見る」と言う意味の動詞 ὁράω の第二アオリスト形）と結びつける解釈があったのだろう。

さらには、眼の様子によって、怒っている人や、悲しんでいる人や、喜んでいる人の精神と魂は明らかになる。実際、怒っている人の眼の様子は、ホメロスにおける激昂した精神の演説者のようである。

地面に打ち込まれた光でもって見つめながら、苦々しく立っていた(1)。

また同じく、

激情が火のような光を欲した(2)。

他方、悲しんでいる人の眼の様子は、果てしなく泣くことで眼を失った人について詩人が語るようである。

悲しみによって光を置き去りにする(3)。

同じく、キケロによれば、「このきわめて愛情深い彼の兄弟の胸の中で、悲しみと涙でやつれ果てていた(4)」。

二六七　次に彼［プラトン］は他の感覚の検討に移る。すなわち、こう言う。「声と聴覚にも、同じ有用性のため、それを与えられた人間たちの生を十分に教導するためという、同じ理由がある(5)」。それゆえ、視覚と聴覚という二つの主要な感覚があり、両者とも哲学を助けている。それらのうち一方はより明瞭なものである。すなわち、事物そのものを自らの視線によって包み込むものとして。もう一方はより広範なものである。その場にない事物についても教えるゆえに。実際、空気は分節された声によって調律され、声となり、知性の対象である発言となって、聞く人の内奥の感覚に到達し、その場にあることもその場にないことも知性に告げ知らせるからである(6)。

この聴覚が知性をも助けることを、彼は次のように確証している。「いかに大きな有用性が声を通して音楽から得られようとも、そのすべてはハルモニア〔調和〕のために人間の種族に与えられたことは明らかである」(7)。なぜなら、彼は先の箇所でハルモニア〔協和する音階〕の比に基づいて魂を構築したとき(8)、魂の自然的な運動はリズムと旋律から成り立っているが、しかし、これらは魂の肉体との共同ゆえに、必然的に忘却に捕らわれて劣化するので、それゆえ大多数の者の魂は調子の外れたものとなるであろうと述べたからである(9)。このような欠陥に対する治療法は音楽の中に存すると彼は言う。それは、大衆がそれによって喜び、快楽のためになされ、時には悪徳を駆り立てるような音楽の中にではなく、けっして理性と知性から離れることのない、あの神的な音楽の中にである。なぜなら、この音楽が、正しい道から逸れている魂をついには昔の協和へと呼び戻すと、彼はみなしているからである(10)。

さらに、われわれの性向における最善の協和は正義であり(11)、それはあらゆる徳のなかで第一のもので、そ

(1) ホメロス『イリアス』第三歌二一七「地面に眼を突き刺して、立って、下を見ていた」。
(2) ホメロス『イリアス』第十二歌四四六「眼が火で燃えていた」。
(3) この詩句の出典は不明。
(4) キケロ『クルエンティウス弁護』一二。正確には「兄弟の手と胸の中で」。
(5)『ティマイオス』四七C四—六。
(6) プルタルコス『ソクラテスのダイモニオンについて』五八九C参照。
(7)『ティマイオス』四七C七—D一。
(8)『ティマイオス』三四B一〇—三六D七、およびこれらの箇所の註解に当たる本書四〇—四五参照。
(9)『ティマイオス』四二A三—D二参照。
(10)『ティマイオス』四七D一—六参照。
(11) 正義については二三三参照。

れを通じてその他の徳も自らの任務と仕事を遂行する。その結果、理性が指導者となる一方で、怒りに似た内奥の活力は、すすんで自らを理性の援助者として提供するようになる。(1) さらに、これらのことは、調和なしに生じることはできない。調和は協和なしにはまったく存在しない。協和そのものは音楽に付き従う。音楽が魂を理性的に秩序づけ、かつての本性へと呼び戻し、ついには、製作者である神が最初に魂を作ったときと同じ状態に仕上げることは、疑いの余地がない。さらに、音楽全体は声と聴覚と音の中に置かれている。したがって、この感覚もまた、知性の対象である事物に注目するために、哲学全体の習得にとって有益である。

第十三章　質料について

二六八　次に彼［プラトン］は言う。「われわれは、ごくわずかなものを除いて、すべて先見のある精神の知性が作り上げたものを論述してきたのだから、今度は、必然が引き起こしたことについても述べなければならない[2]」。彼は、感覚されうる宇宙の全実体を説明しようとして、正しく次のように述べている。神の先見のある精神が、知性の対象である宇宙の範型と類似性に倣ってそれ［感覚されうる宇宙］を作り出すことで恵与した、ほとんどすべてのことを自分は論究したが、唯一残ったものは、必然が引き起こしたことを考察するための論考である。なぜなら、宇宙のすべては、先見のある原因と必然的な原因とから成り立っていると思われるからである[3]。

(1)『ティマイオス』七〇A二―七参照。
(2)『ティマイオス』四七E三―五。
(3)「神的なもの」と「必然的なもの」という原因の二つの種類については、『ティマイオス』六八E一―六九A五参照。

させていまや、彼は必然をヒューレーと呼んでいる[1]。それをわれわれはラテン語でシルウァと名づけることができる[2]。それから事物のすべてが生じ、そしてそれは受動的な本性である[3]。なぜなら、それは第一に物体の基に置かれているものであり[4]、その中に質や量やすべての付帯的なものが生じるからである。それは「自分自身の本性から離れることはない[5]」けれども、しかし、自分の中に受け入れるものの相反する異なった姿や形によって変化する。それゆえ、彼は次にこの論考をけっして省略してはならない理由を述べようとして、このことを説明したのである。

二六九　さらに、彼［プラトン］は付け加える。「なぜなら、感覚されうる宇宙の生成は、必然と知性の結合によって混合されたものとして成立したからである[6]」。それゆえ、彼は宇宙の生成について論究し、それが完全に成し遂げられることに同意しているのだから、どちらの種類[7]についても論じなければならない。このことから、質料の本性についての論考が必要であることが明らかになる。実際、彼が「［宇宙の］生成」は「混合されたもの」であると言っているのは、それが複数の異なった要素と始原から成り立っているからである。そして、「必然と摂理から[8]」ではなく、「必然と摂理の結合から」と言っているのは正しい。なぜなら、宇宙はこれらからたんに混ぜ合わされたのではなく、先見のある精神の計画と必然の分別とから、すなわち、摂理は働きかけ導き、他方、質料はそれを身に受けて、秩序づけに自らを容易なものとして差し出すことで、成り立っているからである。なぜなら、神の精神は、技術が表面にだけ形を与えるようにではなく、むしろ、自然と魂がすべての硬い物体に浸透して生命を与えるように、あらゆるところで質料に入り込んで、質料を十分に形づけるからである。

二七〇　そこから引き続き、彼［プラトン］は「知性が支配することで[9]」と言うとき、知性の働きと必然の共同を明らかにしている。ところで、支配には二つのものがある。一つは、独裁者の権力に似たより暴力的な支配[10]であり、もう一つは、皇帝の神聖さに似た支配である。すべての暴力的なものは服従するものを長い間保つことはなく、容易に滅ぼしてしまう[11]。彼は言う。「理性的に支配もし、守りもするものはすべて、有益で、支配するものをより優れたものにする[12]」。それゆえ、宇宙が永遠であるために[13]、質料は、自分を秩序

（1）もちろんヒューレー（ὕλη）とはアリストテレスの用語で、プラトンはこの語を術語としては用いていない。『ティマイオス』では六九A六で「木材」の意味で一度だけ用いられている。ヒューレーというギリシア語は一二三、二七三、二七八でも言及されている。

（2）ヒューレーがラテン語でシルウァ（silua）に当たることは一二三、二七三でも言及されている。本訳では silua を「質料」と訳した。ヒューレーは通常ラテン語では materia と訳されるが、日常的には「森林」、「木材」を意味する語なので、むしろ silua の方が直訳と言える。本訳では materia を「素材」と訳した。

（3）アリストテレス『生成と消滅について』第一巻第七章三二四b一八参照。

（4）アリストテレス『自然学』第一巻第九章一九二a三一参照。

（5）『ティマイオス』五〇B七—八。

（1）『ティマイオス』四七E五—四八A二。

（2）「種類（genus）」については三三〇第一段落参照。

（3）「摂理」は「先見ある精神」、「神の意志」、「第二の神」とも言われ、「必然（アナンケー）」と対立する宇宙論的な「知性（ヌース）」と同一視されている。一七七、一八八、二九六、二九八、三五四参照。

（1）『ティマイオス』四八A二。

（2）一五六末尾参照。

（3）一七七末尾参照。

（4）『ポリティコス（政治家）』二九七B一—三。

（5）宇宙の永遠性については二二三—二二五参照。

づけることに対して反抗するのではなく、製作者の偉大さに進んで譲歩し、彼の知恵に従うようにして征服されることによって、従順に素直に知性に服従しなければならなかった。それゆえ、彼は言った。「有益な説得によって、[1]必然の頑なさを絶え間なく最善の運動へと引っ張っていくことで。かくして、必然が征服され、先見のある権威に従うことで、事物と宇宙の最初の始まりが成立した」[2]。というのも、雷同とか軽率と言われる、熟考の足りない他の服従の仕方もあるからである。かくして、先見のある服従によって、必然は理性に支えられていたのである。そして、神の業とは、力でもって説得し、説得する力を行使するようなものである。それは、説得が力を利用し、力が説得を利用するようなものである。そのことは、思慮深い人たちが病気のときに、医師に自らを焼いたり切ったりされる[3]べく委ねる場合に見られる。

二七一　さらに彼［プラトン］は話を進める。「それゆえ、もし人が、真実に、純粋な信憑性に基づいて、この宇宙の成り立ちを教えようとするなら、その人はさまよう原因の種類も明らかにしなければならない[4]」。さらに、彼は質料を、それの昔の無秩序な動き[5]ゆえに、「さまよい」という別の名前で呼んでいる。同じく、「必然」とも呼んでいる。その理由は、宇宙を構成する主要な原因は質料にあるのではないが、物体が実在するためには、それを受け入れる必要があったからである。実際、質料があるのは、それらがなければ、企てられたことを成し遂げることができないようなものがあるのと、同様だからである[6]。

二七二　それゆえ、彼［プラトン］は「後戻りをして[7]」、始原の探求へと戻って、「宇宙の誕生と生成に先立つ[8]」時から始める。彼は、純粋で混じり気のない「火の本性」も、その性質と「状態」も、また火のみならず、その他の清らかでいかなる汚染も混入していない物体の本性と状態も探究する[9]。というのも、万有の始原について論じたすべての人は、これら四つの素材を追求したからである。それらは、相互に寄り集まっているので、より多くの割合を占める素材の名前で呼ばれている。[10]「ところが、その素材がどこまで存在し、どんなより先なるものから成るのかを、今まで誰も述べなかった。なのに、彼らはそれらの本性と純粋な姿を知っているかのように、火と空気と水と土が感覚されうる宇宙の元素であるかのように語ってきた。それらは音節の地位にさえ置かれるべきではないのに[11]」。

言葉の元素は文字であり、その次には音節が第二の地位にあるのだから[12]、彼は正しく、宇宙を構成するこれら四つの物体は、音節の地位にさえ置かれるべきではないと言ったのである。というのも、万有の第一の元素は、形をもたず性質を伴わない質料であり、それを、宇宙となるようにと、知性の対象である形相が形

(1)『ティマイオス』五六C五―六参照。

(2)『ティマイオス』四八A二―五。

(3)『ティマイオス』六四D七―八、六五B二参照。シンプリキオスは『アリストテレス「自然学」註解』二四九(Diels)で、質料と欠如を「瀉血や医療の焼灼のようなもの」と言っている。

(4)『ティマイオス』四八A五―七。

(5)『ティマイオス』三〇A三―六、五二D三―五三B五参照。この無秩序な運動に関しては、二九八―三〇一、三五二で論じられている。

(6)『ティマイオス』六八E六―六九A五、および『パイドン』九九D二―四、アリストテレス『形而上学』Δ巻第五章一〇一五a二〇―二二参照。

(7)『ティマイオス』四八A七―B一。

(8)『ティマイオス』四八B三―四「天が生成する以前の」参照。

(9)『ティマイオス』四八B四―五参照。

(10)一一九末尾参照。

(11)『ティマイオス』四八B五―C二。

(12)四四第一段落参照。

を与えるからである。これら、すなわち質料と形相から、純粋で知性の対象となる火とその他の混じり気のない実体が生じ、[1] それらから最後に、感覚されうる素材、火と水と土と空気という素材が生じるからである。さらに、純粋な火やその他の混じり気のない知性の対象である実体の形相は、物体の範型で、イデアと名づけられている。

さしあたり、彼はこれらを吟味することを後まわしにして、次のような問題を探究していない。[2] すなわち、存在するものすべてに共通する一つの原型となる形相が存在するのか、あるいは、無数に、存在する事物――それらが結合し寄り集まることで宇宙という巨大な塊が生じた――の数に応じて存在するのか、あるいはむしろ、『パルメニデス』の中で述べているように、[3] 同じものが同時に一つでも多数でもあるのか、という問題である。その理由は、苦労を避けるためではなく、企てられた話に少しも相応しくない論考が混ざらないようにするためであった。[4] というのも、一方は自然学的議論だが、他方は秘儀的議論だからである。[5] 自然学的議論は、いくらか揺らいでいる像のようなもので、ある種の真実らしい確実性で満足しているが、[6] 秘儀的議論は、事物の最も純粋な知識の源泉から流れ出るものである。

二七三　彼〔プラトン〕は言う。「それゆえ今もまた、大荒れの嵐のような話の動揺からの解放者である神をわたしは呼び出そう」。[7] 彼はたいへんな苦労をして、われわれが神性に対する敬虔と崇拝へと教え導かれるようにする。彼は質料の本性に関する嵐の海峡へと入っていくにあたり、今もまた「新奇で不慣れな議論の種類」[8] のために、神性の助力を懇願する。それゆえ、「再び始めから話をしよう」[9] と彼は言う。当然である。なぜなら、すでに彼は、範型の始原も物体の始原も、感覚されうる宇宙はこれらから成り立つことを承認して、どちらについても論じたからである。というのも、生じたり消滅したりして、真につねに存在するのではないものは、物体的形相[10]だからである。これらの物体は、それらだけでは、それら自体によっては、自らの実在によって［それらを］支える実在なしには、[11]存在することができない。彼はその存在を、あるときは「母」と、またあるときは「乳母」と、ときにはすべての生成の「母胎」と、またときには「場」と呼んでいる。[12]後代の人たちはそれをヒューレーと呼び、われわれはシルウァと呼ぶ。[13]だから、欠けていたものを補

（1）Magee に従って quattuor を削除する。二七八でも、非物体的な知性の対象となる質料のことが論じられている。

（2）『ティマイオス』四八C二—四参照。

（3）『パルメニデス』は全篇が一と多をめぐる議論とも言えるが、とくにソクラテスが問題を提起する一二八E五—一三〇A二参照。

（4）『ティマイオス』四八C四—六参照。

（5）一二七でも、ダイモーンの本性に関する考察が「秘儀的な観想（epoptica contemplatio）」と呼ばれ、自然学と対比されている。一七一頁註（1）参照。

（6）『ティマイオス』の序論部二九B二—D三では、「生成するもの」を対象とするこれからの話は、厳密な議論ではなく「もっともらしい議論（エイコース・ロゴス）」、「もっともらしい物語（エイコース・ミュートス）」であることが強調されており、このことは『ティマイオス』全篇を通じて繰り返し言及されている。

（7）『ティマイオス』四八D四—E一のパラフレーズ。

（8）『ティマイオス』四八D五—六。

（9）『ティマイオス』四八E一。

（10）質料の中に生じた形相、「第二の形相」、「生成した形相」、「可滅的な形相」とも言われる。ここではほとんど物体と同一視されている。三三〇および四〇七頁註（2）参照。

（11）Wrobel, Bakhouche, Magee に従って、［ex］eadem essentia esse を ex eadem essentia essentia esse と読む。

（12）それぞれ『ティマイオス』の以下の箇所参照。「母」五〇D三、「乳母」四九A六、「母胎」四九A六、「場」五二B四。

（13）二六八第二段落および三三三頁註（1）（2）参照。

うために、彼は質料についてのこの論考を始原についての論考に繋げて、「後に続く区分はより入念に規定されるべきだ」[1]と言う。「というのも、あのときは」すべての事物は「二つの」始原に「分けられた」と彼は言う。[2]そのうちの「一つは知性の対象である形相」[3]であり、宇宙の製作者である神はそれを精神でもって把握した。[4]プラトンはそれをイデアと名づけた。「もう一つはそれの像」[5]であり、それは物体の本性をもつものである。

二七四　さらに、物体はそれ自身によって考察されるなら、完全な実体性をもつように思われるだろうが、しかし、それらの始原へと精神の目を向けるなら、それらすべてとその「瘢痕」[6]は質料の母胎に包まれていることを、あなたは見出すだろう。それゆえ、あのとき彼［プラトン］は、便宜上、主要な四つの素材を取り上げて、話によって宇宙を構築した。しかし、原因に関係するすべてのものを、精神の最高の配慮とより注意深い吟味によって隈なく考察することが哲学者には相応しいことであり、さらに理性は、物体の多様性のもとには質料の受容能力が存すると主張するのだから、彼は正しく理性的に、まさにこの理論を知性の光のもとにまで引き出すべきだと考えた。

それを理解することでさえ非常に困難な仕事だが、しかし、それを明らかにし教えることはそれよりはるかに難しい。[7]というのも、始原の本性とは次のようなものだからである。それは、実例によって証明することもできない。実例のために調達できるようなものがまったく存在しないからである。また、何らかの先行する論拠によって論証することもできない。始原より先なるものは何もないからである。[8]むしろ、「それが知られるのは」いわばかすかな光の先取りによってであり、[9]何であるかを解明するような仕方ではなく、むしろ反対に、存在する各々のものを取り除いていって、あとに残ったもののみを、まさに理解すべく探究されるものとして残すような仕方である。(10) すなわち、質料という母胎の中で、あるものから他のものへと相互に分解することで(11)さまざまに異なるものに形づけられるすべての物体を、徐々に取り去っていって、ただ空虚な空洞そのものを精神の考察によって思い描くような仕方である。(12)

二七五　以上の理由から、次のようなことになった。古人のうちの誰も質料が存在することを疑わなかっ

---

(1)『ティマイオス』四八E二―三。
(2)『ティマイオス』四八E三参照。
(3)『ティマイオス』四八E五―六。
(4)カルキディウスはイデアを神の知性活動と考えている。三〇四第二段落および三七九頁註（1）、三三九および四一九頁註（1）参照。
(5)『ティマイオス』四八E六―四九A一。
(6)『ティマイオス』五三B二。宇宙生成以前の物体のこと。
(7)『ティマイオス』二八C三―五参照。
(8)三〇六参照。
(9)『ティマイオス』五二B二「何らかの非嫡出の推論によって」参照。この箇所は三四六、三四九で解説される。
(10)質料を考察するこのような思考法は、二九九第二段落、三〇三第二段落でも用いられている。このように、事象からさまざまな属性を捨象して後に残るものを見極める思考法はアパイレシス（ἀφαίρεσις）と呼ばれ、一般にアリストテレスに由来するとされる。たとえば、アリストテレス『形而上学』Z巻第三章一〇二九a一〇―一九参照。
(11)物体の相互転換については、三一八、三二三―三二五参照。
(12)二九九第二段落で、ヌメニオスの説としてほぼ同じことが述べられている。

たのに、しかし、それが作られたものか、反対に作られたものではないのかという点は、論争されている。[1]それは作られたものではなく生じることもないと主張した人たちのうちの大多数は、それを連続的な繋がったものとみなすが、[2]他の人たちは分割されたものとみなしている。[3]さらに、分割可能だと考える人たちのうちでも、ある人は性質を欠いた形をもたないものだと述べ、ある人は形づけられたものだと述べている。[4]他方、繋がった連続的なものだと主張した人たちは、そこに形成されるものと、それらに付帯的に生じるすべてのものの、[5]性質と形に関して、それらは質料から生じたものか、[6]他のもっと勝った力からもたらされたものか、[7]互いに論争している。これらの人たちの見解を、次に手短に述べよう。[8]

二七六　ヘブライ人[9]は、質料は生じたものだと考えている。彼らのうちで最も賢いモーセは、彼らが伝えるところによると、人間の雄弁によってではなく、神の霊感に鼓舞されて、『世界の生成について』と題された書物[10]の中で、七十人の賢者たちの翻訳[11]に従えば、始めに次のように告げた。「始めに神は天と地を造った。しかし、地は目に見えず整えられていないものであった[12]」。他方、アキュレスによれば、「事物の初頭に神は天と地を創った。ところが、地は空虚で無であった」。あるいは、シュンマクスによれば、「始めに神は天と地を創った。ところが、地は何か不活動で混乱した無様なものであった[13]」。しかし、オリゲネスは、翻訳は真の意味から相当に逸れてしまっていることをヘブライ人から確信させられたと主張した。[14]すなわち、原形はこうであった。「しかし、地はいわば唖然とするほどの驚嘆すべき状態にあった」。

いずれにせよ、これらすべては一つの点で一致していると彼らは言う。すなわち、あらゆる物体の基に置かれている質料は生じたものだという点である。そして、言葉自体を次のように解釈している。「始め」とはけっして時間的なものとして語られたのではない。[15] なぜなら、宇宙を秩序づける以前には、いかなる時間も、その時間によって長さが測られる、昼と夜も存在しなかったからである。[16] さらに、「始め」には多くの

(1)質料が作られたものだと考えるのは「ヘブライ人」の説(二七六—二七八)。作られたものではないと考えるのはその他すべての人たちの説(二七九—三〇一)。ちなみに、カルキディウスにおいては「作られた(factus)」と「生じた(generatus)」はほぼ同義である。

(2)原子論者以外のほとんどのギリシアの哲学者たちの説(二八〇—三〇一)。

(3)デモクリトスやエピクロスらの説(二七九)。質料を分割可能とみなす説については二一四—二一五も参照。

(4)二七九参照。

(5)二六八第二段落参照。

(6)二八〇—二八二参照。

(7)二八三—三〇一参照。

(8)以下三〇一まで、質料に関する学説誌が展開される。

(9)一七五頁註(2)参照。

(10)旧約聖書『創世記』のこと。

(11)前三世紀中頃から前一世紀にかけて、アレクサンドリアでヘブライ語からギリシア語に翻訳された聖書、いわゆる『七十人訳聖書(*Septuaginta*)』のこと。

(12)旧約聖書『創世記』一・一—二。

(13)アキュレス(アクィラ)とシュンマクスはともに後二世紀の人物で、ヘブライ語聖書をギリシア語に訳した。オリゲネスが聖書の原文(ヘブライ語とそのギリシア文字への音写)と四つのギリシア語訳を比較対照した書『ヘクサプラ』に、この二人の訳が採録されている。

(14)本節の記述(あるいは本節から二七八までのかなりの部分)は、オリゲネスの失われた『「創世記」註解』に基づくとみなされている。

(15)「宇宙の始まり」が時間的な意味ではないことについては、二一三参照。

(16)一〇五参照。

意味がある[1]。たとえば、「知恵の始めは主を敬うことである[2]」とサロモンは言っている。同じく「知恵の始まりは神を崇拝することである[3]」、それに劣らず「最善の道の始まりは正しい行為である[4]」とも言っている。そしてさらに、知恵の称賛においても、神のごとき著者〔サロモン〕は「生活の始めは、パンと水と衣服と、恥ずべきことを覆うのに適した家である[5]」と言っている。実際、これらにおいて「始め」は、一つではなく異なった多くの意味で用いられている。

しかしながら、万物には一つの始まりがある。それについてサロモンは『箴言』の中でこう言っている。「神はわたしを、自らが進む小道として創造した。それによって神の業を成し遂げるために。宇宙と大地の始まりの前に、深遠を築く前に、泉を湧き出させ山を盛り上げる前に、わたしを創った[6]」。明らかに彼は、神の知恵が先に存在していて、天と地が作られ、その神の知恵が万有の始原であると述べている。このことから、知恵は神によって作られたのだが、それはある一時点においてではないことは明らかである。なぜなら、神が知恵なしに存在したような、いかなる時もなかったからである[7]。そして、人間の思考によって、神の知恵よりも前に神が知られることは、〔神の〕本性の卓越性[8]ゆえに必然的である。より先に誰のものであるかが知られ、そのときようやくそのもの自体が知られるからである。「始め」に関しては、まさにこのように考えるべきである。

二七七　さらに、どんな天、あるいは、どんな地のことを聖書は述べているのかを理解しなければならない。その場しのぎの理解で満足する人は、われわれが見ているこの天のこと、われわれがその上に乗っている大地のことが語られていると思う。ところが、より深く探求する人は、この天は始めに作られたのではなく、二日目に作られたのだと言う。なぜなら、始めに作られたのは光であり、それが昼と呼ばれ、[9]他方、神が「堅固なもの[10]」と呼んだこの天は、その後に作られたからである。続いて三日目に、水が取り除かれて、「乾いたもの[11]」が現われ、これに地という名前が付けられた。それゆえ、明らかに、始めに作られたのは、われわれが知っているこの天でも、われわれがその上にいるこの大地でもなく、もっと古くて、感覚よりもむしろ知性で捉えるべき別のものである。したがって、真の天は何らかの「堅固なもの」とは別のものであり、同様に、地は「乾いたもの」とは別のものであることを、聖書は証言している。[12]

二七八　それでは、神は他のものより前に、あの天をどんなものとして造ったのか、あるいはどんな地を造ったのか。ピロンは、それらは物体を欠いた知性の対象である実在であり、この乾いた大地と堅固なもの

(1) アリストテレス『形而上学』Δ巻第一章一〇一二b三四―一〇一三a二三、バシレイオス『ヘクサエメロン』第一講五、テルトゥリアヌス『ヘルモゲネス論駁』一九参照。
(2) 旧約聖書『箴言』九・一〇。
(3) 旧約聖書『箴言』一・七。
(4) 旧約聖書『箴言』一六・七。
(5) 旧約聖書『シラ書』二九・二一。
(6) 旧約聖書『箴言』八・二二―二五。
(7) 教父たちによってしばしば問題にされた論点。たとえば、テルトゥリアヌス『プラクセアス論駁』六、オリゲネス『諸原理について』第一巻第二章二―三参照。
(8) 二六第一段落末尾「価値の卓越性」参照。
(9) 旧約聖書『創世記』一・二。
(10) 旧約聖書『創世記』一・六「大空」のこと。『七十人訳聖書』では *στερέωμα* と訳されている。
(11) 旧約聖書『創世記』一・九。
(12) オリゲネス『諸原理について』第二巻第三章六、第九章一、『「詩編」講話』第二講四、『「民数記」講話』第二六講五、『「創世記」講話』第一講参照。

［天］のイデアであり範型であると考えている。[1] さらに、人間もかつては知性の対象であり、人類の原型となる範型であり、その後はじめて物体的なものが神によって作られた、と彼は言っている。[2]

他の人たちは、そうではなくて、すべての事物には、一方は知性の対象であり、他方は感覚の対象であるという、二つの側面があることを知っていた預言者［モーセ］は、両方の本性を包括し保持している諸力を、天と地と名づけた、すなわち、非物体的な本性を天と名づけ、他方、物体の基にあるものであり、[3] ギリシア人がヒューレーと呼ぶ本性[4]［質料］を地と名づけた、[5] と考えている。以下に続く記述は、彼らを支持している。「しかし、地は目に見えず形がなかった」。[6] これは物体的な質料、宇宙の古い実体、製作者である神の巧みさによって形作られて形相を獲得する以前のものであり、さらにまた、当時は色もなく、あらゆる性質を欠いていた。実際、そのようなものは、確かに目に見えず形のないものとみなされる。

さらにそれは、あらゆる性質の受容者[7]ではあるが、本来いかなる固有性ももたないゆえに、「空虚で無」[8]とも言われている。それゆえ、質料は、生起するすべてのものを自らに受け入れるのに、「空虚」と呼ばれるのは、けっして満たされることができないものとみなされているからである。さらに、あらゆるものを欠いているゆえに、「無」と呼ばれている。

さらに、それはシュンマクスによって「不活動で混乱した」と名づけられている。[9] 確かに、自らいかなるのものにも力を振るわないゆえに「不活動」とみなされ、他方、宇宙を秩序づけ構築する神自身による秩序を受け入れる潜在力[10]をもっているゆえに「混乱した」とみなされている。さらに、「驚嘆」によって「呆然とした」[11]という表現は、魂のある種の力もしくは魂との類似性を明示している。それは、自分の製作者にして創始者[12]の偉大さに捉えられて呆然としているからである。

もし、聖書が地と呼んでいる、かつては形のなかった物体的質料が神によって作られたとすれば、思うに、天と名づけられていた、非物体的な種類の知性の対象である質料[13]が存在するという期待も諦めるべきではない。実際、それは作られたのであり、かつて存在しなかったものが今存在するようにと作られたのである。彼らはそれを次のように証明している。死すべき製作者たちには他の製作者たちによって調達された質料が提供され、後者の人たちには自然が［質料を］供給し、自然には神が供給するが、神に［質料を］調達する者

(1) アレクサンドリアのピロン『世界の創造』一五―一六、『言語の混乱』三四参照。
(2) アレクサンドリアのピロン『世界の創造』一三四参照。
(3) 「基にあるもの」と訳したこの箇所の substantia は、*οὐσία* ではなく *ὑποκείμενον* の訳語であろう。
(4) 一二三、二六八、二七三参照。
(5) テルトゥリアヌス『ヘルモゲネス論駁』二三、オリゲネス『諸原理について』第四巻第四章六などから、初期のキリスト教徒の間でも、神が最初に創った地を質料とする解釈があったことがわかる。
(6) 旧約聖書『創世記』一・二。
(7) 『ティマイオス』四九A六、五一A五および本書三〇八第一段落、三一八末尾、三二一第二段落、三四四、三五〇参照。
(8) アキュレスの訳。二七六第一段落参照。
(9) 二七六第一段落参照。
(10) 「潜在力」と訳した opportunitas とは、三一〇末尾で可能性の二番目の意味として説明されるような潜在能力を意味する。三二一第一段落、三三一中程、三五二第一段落、三五三第一段落、三五五第一段落末尾でも用いられている。
(11) オリゲネスの訳。二七六第一段落参照。
(12) Wrobel, Bakhouche, Magee に従って、auctoritatis を写本どおり auctris と読む。
(13) 非物体的な質料については、二七二第二段落参照。

は誰もいない。なぜなら、神よりも古いものは何もないからである。[1] それゆえ、神自身が、宇宙の製作に十分で役に立つ質料の塊を作ったのである。彼らは他にも多くの証明を提示しているが、その各々を詳しく述べることは冗長になる。

二七九　今度は、物体的質料は生み出されたものではないと言っている人たちの見解をも追求することが待ち構えている。彼らの見解も、同様にまったくさまざまに異なっている。[2] すなわち、その組成といわばある種の連続性を粒子に帰する人たちがいる。[3] 粒子とは、知覚されるというより、むしろ知性で捉えられるものであり、[4] お互いどうしが結び付いていて、ある仕方で配置され、ある程度、形づけられているという。[5] たとえば、デモクリトスやエピクロスがこの説を支持している。他の人たちは、たとえばアナクサゴラスのように、性質を付け加えている。しかし、アナクサゴラスは、すべての素材の本性と特性は各々の素材の中に寄せ集められていると考えている。[6] 他の人たちは、その数に際限がない不可分な物体の小ささによって、質料の精妙さが構成されているとみなしている。たとえば、ディオドロスやストア派の少なからぬ人たちがそうである。[7] これらの物体の結合も分離も偶然であるという。これらの見解は、まったく際限がないので、省略する。

二八〇　しかし、質料を規定することも摂理の仕事であると宣言した人たちは、質料はいわば始めから終りまで一つの連続性によって広がっていると考えている。すべての人が同様に考えているのではないけれども。すなわち、ピュタゴラスやプラトンやアリストテレスの考えはそれぞれ異なっているし、ストア派もかなり異なっている。それでも、彼らはすべて、質料は形をもたず、いかなる性質ももたないものと規定している[8]。他の人たちは、質料に形を与えた。たとえばタレスのように[9]。彼はすべての人に先立って自然の秘密を探究したと言われている。彼は事物の始原は水であると言っているからである。わたしが思うには、その理由は、生きているものが利用するすべての食べ物が湿っていることを、彼は見たからである。ホメロスも同じ見解であることが見出される。彼はオケアノスとテテュスが生成の親であると言っているし[10]、神々の誓いを水と規定しているからである。その水を彼自身はステュクスと呼んでいる[11]。彼は、古さに畏怖の念を払い、誓いよりも畏怖すべきものは何もないと規定しているからである。ところが、アナクシメネスは、事物の始原、その他の物体の始原も水自体の始原も、空気であると考えて、事物の根源は火であると考えたヘラ

---

(1) 無からの創造を擁護した多くのキリスト教著作家が同様の議論をしている。たとえばテオピロス『アウトリュコスのための弁明』第二巻第四章一〇、バシレイオス『ヘクサエメロン』第二講話二参照。
(2) 二七五参照。本節の以下の議論については、よく似た記述が見られる二〇三と二五一頁註(6)を参照。
(3) アリストテレス『自然学』第三巻第四章二〇三a一九—二三参照。
(4) 偽プルタルコス『哲学者たちの自然学説誌』第一巻第三章八七七D参照。
(5) 原子の相違について、アリストテレス『形而上学』A巻第四章九八五b一四では「形と配列と位置」が挙げられている。
(6) アナクサゴラス「断片」A四六(DK)参照。
(7) 偽ガレノス『哲学史』一八参照。
(8) 本節のここまでの箇所は、『初期ストア派断片集』II三二一(SVF)に収録されている。
(9) 以下のタレスとホメロスに関する記述については、アリストテレス『形而上学』A巻第三章九八三b一八—三三参照。
(10) ホメロス『イリアス』第十四歌二〇一参照。
(11) ホメロス『イリアス』第十五歌三六—三八参照。

クレイトスに同意しない(1)。それゆえ、水や空気や火に主導的地位を割り当てたこれらの人たちはすべて、事物の始原は運動のなかに置かれていると考えたのである。

二八一　しかし、それ〔始原〕は不動であり、すべてのものから一つの塊になっていると抗弁する人たちもいる。万物は始まりも終わりもない不動の一つのものだと、彼らは考えている。クセノパネスやメリッソスやパルメニデスがそうである。しかし、パルメニデスは、すべてである一つのものは完全で限られたものだと宣言しているが、メリッソスは、無限で限定されないものだと宣言している(2)。

二八二　エンペドクレスが説くには、質料は多様で多くの形をもつもので、四つの異なった根、すなわち火、水、空気、土によって支えられたものであり、これらから、ときには物体の結集が、ときには分離が起こる。彼は、結集を友愛、分離を争いと呼んでいる(3)。わたしが思うには、これらが、質料は形をもち、性質によって規定されており、物体であると宣言した人たちである。

二八三　だが他方で、質料から性質を取り除き、形をもたないものと規定し、物体に関与することなく質料それ自体のみを単独で精神の目によって見る人たちがいる(4)。実際、アリストテレスは物体的な事物に三つの始原として、質料、形相、欠如を立て(5)、それらの各々を、他の二つのものと結びつけることなしに考察している。もっとも彼は、そのどれもが他の二つなしには存在することができないことを、はっきり認めているけれども(6)。彼は、宇宙には生成も滅亡もなく、神の摂理によって永久に存続すると述べている(7)。彼の見解は有名で名高く、プラトンの学説を考察するのに十分適しているのだから、無関心に看過するべきではない。

しかしその前に、昔の哲学者たちの三段論法を取り上げるべきだと思われる。それは、存在するもののうちいかなるものも、生じることも消滅することもないと主張する。[8] その三段論法の形式は以下のとおりである。もし何かが生じるとすれば、それはすでに存在していたものから生じるのか、存在していないものから生じるのか、どちらかでなければならない。しかし、そのどちらも不可能である。存在しているものから生じることはできない。なぜなら、すでに以前から存在しているものが、再び存在するものになることはできないからである。というのも、これから生じるものは、いまだ存在していないからである。他方、存在していないものから生じることもできない。なぜなら、生じるものには、それがそこから生じる何らかの素材と

---

(1) アリストテレス『形而上学』Α巻第三章九八四a五―八参照。

(2) アリストテレス『形而上学』Α巻第三章九八四a二九―三一、第五章九八六b一〇―二七参照。

(3) アリストテレス『形而上学』Α巻第三章九八四a八―一一、九八五a二三―二四、偽プルタルコス『哲学者たちの自然学説誌』第一巻第三章八七八A―E参照。

(4) ピュタゴラス、プラトン、アリストテレスのこと。以下二八三―二八八でアリストテレス、二九五―二九九でピュタゴラス、三〇〇―三〇一でプラトンが論じられる。

(5) たとえば、アリストテレス『形而上学』Λ巻第二章一〇六九b三二―三四、第四章一〇七〇b一八―一九参照。これら三つの始原は二八七冒頭でも言及される。

(6) アリストテレス『生成と消滅について』第二巻第一章三二九a二四以下参照。

(7) 宇宙が生成も消滅もしないことについては、アリストテレス『天について』第一巻第十章二七九b四―第十二章二八三b二二参照。「神の摂理によって」という語句はカルキディウスの付加。

(8) アリストテレス『自然学』第一巻第八章一九一a二三―二七参照。

なるものが、そのもとに存在しなければならないからである。[1] したがって、何ものも生じない。さらには、何ものも消滅しない。なぜなら、消滅するものは、何らかの残存物へと分解するか、無へと分解するか、どちらかである。しかし、これから説明するように、何かへと分解することも、無へと分解することも不可能である。したがって、何ものも消滅しない。さらに、何かが生じることはないことも証明された。したがって、何かが生じることもないし、消滅することもない。それでは、どうして存在するものと消滅するものが無へと分解することはできないとわれわれは言うのか。その理由は、同じものが存在し消滅することになるからである。もしいかなる残存物へと分解するのでもないとすれば、それは存在すると同時に存在しないことになるだろう。これは理屈に合わない。他方、もし分解するものが何ものかになるのだとすると、それは消滅すると同時に消滅しないことになる。

二八四　この三段論法によって昔の自然学者たちは、事物の生成や滅亡を否定しようと試みた。しかし、アリストテレスは、「存在する」と「存在しない」という言葉、また同じく、「生じる」と「消滅する」という言葉には、二つの意味があることを指摘し明らかにすることで、この三段論法を区別した。[2] というのも、生じるものはすべて、自らの自然本性に従って生じるか、何らかの付帯的なことに基づいて生じるか、どちらかである。たとえば、病気だった音楽家が健康になる場合を考えてみよ。[3] 実際、病気になったり健康になったりするのは自然本性に基づいたものであるが、しかしそれは音楽家であるがゆえではない。他方、音楽家であるからには、その人は付帯的に病気になったり健康になったりする。なぜなら、病気に耐えていた人が音楽家であったのは、付帯的にそうであっただけだからである。消滅についても同様である。たとえば、ある高さ一ペース[4]の白いものが、黒い色へと消滅［変化］する場合[5]、実際それは白いものであるからには、自然本性に従って、第一義的に自らに変化を被ることになる。他方、それは一ペースの大きさのものであるからには、付帯的に変化することになる。それゆえ、音楽家が健康になるとわれわれが言うとき、生じるものは付帯的に生じるのである。彼が健康になるということが結果的に起こるからである。他方、彼が健康になるとわれわれが言うとき、彼は自然本性に従ってそれを身に受けるのである。また再び、あの白い大きさ一ペースのものが、黒へと転化するゆえに、消滅するとわれわれが言うとき、それは付帯的に起こるとわれわれは言う。他方、それを白いものとわれわれが呼ぶとき、われわれはその自然本性のことを言っているのである。

したがって、われわれが「存在しないものから何かが生じる」と言う場合、われわれは「存在しない」ということを二つの意味で語っているのである。一つは、自然本性に関してであるが、その場合、「何かが生じることは」不可能である。すなわち、いかなる意味でもまったく存在しないものから、何かが存在するも

(1) アリストテレス『自然学』第一巻第八章一九一a二八―三一参照。
(2) アリストテレス『自然学』第一巻第八章一九一a三四―b一〇参照。
(3)「非音楽家が音楽家になる」という例はアリストテレス『自然学』第一巻第七章一八九b三三以下にあるが、「病気の音楽家が健康になる」という例はアリストテレスの著作には見られない。
(4) 約三〇センチメートル。
(5)「医者が白くなる」という例はアリストテレス『自然学』第一巻第八章一九一b五にあるが、「高さ一ペースの白いもの」という例はアリストテレスの著作には見られない。

のとなる場合である。もう一つは、付帯的な意味で「存在しない」とわれわれは言う。[1]すなわち、生じるものが、以前にそうであったのとは異なった状態になり、かつて自然本性によって付与されていた以上のことが、それに起こるときである。たとえば、形のない青銅の塊から似像が生じるような場合である。なぜなら、青銅の形のなさは自然本性に基づくものであるが、製作者が与える形の刻印は存在しないものから生じるのであり、それゆえ、付帯的に生じると言われるからである。しかし、存在するものから何かが存在するものとなることも可能である。だが、それは付帯的にである。たとえば、文法家に医学の知識が生じるような場合である。[2]すなわち、この人は［ある一つの分野の］専門家から、もう一つの学問の専門家にもなるからである。

それゆえ結果として、存在するあるものが存在する他のものへと消滅し分解することもある。しかし、それは第一義的にではなく、付帯的にである。たとえば、父なるリベル[3]の似像からアポロンの似像へと誰かが形を変えるような場合である。すなわち、この場合にも、形が他の姿へと移るのだが、しかし本来の意味においてではなく付帯的にである。同じようにして、存在するものが存在しないものへと消滅し分解することもあるだろう。[4]しかし、それは消滅によって完全な滅亡がもたらされ、かつて存在したものがいかなる意味でもまったくの無となるという意味ではない。

二八五　したがって、以上がアリストテレスの考える一つの論法である。彼はこの論法によって、あるものが存在するものから生じることも、少しも存在しないものから生じることもあり、また、存在するものへと滅亡することも、無へと滅亡することもある、と言うことが可能になると考えている。[5]しかし、「存在する［ある］」と「存在しない［あらぬ］」は他の論法によっても語られる。すなわち、実現性がもたらされるなら、将来必ず存在することになるものは、まだ実現性がもたらされていなくても、存在すると言われる。このようなものはすべて、可能的に存在すると言われる。[6]それらの存在は可能性を考察することによって先取りされているからである。たとえば、われわれは青銅を、まだその金属が形をもっていなくても、可能的に像であると言うときがそうである。[7]それゆえ、それは像であり、かつあらぬ。それは像であることが可能であるのだから、確かに像である。他方、それはいまだ実現性が付け加わっていないのだから、像ではあらぬ。同じような意味で、それはある程度存在し、ある程度存在しない。そして、ある程度存在するものから、あるものが生じることができるし、また同じく、ある程度存在しないものへと、あるものが解体し滅亡することもできる。それゆえ、生成と滅亡があるのである。

(1)アリストテレス『自然学』第一巻第八章一九一b一三—一五参照。

(2)オリゲネス『諸原理について』第一巻第八章三にも同じ例がある。

(3)イタリアの古い神で、植物の繁茂を司る。後に酒神バッコスと同一視される。

(4)この論点はアリストテレスの議論には見られない。

(5)アリストテレス『自然学』第一巻第八章一九一b二七参照。

(6)アリストテレス『自然学』第一巻第八章一九一b二七—二九、『形而上学』Λ巻第二章一〇六九b一五—二〇参照。

(7)青銅像はアリストテレスがしばしば用いる例である。アリストテレス『自然学』第一巻第七章一九〇a二五、『形而上学』Δ巻第二章一〇一三b六—九、『動物の発生について』第一巻第十八章七二四a二三、『政治学』第一巻第八章一二五六a九—一一参照。

二八六　これらのことはさしあたり、事物の始原──質料もそれらの一つである──に関するアリストテレスの学説を説明するのに必要だと思われるので、われわれはあらかじめ入念に検討したのである。それはアリストテレス自身の言葉が明らかにしているとおりである。すなわち、彼は次のように語る。(1)「それゆえ、われわれは質料を欠如とは別のものとみなすだろう。すなわち、質料は何らかの存在するものではなく、付帯的にあるものであり、(2)他方、欠如は第一義的にまったくの無であり、また、質料は実在性に近いものをもっているが、欠如にはまったくいかなる意味でも実体性がないというように」。彼は言う。「そして、他の人たちは正しく考察せずに、欠如と質料は同一のものだとみなしている。(3)彼らはそれを小と大と呼んで、(4)別々に考察すべき二つのものを一つの同じものに還元し、何らかの一つのものが物体の基に置かれていると考えているからである。彼らはそれをより大きいとより小さいに分けたのだから、結果として二つのものになるのではあるが、結局その二つ一組のものによって一つのものを意味し、それ以外のもの(5)は考慮しないというのも、いわば物体の母である質料は、形相を付与することを援助するが、欠如は形相の付与を援助せず、むしろ阻害し抵抗するからである。(6)なぜなら、形相は神的で欲求の対象であるが、欠如はその反対であり、他方、質料は形相と照明を欲求し、自らの自然本性に従って形相を欲求するからである。さらに、もし欠如が形相を欲求するとしたら、形相を自らと反対のものとして欲求しなければならず、しかも反体性はすべて破滅をもたらす。それゆえ、欠如はけっして自らの破滅［をもたらす形相］を熱望しないだろう。他方、形相が自分自身を切望することもありえない。なぜなら、形相は満ち足りた完全な善であるが、熱望するものはすべて欠乏状態にあるからである。(7)したがって、質料のみが照明を切望する。ちょうど、女性が男性を、形を欠いた醜さが美しさを切望するように。もっとも、質料が形を欠いているのは自然本性によるのではなく、付帯的にである。確かに、その質料は生じたり消滅したりする。それは、生じるときには、ある程度まで存在し、解体するときには、ある程度まで存在しない(8)。質料の消滅は［質料と］不可分な欠如によって起こる。質料自体は、自然本性によってではなく可能的には、不滅で生成もしない(9)。その理由は、質料は、生成するものがそこから生じて誕生へと至る、何らかのより先なるものとして、生成するものの基に置かれて

---

(1)以下、本節の終わりまで、かなりの異同はあるものの、アリストテレス『自然学』第一巻第九章一九二a三―三四のラテン語によるパラフレーズである。

(2)アリストテレスの原文では「質料は付帯的には存在しないもの」(『自然学』第一巻第九章一九二a四―五)と言われている。

(3)この一文はカルキディウスの付加。

(4)「彼ら」とは、プラトンと初期のアカデメイア派を指す。アリストテレス『形而上学』A巻第六章九八七b二〇―二二によれば、プラトンはあらゆる存在の原理として、形相としての「一」と質料としての「大と小」を立てたという。

(5)欠如のことを念頭に置いている。二八八第三段落参照。

(6)欠如が形相の付与を阻害し抵抗するという考えは、カルキディウスによる挿入。アリストテレスの原文では「［欠如は］それが害悪をもたらす点に着目する人にとっては、しばしばまったく存在しないと思われるだろう」(『自然学』第一巻第九章一九二a一四―一六)と言われている。

(7)「完全な善であり」以下はカルキディウスの付加。

(8)アリストテレスの原文では「質料はある意味では消滅し生成し、ある意味では消滅も生成もしない」(『自然学』第一巻第九章一九二a二五―二六)と読める。カルキディウスは原文の γίγνεται の後で文を区切って読んでいる。

(9)アリストテレスの原文では「可能性においては、質料はそれ自体において消滅せず、むしろ不滅で不生であることが必然だ」(『自然学』第一巻第九章一九二a二七―二九)と読める。カルキディウスは、おそらく原文の ἀλλ' を無視したため、「それ自体において」を「可能性において」と対立する意味にとってしまった。

いなければならないからである。それゆえ、質料は、他のものがそこから生じるからには、生じるより前に存在していなければならない。また、解体し滅びるものは、最終的にこの同じもの〔＝質料〕へと戻ってこなければならない。したがって、質料は消滅と解体より前に消滅していることになるだろう」。

二八七　アリストテレスは、事物の始原と質料の本性に関する自らの見解を擁護しながら、以上のことを述べている。しかし、彼の言葉はかなり曖昧なので、(1)解説が必要だと思われる。彼は万有の始原として三つのもの、形相、質料、欠如を提起している。(2)彼は形相を称賛して、至高の神に似た神的なもので、満ち足りた完全な善に支えられており、それゆえ欲求の対象であると述べている。(3)それでは、欲求するものとは何か。「形相自身は自らを欲求しない」と彼は言う。「なぜなら、形相には完全な秩序づけのために何ものも欠けていないが、欲求は欠乏しているものに固有なことだからである」(4)。他方、欠如は形相を切望しない。というのは、自らの滅亡を切望することになるからである。なぜなら、形相の接近によって欠乏は除去され、以前の状態にとどまることがないからである。それゆえ残るのは、質料が洗練と装飾を熱望することである。質料が形を欠いているのは、自分自身のせいではなく、欠乏ゆえだからである。というのも、質料が醜いのは、洗練と形を欠いているからである。それはちょうど、夫を失った女性が寡婦となるように、形相を欠いた質料は配偶者を奪われたようなものだからである。「それゆえに、女性が男性を欲求するように、それは形相を欲求する」と彼は言う。質料も何らかの欠乏状態に置かれているので、形と洗練を欲求する。それは同時に、欠乏という欠陥のために自らのうちにあるものが滅び消え去ることを切望する。これら二つ〔形相と欠如〕は互いに対立、矛盾するもので、これらのうち支配権をもった方が、もう一方を滅ぼすからである。しかし、この欲望は動物の欲望と同様ではないと、彼は言う。[5] むしろ、いったん始められ着手されたものは、完成を熱望すると言われるように、そのように質料も形相を切望するのだと思う。というのは、質料は形相と共にあることによって開花することができるからである。[6]

二八八　したがって、アリストテレスによれば、形相は本来の意味で第一義的に存在するものであるが、質料は付帯的に存在すると言われる。[7] なぜなら、質料とは本性上、形相を受け入れるものだからである。さらに、本来の意味で第一義的にけっして存在しないものは欠如であるが、[8] 質料は付帯的に存在しないと言われる。[9] 質料は真に本性的に存在しないもの、すなわち欠如を受容するからである。それゆえ、質料はある仕方では存在するが、ある仕方では存在しない。[10] そして、存在しないものから何かが生じるかのように、質料

(1) アリストテレスの言葉が曖昧であることについては、三二二でも言及されている。
(2) 二八三第一段落参照。
(3) 前節中程でも形相は「神的で欲求の対象」、「満ち足りた完全な善」と言われている。「至高の神に似た」はカルキディウスの付加。「至高の神」については一七六参照。三三九では、形相は「神の完全なる知性活動」とも言われている。
(4) 前節の引用とは言葉遣いが異なる。
(5) この記述はアリストテレスの著作には見られない。
(6) 形相は目的（テロス）とも言われる。アリストテレス『自然学』第二巻第八章一九九a三一—三二、『形而上学』Δ巻第四章一〇一五a一〇—一一参照。
(7) 二八六冒頭の引用文参照。
(8) 二八六冒頭の引用文参照。
(9) アリストテレス『自然学』第一巻第九章一九二a四—五参照。
(10) 二八五、二八六参照。

から何かあるものが生じることが可能である。しかし、それらは同じ意味ではなく、異なった意味においてである。

したがって以上のことから、悪と悪しきことの始原は質料ではなくて欠如である、とわれわれは言うだろう。というのも、欠如とは形のないこと、いかなる洗練さもないこと、質料の醜さであり、それゆえ邪悪でもあるからである。[1] このことゆえに彼は、質料を非物体的な物体と定義して――あるいはむしろ呼んで――いるのである。[2] 質料は可能的には物体であるが、実現と働きにおいてはけっして物体ではないからである。[3]

以上がアリストテレスの質料に関する見解である。ただし、彼は次のことを付言している。プラトンはこれらの三つのもの〔形相と質料と欠如〕について、名前に触れているだけで、実際には物体的事物の始原として二つのもの、形相と「小と大」すなわち質料を提起している。[4]「それゆえ、それらの始原は三つではなく二つ、形相と質料になるだろう」と彼は言う。質料は本性上いかなる実体性ももたないと彼は言う。[5]「あるいは、もしこの小と大とは欠如のことである」と理解すべきだとすれば、再び、質料が消去されて、事物の二つの始原、「形相」と「欠如」が見出されるだろうと彼は言う。[6]

二八九　ストア派もまた、質料が生起することを拒否している。[7] いやそれどころか、彼らは質料と神があらゆる事物の二つの始原であると主張している。[8] すなわち、神は製作者として、質料はその働きの基に置かれているものとしての始原であるという。しかも彼らによれば、働きかけるものと働きかけられ作用を受けるものとは、物体であるという点で、同一の本質を備えているが、[9] その力においては異なっている。神は働きかけるものであり、質料は働きかけられるものだからである。彼らの見解をもっと詳しく解説することは、無益ではないだろう(10)。

すなわち、彼らは次のように言っている。何であれ青銅製品は青銅からできており、銀製品は銀からできているように、物体的な素材は質料からできている。質料もまた、青銅や銀のような、その他の似たものと同じだからである。なぜなら、あるものはより多く、あるものはより少なく質料的な素材であり、あるものは他のものと比べてより物体的であるが、しかしそれらには始まりとして、ある一つのより先なるすべてに

(1) アリストテレス『自然学』第一巻第九章一九二a一四―一六参照。
(2) このような発言はアリストテレスの著作には見出せない。
(3) 質料における可能と実現については、一〇七、二八五、および三一〇参照。
(4) アリストテレス『自然学』第一巻第九章一九二a六―一六参照。
(5) 一〇七ではプラトンの発言として「質料はいかなる実体のうちにも入らない」と言われている。
(6) 二八六参照。
(7)『初期ストア派断片集』Ⅱ二九九（SVF）（＝ディオゲネス・ラエルティオス『ギリシア哲学者列伝』第七巻一三四）参照。
(8) 偽プルタルコス『哲学者たちの自然学説誌』第一巻第三章八七八C、『初期ストア派断片集』Ⅱ三〇〇（＝ディオゲネス・ラエルティオス『ギリシア哲学者列伝』第七巻一三四）三〇一（＝セクストス・エンペイリコス『学者たちへの論駁』第九巻一一）三一〇（SVF）、セネカ『倫理書簡集』六五・二三参照。
(9) セネカ『倫理書簡集』一一七・一〇、『初期ストア派断片集』Ⅰ九八（SVF）参照。
(10) 以下二九四までストア派の説が論じられる。これらの議論はヌメニオスに基づくものと考えられる（二九五冒頭を参照）。なお、本節と二九三、二九四は『初期ストア派断片集』（SVF）に採録されていない。

共通した質料があるからである。そして、彫像は、形づけられた物体ではあるが、青銅というより先なる実在を自らの基に置かれたものとしてもっているように、そのように、形をもたない物体ではあるが、諸々の性質を備えている青銅も、自らの基に置かれているもの［基体］として、より先に存在する実体をもっていると彼らは言う。それは性質を欠いた連続的な物体であり、まったく受動的で可変的なものである。彼らはこれを質料、または実在と名づけ[1]、以下のように定義している。「実在または質料とは、あらゆる物体の基に置かれているもの[2]」、あるいは、「あらゆる物体がそれからできているところのもの[3]」、あるいは、「その中で感覚されうる事物の変化が生じるが、それ自身は自らの状態にとどまっているもの[4]」、または、「性質をもった物体の基に置かれているが、それ自身は自らの本性によって性質を欠いたもの[5]」である。

二九〇　しかしながら、ゼノンやクリュシッポスのように、大多数の［ストア派の］人々は実在から質料を区別している。彼らが言うには、質料とは性質をもつすべてのものの基に存在するものであるが、実在とはすべての事物の第一の質料、あるいは最も先なる基礎であり、自らの本性によって姿をもたず形を欠いているからである。たとえば、青銅や銀や金やその他同様のものは、それらから作り出されたものの質料ではあるが、実在ではない。他方、それらやその他のものが存在するための原因であるもの、それこそが実体［＝実在］である[6]。

二九一　大多数の［ストア派の］人々もまた、次のような仕方で質料と実体を区別した。彼らが主張するには、実在は製作物の基礎であり、それゆえ、宇宙の実在を語ったり考えたりすることは正当である。他方、質料は製作者を考察することによって語られる。製作者は質料を整え形づけるからである[7]。

二九二　さらにゼノンが言うには、(8) この実在は有限で、(9) 存在するすべてのものに共通する一つの実体である。

（1）ここで「実在」と訳した essentia は *οὐσία* の訳語である。アリストテレス『形而上学』Z巻第二章一〇二九a一―二、『初期ストア派断片集』Ⅱ三〇〇（＝ディオゲネス・ラエルティオス『ギリシア哲学者列伝』第七巻一三四）、三一八（SVF）参照。なお、substantia を「実体」と訳したが、これも *οὐσία* の訳語で、カルキディウスは両者をほぼ同義で用いている。二七および四一頁註（2）参照。

（2）二六八第二段落、『初期ストア派断片集』Ⅱ三一八（SVF）参照。

（3）二六八第二段落、『初期ストア派断片集』Ⅱ三一六（＝ディオゲネス・ラエルティオス『ギリシア哲学者列伝』第七巻一五〇）、三一八（SVF）参照。

（4）二六八第二段落、『初期ストア派断片集』Ⅱ三一八（SVF）参照。

（5）『初期ストア派断片集』Ⅱ三〇〇（＝ディオゲネス・ラエルティオス『ギリシア哲学者列伝』第七巻一三四）、三〇一（＝セクストス・エンペイリコス『学者たちへの論駁』第九巻一一）、三一八、三二六（SVF）参照。

（6）本節全体が『初期ストア派断片集』Ⅰ八六（SVF）に採録されている。実在が第一の質料であることについては、同書Ⅱ三一六（SVF）（＝ディオゲネス・ラエルティオス『ギリシア哲学者列伝』第七巻一五〇）参照。アレイオス・ディデュモス「断片」二〇（Diels）においても、ゼノンの説として「実体とはすべての存在するものの第一の質料である」と言われている。

（7）アレイオス・ディデュモス「断片」二〇（Diels）においては、ポセイドニオスの言葉として「実在は基礎（*ὑπόστασις*）に関わるもので、思考（*ἐπίνοια*）によってのみ、質料と異なっている」と言われている。

（8）本節全体が『初期ストア派断片集』Ⅰ八八（SVF）に採録されている。

（9）実在が有限であることについては、『初期ストア派断片集』Ⅲアンティパトロス「断片」三二（SVF）（＝ディオゲネス・ラエルティオス『ギリシア哲学者列伝』第七巻一五〇）参照。

それはまた分割可能でもあり、[1]あらゆる点で可変的である。[2]その諸部分は変化するが、存在するものから無へと滅び去るような仕方で消滅することはないからである。[3]しかし、たとえば蠟には、無数のさまざまな形があるのと同じように、あらゆるものの基礎である質料には、それ自身のどんな形も姿もなく、いかなる固有の性質も一切ないが、[4]つねに不可分な仕方で何らかの性質と結び付いて、性質と結合している、と彼は言う。また、存在しないものから存在するようになることも、無へと滅び去ることもないのだから、いかなる生成も消滅もない。それには気息すなわち活力が永遠に欠けることがない。[5]この気息が、ときにはそれ全体を、ときにはその一部を、理性に則って動かしている。これが、万有が頻繁に激しく転変することの原因である。さらに、運動をもたらすこの気息は、自然ではなく魂であり、しかも理性的な魂である。[6]これが感覚されうる宇宙に生命を与え、宇宙を今見られるような魅力あるものへと飾り上げたのである。このような宇宙を、彼ら［ストア派］は幸福な生き物とも神とも呼んでいる。[7]

二九三　したがって、ストア派によれば、万有の身体［物体］は有限で、一つで、全体で、実在である。[8]全体であるというのは、それにはいかなる部分も欠けていないからである。一つであるというのは、その諸部分は不可分で、相互に結合しているからである。実在であるというのは、すべての物体の第一の質料だからである。[9]ちょうど種子が生殖器官に行き渡るように、それには万有に浸透する理性が行き渡っていると彼らは言う。[10]しかも、この理性が製作者そのものであると彼らは主張する。他方、連続し、性質を伴わず、まったく受動的で、可変的な物体が、質料もしくは実在であるという。[11]それは変化はするが、しかし、全体の破滅によっても部分の破滅によっても、消滅することはない。[12]なぜなら、何かが無から生じることも、無へと消滅することもないということは、すべての哲学者に共通した定説だからである。[13] というのも、すべての物体は何らかの偶然によって分解することはあっても、質料と製作者である神すなわち理性はつねに存在するからである。この理性によって、各々のものはちょうどよいときに生じたり滅びたりするように定められて

(1)ストア派における物体の分割可能性については、『初期ストア派断片集』Ⅱ四八二—四九一(SVF)参照。
(2)質料の可変性については、偽プルタルコス『哲学者たちの自然学説誌』第一巻第九章八八二C参照。
(3)全体としての質料が永遠であることについては、『初期ストア派断片集』Ⅱ三一七(SVF)参照。
(4)二八九末尾参照。
(5)ストア派の気息の説については、『初期ストア派断片集』Ⅱ四三九—四四六(SVF)参照。
(6)ストア派の宇宙大燃焼(ἐκπύρωσις)の説を念頭に置いているのかもしれない。『初期ストア派断片集』Ⅰ一〇七—一〇九(SVF)参照。
(7)『初期ストア派断片集』Ⅱ一〇二一(=ディオゲネス・ラエルティオス『ギリシア哲学者列伝』第七巻一四七)、五二八、Ⅲアンティパトロス「断片」三三(SVF)参照。なお『ティマイオス』においても、宇宙は「幸福な神」(三四B八)、「目に見える生き物」(九二C六)、「感覚されうる神」(九二C七)と呼ばれている。
(8)ストア派において、宇宙が有限であることについては『初期ストア派断片集』Ⅱ五三四—五三六、一つであることについては五三〇—五三三、全体であることについては五二二—五二五(SVF)参照。質料が実在であることについては、同書Ⅱ三一六(SVF)(=ディオゲネス・ラエルティオス『ギリシア哲学者列伝』第七巻一五〇)、本書二八九第二段落参照。
(9)実在が第一の質料であることについては、二九〇および三六一頁註(6)を参照。
(10)二九四、『初期ストア派断片集』Ⅰ八七(SVF)参照。
(11)二八九参照。
(12)二九二参照。
(13)たとえば、アナクサゴラス「断片」五(DK)、エピクロス『ヘロドトス宛書簡』三八参照。

いる。(1) それゆえ、生成するものは存在するものから生じ、死滅するものは存在するものへと至るのである。他方、生成するものが、それによって生じるもの［＝神］と、また同じく、それから生じるもの［＝質料］である不死なるものは、つねに存続するのである。(2)

二九四　すべての事物の範型は、傑出し最も卓越しており古くから存在する別の実体に属するのだから、感覚されうる宇宙は不死なる範型に倣って神によって作られたと、プラトンが言っていることも、彼ら［ストア派］は非難している。(3) というのも、彼らによれば、いわばすべてを受け入れ包含する自然に浸透している種子の理性(4)が、全宇宙とその中に存在するものを生み出したのだから、範型など必要ないからである。以上が質料と事物の始原に関するストア派の見解である。その一部はプラトンの説を援用したものであり、一部は自らの発案である。したがって、彼らは、物体を欠いたいかなる神的な力や実体も、すべての物体より、もしくは種子ほどにも、大きな効力をもたないことを疑っていないことが、容易に理解できる。その結果、彼らは以下のような不敬な見解へと陥ってしまったのである。すなわち、彼らによれば、神は質料と、もしくは質料と不可分な性質とさえ同一であり、(5) その神は、種子が生殖器官の中に行き渡るように、質料の中に行き渡り、(6) あらゆる生じるものの、劣悪なもののみならず不道徳なことや下品なことまでもの始原にして原因であり、あらゆること、恥ずべきことさえも、行なったり被ったりするという。このような見解の醜さは、プラトンの説を解説した後に、よりはっきりと顕になるであろう。(7)

二九五　さていまや、ピュタゴラスの学説を検討すべきである。(8) ストア派の始原についての以上の学説を、ピュタゴラスの教えを継ぐ者(9)であるヌメニオス(10)が、ピュタゴラスの学説――これにプラトンの学説は一致していると彼は言う――によって反駁しながら述べるところによると、ピュタゴラスは神を一性の名で呼び、質料を二性の名で呼んだ(11)。その二性は、限定されないものとしては生じないものだが、限られたものとしては生成したものであると、彼は言う。すなわち、それは秩序づけられて形と秩序を獲得する以前には、誕生と生成を欠いているが、整序者である神によって秩序づけられ照らされることで、生成したものとなる。それゆえ、生成の機会はより後であるのだから、それは秩序づけられず少しも生成しないものとしては、それ

---

(1)ストア派の運命論を示唆している。『初期ストア派断片集』Ⅱ五三八、九一三、Ⅲアンティパトロス「断片」三五(SVF)参照。
(2)ディオゲネス・ラエルティオス『ギリシア哲学者列伝』第七巻一三四、『初期ストア派断片集』Ⅱ一〇四七(SVF)参照。
(3)『初期ストア派断片集』Ⅱ三〇七(SVF)参照。
(4)ストア派の能動原理である種子的ロゴスのこと。『初期ストア派断片集』Ⅰ一〇二b、Ⅱ五八〇、七一七、一〇二七、一一三二、Ⅲ一四一(SVF)参照。
(5)二八九第一段落「物体であるという点で、同一の本性を備えている」、『初期ストア派断片集』Ⅱ三〇七(SVF)参照。ストア派が(ストア派と言明されてはいないが)神と質料を同一視したことへの批判は、プロティノス『エンネアデス』第二巻第四篇一、第六巻第一篇二七にも見られる。
(6)二九三参照。
(7)三一一参照。
(8)以下五節にわたって、ピュタゴラスの学説としてヌメニオスの説が紹介される。本節から二九九までがヌメニオス「断片」五二(des Places)に採録されている。
(9)六、五〇では、ティマイオスが「ピュタゴラスの教えを継ぐ者」と言われている。
(10)後二世紀に活動したシリアのアパメイア出身の哲学者で、後の新プラトン主義の形成にも影響を与えた。彼が名指しで言及されるのは本節から二九九においてのみだが、彼の影響は本註解の各所に見られる。
(11)ヌメニオス「断片」一一(des Places)参照。

を秩序づけた神と同じだけ古いと理解すべきである。(1)

しかし、ピュタゴラス派の少なからぬ人たちは、この見解の意味を正しく理解せずに、その限定されず無限な二性も、一性が自らの本性から離れて二性の状態へと移行することで、唯一の一性によって作り出されたと考えたと言われている。(2) これは正しくない。存在したものである一性が存在することをやめ、存在していなかったものである二性が存在することになり、神から質料が、無限で無規定な一性から二性が、変化して生じることになるからである。このような考えは、凡庸な教育を受けた人間にも相応しくない。

最後に、ストア派は、質料は固有の自然本性によって規定され限られていると言う(3)が、ピュタゴラスは、無限で限定を欠いていると言う。彼ら［ストア派］は、自然本性において無限なものは、限度と秩序へと変化することはできないと考えるのに対し、(4) ピュタゴラスは、神のみはその力と能力をもつと主張する。すなわち、自然が成し遂げることができないことでも、神は容易にできる。神はいかなる力より能力があり勝っていて、自然自身も神からその力を借りているからである。
二九六　ヌメニオスが言うには、したがって、ピュタゴラスは、質料は流動的(5)で性質を欠いているとも考えている。しかし彼はそれを、ストア派のように、善と悪の中間の本性に類するもの――彼らはその種のものを「どちらでもないもの」と呼んでいる(6)――とは考えず、まったくの害悪と考えている。(7) というのも、プラトンもそうみなしたように、神は善の始原にして原因であり、質料は悪の始原にして原因であるのだから。(8)
しかし、形相(9)と質料から成るものは「どちらでもないもの」であり、それゆえ、「どちらでもないもの」は質料ではなく、形相の善と質料の悪から混合された宇宙である。要するに、昔の神について語る人たち(10)に精通した人たちには、宇宙は摂理[11]と必然から生み出されたものだとみなされているのである。

二九七　したがって、ストア派もピュタゴラスも、質料は形をもたず性質を欠いているということに同意している。しかし、ピュタゴラスは、質料は邪悪でもあるとしているが、ストア派は善でも悪でもないとし

(1)アッティコス「断片」二〇（des Places）、プルタルコス『「ティマイオス」における魂の生成について』一〇一四B、アプレイウス『プラトンとその教説』第一巻八（九六・八―一三（Moreschini））、アルキノオス『プラトン哲学講義』第十四章（一六九・三二―三四（Hermann））、テルトゥリアヌス『ヘルモゲネス論駁』四参照。

(2)ディオゲネス・ラエルティオス『ギリシア哲学者列伝』第八巻二五（アレクサンドロス・ポリュヒストルの報告）、シンプリキオス『アリストテレス「自然学」註解』一八一、二三一（Diels）（前者はエウドロス、後者はモデラトスの説）参照。

(3)二九二―二九三参照。

(4)『初期ストア派断片集』Ⅱ五三四（SVF）参照。

(5)ヌメニオス「断片」三、八、一一（des Places）参照。質料あるいは物体の流動性については、三五頁註（3）参照。

(6)『初期ストア派断片集』Ⅱ一一六八（SVF）参照。

(7)偽プルタルコス『哲学者たちの自然学説誌』第一巻第七章八八一E参照。

(8)アリストテレス『形而上学』A巻第六章九八八a一四―一五参照。

(9)ここでは神が形相と置き換えられている。

(10)ヌメニオスにとって「昔の神を語る人たち（ueteres theologi）」とは、モーセ、オルペウス、ピュタゴラス、ペレキュデス、ホメロス、ヘシオドスらのことであろう。

(11)カルキディウスは「摂理（prouidentia）」を宇宙論的な知性と同一視している（一七六および二二三頁註（11）参照）。『ティマイオス』においては、「存在するもの」（＝イデア）と「生成するもの」（＝物体的事象）という、いわゆるイデア論の図式に、宇宙論的な「知性（ヌース）」と「必然（アナンケー）」が重ね合わされ、この対立する二項の図式が議論の枠組みとなっている。『ティマイオス』二七D五―二八A四、四七E三―四八A五、および本書二六九参照。

ている。このことからストア派は、いわば道を進むうちにいくつかの悪に出会って、こう尋ねられる。「それでは悪はどこから来るのか」[1]。歪曲が悪の温床であると、彼らは言い訳をする[2]。しかし、彼らはさらに歪曲そのものがどこから来るのかを説明できない。彼らによれば、事物の始原は神と質料の二つであり[3]、彼らが考えるには、神は至高の卓越した善であり、質料は善でも悪でもないからである[4]。

しかし、ピュタゴラスは、人々の意見に反する驚くべき主張をしてまでも、真理を支持することを恐れない。摂理が存在するには悪が必然的に伴わなければならない、と彼は言う。なぜなら、質料があり、それは悪を伴ったものであるのだから。もし宇宙が質料からできているとすれば、それはきっと以前から存在する邪悪な本性から作られたものだからである。それゆえ、ヌメニオスは、ホメロスを非難するヘラクレイトス[5]を称賛している。ホメロスは、悪しき生を滅ぼし払拭することを欲したが[6]、自分が望んでいることは宇宙が抹消されることであることを理解していなかったからである。そうなれば、諸悪の源泉である質料も根絶されるからである。

ヌメニオスはプラトンも称賛している。彼は宇宙の二つの魂を考えているからである[7]。その一方はきわめて善をなすもので、他方は邪悪なもの、すなわち質料の[8]［魂］である。質料は不規則に流動するのではあるが、内的な固有の運動によって動かされるのだから、生来の運動によって動かされるすべてのものの法則に従って[9]、生きており、魂によって活力を与えられているのでなければならない[10]。実際、質料は、何か物体的で可死的で身体に似たもの[11]がその中にある魂の受動的な部分[12]の、創始者にして保護者でもある。それは、魂の理性的な部分が、その創始者を理性と神にもつのと同様である。いずれにせよ、神と質料からこの宇宙は作られたのである。

二九八　したがって、プラトンによれば、宇宙にそれ自身の善きものが付与されたのは、父のような神の

(1)一七四冒頭参照。この言葉はプロティノス『エンネアデス』第一巻第八篇の表題でもある。

(2)一六五参照。

(3)『初期ストア派断片集』I八五(SVF)参照。

(4)悪の問題に関する同様のストア派批判として、プルタルコス『「ティマイオス」における魂の生成について』一〇一五B、『共通観念について』一〇七六C―D参照。

(5)ヘラクレイトス「断片」A二二(DK)(=アリストテレス『エウデモス倫理学』第六巻第一章一二三五a二五―二九)参照。

(6)ホメロス『イリアス』第十八歌一〇七、『オデュッセイア』第十三歌四七参照。

(7)『法律』第一〇巻八九六E四―六「そうしているのは一つの魂でしょうか、多くの魂でしょうか。[中略]とにかく、二つより少なくはないとしておきましょう。すなわち、善いことをなす魂と、それとは反対の状態を作り出すことができる魂と」、八九七D一「もしそれらの運行が狂ったような無秩序な仕方で行なわれているとすれば、悪しき魂が導いていると言わねばなりません」参照。ただし、『ティマイオス』においては宇宙の魂は一貫して理性的なものであり、プラトンが悪しき宇宙の魂の存在を考えていたとは思えない。

(8)Bakhouche, Magee に従って、siluam を siluae と読む。「質料の魂(siluae anima)」という言葉は二九八第二段落にも見られる。

(9)五七(『パイドロス』二四五C五―二四六A二が引用されている)参照。

(10)三五二第二段落冒頭および四三五頁註(10)参照。

(11)気息(プネウマ)のことか。ポルピュリオス『センテンティアエ』二九参照。

(12)二六一末尾参照。

気前よさによってであり、他方、悪しきものは母である質料の欠陥によって宇宙に付着しているのである[1]。この説明によって、ストア派が、生起する出来事は星の運動から生起すると言いながら[2]、誤って何らかの歪曲に［悪の］原因を帰していることが理解できる[3]。さて、星は物体であり天の火である。確かに、質料はあらゆる物体の乳母である[4]。その結果、星辰の運動が引き起こす不利で不幸な出来事も、質料に始原をもつとみなされる。質料の中には、多くの不調和や無思慮な衝動や堕落や放縦に駆り立てられた無謀さがある。

したがって、『ティマイオス』においてプラトンが語るように、神がそれを修正し、「不規則で混乱した動きから秩序へと導いた[5]」とすれば、確かに、質料のこの混乱した不調和は、摂理の有益な計画からではなく、何らかの偶然と不幸なめぐり合わせによって引き起こされたことになる。それゆえ、ピュタゴラスによれば、質料の魂は、大多数の人が考えるように、いかなる実体ももたないのではなく、摂理に反抗し、自らの邪悪な力でその計画を攻撃することを切望している[6]。

しかし、摂理は神の業であり任務であるが、盲目で偶然な暴挙は質料の一族に由来する。その結果、以下のことが明らかになる。ピュタゴラスによれば、万物の塊は神と質料の、すなわち摂理と運［偶然］の結合によって構成された[7]。しかし、質料に秩序が与えられた後には、質料自身は物体的なものと生まれた神々の母となり[8]、質料の運［偶然］は、あらゆる場合ではないが、大部分が有益なものとなる。というのも、自然的な欠陥を完全に取り除くことはできなかったからである[9]。

二九九　こうして、神は偉大な力によって質料に手入れを施し、それを破壊することなしに、その欠陥をあらゆる仕方で修正した。質料の本性は完全に滅びることはなかったが、神はそれが到るところに伸び広がることを許さなかった。むしろ、本性がとどまることで、それを不適切な状態から望ましいものに呼び戻し変化させることができるようにと、秩序を無秩序な混乱に、節度を無抑制に、洗練を醜さに結びつけて、質料のすべての状態を照らし秩序づけることで変化させた。

最後に、ヌメニオスは、生成したものの境遇はあらゆる点で欠陥を免れているのではないと言っている。しかも正しくそう言っている。人間の技術においても、自然においても、動物の身体においても、木や草に

(1)『ティマイオス』五〇D二―四、五三B一―七、『ポリティコス(政治家)』七三B六―C一「[宇宙は]すべての美しいものをその構成者から手に入れた。他方、やっかいで不正なものはすべて、以前の状態から手に入れた」、および、オリゲネス『ケルソス論駁』第四巻六五参照。

(2)一七四参照。

(3)二九七第一段落参照。

(4)『ティマイオス』四九A五―六、五二D五、八八D七、および本書二七三、三〇八第一段落、三二一第二段落、三五一第一段落参照。

(5)『ティマイオス』三〇A五。

(6)プルタルコス『「ティマイオス」における魂の生成について』一〇一四D―E、ポルピュリオス『ニュンペーたちの洞窟について』五参照。

(7)カルキディウスは「摂理」を「知性」と、「必然」を「質料」と同一視している。三六七頁註(11)、二九九末尾参照。なお。古代においては一般に、理性や目的を欠いている点で「必然」と「偶然」は同義とみなされている。

(8)天体のこと。『ティマイオス』四〇D五参照。

(9)『ティマイオス』三〇A二―三、四八A二―三、五三B五―六、六九B二―五、『テアイテトス』一七六A四―七、および、プルタルコス『「ティマイオス」における魂の生成について』一〇一五B、プロティノス『エンネアデス』第一巻第八篇六、テルトゥリアヌス『ヘルモゲネス論駁』三八参照。

おいても、果実においても、空気の連続においても、水の流れにおいても、天においてさえもそうである。[1]到るところでより低い自然の、いわばある種の罪が摂理に混ざっているからである。そして、彼は、質料の裸の像を明らかにし、いわば光の中に立たせようと努めながら、すべての物体から、その胎内で次々と姿を変え次々と変化するものを一つずつ取り除くことで、除去によって空っぽにされたまさにそのものを、魂でもって考察することを命じている。[2]それを彼は質料すなわち必然と呼んでいる。これと神とから宇宙という[3]機関は、[4]神が説得し、必然が服従することで、[5]成り立っているのである。以上が、始原に関するピュタゴラスの主張である。

三〇〇　われわれにはプラトンの質料に関する見解を考察することが残っている。プラトンの弟子たちは、それをさまざまに解釈しているように思われる。というのも、ある人たちは、事実よりも何らかの言葉に従って、質料は生じたものと語られていると考えたが、[6]またある人たちは、質料は生じたものではなく、魂を備えたものだと考えた。[7]なぜなら、照明［神による宇宙の製作］の前にも不安定で無秩序な運動によって質料は波打っていたと彼［プラトン］は言ったからである。[8]内的で生来の運動は生きているものに特有であるし、彼はしばしば、宇宙の魂には異なった二つのものがあり、一つは質料に由来する邪悪なもので、一つは神に由来する恵み深いものであるとも言ったからである。[9]それゆえ、善と悪が存在し、善いことは恵み深い魂から宇宙に付与されたもので、他方、不都合なことは質料の邪悪な魂から付与されたものである。神の知恵と製作者である神の知性は、洗練と秩序づけに忍従を示すようにと、質料に厳しく効果的に説得したが、[10]忍従は魂をもち生命を享受するものでなければ備わっていないからであるという。

ヘブライ人[11]は以下のように述べるとき、これらと一致している。人間には天の息吹から、彼らが理性とか理性的な魂とか呼ぶ魂が与えられたが[12]、生きて魂をもった獣が大地の胎内から生まれ出たとき[13]、言葉を喋らない野生のものたちには、神の命令によって、質料から理性を欠いた魂が与えられた。人類の最初の者たちを悪しき勧めによって陥れたあの蛇も[14]、これらの数に入るだろう。

三〇一　プラトンは、あの無秩序で慌ただしい運動[15]は質料にではなく、宇宙の始原であり元素とみなされている素材すなわち物体の中にこそあると述べた、と考える人たちもいる[16]。というのは、もし質料が形をもたず無秩序であるなら、それは当然その本性によって不動であり、しかも、不動なだけでなく、無変化でも

(1) ヌメニオス「断片」五一（des Places）参照。
(2) 二七四第二段落および三三九頁註（10）参照。
(3) 二九八第三段落、および三七一頁註（7）参照。
(4) 一四七および一九三頁註（3）参照。
(5) 二七〇参照。
(6) 二九五第二段落で語られた「ピュタゴラス派の少なからぬ人たち」の解釈参照。
(7) 二九七第三段落で語られたヌメニオスの解釈参照。
(8)『ティマイオス』三〇A三―六、五二D三―五三B五参照。
(9) 二九七第三段落および三六九頁註（7）参照。
(10)『ティマイオス』四八A二―五、五六C三―七参照。
(11) 一七五頁註（2）参照。
(12) 旧約聖書『創世記』二・七、および本書五五、二一九参照。
(13) 旧約聖書『創世記』一・二四参照。
(14) 旧約聖書『創世記』三・一―一九参照。
(15)『ティマイオス』三〇A三―六、五二D三―五三B五参照。
(16) ピロポノス『宇宙の永遠性について』第十四巻三（五四六・五―一五（Rabe））によれば、ポルピュリオスは、宇宙の始原は形相と質料ではなく、形相と質料から生じた物体であると考えた。宇宙生成以前の物体の運動に関するカルキディウス自身の解釈については、三五二を参照。

ある。変化が起こるのは質料にではなく、性質をもった物体にだからである。同様にして、それは不動であるのだから、魂を欠いている。さらに彼らは、悪とは、無形や無力や無抑制のように、徳の欠如であると言う[1]。それゆえ、徳に否定辞が付け加わると、無恥、不正、無知のように、徳とは反対の意味になるのだと言う。

プラトン派の哲学者たちの間には、以上のような見解の相違がある。

三〇二　さて、これらの解釈[2]のうちどちらがより優れていて、真理の吟味により適しており、とりわけこれほどの著者［プラトン］の思慮に相応しいとわれわれは考えるべきか、追求してみよう。

ところで、提起された問題を吟味するには二つの証明法がある。一つは、より先なるものからより後のものを確証する証明法である。これは三段論法に固有の方法である[3]。順序として、元素[4]と呼ばれる是認された命題が結論に先行するからである。もう一つは、より後のものから先行するものを順番に突き止めていくもので、この種の証明法は分析と呼ばれる[5]。それゆえわれわれは、それよりも先のものが何もない始原に関する議論をしているのだから、分析に由来する論証の方策を用いることにしよう。というのも、われわれには感覚があり、さらに知性もあり、これらは互いに同じではないということは、哲学している人であれ、この研究に専念したことがない人であれ、すべての人にとって確かなことだからである。したがって、感覚と知性は種類自体が異なるのだから、感覚の作用と知性の作用もまた異なる。そうであるからには、知性の対象となるものと感覚の対象となるものもまた必然的に存在する。したがって、感覚されうるものと知性で知られうるものとが存在することになる[6]。知性で知られうるものとは、理性的な吟味を通じて知性によって把握されるものである。他方、感覚されうるものとは、何らかの不確かな思わくが生じるとき非理性的な思わくによって推測されるものである。[7] そして、前者は永遠に存在し、いかなる始まりももたないが、後者は時間的な存在で、時のある一時点から始まり、われわれの位置からは第一のものだが、本性に対しては第二のものである。これと反対に、知性で知られうるものは本性の位置からはより先のものだが、われわれに対しては第二のものである。[8] したがって、われわれに対して第一のものから、われわれにとって第二のものへと上

---

(1)「悪とは善の欠如である」という観念はプロティノス(『エンネアデス』第三巻第二篇五)のものとして有名だが、すでにオリゲネス『諸原理について』第二巻第二章九などにも見られる。

(2)三〇〇と三〇一で述べられた解釈。

(3)アリストテレス『分析論前書』第一巻第一章二四b一八―二二参照。この証明法は三〇四で「総合(compositio)」と呼ばれている。

(4)三段論法の前提が「元素(elementa)」と呼ばれるというのは、おそらくアリストテレス『自然学』第一巻第一章一八四a二三 *στοιχεῖα* の用例に由来するのだろう。

(5)「分析(resolutio)」とは、以下に述べられるように、感覚的な事物から出発して非感覚的な原理へと至る推論のこと。resolutio という語をこのような意味で用いる例は他に見られないが、アリストテレス『自然学』第一巻第一章一八四a二二 *διαιροῦσι* に由来するのかもしれない。アルキノオス『プラトン哲学講義』第五章(一五七・一一―一二(Hermann))では、問答法の一種としての「分析(*ἀνάλυσις*)」の第一の種類が「感覚的されうるものから第一の知性対象への上昇」と言われている。「分析」については三〇三も参照。

(6)『ティマイオス』五一D三―五二A四参照(この箇所については本書三四〇―三四二で取り上げられる)。

(7)『ティマイオス』二八A一―三参照。

(8)アリストテレス『分析論後書』第一巻第二章七一b三三、『自然学』第一巻第一章一八四a一六―一八参照。

るような仕方で議論を始める人は、問題を分析すると言われる。というのも、その人は、真に存在するものではなく、むしろ真に存在する事物の似像から出発して、真に存在するものの始原や原因へと至るからである。

三〇三　したがって、感覚されるものはすべてわれわれに近いものである。たとえば、火、空気、水、土がそうである。しかし、これらから合成されたものはいくぶんより近く、さらに、われわれの身体はわれわれによりいっそう密着している。それゆえ、われわれの身体の中には、何らかの可触性、固さ、可視性、熱がある。可触性と固さは、土なしには存在しないだろうし、さらに、可視性と熱は、火なしには存在できないだろう。(1)したがって、われわれの中には土と火が存在することになる。さらに呼吸されるものも存在する。なぜなら、動脈と呼ばれる血管の中には気息が含まれているのが見出されるからである。(2)湿気もまた存在する。湿気は水なしにはまったく存在できないし、気息は空気なしには存在できない。(3)そして、これらすべてが身体の部分であるなら、すでに述べたように、これらがその部分であるもの、すなわち、宇宙全体の身体もまた必然的に存在することになる。

したがって、宇宙全体の身体には火や土やその他の素材がある。さらに、これらは適度に制御された集合体をなしている。その集合は形状と性質から成り立っている。火には輝き、軽さ、熱、形があり、土には乾燥、重さ、形がある。(4)同様に、火と土の間に挿入された素材［空気と水］にも、何らかの自然的な特性がなければならない。それゆえ、もしわれわれが、これらの質と量、姿と形を魂の理性によって分離し、そうして、これらすべてを不可分な仕方で結びつけ包括し保持するものは何であるかをよく考えようとするなら、われわれは探究している当のもの、すなわち質料の他には何も存在しないことを見出すだろう(5)。要するに、質料的始原が見出されたのである。以上が、二つの証明法のうちの一種類、分析と呼ばれるものである(6)。

三〇四　今度は、総合と呼ばれる別の論法を考察しよう(7)。というのも、分離の後には結合が続くように、分析の後には総合が続くからである。それゆえ、われわれがたった今心の目でもって質料から分離したもの、すなわち、性状、性質、形などを、再び質料に差し出して、いわばそれら自身の場所へと戻そう。しかも、それらを無秩序にでたらめにではなく、整然と秩序をもって。

ところで、秩序はハルモニア［調和］なしにはありえず、ハルモニアは必ずアナロギアー(8)に随伴する。また、アナロギアーは理性とともにあり、理性は必ず摂理に不可分に随伴することが見出される。他方、摂理は知性なしには存在せず、知性は精神なしには存在しない。したがって、物体の全組織(9)を調律し秩序づけ飾り上げたのは神の精神である。かくして、ついに製作者としての神的な始原が見出されたことになる。さら

（1）『ティマイオス』三一B五—六参照。
（2）二五一頁註（2）参照。
（3）二〇二にも同じ議論がある。
（4）二一一第二段落参照。
（5）二七四第二段落および三三九頁註（10）参照。
（6）三〇二参照。
（7）ここで「総合（compositio）」と呼ばれるもう一つの論法は、三〇二冒頭では「三段論法に固有の方法」と言われている。これはアルキノオス『プラトン哲学講義』第五章（一七五・二一（Hermann））で「分析（ἀνάλυσις）の第二の種類」と呼ばれるものに相当する。
（8）アナロギアーについては一六参照。
（9）ここで「組織」と訳した continentia は『ティマイオス』三二C六 σύστασις の訳語である。

に、製作者は理性的な力と自らの業の壮大さに従って万物に働きかけ秩序をもたらす。また、神の業とは神の知性活動であり、それはギリシア人によってイデアと呼ばれている[1]。さらに、イデアは自然的な事物の範型である[2]。このようにして、範型としての事物の第三の始原が見出される[3]。

したがって、われわれは分析[4]の法則と理論によって質料を見出し、また、総合の規則によって製作者としての神そのものを見出し、さらに、製作者としての神の業から範型を見出すのである。

三〇五　そして、これらはどれも始原であるのだから、再びあらためて始原について論じるべきであろう。始原とは、すべてのものがその後に存在する、第一の限界である[5]。その限界からすべてのものが生じる。そして、すべての始原は、始原であるからには、事物の生起に先立つのだから、それは単純で、性質をもたず、永久でなければならない。もし単純でないとすると、始原は自らの実体から生じたものと同様になり、始原自体とその他のものとの間には何の違いもないことになるだろう。たとえ、始原の後に生じるものもある時点から存在するからといって、時間における古さを持ち出したとしても[6]。そして、いかなる相違もないなどということは理屈が通らない。それゆえ、事物の始原は単純で、性質をもたない。というのも、もしそれに性質を認めるなら、思うに、それは素材と付帯性から合成された何らかのものであるだろう。なぜなら、性質をもつものはすべてそのような類のものに属するからである。したがって、それは性質をもたない。

三〇六　始原が永遠であることもまた、次のように証明される。すなわち、もし始原が永遠でないとすれば、それはある一時点から存在するのでなければならない。もしそうであるなら、始原が存在する原因も始原の生起に先立つものでなければならない。すると、始原よりも先なる何かが存在することになるだろう。しかし、始原の始原を想定することはばかげている。(7) したがって、事物の始原は永遠であり、また不死でもある。というのも、仮にそれが滅びるものだとしても、それには死滅の条件が欠けていることになるだろう。なぜなら、それは何か単純なものにも、合成されたものにも分解されることがないからである。単純なものに分解されないのは、始原のみが単純なものだからである。それゆえ、それは自分自身へと分解されて、死滅するよりもむしろ回復するであろう。また、合成されたものへと分解されないのは、［その場合には］合成され

(1) 神の業（opus）が神の知性活動（intellectus）であることについては、一七六、二六〇第一段落末尾参照。神の知性活動は、三三〇第二段落、三三九、三四二においてもイデアと呼ばれている。これは中期プラトン主義において一般的な観念であった。四一九頁註（1）も参照。

(2)『ティマイオス』三〇C七―三一A一、三七C六―D二、三九E七―九においては、神は永遠な生き物である宇宙の範型（*παράδειγμα*）に倣ってこの宇宙を製作したと言われている。三二九第一段落、三三〇、三三九でも、イデアは範型（exemplum）と言われている。

(3) 神（製作者）とイデア（範型）と質料を三つの原理とすることは、中期プラトン主義において一般的であった。たとえば、アルキノオス『プラトン哲学講義』第九章（一六三・一一―一四（Hermann））、アプレイウス『プラトンとその教説』第一巻五（九二・五―六（Moreschini））参照。

(4) ここではresolutioではなくdissolutioという語が用いられている。三七五頁註（5）参照。

(5) アリストテレス『形而上学』Δ巻第一章一〇一三a一七―一九、第十七章一〇二二a一二参照。

(6) 始原が単純でないとしたら、始原とその他のもの（始原より後のもの、始原から生じるもの）の違いはたんなる時間的な前後関係のみになってしまうが、それは本質的な相違ではないということ。

(7) アリストテレス『自然学』第一巻第六章一八九a三〇参照。バシレイオス『ヘクサエメロン』第一講話七にも同様の言葉が見られる。

たものによって存在を維持されることになるからである。したがって、始原は分解されないだろう。なぜなら、すべての合成されたものは単純なものの結合によって存在するからである。また、無へと分解されることも不可能である。なぜなら、何ものもまったく存在しないものとして存在することは不可能だからである[1]。プラトンが述べるように「確かに、もし始原が消滅したら、それ自身が何か他のものから復活することも、それ自身から何か他のものが作り出されることもないだろう[2]」。かくして、事物の始原は不死であることが見出される。

三〇七　それでは、われわれは始原とは何でありどのようなものであるかを説明したのだから、いまや次になすべきことは、火や土や元素と呼ばれるその他のものが始原であるのかどうかを考察することであろう。というのも、これらのいずれも始原であると考えるのは正しくないとわたしは思うからである。なぜなら、これらは少しも単純ではなく、さまざまな素材と性質から合成された物体であるが、他方、始原の本性が単純であることは、先に述べたこと[3]から明白だからである。

以上のことを論じた後には、事物の始原には二つのものがあって、それらは互いに対立することを明示すべきである。というのも、プラトンのみならず彼以前のすべての哲学者もまた、この点では意見が一致しているからである。すなわち、ある者は始原として熱と冷を立て、ある者は湿と乾を立て、また他の者たちは一致と不一致、あるいは、一と多、等と不等、すなわち、ピュタゴラスが賛同するように、一性と二性を立てている。これらすべての人たちは、二つの始原の対立性については意見が一致しているが、それらが永遠であるのか時間的であるのか、非物体的であるのか物体的な塊であるのかという点では、意見を異にしている。[4] それらのうちの一方は作用を及ぼすものであり、他方は作用を受けるものである。[5] さらに、始原は他の事物から自らの始原を引き出したり、存在を互いに依存し合ったりしてはならず、むしろすべてのものが始原から実体性を借用するのでなければならない。[6]

したがって、われわれが「作用を及ぼすもの」と言ったのは神であり、「作用を受けるもの」と言ったのは物体の質料である。しかし、何かに作用を及ぼすものは、何らかの範型[7]に目を向けながら作業をするのだから、第三の始原の必要性も理解された。したがって、始原は神と質料と範型である。[8] 神は動かし活動している第一の始原であり、質料は生成するものがそこから生じる第一の始原である。

三〇八　さていまや、質料について論じることにしよう。質料が事物の始原であることには、ピュタゴラス派もプラトン派もストア派も同意している。[9] しかし、それに「質料という」名称を与えたのはプラトンの

(1) 分解と生成と消滅をめぐる議論は二八三第二段落でより詳しく論じられている。
(2)『パイドロス』二四五D四—六。五七では『パイドロス』二四五C五—四六A二がそっくり引用されている。
(3) 三〇五参照。
(4) アリストテレス『自然学』第一巻第五章一八八b二七—三五参照。
(5) アリストテレス『自然学』第一巻第五章一八九b一一—一六参照。
(6) アリストテレス『自然学』第一巻第五章一八八a二七—二八参照。
(7)「範型」とはイデアのことであり、それは神の知性活動でもある。三〇四第二段落および三七九頁註(1)参照。
(8) 三〇三—三〇四および三七九頁註(3)参照。
(9) ここにアリストテレスの名がないのは、アリストテレスは「プラトン派」に属すると考えられていたからであろう。

弟子たちであった。[1] というのも、プラトン自身はけっして質料という名称を記さず、質料の本性を明らかにするために他の多くの適切な呼び名を用いているからである。あるいは事柄に固有の本性から、あるいはわれわれの心の感情や情動に依拠して、彼は何とかしてわれわれの心にそれを深く理解させようと欲したからである。その固有の本性から、彼はそれを「第一の素材[2]」とか、何か「印影がその上に刻印される柔らかく可塑性のある素材に似たもの[3]」とか、「事物の受容器[4]」とか、ときには「母[5]」とか、「あらゆる生成の乳母[6]」と呼んでいる。また、「何か非嫡出の知性によって思い浮かべられ、触れる人の感覚なしに触れられえるもの[7]」と言うとき、彼は聴く人の感情に依拠している。

確かに、先に述べたすべての人たちは、質料は変化しやすく転化しうるということにはみな賛同しているが、その転化と変化には異なった説明を与えている。すなわち、ある人たち[8]は、質料は自らの固有の性質によって転化し、性質を受け取ると考えている。なぜなら、転換の結果として生じるものは異なった性質の他には何もなく、その性質とはそのつど異なった状態にある質料[9]に他ならないからであるという。しかし、われわれは質料と性質が同じであるということにはけっして賛同しない。なぜなら、それらのうちの一方は、いわば基に置かれている素材であるのに対し、もう一方は、その素材に付帯的に生じるものだからである。[10] このことは、質料が受動的である理由を証明している。なぜなら、質料は変化によって異なった性質を受け入れるからである。

三〇九　さらに、質料に転化が起こるといっても、質料自体が変化を被るのではなく、質料の中にあって質料に含まれている性質が転化するのである。なぜなら、もしそれ自体が変化するとしたら、質料は何か他のものへ転化しなければならず、質料であることをやめてしまうだろうが、それでは理屈が通らないからである。たとえば蠟は、多くのさまざまな形に変形されるが、転化するのはそれ自体ではなくその形であり、それ自体は固有の本性にとどまっている。形は蠟の本質ではないからである。(11) そのように、質料もまた姿形

(1)「質料」と訳した *silua* は *ὕλη* のラテン語訳（二六八第二段落冒頭参照）。素材としての物質の原理を *ὕλη* と名づけたのはアリストテレスである。

(2)「第一の素材（prima materia）」に該当する語はプラトンの著作にはないが、この語は三二六、三五一でも用いられている。類似した語として「第一に物体の基に置かれているもの」、「第一の基体」といった表現が、二六八第二段落、三一六、三一七冒頭、三一八末尾、三三七第二段落に見られる。

(3)『ティマイオス』五〇C二 *ἐκμαγεῖον* の説明的な訳。封蠟など、印形が押される台地のこと。三二七で解説される。

(4)『ティマイオス』四九A六、五一A五、および本書二七八第一段落、三一八末尾、三二一第二段落、三五〇末尾参照。

(5)『ティマイオス』五〇D三、五一A四—五。

(6)『ティマイオス』四九A五—六。同書五二D五、八八D七、および本書二七三、二九八第一段落、三二一第二段落、三五一第一段落も参照。

(7)『ティマイオス』五二B二。三三五、三四五、三四六参照。

(8)ストア派のこと。三一一、『初期ストア派断片集』II三〇九（*SVF*）参照。

(9)プロティノス『エンネアデス』第二巻第四篇一、第六巻第一篇二七において、ストア派の質料に関する説を批判的に紹介する中で「何らかの状態にある質料」という表現が見られる。

(10)二六八第二段落参照。

(11)『ティマイオス』五〇A五—B五には、さまざまに形を変える黄金の比喩が語られている。蠟の譬えはアルキノオス『プラトン哲学講義』第八章（一六三・二一（Hermann））、アプレイウス『プラトンとその教説』第一巻六（九三・一三—二五（Moreschini））、プロティノス『エンネアデス』第三巻第六篇九、マルクス・アウレリウス『自省録』第七巻二三にも見られる。

をさまざまに変えても、自らの状態から少しも離れることがないのだから、[1] 受動的と言われるのが正しいとわたしは思う。

三一〇　また、質料は性質をもたず、形も形相ももたないということも、すべての人たち[2]によって言明されている。それは、質料がそれらなしに存在できるからではなく、[3] むしろ形相と性質は質料に随伴するからだという。質料はそれらを固有の本性として所持したり占有したりするのではないという。質料がそれらなしには存在しない形相や性質[4]を、質料から取り除こうと欲するなら、[5] われわれが精神の考察によって、質料がそれらなしには存在しない形相や性質を、質料から取り除こうと欲するなら、[5] われわれは現実にではなく可能的に、質料にそれらすべてを与えることもできる。しかし、可能性には二つの意味がある。[6] 一つは、種子の中には完成した全身体のすべてのものが隠れているのだから、種子は可能的に生き物である、[7] と言われる場合である。もう一つは、自分自身の中に将来生成するものをまだもっていないけれど、本性上、外部から形相と性質を受け取ることができるので、いまだ存在しないものでも可能的にはある、と言われる場合である。[8] たとえば、技術によって形を受け取る前の、形をもたない青銅や蠟の塊がそうである。

三一一　それゆえ、ストア派が考えるように、もし質料の中に形と性質が隠れているとしたら、[9] 製作者の調節は余計なことであろう。しかし、わたしが思うには、ストア派自身も承認しているように、質料には製作者が必要不可欠である。したがって、製作者は、形のない青銅や蠟に対してするように、質料に形を刻印するのである。そうであることは、［ストア派の］学説の必然的な帰結として明白であろう。

三一二　質料の永遠性についても、やはり［すべての人たちは］意見が一致している。[10] 彼らは、質料は事物の頂点であり始原であるのだから、永続すると考えている。しかし、限定されているか、すなわち、限界づけられているか否かについては、まったく意見が一致していない。というのも、限界づけられたものはまた、大きさをもつものでなければならない。ところで、大きさは線か面か物体〔立体〕に属するが、平らであれ、立体であれ、これらはすべて固有の形をもっている。さらに、形は性質の一種である。したがって、もし質料が限定されたものであれば、質料自身が自らによって性質を備え、形を有していることになる。[11] しかし、質料が形をもたず性質を欠いていることは、はっきりと明示されたことである。したがって、質料は限定されず、まったく限界づけられていないことになる。限定されないというのは、計り知れず、広大に、通

(1)『ティマイオス』五〇B七―C四参照。
(2)三〇八冒頭参照。ここではとくにストア派とプラトン派を指す。
(3)三二六、『ティマイオス』五〇B八―C四、アルキノオス『プラトン哲学講義』第八章(一六二・三四―三九(Hermann))、『初期ストア派断片集』Ⅱ三一八(SVF)参照。
(4)アリストテレス『生成と消滅について』第一巻第五章三二〇b一七、プロティノス『エンネアデス』第二巻第四篇五、第七篇二参照。
(5)二七四末尾、二九九第二段落参照。
(6)可能性の意味の区別については、アリストテレス『形而上学』Δ巻第十二章一〇一九a一五―三二、Θ巻第一章一〇四六a六―三五、プロティノス『エンネアデス』第二巻第五篇一―二参照。
(7)二二二最終段落参照。
(8)一〇七参照。
(9)三〇八後半、三二一末尾参照。
(10)三〇五参照。
(11)プロティノス『エンネアデス』第二巻第四篇一、八、『初期ストア派断片集』Ⅱ三二三(SVF)参照。

過しえないほど広がっているという意味ではなく、[1]何らかの境界で取り囲まれることは可能だが、それでもまだ精神の考察によって包摂されていない[2]という意味である。質料は性質をもたず、形をもたないとわれわれが言うのも、まだ秩序づけられる前で、[3]今なお質料である間は、限界によって取り囲まれていないという意味で、限定されていないのである。

三一三　また、質料は増大も減少も被らないと言われる。[4]当然である。なぜなら、［さもなければ］何かが無から存在するようになることや、無へと分解されることになるが、それは起こりえないからである。というのも、大きくなるものは大きさが付け加わることによって増大するが、わたしが思うには、それから付加が生じるところのものや、質料から流れ出るものが質料を空にしてそれへと小さくなるところのものは、質料自身の他には何もないからである。

三一四　質料は膨張したり縮小したりすると考える人たちがいる。[5]しかし、水分なしには膨張しないし、凝縮なしには収縮しない。ところが、そのどちらも性質を伴っているが、質料は性質を欠いている。したがって、質料は膨張しうる素材のように膨らむことはないし、凝縮しうる素材のように収縮することもない。

三一五　また、質料は無限に切り分けることができると考える人たちがいる。[6]しかし、切り分けられるものはすべて合成されたもので、けっして単純ではなく、何らかの空間の中にあるだろう。空間は量の特性である。それゆえ、質料はけっして切り分けられない。なぜなら、質料は性質と同様に量も欠いているからである。もっとも、質と量を伴ってはいるけれども。しかし、質料に含まれる質と量を備えた物体は切り分けることができるのだから、もしわれわれが、質料自体も［物体と］一緒に切り分けられることを想像すると

しても、けっして理屈に合わないことでも、不適切な臆見でもないだろう。(7)

三一六　したがって、以下のようなわれわれの見解は正しい。質料は火でも土でも水でも気息［空気］でもなく、(8) 第一の素材(9)であり物体の第一の基体(10)であり、それには固有の本性としては性質も形相も量も形もないが、これらによって宇宙の身体に個々のものにも全体としても完全性と多様性が備わるようにと、製作者の力によってこれらすべてが質料に結びつけられたのである。

---

(1) アリストテレス『生成と消滅について』第一巻第三章三一八a二〇―二一、プロティノス『エンネアデス』第二巻第四篇七参照。質料が無限定と呼ばれることについては、アプレイウス『プラトンとその教説』第一巻五（九三・五―八 (Moreschini)）、テルトゥリアヌス『ヘルモゲネス論駁』三八も参照。

(2) アリストテレス『自然学』第三巻第四章二〇四a五―六参照。「精神の考察」については二七四末尾参照。

(3) 神が宇宙を製作する前のこと。三〇四中程参照。

(4) ここではとくにストア派の説が念頭に置かれていると思われる。『初期ストア派断片集』I八七、II一五〇、三一七 (SVF) 参照。

(5) ここでもストア派の説が念頭に置かれていると思われる。『初期ストア派断片集』II四四四 (SVF) 参照。

(6) 物体の無限分割については、アリストテレス『生成と消滅について』第一巻第二章三一六a一四以下、『初期ストア派断片集』II四八二―四九一 (SVF) 参照。

(7) ヌメニオス「断片」四b (des Places)、プロティノス『エンネアデス』第三巻第六篇一二、テルトゥリアヌス『ヘルモゲネス論駁』三九参照。

(8) 三〇七第一段落、アプレイウス『プラトンとその教説』第一巻五（九二・一五―九三・三 (Moreschini)）参照。

(9) 三〇八第一段落、三五一第一段落参照。

(10)「第一の基体（prima subiectio）」とはギリシア語 *πρῶτον ὑποκείμενον* の訳語。この語はアリストテレス『自然学』第一巻第九章一九二a三一に見られる。

三一七　質料が宇宙の物体の火口《ほくち》(1)であり第一の基体(2)であることは、元素が転化によって互いに変化し合うこと(3)や、性質が不安定に変化することから(4)、容易に証明できる(5)。すなわち、土は二つの固有の性質、冷と乾をもっている(6)――さしあたりわれわれは、土は何らかの部分で何か他の元素に転化するものであるかのように議論をしよう(7)――。同様に、水にも二つの性質、すなわち湿と冷を見出す。土に固有の性質は乾であり、水に固有の性質は湿である。他方、冷という性質は両者に共通している。したがって、土が溶け広がっていくぶんかが水に転化するとき、土の乾は湿へと変化するが、共通である冷は自らの立場にとどまるだろう。なぜなら、冷はいまや土の中にはないし、いまだ水の中にもないからである。土は転化して土であることをやめたのだから、土の中にはないし、今なお変化し転化している間は、十分に変化し終えても、完全に転化し終えてもいなくて、まだ水という素材の中に場所を移していないのだから、水の中にもない。したがって残る可能性は、冷は他のどこかあるということである(8)。というのも、それがその中にあるところのものがなければ、それは存在できないからである。さて、これ［他のどこか］こそが質料に他ならないことを、理性は証言する。

三一八　さらに、空気は熱と湿という二つの性質をもっているとわれわれは言う。ところで、水にも湿と冷という二つの性質が見出されることは明らかであった。したがって、空気と水にも対立すると思われる二つの特性、水の冷と空気の熱があることになるが、湿は両者に共通している。それゆえ、水が蒸気(9)へと分解し、水から流れ出て転化したものが空気によって取って替わられるとき、わたしが思うには、冷は熱へと移行するが、共通する湿は空気の内部にも水の内部にもとどまらない。しかし、それはどこかに存在しなければならない。したがって、それは質料の中に存在することになる。

同様にして、火には乾と熱という二つの性質があり、空気には、先に述べたように、熱と湿がある。したがって、これらにも熱という共通の性質がある。同じく、火の特性は乾であり、空気の特性は湿である。それゆえ、空気が点火されて、いくぶんか火の本性へと転化するとき、湿は乾へと移行するが、共通の性質である熱は、火にも空気にもとどまらないが、どこにも存在しないわけにはいかないだろう。したがって、それは質料の中にとどまることになる。

（1）カルキディウスは『ティマイオス』四九C七「生成（*τὴν γένεσιν*）」を「生成の力と火口（uires fomentaque generationis）」と訳している。三二五冒頭参照。

（2）三八七頁註（10）参照。

（3）二七四末尾、三一八末尾、三二五冒頭参照。

（4）二九九第二段落、三二一、三二二末尾参照。

（5）本節と次節で「分析」の証明法（三〇二参照）を用いて、質料の存在が論証される。

（6）以下、次節にわたって述べられる元素と二つずつの性質の組み合わせと、それらに基づく相互転化については、アリストテレス『生成と消滅について』第二巻第三章三三〇b二―第四章三三一b二参照。カルキディウスは二一―二二では、三つずつ性質の組み合わせで土、水、空気、火を説明している。

（7）『ティマイオス』五四B五―D二では、火、空気、水は相互に転化するが、土は他の物体に転化できないと語られているので、このように述べられる。この問題については三二四参照。

（8）カルキディウスは、『ティマイオス』四八E―五二Dで論じられる生成の「受容器」としての「場（*χώρα*）」を念頭に置いているのだろう。

（9）アリストテレス『生成と消滅について』第二巻第三章三三〇b五参照。

以上のことから、これらの物体の相互変化において、最も古い第一の基体[1]である質料が見出されることは明らかである。それはちょうど、印影がその上に刻印される柔らかい蠟[2]や、生成するものすべてに共通の受容器[3]のようなものである。

三一九　以上のことを論じ終えたからには、次には、質料は物体であるか否かを考察しよう。わたしが考えるには、質料は物体であるとも非物体であるとも単純には言うことができないのであって、むしろ、可能的に物体でもあり非物体でもあると言うべきである[4]。というのも、本来物体と言われるものは、質料と性質から成り立っているが、質料はけっして質料と性質から成り立っているのではない。したがって、質料はけっして物体ではない[5]。次には、いかなる物体も性質を欠いていないが、質料はそれ自体、性質を欠いている。それゆえ、物体ではない[6]。あらゆる物体は形をもっているが、質料は自らの本性によっていかなる形ももたない。したがって、物体ではない[7]。さらには、あらゆる物体は限定され限界づけられているが、質料は無限定でけっして限界づけられていない。したがって、物体ではない[8]。

さらに、あらゆる物体の類はカテゴリーの呼称のもとに置かれる[9]。すなわち、われわれは物体を実在と呼ぶ。なぜなら、それは時が異なっても対立する受動状態を保持し、それには二つの対立する受動状態のうちの一方が必ず見出されるからである。同じく、われわれは物体を量と呼ぶ。それは長さと幅と厚さが一緒になって完成されているからである。同様に、われわれは物体を「これこれの性質の」とか、性質を備えたものと呼ぶ。同じく、われわれは物体を他の物体と比較して、より大きいとか、より小さいとか、等しいとか言う。このような比較をギリシア人は「プロス・ティ[10]」と呼ぶ。なぜなら、より小さいものとの比較なしにより大きいものを知ったり、他の等しいものとの比較なしに等しいものを知ったりすることはできないからである。われわれはその他にも物体を表現する言葉をカテゴリーから借りてくることができる。しかし、われわれはこれらすべてを質料から取り上げる。われわれは質料に固有だと思われる受動でさえも取り去るのだから。なぜなら、質料は自らの固有のあり方から離れることがなく、他のもの、すなわち物体が質料の内で受動を被るとき、質料はその受動を共有するだけだと考えられるからである。要するに、質料の受動とは、

---

(1) 三八七頁註（10）参照。

(2)『ティマイオス』五〇E八―一一、および本書二九二、三〇九、三一〇、三一一、三二七参照。

(3)『ティマイオス』四九A六、五一A五、および本書二七八第一段落、三〇八第一段落参照。

(4) 中期プラトン主義者によく見られる考え。たとえば、アルキノオス『プラトン哲学講義』第八章（一六三・六―八（Hermann））、アプレイウス『プラトンとその教説』第一巻五（九三・八―一四（Moreschini））、テルトゥリアヌス『ヘルモゲネス論駁』三五参照。質料が可能性において物体であることについては、アリストテレス『生成と消滅について』第二巻第一章三二九a三二―三三参照。ただし、中期プラトン主義者もアリストテレスも質料が非物体的であるとは言っていない。非物体的な質料については、二七二第二段落、二七八最終段落参照。以下本節では、質料が物体でない論拠が八つ列挙される。

(5) アルキノオス『プラトン哲学講義』第十章（一六六・二―六（Hermann））、プロティノス『エンネアデス』第三巻第六篇七参照。

(6) プロティノス『エンネアデス』第二巻第四篇八参照。

(7) プロティノス『エンネアデス』第二巻第四篇一三参照。

(8) 三一二参照。

(9) カルキディウスは二二六第一段落、三三六でも、アリストテレスのカテゴリーに言及している。本節では、実在（実体）、量、質、関係、受動が取り挙げられる。

(10) ギリシア語 πρός τι.「あるものとの関係において」の意。三三六参照。

けっして質料自体が他のものに転化するという意味ではないのに、質料は変化するものを受け入れるので、誤って何かを被ると考えられているのである。(1)

さらに、最初に活動し働きかけるものである神が類ではなく、いかなる類の基に置かれているものでもないように、(2)最初に作用を受けるものであるもう一つの始原、すなわち質料も類ではなく、いかなる類の基に置かれているものでもない。それゆえ、それは始原であるのだから、それより先なるものを考えるべきではない。以上のとおりであるのだから、物体は感覚されるが、質料は感覚されえない。それゆえ、質料は物体ではないだろう。(3)同様にして、質料は単純で、合成されたものではないが、物体は単純ではなく、合成されたものである。したがって、質料はけっして物体的なものではない。(4)

三二〇　わたしは、質料は非物体的なものでもないと言う。なぜなら、何であれ非物体的なものは、いかなる物体のあり方も受け入れることがなく、けっして物体になることができないからである。ところが、質料は質や量や形によって形成され、あらゆる装飾によって美しくされ、製作者の働きかけと活動によって宇宙という物体となった。したがって、質料は非物体的なものでもない。さらに、もし物体であるとすれば、それは感覚されうる。しかし、それは感覚されえない。したがって、それは物体ではないであろう。しかし、もし質料が非物体的なものだとすれば、その本性は知性の対象であることになる。(5)しかし、それは知性の対象ではない。非物体的なものではないからである。したがって、質料は単純に、その本性からして、物体でもなく非物体的なものでもないが、可能的には物体であり、また、可能的には物体ではない、(6)と言うのが正しい。

三二一　いまや、提示されたことすべてを、プラトンの学説の権威に従って、[7]明快な考察によって検討し終えたのだから、残る課題は、プラトン自身の言葉の解説に立ち返ることである。[8]すなわち、彼は言う。「それでは、それにはどんな力があり、どんな本性があると考えるべきか」[9]。ここで彼が「力」と言っているのは、外観を見えるようにする質料の潜在力[10]のことである。というのも、質料は現実にではなく可能的に、さまざまな質や量と同様に、外観ももっているからである。それらは不安定にあるものから他のものへと相互に転化することが見られるからである。[11]他方、「本性」とは質料の実体を意味する。「考えるべき」という

（1）二六八第二段落、三〇八第二段落、三〇九参照。
（2）アルキノオス『プラトン哲学講義』第十章（一六五・六（Hermann））「神は類でも種でも種差でもない」参照。
（3）プロティノス『エンネアデス』第二巻第四篇一二参照。
（4）アルキノオス『プラトン哲学講義』第十章（一六六・五―六（Hermann））、プロティノス『エンネアデス』第二巻第四篇八参照。
（5）存在するものは物体的なものか非物体的なものかいずれかであり、物体的なものは感覚の対象、非物体的なものは知性の対象であると考えられている。
（6）シンプリキオス『アリストテレス「自然学」註解』二三〇（Diels）では、「物体はある意味で、可能的には非物体であろう。もし受容する質料が非物体的なものの一種であるとすれば、このことは必然である」と言われている。
（7）一一九冒頭参照。
（8）以下本書の終わりまで、『ティマイオス』四九A四から五三C三までのテクストが、ラテン語訳の引用とともにほぼ逐語的に解説される。
（9）『ティマイオス』四九A五―六。五二D五、および本書二七三、二九八第一段落、三〇八第一段落、三五一第一段落も参照。
（10）三四五頁註（10）参照。
（11）三一七―三一八参照。

のも正しい。というのも、感覚による認識であれ、理性による知的理解であれ、何らかの確実な把握によって質料の真実を予断することは、われわれにはできないからである[1]。それは、触れようと切望すればするほど、その映像がすばやく逃げていく、夢のようなものだからである[2]。

彼は言う。「思うに、それは生成するすべてのものの受容器であり、いわば何か乳母のようなものである[3]」。生成するものはすべて、ある一時点から存在することが必然である。それゆえ、死すべきものは不死なる真に存在するものの似像であり映像である。しかし、それらは質料において実体性を受け取り[4]、それゆえ、質料において自らを現わし、われわれの中に質料の観念を作り出す[5]。彼が質料をそれらの「受容器」と呼ぶのは、ストア派が考えるように[6]、形相は質料の内部から生じて現われるのではなく、蠟の上の印影のように[7]、外部からやってくるものだからである。また、「乳母」と呼ぶのは、いわば他人の子を自分の腕に抱くようにして運ぶからである。なぜなら、質料はそれらに基体以外には何も提供しないからである。

三三　さらに、彼［プラトン］は議論を進める。「そして、それについて語られたことは真実ではあるが、より明らかに語られるべきだと思われる[8]」。なぜなら、真実に語られることが、ただちに明らかに疑問の余地なく語られるとはかぎらないからである。実際、語られた言葉は真実ではあるが、曖昧である。曖昧さは、ときには語る人の意志から、あるいは聴く人の欠点から、あるいは論じられる事柄の本性から生じる[9]。曖昧さが生じるのは、たとえばアリストテレスやヘラクレイトスがしたように[10]、著者が自分の学説を意図的にわざと隠す場合、あるいは、語り方が拙劣な場合には、語り手に起因する[11]。他方、聞いたことがないことや聞き慣れないことが語られる場合、あるいは、聴く人の理解力が鈍い場合には、聴く人に起因する。さらに、そのときわれわれに語られる事柄自体が、形も性質も限界ももたないゆえに、いかなる感覚によっても触れることができず、いかなる知性によっても把握することができないようなもの[12]である場合には、その事柄に起因する。しかし、論じているティマイオスは不適格な語り手ではないし、聴いている人たち[13]も愚鈍ではない。すなわち、残るのは、事柄自体が難しく曖昧であるということである。そして、質料ほど説明するのが難しいものは他にない。それゆえ、質料の本性について語られたことはすべてまったくの真実を備えている

(1) 三四五—五四七で詳しく論じられる。
(2) 三四八—三四九で詳しく論じられる。
(3) 『ティマイオス』四九A五—六。五二D五、八八D七、および本書二七三、二九八第一段落、三〇八第一段落、三五一第一段落も参照。
(4) 三〇七第二段落末尾参照。
(5) 直訳すれば「われわれに質料の想起を投げ入れる」。この「想起（recordatio）」はおそらく「観念（ἔννοια）」の意味。カルキディウスは『ティマイオス』四七A六の ἔννοια も recordatio と訳している。三〇八中程で「思い浮かべられ」と訳した動詞 recordor の用例も参照。
(6) 三〇八第二段落参照。
(7) 『ティマイオス』五〇C二、および本書三〇八第一段落、三一八末尾、三二七参照。
(8) 『ティマイオス』四九A六—七。
(9) 「曖昧さ（obscritas）」については、書簡第三段落、一冒頭、四、およびキケロ『善と悪の究極について』第二巻一五も参照。キケロは、「言葉ではなく事柄の曖昧さゆえに発言が理解できない場合」の例として、『ティマイオス』を挙げている。
(10) アリストテレスについては、ゲッリウス『アッティカの夜』第二〇巻五、ガレノス『「ティマイオス」提要』三四（Kraus-Walzer）参照。ヘラクレイトスについては、キケロ『善と悪の究極について』第二巻一五参照。
(11) 一冒頭参照。
(12) 『ティマイオス』五二B二参照。
(13) ティマイオスの対話相手、ソクラテス、クリティアス、ヘルモクラテスのこと。

のではあるが、それでも明らかに見紛う余地なく表現されたわけではないのである。

さらに、彼は次のように語るとき、［質料を説明する］難しさの原因を明示している。「それにはよりいっそう大きな困難が伴う。なぜなら、必然的に、精神の目があらかじめ混乱し、火についてもその他の素材についても、物体には各々の自然本来の特性を表示する、いかなる確固たる安定した特性も存在しないのに、なぜ水を、土よりむしろ正しくは水だと呼び、水と考えるべきか、決心がつかないからである」(1)。彼は、あるものから他のものへの元素の双方向の転化(2)を、最初の問題として取り上げる。

三三　彼［プラトン］は言う。「まず、たった今言及した水から始めよう。水は凝固して氷になると、それは確かに石や土の固体性をもった物体に見え(3)」、けっして液体には見えない。彼は正確に非常に注意深く「見える」と言っている。というのも、水は湿ったものだとすれば、水は自らの固有の本性にとどまることなく、固まって土になるからである。しかし、基に置かれているもの、すなわち質料は、反対の本性、すなわち乾を受け取って、転化により土となるとき、突然、その状態が変わり様態が変化して、かつてとは違ったものに見えるようになる(4)。

しかし、彼は水が固まって石になると言っている。というのも、氷のように冷たい場所では、長いあいだ凝結した水は石に変化するからである。ラエティア(5)の山々に住むアルプスの民族は、それを水晶と呼んでいる(6)。小アジアにもトリポリス(7)という都市があって、そこでは大量の沸き立つ水によって蒸気が発生している。その水はさまざまな型の中に送られて、ブドウやその他の果実の形に形成される(8)。これらがどのようにして起こるか、彼は以下で述べるであろう(9)。

三二四　さて、彼〔プラトン〕は始めた議論の後を続けて、水が転化して土になることを語ったので、次には「その同じ水がついには希薄になって蒸気となり、微細な空気と混ざり、今度はその空気が燃えて火に転化する」[10]と述べる。さらに彼は次のように述べて、それらの生成と転化は円と弧を描いて進行することを注意する。[11]「火は固有の微細さから離れて、空気の様態を受け取り、またそれが濃縮されて、まず霧や雲に凝集し、それからその塊が解けて液化して、雨となって流れ落ちる。水からは再び固体や石が生じる」[12]。するると、この円環と循環の仕組みに従えば、土もまた他の元素に変化するように思われる。というのも、もし土だけが転化しないとしたら、他のものは土に転化するのに、土はそれらのいずれにも転化しないのだ

(1)『ティマイオス』四九A七―B五。
(2)三一七冒頭参照。
(3)『ティマイオス』四九B七―C一。
(4)三一七では、土が水に転化する仕組みが語られている。
(5)アルプス山脈東部のラエティ族がいた地方。
(6)「水晶」と訳した crystallus は氷も水晶も意味する。古代ではしばしば水晶は水から成ると信じられていた。たとえば、セネカ『自然研究』第三巻二五・一二、プリニウス『博物誌』第三七巻九、ゲッリウス『アッティカの夜』第十九巻五・五参照。
(7)トリポリスという名の町は各地にあったが、ここでは黒海南岸のポントスの港町。
(8)石化する水については、プリニウス『博物誌』第三一巻二〇参照。
(9)三二五参照。
(10)『ティマイオス』四九C一―二。
(11)『ティマイオス』四九C六―七参照。元素の転化が円環的であることについては、アリストテレス『生成と消滅について』第二巻第四章三三一b二―三も参照。
(12)『ティマイオス』四九C二―六のパラフレーズ。

から、最後にはすべてが土になってしまうからである。[1] しかし、証拠は見ることに存し、土が水やその他の素材に転化することはけっして見られないのだから、それゆえに彼は、感覚に対して矛盾していると思われないために、土の相互変化を主張することを差し控え避けたのである。[2]

三二五　しかし彼［プラトン］は、元素のあるものから他のものへの相互の転化について、もっと十全に論じることに決めた。すなわち、彼は言う。「そして、物体はこのようにある種の循環によって生成の力と火《ほ》口《くち》を相互に借り受けながら、一つの同じ形にとどまることがないのだから、それらについていったいどんな正確でとまどいのない理解があるだろうか。もちろん、そんなものはない」[3]。そのとおりである。というのも、ヘラクレイトスが考えるように、[4] この火が純粋でいかなる他の素材も混ざっていない[5]と想像してみよう。あるいは、タレスのように、[6] この水が、あるいはアナクシメネスのように、[7] この空気が［純粋なものだと想像してみよう］。彼［プラトン］は言う。「もしこれらをつねに同じで変化しえないものとみなすなら、われわれは多くの脱出不可能な迷い道へと踏み込んでしまうだろう[8]」。それゆえ、このような本性のものについては簡単に同意を与えてはならないし、たとえ真実に近いと思われるものでも、ただちに確かなものとみなすべきではない。

それでは、われわれを誤りから解放するものは何か。［それは以下のように考えることである。］実在があるからには、性質もあり、これらは異なるものである。すなわち、実在とは何かあるものの実体のことであり、性質とは実体をもっているものに生起し現われるものである。もしわれわれが、その本性を内奥まで見つめ、そのある部分が自分自身から離れ他の素材に移るのを見るたびに、いつもそうであるのを観察するなら、われわれはたとえば火を、何か不変でいつも同じものであるかのように、確定的な代名詞の呼び名で「これ」とか「あれ」と呼んで指し示すべきではない。それらは実在を指示する代名詞なのだから。むしろ、指し示すときには性質に固有の代名詞を用いて、「これ」ではなく「これこれの性質のもの」と、「あれ」ではなく「あのようなもの」あるいは「このようなもの」と言うべきである。[9] なぜなら、火が被る変化とは、実在性

---

(1) 本節を見るかぎり、カルキディウスは、火、空気、水は土に転化しうるが、土はいずれの元素にも転化しえないと解釈しているように思われる。『ティマイオス』五四B五—D二の理論に従えば、火、空気、水も土には転化できない。

(2) 『ティマイオス』五四B五—D二参照。ただし、土だけが転化しない理由はここで述べられていることとは異なる。むしろ、「証拠は見ることに存する」というのはプラトンの思想に反するだろう。アリストテレスは『天について』第三巻第七章三〇六a一—五で、四元素のうち一つだけ相互転化できないというのは理屈に合わず感覚にも反するとして、この説を批判している（『生成と消滅について』第二巻第五章三三二a二八—三〇にも名指しの言及がある）。元素の相互転化が感覚に明らかであることについては、アリストテレス『生成と消滅について』第二巻第四章三三一a七—九、b二四—二五参照。

(3) 『ティマイオス』四九C六—D三。

(4) ヘラクレイトスの火については、「断片」A五、B三〇、三一（DK）参照。

(5) この純粋な火とは、二七二で語られた知性の対象である「純粋な火」ではなく、たんに土、水、火、空気が混ざっていない物体としての火のこと。

(6) タレスの水については、「断片」A一（二七）、三、一二、一三（DK）参照。

(7) アナクシメネスの空気については、「断片」A四—一〇、二一、二三、B二（DK）参照。

(8) 『ティマイオス』四九D一—三のパラフレーズ。「脱出不可能な迷い道（inextricabiles errores）」という言葉は、ウェルギリウス『アエネイス』第六巻二七では単数形でクレタの迷宮を指して用いられている。

(9) 『ティマイオス』四九D四—E六参照。

を失うことではなく、性質を失うことであるのだから。火が空気になるとき、火は異なった対立する素材へと移行するのである。実在は自らの中にいかなる対立ももたず、むしろ、同じ実在のまわりで対立するものが転化するというのが確かなことであるのだから。したがって、転化や変化は実在に起こるのではなく、その中に差異や対立が見出される性質に起こるのである。

他の元素についても理屈は同じである。というのは、それらはいかなる実在性ももたないのだから、むしろ性質に相応しい代名詞を用いるべきなのに、われわれは習慣から実在を指示する指示代名詞を用いることをあらかじめ選んでしまうからである。というのも、これら四つの物体は、いわば引き止めることができない勢いで突進する急流のように[1]、つねに片時も休むことなく流動していて、名づけられるより前に、転化によって変化してしまうからである。

三二六　彼［プラトン］は言う。「それゆえ、いわば滲み出て空気の流れへと分解していくこの火は、不安定で変化しやすく、永続する特質をもっていないのだから、火とみなすべきではなく、何か火のようなものとみなすべきであり、蒸気となって発散し、空気へと転化する水は、液体と呼ぶべきではなく、何か湿ったものと呼ぶべき[2]」であり、その他も同様である。彼は続ける。「これらすべてのものがそれぞれに、そこにおいて生じ、さらには分解して別の形へと移行していくのが見られるところのもの」、すなわち質料、「それのみが、確定的な代名詞でもって呼ばれるべきであり、それについてのみ正しく『これ』とか『あれ』と言うことができる、とわたしは考える[3]」。そのとおりである。というのも、これのみが、いかなる性質もいかなる形ももたず、対立する性質や異なった形への転化を被ることがなく、つねに同じものとしてとどまっているのだから、確定的な名前でもって確実に呼ぶことができるからである。

さらに、彼は〔質料に〕本性的な曖昧さ(4)の雲をすべて吹き払うために、明らかな実例の明瞭さを用いて、製作者が「一つの同じ黄金から無数の形を片時も休むことなしに作る(5)」様子を心に思い浮かべ、思考によって思い描くように命じる。ときには角錐の形を、それからすぐに八面体の形を、と言うより早く二十面体の形を、そしてまた立方体の形を、さらに、三角形や四角形や半円や円など、他の形を作るというように。「そのとき、もし誰かがいずれかの形を選び出して、それは何かと尋ねたなら、黄金であると答えるべきだ(6)」と彼は言う。もし角錐であると答えたなら、その形はまさにそう答えている間にも、他の形に移行しつつあるので(7)、そのように答える人は嘘をついていることになってしまうからである。したがって、これと同様に、角錐である火(8)についても、われわれは火であると答えるべきではなく、質料の点火された部分であるとか、火の性質であると答えるべきである。また、〔空気についても〕八面体ではなく、呼吸される質料で

(1) 二〇四冒頭、三五三冒頭参照。
(2)『ティマイオス』四九D五―七。
(3)『ティマイオス』四九E七―五〇A二。
(4) 三三五冒頭「質料の本性的な暗闇」参照。
(5)『ティマイオス』五〇A五―六。
(6)『ティマイオス』五〇A七―B二。
(7)『ティマイオス』五〇B三―四参照。
(8)『ティマイオス』五三C四―五五C六では、二種類の三角形をもとにして四つ正多面体が幾何学的に構成され、五六A二―B五では、それらのうち正四面体（正三角錐）が火に割り当てられる。

あると、「水についても」二十面体ではなく、湿った質料であると、「土についても」立方体ではなく[1]、土のあの固体性を帯びた質料の部分であると答えるべきである。

三二七　しかしながら、プラトンはここでたんに呼称の適切さについて議論していると考えるべきではない。むしろ彼は、さまざまな物体の群がりに覆われている質料に対して、精神の巧みさによって混入したそれらの物体から純粋な質料を区別することを[2]、われわれに習慣づけようと努力していると考えるべきである。というのも、彼はこう言っている。「同じ類似した説明と難しさが、物体のあらゆる形を受け入れる本性ものにも見出される。なぜなら、それは自らの固有の様態からけっして離れることがないからである。というのも、それはあらゆるものを受け入れても、それらからいかなる形も引き取ることがないからである[3]」。それゆえ、物体は形を与えられるが、質料は形をもたない。彼は言う。「受け入れられるものは、その母胎の中で形づけられるけれども」――「受け入れられるもの」という言葉は、先に述べられたことに相応しい。彼は質料をすべての物体の「受容器」と呼んだのだから――「それ自身は形がないままにとどまり、その用途は、さまざまな印影がその上に刻印される柔らかく可塑性のある素材に似ている[4]」。さまざまな印影が押し付けられることによってへこんで、押し込まれた印影を受け入れ長時間保存する、何らかの柔らかい物体[5]があることは明らかである。蠟や鉛や銀などの上に押印する場合がそうである。この場合、質料と同様に、蠟は形がないけれど、無数の形を、自らのものとしてではなく、余所から自分にあてがわれたものとしてもつであろう。それゆえ、余所から物体の形が押印される物体的な質料の本性を、柔らかく可塑性のある素材の用途に譬えることは、理に適っており正しい。

三二八　ところで、彼［プラトン］は『テアイテトス』において、[6]人間のさまざまな記憶、すなわちしっかりした記憶やあやふやな記憶の原因を叙述したときにも、蠟について言及している。人間の才能のうちには何か蠟に似た力があると彼は言う。それによって、ある人は、理解するのに鋭敏で学習するのに早くもなるが、すぐに忘れやすくもなる。また他の人は、学ぶのは遅いが、ずっと忘れないようになるし、またある人は、学ぶのも早く記憶力も長持ちするような才能をもった者になる。すなわち、ホメロスが胸と呼んだと彼が言う、[7]魂の中にあるその蠟に似たものが、より流れやすく溶けやすい人は、蠟が非常に緩いので印影がすぐに消えてしまうから、学ぶのは容易だが忘れるのも早い。反対に、精神の才能の蠟がより固いと、刻印される形をなかなか受け入れないが、いったん受け入れたなら、刻印された形は安定した素材に移し置かれたので、それらを長時間しっかりと保存する。第三の硬さは神からの幸運の賜物である。すなわち、蠟に似たものが、印影の刻印に対して抵抗もせず逆らうこともないし、刻印が不確かで少しも見えないほどに、受け

(1)『ティマイオス』五五D八―五六B六では、土には正六面体（立方体）、水には正二十面体、空気には正八面体が割り当てられる。
(2)二七四末尾、および三三九頁註（10）参照。
(3)『ティマイオス』五〇B五―C二。
(4)『ティマイオス』五〇B八―C三。
(5)三一八末尾、三二一末尾、アルキノオス『プラトン哲学講義』第八章（一六二・三六―三九（Hermann））参照。
(6)『テアイテトス』一九四C四―D六。
(7)『テアイテトス』一九四C七「ホメロスが蠟（ケーロス）という語を暗示して言った、魂のこの胸（ケアル）」参照。ケアル（κέαρ）という語は、たとえばホメロス『イリアス』第二歌八五一、第十六歌五五四などに「〜の毛深き胸」と用いられているが、実質的な意味はほとんどない。

取る台地が流動的でもないような、ほどよい硬さをもつ場合である。

三二九　彼［プラトン］は、質料は形がなく性質をもたないことをすでに明らかにしたのだから[1]、こんどは不動でもあることを示そうとする。質料は「中に入ってくる多様なものによって動かされ形を与えられる[2]」と彼は主張する。質料それ自体は、形と同様に運動とも無縁だが、形をもった形相によって動かされ、さまざまな異なった形を与えられるからである。それゆえ、質料はそのような境遇と様態につねにとどまる。原型となる範型、すなわち生じた各々のものの存在するイデアもまた[3]、自らの固有の実体にとどまる。同様に、製作者としての神もまた永遠にとどまる。しかし、質料へとやってくる原型となる範型の似像は長くとどまることがない。それは、いわば自然本性の容赦ない必然[4]ゆえに、死と誕生の途切れることのない継起によって、絶え間なく片時も休むことなく変化し続けるからである。

それゆえ、プラトンは質料のことを「事物の印影を受け取るために置かれている[5]」と言ったのである。「置かれている」というのは見事な表現である。質料は本来不動であるのだから、その中に入ってきてそれに形を与える形相が行ったり来たりすることによって、質料は動かされるのであり、また、後の箇所で彼が述べるように[6]、次には反対にその形相を動かすからである。それゆえ、質料はつねに同じで変化しないのだから[7]、彼は正しくこう言う。「それでも、多くの形をもつ形相との出会いのために、それは異なった形を帯びるように見える。しかし、質料へとやってきて、その中で分解し消滅する形は、永遠で不死なる形相の似像」すなわち、われわれがイデアと呼ぶものの似像「であり、ある驚くべき仕方で」すなわち、先に述べた範型の押印によって「形相から形を与えられる[8]」。他方、「驚くべき仕方で」と言うのは、イデアの純粋さからどの程度真実に近い似像が生じた事物に現われるのかを、心に思い描くことは困難で説明しがたいことだからである。あるいは、先に述べたように、[9]柔らかい素材に印影が現われるような仕方であれ、あるいは、絵画や彫刻においてわれわれが見るように、範型から輪郭が扱いやすい素材に写し取られる[10]ような仕方であれ。

三三〇　それゆえ、[11]彼［プラトン］はこの議論をしかるべき場所と時にとっておいて、[12]さしあたりそこから離れて、われわれの心に「三つの種類[13]」を思い浮かべるように命じることで、われわれの理解を明瞭にしている。ここで種類と呼ぶのは不適切ではあるが——なぜなら、質料も範型も類ではないのだから——、彼は

---

(1) 三二一—三二八参照。
(2) 『ティマイオス』五〇C二—三。
(3) イデアが範型と呼ばれることについては、三〇四第二段落、および三七九頁註（2）参照。
(4) 『ティマイオス』四七E五および本書二六八、二七一参照。
(5) 『ティマイオス』五〇C二。「置かれている（posita esse）」の原語は *κεῖται*.
(6) 『ティマイオス』五二E四—五および本書三三六、三五二参照。
(7) 三〇九参照。
(8) 『ティマイオス』五〇C三—六。
(9) 三二七参照。
(10) 三〇七最終段落「何かに作用を及ぼすものは、何らかの範型に目を向けながら作業をする」参照。
(11) イデアの似像がどのようにして質料に現われるのかは説明困難なので。
(12) 『ティマイオス』五〇C六参照。これがどの箇所を指すのか議論があるが、結局『ティマイオス』においては具体的な説明はなされていないと考えるべきであろう。
(13) 『ティマイオス』五〇C七。

種類という呼称を第一の実体を示すために用いている。[1] 彼は言う。「一方では、生じるもの、生成するもの」。すなわち、質料の中で存在し、またその中で消滅する、生じた形相[2]のことである。「他方では、それがその中で生成するところの別のもの」。「その中で」とは質料自体のことである。可滅的な形相はこの質料の中で実体性を手に入れるからである。「さらに第三には、生成するものが、それから類似性を得て、変化するところのもの」[3]。すなわち、イデアである。それは、自然が生み出したすべてのものの範型であり、いわば質料という母胎に包まれて、範型の像であると言われるものの範型である。[4]

次に、彼は明瞭な譬えと例を用いて問題を解明する。すなわち、自らの中に形相を「受け取るもの」を、彼は「母」に譬える。これはもちろん質料である。自然によって生み出された形相を受け入れるからである。他方、それから類似性が由来するものは「父」に譬えられる。すなわち、イデアのことである。先に言及した形相[5]は、これから類似性を借用するからである。さらに、これら二つのものから存在するものは「子」に譬えられる。[6] すなわち、生成した形相のことである。というのも、これは、真に存在し安定しつねに同じである本性のもの、すなわちイデアと――これは永遠なる神の永遠の知性活動である[7]――、存在はするがつねに同じではない[8]本性のもの、すなわち質料との間に置かれたものだからである。というのも、質料は永遠ではあるけれども、自らの本性においては、存在するものにはけっして属さないからである。したがって、これら二つの本性の間に置かれたものは、真に存在するものではない。というのも、それは真に存在するものの像であるのだから、ある程度は存在すると思われるが、しかし、長く存続することなく自らに変化を被るのだから、範型のように真に存在するものではないからである。かの範型は確固たる不変の安定性をもって存在するからである。

したがって、次の三つものもがある。つねに存在するもの［イデア］、また、つねに存在しないもの［生成するもの］、さらに、つねに存在するとはかぎらないもの(9)［質料］、である。しかしながら、譬えるものが譬えられるものとあらゆる点で似ているように見えるとはかぎらないとしても、誰も動揺すべきではない。なぜなら、譬えは類似性に基づいて成り立つが、類似性とは等しさと等しくないことが混ざり合ったものだか

（1）質料が類でないことについては、三一九最終段落参照。「類」も「種類」も同じgenusの訳語。もちろんここでは論理学上の「類」ではなく、日常的な「種類」の意味で用いられている。

（2）カルキディウスは、質料の中に生じた形相（「第二の形相」）を、質料とは独立した永遠の形相（「第一の形相」）と区別している。前者は本節ではほとんど「生成するもの」と同義で用いられている。以下に「可滅的な形相」、「生成した形相」と言われるものと同じ。イデアと呼ばれるのは後者の「第一の形相」のみである。三三七、三三九、三四三、三四四参照。

（3）『ティマイオス』五〇C七—D一。

（4）イデアが範型と呼ばれることについては、三〇四第二段落および三七九頁註（2）参照。

（5）前段落の「生じた形相」のこと。次に述べられる「生成した形相」と同じ。

（6）母と父と子の譬えは『ティマイオス』五〇D二—四参照。

（7）神の知性活動がイデアと呼ばれることについては、四一九頁註（1）参照。

（8）三二九第二段落では、「質料はつねに同じで変化しない」と言われている。ここでは質料それ自体ではなく、外部から入ってくる性質や形によって、その見かけが同じではない、という意味であろう。三〇九も参照。

（9）質料は前段落では「存在はするがつねに同じではない」と言われている。

らである。それゆえ、このような事物において何かうわべの類似性をもつものが見出されたとしても、われわれは理解を明確にするためのものとして受け取るべきである。

三三二　続けて彼［プラトン］は言う。「すべてのもののすべての形と外観を含み、あらゆる物体のその場その場でのさまざまな容貌を呈する、一つの様相が存在することは、物体にとっての形をもたない何らかの母胎が、あらかじめその基に置かれているのでなければ、不可能である」(1)。それはちょうど、絵画において、絵の具の発色をよくするために下地に無色の塗料を塗るのと同様である。彼はいまや、質料が性質を欠いていなければならなかった理由を明かしている。というのも、完全無欠な美しさのために何も欠けるところがない何らかの作品を作ろうとするなら、作られるものに応じた手本と、最良の最も卓越した製作者(2)だけでなく、その作品を作る材料として必要不可欠な、まさに質料である素材も用意されなければならないからである。さらに、形作られる潜在力(3)と容易さをもっているなら、それは適した素材であろう。もしそれが純粋であらゆる性質を欠いているなら、なおさらそうであろう。なぜなら、もしそれに固有の性質があるなら、生まれもった性質は他の性質の妨げとなるだろう。それゆえ、もし多種多様な性質が、いや多種どころか、あらゆる姿形が刻印されるべきなら、たいへんな妨げとなるだろう。したがって、質料はすべての形を、すべての色も、どれほど多くのものがあろうとも、その他すべての性質も受け入れるのだから、質料自身は自らの本性によってそれらのいかなるものももたないだろう。彼は正しく質料を、あるときには「形のないもの(4)」と、あるときには「けっして形づけられないもの」と、またときには「性質を欠いたもの」と呼んでいる(5)。かつてそれらをもっていたが失ったという意味ではなく、それらをもつことができたという意味である。なぜなら、質料は光輝と装飾を受け入れる本性を備えているからである。同じような意味で、石は形がないと言われる。それにはまだ技術によって形が与えられていないが、形づけられることができるからである。

三三二　彼［プラトン］は結論として、形相をうまく巧みに受け入れようとするものは形がなく、自分が受け入れようとするすべてのものから自由でなければならない、すなわち、形もなく、色もなく、匂いもなく、物体の性質に付随するすべてのものを欠いていなければならない、と主張している。彼は言う。「というのは、もし受容器が自分の中に受け入れるものの何かと似ているなら、わたしが思うには、その外観は中に入ってくる物体の外観と齟齬をきたし、いかなる類似性を表出することもないだろうから[6]」。彼が言っているのは次のようなことである。もし、タレスが考えたように[7]、万有の質料もしくは実体が水であるなら、それはきっと自分からけっして離れることのない自らの本性に固有な性質をもっているだろう。しかし、もし自らの本性をある程度逸脱して火にならなければならないとしたら、それはきっと今度は火の性質を受け取るだろう。湿ったものの性質と火の性質は互いに対立している。一方の特質は湿と冷であるのに対して、他

(1)『ティマイオス』五〇D四—E一。
(2)『ティマイオス』二九A三、E一参照。
(3)三四五頁註(10)参照。
(4)『ティマイオス』五〇E四参照。
(5)アルキノオス『プラトン哲学講義』第八章(一六二・三五—三六(Hermann))参照。
(6)『ティマイオス』五〇E一—四。
(7)タレス「断片」A一(二七)、三、一二、一三(DK)参照。

方は乾と熱だからである[1]。彼は言う。「それゆえ、これら互いに異なり抵抗し合うものは、もう一方の性質が混じり気なく表出されることを許さない[2]」。なぜなら、熱は冷を攻撃し、乾はついには湿を滅ぼすからである。あるいは、別の例を挙げれば、鉛白のような何か白いものがあり、次にそれが赤や黄色のような別の異なった色、あるいは黒のような反対の色に変移しなければならないとしたら、そのとき白は、入ってくる色が混じり気なく保たれることを許さず、むしろ自らを混ぜることで色を濁らせるだろう。

三三三 「それでは、異なった色と反対の色とのこの区別[3]は、何を意味するのか」と人は尋ねるだろう。反対のものとは、同じ類に属するけれど、互いに最も離れているもののことである[4]。たとえば、白と黒がそうである[5]。これらは色と呼ばれる同一の類に属する。しかし、これら二つは最も離れている。すなわち、黄と呼ばれる色は白に最も近く、赤と呼ばれる色はそれよりいくらか離れていて、紺色はさらにもっと離れているが、最も離れているのは黒である。それゆえ、白と黒は異なっているのではなくて、反対である。隔たりがより大きいからである。したがって、反対のものは、互いに離れていて、その距離は大きいけれど、それでもまったく異質なものではない。というのも、それらの類がそれらをいわば親類縁者どうしにするからである。色が類であることは先に述べた。他方、異なると言われるものは、本性においてまったく隔たっている[6]。たとえば、白と甘さ、黒と香りがそうである。なぜなら、前者の類は色であるが、後者の類は味と匂いであり、それゆえ異なった感覚によって把握されるからである。

したがって、これらすべての基に置かれている質料が、これらの様相を混じり気なく、少しも濁らずに表示するためには、それ自身いかなる性質ももっていてはいけないのである。

三三四　彼［プラトン］は一般的に論証したまさにそのことを、今度は日常的に経験する実例によって個別的に証明しようとする。「たとえば、よい香りのする軟膏を作る人たちは、香料の香りを純然たる混じり気のないものとして移し入れるために、原料となるものがそれ本来の固有の匂いをもつことを許さないのと同様である。金属器職人たちもまた、形のない銀に模様を打ち出そうとするとき、柔らかく可塑性のある素材にきれいな形を打ち出すために、あらかじめ表面を滑らかにする(7)」。彼は言う。「このようにして、あらゆる形相の性状を受け入れようとするものも、純粋で性質をもたないものとして準備されねばならないのである(8)」。

(1) 三一七、三一八参照。
(2) 『ティマイオス』五〇E一―四参照。定本では本節の終わりまで引用符で括られているが、以下に挙げられる例は『ティマイオス』には見られない。
(3) おそらく『ティマイオス』五〇E二「反対の、もしくは、まったく異なった本性のもの」を念頭に置いている。
(4) アリストテレス『カテゴリー論』第六章六a一七―一八、『形而上学』Δ巻第十章一〇一八a二五―二八、『ニコマコス倫理学』第二巻第八章一一〇八b三三に同様の定義が見られる。
(5) アリストテレス『形而上学』Ι巻第七章一〇五七b八参照。
(6) アリストテレス『形而上学』Δ巻第九章一〇一八a一二―一五参照。
(7) 『ティマイオス』五〇E五―五一A一。
(8) 『ティマイオス』五一A一―三。

さらに、「生じて生成した目に見える」[1]生き物ということで、彼は「感覚されうる」宇宙を意味している。[2]そして彼は、先に述べた理由から、質料をその「母」、物体の「受容器」と呼んでいる。[3]しかし、「それを土とも、水とも、火とも、空気とも」みなすことは正しくないと言う。[4]なぜなら、これらは物体であるが、これらすべてを包摂するものは「目に見えない種類のもの、形のない収容力であり、ある種の驚くべき理解しがたい仕方で、いかなる実体でもないものと何らかの実体との間に置かれた、完全に感覚の対象でもなく、完全に知性の対象でもないものである」[5]。

三三五　これらのことは『パルメニデス』でより詳しく論じられている。[6]そこで彼〔プラトン〕は、存在する事物はどの程度までイデアとの類似性を分有するのかを論究した。というのも、それを考察することは質料の本性的な暗闇のために困難だからである。なぜなら、質料はすべての感覚からだけでなく、理性の探索と知性の探求からも巧みに逃れるからである。というのは、質料をそれ自体だけで、それが受け取った物体に付属するものなしに考察しようとすると、ほとんど何も存在しないように思われるし[7]、かといって、それら付属物と一緒だと、質料は特有の本性を現わすことがないからである。それは感覚と理性の間にあって、完全に感覚の対象となることも、すっかり理性の対象になることもなく、むしろ、魂の運動によって、それに触れた人は何も感じず[8]、その説明を魂でもって行なった人は「何か非嫡出の理性によって[9]」探求したように思う、そのような仕方で理解すべきものだからである。それゆえ、それを把握する唯一の解決法は、火とはそれの点火された一部分であり、水とはそれの液化された一部分であるとみなすことであろう。[10]他のものについても同様である。

三三六　それでは、この質料の本性は、類である全部で十のもの(11)をどの程度包括するだろうか。思うに、形相が自らとの出会いによって、質料が存在し何かであると見えるようにしたとき、それは「実在(12)」である。たとえば、人間や馬(13)や、何かその他の動物や、樹木や植物がそうである。他方、熱せられたり色づけられた

---

(1)『ティマイオス』五一A四の原語は τοῦ γεγονότος の一語。ここで「生じて生成した」と訳したカルキディウスの factum generatumque という表現について、多くの研究者はニカイア信条の一句「造られずして生まれた（*γεννηθέντα οὐ ποιηθέντα*）」の影響を指摘している（ニカイア公会議を主導したのはコルドバ司教オシウスであったとされる）。ただし、二語で一つの概念を表わすことはカルキディウスがきわめて頻繁に用いる表現である。

(2)『ティマイオス』五一A四参照。『ティマイオス』のこの箇所では「生き物」、「宇宙」の語はないが、三〇B七―三一A一、九二C六で宇宙は生き物と言われている。

(3)『ティマイオス』五一A四―五参照。

(4)『ティマイオス』五一A五―六参照。

(5)『ティマイオス』五一A七―B一。

(6)「これらのこと」とは次にも述べられるように、質料の問題だけでなく、イデアと個々の事物の関係にまつわる問題を広く指すと考えられる。この問題は『パルメニデス』のいわゆる第一部一二七D―一三五Cでさまざまに論じられている。

(7)二七四末尾、三二一第一段落末尾参照。

(8)『ティマイオス』五二B二「感覚をともなわず触れられる」参照。この箇所については三四五で論じられる。

(9)『ティマイオス』五二B二。三〇八第一段落末尾、三四六参照。

(10)『ティマイオス』五一B二―五参照。

(11)カテゴリーのこと。アリストテレス『カテゴリー論』第四章一b二五以下参照。カルキディウスは二二六第一段落、三一九第二段落でも、アリストテレスのカテゴリーに言及している。

(12)実在（実体）については二二六参照。

(13)アリストテレス『カテゴリー論』第四章一b二八でも、実在（実体）の例として人間と馬が挙げられている。

りして、質料が何らかの性質を獲得したとき、それは「質」である。物体の増大や減少によって変化したとき、それは「量」である。何らかの状態や比較において、自らの超過や不足が他のものの超過や不足に対して評定されたとき、それは「プロス・ティ」である。さらに、境界で限られ何らかの形を受け入れたとき、それは「どこか〔場所〕」である。そうすることで、何らかの場所にあるとみなされるからである。宇宙の回転運動がそれに時の進展を与えたとき、それは「いつか〔時〕」である。さらに、われわれの推論によれば、土は宇宙の中心に置かれ、最も高い火はどこであれすべて高い場所を占めるように、元素と呼ばれる第一の物体の間に配列されたとき、それは「位置」である。われわれが宇宙は魂のみならず理性と知性をも備えていると言う場合、それは「所持」である。質料が自らの中で形相を動かすとき、それは「能動」である。今度は質料自身が動く形相によって動かされるとき、それは「受動」である。

三三七　さらに彼〔プラトン〕は続ける。「何か離れて置かれ隔絶された火というものがあるだろうか」。ついにいまや、彼はこれらについて論じ始め、感覚されうるこの火は、知性の対象であるあの火の似像であり、同様に、感覚されうる土は知性の対象である土のいわば像であり、その他の種類のもの同様であることを、明らかに示そうとする。つまり、われわれが見ているこれら各々ものすべては、別の目に見えない形相の似像であり、また反対に、あれら〔形相〕はこれら〔似像〕の範型であるというのだ。したがって、われわれは範型についても、語るべきことを簡潔に論じなければならない。

さて、われわれは質料について論じたとき、質料とは第一に自然的事物の生成の基に置かれているものであると言ったように、範型についても、それは第一の形相であると言うべきである。というのは、質料としてのすべての素材は製作者の基に置かれている。たとえば、青銅が彫像作家の基に、木材が船大工の基に置かれているように。しかし、これらは基に置かれた第一のものではない。なぜなら、それらは他の技術の産物だからである。青銅は冶金術の、木材は伐採術や製材術の産物である。つまるところ、これらの基には土があり、さらに土の基には質料があるが、質料の基には何もない。したがって、質料は正しく第一の基体［基に置かれているもの］と呼ばれたのである。[9] それゆえ、同じようにして事物の範型においても、二つの形相が考えられる。[10] すなわち、それによって質料が飾られる形相と、その形相が質料に付与され生じるとき、似せる手本となった別の形相である。そして、質料の中に置かれた形相は第二の形相であるのに対し、その第二の形相が生じるとき、似せる手本となった形相は第一の形相である。

（1）Waszink に従って、eminentiam の後に vel humilitatem を挿入する。
（2）ギリシア語 πρός τι.「あるものとの関係において」の意。三一九第二段落参照。
（3）五九参照。
（4）『ティマイオス』五二E四—五、および本書三二九第二段落、三五二参照。
（5）『ティマイオス』五二B七—八の説明的な訳。
（6）二七二第二段落参照。
（7）以下三四三まで、範型すなわち形相（イデア）について論じられる。
（8）二六八参照第二段落。
（9）二七八最終段落参照。「第一の基体」については三一六から三一八、および三八七頁註（10）参照。
（10）質料とは独立して存在する形相（第一の形相＝範型＝イデア）と質料の中に生じた形相（第二の形相＝いわゆる内在形相）との区別。二七三末尾の「二つの始原」の説明、三三〇第一段落の「生じた形相」、三四三第二段落、三四四参照。同様の考え方は、たとえばアルキノオス『プラトン哲学講義』第四章（一五五・三九—四二（Hermann））にも見られる。

だが実際、このことは何か似たものに譬えて考察すれば、より明らかになるであろう。すなわち、カピトリヌムのユッピテル(1)の似像には象牙でできた一つの形があり、さらに、芸術家アポロニオス(2)が心で感知したもう一つの形がある。彼はそれへと精神の目を向けることで象牙に形を刻んだのである。さらに、これら二つの形のうち、一方は他方より先なるものであろう。そのように、質料を飾った形相は地位において第二であるのに対し、第二の形相がそれに従って完成したとき、手本となった形相は第一の形相である(3)。今話題にしているのはこの第一の形相である。

三三八　さらに、質料は性質をもたないとわれわれは言った。第一の形相も性質を備えてはいないが、性質を欠いているわけでもない、とわれわれは言おう(4)。というのは、性質を備えたものはすべて自分自身の中に性質をもたねばならないからである。しかし、第一の形相は性質を分有するのではない。なぜなら、それは性質がその中に居座ることができる本性をもたないからである。それゆえ、それはけっして性質の中に置かれているのではない。だが他方、それには性質が欠如しているわけでもない。なぜなら、欠如していると言われるものはすべて、もつべき本性であるのに、もっていないものだからである(5)。それはたとえば、われわれは恐れ知らずの石と言わないのと同様である。なぜなら、石の本性は何かを恐れることができるようなものではないからである。そのように、第一の形相も性質に欠けているとは言われないのである。なぜなら、その本性は性質と無縁であり、それ自身が他のものが性質を備えていることの原因だからである。それはまた、われわれは魂について「魂を与えられた」とも、「魂を欠いた」とも言わないのと同様である。「魂を与えられた」と言わないのは、魂はもともと魂の援助に不足していないからである。「魂を欠いた」と言わないのは、魂自身が他の魂をもつものにとって生命の原因だからである。そのように、質料についてもまた、われわれは「質料をもっている」とも、「質料を欠いている」ともみなさない。「質料をもっている」とみなさないのは、質料にとって質料は必要でないからである。「質料を欠いている」とみなさないのは、この質料によってすべての質料をもったものは質料的なものとなるからである。以上のような次第で、第一の形相についてもわれわれは同じように考えよう。すなわち、それは性質を備えてもいないし、性質に欠けてもいないと考えよう。

さらにまた、質料には形がないと言われた(6)。第一の形相も形を与えられたのではなく、形がないのでもないと言われるだろう(7)。というのも、形を与えられたものはどれも、分有するものと分有されるもの(8)とから合

(1) カピトリヌムはローマ七丘の中で最も高い丘で、ローマの最高神ユッピテルやユノの神殿があった。ただし、象牙製のユッピテル像があったという記録は他にはない。

(2) この名の彫刻家は知られていない。

(3) キケロ『弁論家』八―一〇、セネカ『倫理書簡集』五八・二〇―二一でも、イデアと内在形相の区別が芸術家とその作品の譬えを用いて説明されている。

(4) アルキノオス『プラトン哲学講義』第十章（一六五・一〇―一三（Hermann））に、神について、性質をもつものでも無性質でもないという類似した議論が見られる。

(5) アリストテレス『カテゴリー論』第十章一二a二六―三四参照。

(6) 二七一第二段落、二八〇、三一〇、三一二、三一七、三三一参照。

(7) Waszink は初版で挿入した dicetur ..... formata を、第二版では削除すべきだとしている。

(8) 「分有するもの（participans）」と「分有されるもの（participabile）」とは、それぞれ *μετέχον* と *μετεχόμενον* の訳語と考えられる。アリストテレス『形而上学』A巻第九章九九〇b二九―九九一a三参照。

成されたものでなければならない。たとえば、彫像の場合、分有するものは青銅であり、分有されるものは刻まれた形である。しかし、形相は単純で、合成されたものではないからである。それゆえ、形相は形を与えられたのではないが、けっして形をもたないのでもない。この形相によって他のすべてのものは形を与えられ、姿をもったものとなるからである。

三三九　したがって、第一の形相は、ある種の図式を用いて語るとすれば、知性を備えたわれわれに関しては、第一の知性対象であり、神に関しては、神の完全なる知性活動であり、また、質料に関しては、物体的で質料的な事物の尺度にして基準である。また、形相自体に関しては、非物体的実体であり、それから類似性を借用するすべてのものの原因である。また、宇宙に関しては、自然が生み出したすべてのものの永続する範型である。[1]さらに、簡潔に言うなら、イデアである第一の形相は、物体性や色や形を欠いた触れることができない実体であり、知性によって理性とともに把握され、それ自身から類似性を借用するすべてのものの原因であると定義される。

三四〇　この形相が永遠に存在することは、彼［プラトン］自身が次のように言うことで明らかにしている。[2]「もし知性と真なる思わくが二つの異なるものだとすれば、感覚よりむしろ知性によって把握されるまさにこの形相は、それ自身のみで存在することが必然である。しかしもし、ある人たちが考えるように、真なる思わくが知性とまったく異ならないとすれば、われわれが身体によって知覚するものはすべて、確かなものだとみなすべきである。しかし、わたしが思うには、これらは二つの異なるものだと言うべきである。なぜなら、両者は大きな相違によって隔たっているからである。すなわち、それらの一方は教えることによってわれわれの中に入り込むが、他方は説得による承認によって入り込む。また、一方はつねに真なる説明を伴っているが、他方はいかなる説明も伴わない。さらに、それらの一方はいかなる説得にも引きずられることがないが、他方は動揺していてつねに不確かで引きずられやすい。さらには、正しい思わくはすべての人が分けもっているが、知性は神に固有のもので、これを分けもつ人は選ばれたごく小数の人たちにすぎない(3)」。

彼は四種類の相違を挙げて知性と思わくを区別している。すなわち、彼が説くには、それらのうちの一方、

（1）本節のここまでの箇所とほとんど同じ記述が、アルキノオス『プラトン哲学講義』第九章（一六三・一四—一六（Hermann））に見られる。それと対照すると、ここで「知性活動」と訳した intellectus は *νόησις* に相当する。カルキディウスは、*νοῦς* にも *νόησις* にもともに intellectus の語を当てている。三〇四第二段落、三三〇第二段落、三四二でもイデアは「神の知性活動」と言われている。自己完結的な神においては、ある意味でその知性の対象は自己の知性活動そのものであるとすれば（アリストテレス『形而上学』Λ巻第九章一〇七四b三三—三五参照）、神においては知性活動（*νόησις*）と知性の対象（*νόημα*）は一致することになる。それゆえ、その神の知性活動自体がイデアであると考えられているのであろう。アルキノオス『プラトン哲学講義』第九章（一六三・三〇—三一（Hermann））参照。形相が範型と呼ばれることについては、三七九頁註（2）参照。

（2）以下の引用文が論証しようとしているのは形相が独立した存在であることであって、形相の永遠性ではない。ただし、本節末尾の引用文中に「それは生じることも滅びることもなく」と言われている。始原が永遠であることについては、三〇五、三〇六参照。

（3）『ティマイオス』五一D三—E六。思わく（ドクサ）と真の知識（エピステーメー）の区別については、『テアイテトス』一八七B四—二〇一C七、『メノン』九七A九—九八A八も参照。

つまり知性は、教授によって生じるが、他方は説得のみによって生じる。次に彼が主張するには、一方は真なる説明を伴うが、他方は説明による吟味を伴わない。さらに彼が言うには、それらの一方はいかなる説得にも引きずられないが、もう一方はぐらついていて、つねに不確かで引きずられやすい[1]。そして最後には、それらの一方、すなわち思わくは、人間なら誰にでも備わっているが、知性は神ひとりとごくわずかな選び抜かれた人たちにのみ属する。

そしてもし、これらにこれほどの相違があるとすれば[2]、両者に付随するものにも大きな相違があるはずである。すなわち、［両者に付随するものとは］知性の対象である類のものと、思わくの対象である類のものである。それゆえ、彼は正しく次のように明言している。「一つにはそれ自身のみで存在する形相があり、それは生じることも滅びることもなく、何かを自分の中に受け入れることもなく、どこかに出ていくこともなく、目に見えず、感覚によって捉えられることがない[3]」。これが知性の［対象となる］形相である。それはイデアと呼ばれ、それゆえ範型でもある[4]。

［三四］ 実際、彼［プラトン］は、もしかしてこの「知性の対象である形相が存在し、感覚されうるものはその像であると想定することは無益であって、それは言葉以外の何物でもない[5]」のではないかと、もはや先の箇所のように[6]は疑わない。さらに彼は、まさにそのことを三段論法[7]によって説明することをもためらわない。というのも、何であれ「吟味されないままに残すことのないように、あるいは、もともとすでに長くなっている議論に、探究に少しも役立たない言葉の一群をさらに付け加えることのないように[8]」と彼は注意しながら、三段論法の近道によってすべてのとまどいを取り除く。彼は次のような手順を踏んで三段論法へ

と進む。

すなわち、知性を働かせる人と真なる思わくをもつ人の間には、以下のような違いがある。知性を働かせる人は、理性の探索によって把握された事物の信憑性をもっている。さらに、理性は確かなものとされると知性になる。知識と同じく知恵もこの知性に属する。それゆえ、知性を働かせる人は、知性で理解したことを正しく知っている者として、まことしやかな説得に導かれて意見を変えることはないし、また知っている者として、理解した事柄を説明することができる。他方、真なる思わくをもつ人は、理性も教授もなしに精神のたしなみのみを頼りとする者として、どうしてそのように思われるのか説明することができないし、また、確固たる理性に支えられていない者として、動揺し優柔不断になり、ときには偽りの説得に捕らわれて意見を変えてしまう。(9)

それゆえ、プラトンはこのことを三段論法の形式で次のように表現している。「もし知性と真なる思わくが同一のことだとしたら、われわれが身体によって知覚することはすべて確かなことで、それらには疑いえ

(1) Magee とともに、Waszink の提案に従って persuasioni の後に transducibile sit, alterum nutans incertumque semper et を挿入する。
(2)『ティマイオス』五一E六「それらがそうであるとすれば」。
(3)『ティマイオス』五二A一―四。
(4) イデアが範型と呼ばれることについては、三〇四第二段落および三七九頁註(2)参照。
(5)『ティマイオス』五一C四―五。
(6)『ティマイオス』五一B七―八および本書三三七冒頭参照。
(7) 三〇二冒頭参照。
(8)『ティマイオス』五一C五―D一。
(9) 三四〇参照。

ない真理が存するだろう[1]。しかしもし、真なる思わくは知性に劣っており、両者は同一のことではなく、二つの異なることだとしたら、知覚されるものと、知性で理解されるものとは別のものであろう。もし知覚されるものと知性で理解されるものとが異なるものだとしたら、知性の対象である形相が存在することは必然である。それはイデアと呼ばれる[2]。しかるに、われわれが身体によって知覚することは、すべてが真実で確かなこととはかぎらない。したがって、イデアは存在する」。

三四二　しかし、わたしが思うには、三段論法の簡潔さによって圧縮されたこと[3]は敷衍して説明すべきである。この箇所で彼［プラトン］が知性と呼んでいるのは、魂の理解する働きのことである。彼は他の多くの著作においても、明らかに『国家』においても、これに思わくを対比している。というのも、彼は知性を知識と思索の二つに分け、また思わくも同様に確信と推測に分けて[4]、これら四つの各々をそれぞれに相応しいものに対応させている[5]。すなわち、知識は知恵によってのみ理解できる高尚な事物に対応する。神とわれわれがイデアと呼ぶ神の知性活動[6]がそのようなものである。他方、思索は熟考を要する事物、すなわち技術的で理論的な教えによって理解されることに対応する。さらに、確信は感覚されうるものに、すなわち眼や耳やその他の感覚によって把握されるものに対応する。推測は創作され考案されたみせかけの事物に、すなわち本物の姿に似てはいるが[7]、完全ではなく生きてもいない物体に対応する[8]。これらはすべて「それ自体としては、感覚によってよりもむしろ知性によって理解されるべきである[9]」と彼は言う。なぜなら、これら四つのうちのいずれもわれわれの感覚のもとに至ることはなく、知識も思わくもその他のものも、われわれは精神によって識別するからである。

三四三　「しかしもし、ある人たちが考えるように、真なる思わくが知性とまったく異ならないとすれば[10]」と彼［プラトン］は言う。当然である。というのも、事物の始原は物体であると確かに考えた哲学者たちの学派は数多いからである。彼は知性の対象である類のもの、すなわちイデアを、次のように述べて、いわばわれわれの目の前に提示した。「知性の対象である形相は感覚から切り離されて、自分自身のうちに置かれ、生じることも滅びることもなく、自分の中に外部から何かを受け入れることもなく、自分自身が他の何かへ

---

(1)『ティマイオス』五一D五—七および本書三四〇第一段落参照。

(2)『ティマイオス』五一D三—五および本書三四〇第三段落参照。感覚と知性の区別については三〇二も参照。

(3)前節で述べられたプラトンの議論。

(4)『国家』第七巻五三三D七—五三四A八参照。訳語・ラテン語・ギリシア語の対応は以下のとおり。知性 intellectus = *νόησις*, 知識 scientia = *ἐπιστήμη*, 思索 recordatio = *διάνοια*, 思わく opinio = *δόξα*, 確信 credulitas = *πίστις*, 推測 aestimatio = *εἰκασία*. ただし、『国家』第六巻五一一D三—E二では、思わくと対比される知性は *νοῦς*, 知識（*ἐπιστήμη*）に相当するものは *νόησις* と言われている。なお、ラテン語の recordatio は通常「想起」の意味だが、ここでは *διάνοια* に合わせて「思索」と訳した。知性（*νοῦς*, *νόησις*）が直観的な知であるのに対し、間接的・論証的知を意味する。

(5)『国家』第六巻五〇九D一—五一一C二参照。

(6)神の知性活動（intellectus）がイデアと呼ばれることについては、四一九頁註（1）参照。

(7)Wrobel, Bakhuoche, Magee に従って、simulatae を写本どおり simulata と読む。

(8)アルキノオス『プラトン哲学講義』第七章（一六二・一五—一九（Hermann））参照。

(9)『ティマイオス』五一D四—五参照。ただし、ここでプラトンがこう言っているのは形相についてであって、思わくの対象も含む「これら四つ」のことではない。

(10)『ティマイオス』五一D五—六。

と向かって出ていくこともなく、目に見えず、感覚されず、凝視する精神の集中と注目によってのみ捉えられる(1)」。続けて彼は付け加える。「他方、これに次いで第二のものは、生じ、感覚され、支えられ、ある場所に立ち現われてはそこからまた変化と消滅とともに去っていくもので、感覚と思わくによって知られる(2)」。

彼はこの箇所で、第二の形相(3)が理解されることを望んでいる。製作者がこれから作る作品の輪郭を心で思い描き、その姿を心の中に置いて、それに従って計画したものに形を与えるとき(4)、その形相は生じる。それゆえ、それはある場所に立ち現われてはそこからまた変化と消滅とともに去っていく、と彼は言う。見事な言い方である。というのも、彫像の破壊の後には形も消滅することが必然で、それはまた別の彫像を作るときには、そこへと呼び戻され帰ってくることも必然だからである。さらに、この形相は「感覚によって知られる」と彼は言う。なぜなら、作品に刻まれた形は眺める人の目によって見られるからである。他方、「思わくによって知られる」と言うのは、この形相は製作者の精神が本当の範型(5)から写し取るものではなく、自分の精神の中から力量に応じて取り出したものだからである。

三四四 「第三は場の類である(6)」と彼［プラトン］は言う。彼は地位(7)の観点から質料を第三の類と言ったのだとわたしは考える。というのも、第二の形相、すなわち生じた形相は、生じることなく永遠でイデアという名で呼ばれる第一の形相から実体性を借用し、さらに質料は生じた形相から実体性を得ているからである(8)。他方、質料を「場」と呼んだ(9)のは、非物体的で知性の対象である形相の似像を受け入れるある種の領域のようなものだからである。「つねに同じ(10)」と言ったのは、生成することも消滅することもないからか、あるいは、それは場所にして滞在地であり、物体的な形相の受容器のようなものだからである(11)。それら［物体的な形相」は解体されえず永遠な[12]――ほとんどすべての人がそうみなしている[13]――宇宙の身体各部である。それゆえ、質料自身は不死であるが、その母胎の中に生み出されるものによって実体性を与えられるのである。

(1)『ティマイオス』五二A一―四。

(2)『ティマイオス』五二A四―七。五二A六「動き回る（*περιφορημένον*）」を「支えられる（sustentabile）」と訳している。

(3)三三七後半参照。

(4)三三七最終段落参照。

(5)第一の形相すなわちイデアのこと。三三七、三三九参照。

(6)『ティマイオス』五二A八。

(7)「地位」と訳した dignitas は、存在の階梯（価値の階梯でもある）における地位・序列を意味する。たとえば、二二六末尾、二六一第一段落末尾、三七七末尾の用例を参照。

(8)質料は自分の中に生じた第二の形相（第一の形相の似像）なしには存在しえず（たとえば三一〇参照）、また逆に、第二の形相も質料なしには存在しえない（たとえば三二一最終段落参照）と考えられている。

(9)三五〇でもプラトンは「場」を質料と解したと言われるが、プラトン自身は「場（*χώρα*）」を「質料（*ὕλη*）」とは呼んでいない。そもそも質料はアリストテレスの術語であって、プラトンは物質的原理を意味する語としてこの語を用いていない。しかし、すでにアリストテレスも「プラトンも『ティマイオス』の中で質料と場を同じものだと言っている」（『自然学』第四巻第二章二〇九b一一―一二）と述べており、「場」と質料を同一視することはかなり一般的な理解であった。

(10)『ティマイオス』五二A八「つねに存在している」。

(11)『ティマイオス』五二B一「生成するすべてのものに座を提供する」。

(12)宇宙が解体されえないことについては、『ティマイオス』四一A七―B六参照。この箇所の解釈をめぐる宇宙の永遠性については、二三三参照。

(13)宇宙を（少なくとも時間的な意味で）永遠とみなすことは、ギリシア哲学において一般的と言ってよい。ここで「ほとんど」と言われているのは、宇宙に生成の始まりを考える「ヘブライ人」の説（二七六参照）が念頭に置かれているからだろう。

三四五　さらに続けて、彼［プラトン］は精神のある種の驚くべき表現力によって、「それ自身は触れる人の感覚なしに触れられる(1)」と言う。というのも、触れられるものはすべて感覚されるものであり、感覚の基に置かれている。したがって、触れられるものは何であれ、感覚によって知覚されることが必然である。それでは、それ自身の本性上けっして触れられないものが触れられると、どうしてわれわれは言うことができるのだろうか。

彼の心の深さと、彼が短い表現で質料に関する自らの精神の憶測(2)を明らかにしたことを見よ。確かに、何かに似ているものはすべて、その似ている点によって認識される(3)。それゆえ、確実で明確な事柄についての理解は確実で明確であるように、不確かで少しも明確でない事柄についての憶測も、不確かで不明確であることが必然である。したがって、感覚とは、確実で明確なもの、すなわち形と性質をもったものについての感覚であるのだから、それらについての理解も確実で明確であるのが必然である。しかし、質料は、自らの本性上、形状がなく形を欠いているのだから、もちろん不明確なものである。したがって、質料についての表象は少しも感覚を伴わない。それゆえ「感覚なしに」と言われたのである。

それでも、質料にはいわば接触を伴わない微弱な感触が生じるが、それは質料自身ではなく、質料の中にある物体の感触である。それらの物体が知覚されるとき、質料自身が知覚されるような憶測が生じる。なぜなら、質料が受け入れる形相によって、質料は形がないのに、形を与えられたかのように思われるからである。かくして、質料の中に現われた形相についての感覚は明確だが、形相の基に置かれている質料自身についての感覚は曖昧で、感覚というよりもむしろ共感覚(4)である。それゆえ、質料に関わるものが知覚されるのであり、質料そのものは自らの本性上けっして知覚されず、むしろ質料に関わるものゆえに質料自体も一緒に知覚されるように思われるのだから、このような不確かな感覚が生じるのである。だから、質料は「触れる人の感覚なしに触れられる」とみごとな仕方で言われたのである。というのも、それは純粋な感覚によってはけっして知覚されないからである。もし誰かが、暗闇も感覚なしに見られると言うとすれば、ちょうどそれと同様である(5)。

というのも、暗闇を見る人の視覚は、色が付いた明るいものを通常見るときと同様に知覚するのではなく、むしろ反対の状態で、目に見えるすべてのものが失われ欠乏した状態で知覚するからである。暗闇には色がなく明かりに照らされることもないからである。そして、視覚は暗闇の何らかの性質を把握することはできず、むしろ存在するものというより、存在しないものを憶測できるだけである。視覚は何も見ないことによって、まさに見ていないものを見ているように思い、何も見ていないのに、何かを見ているように思うのである。というのも、暗闇の中でどんな視覚が成り立つだろうか。しかし、眼の本性は色を識別することであるのだから、わたしが思うには、色のないものを識別しようと努力することで、視覚は自分が暗闇を知覚

(1)『ティマイオス』五二B二。

(2)本節で「臆測」、「臆測する」と訳した suspicio, suspicere という語を、カルキディウスは質料の認識の仕方を表わす特別な意味で用いている。三四七末尾参照。

(3)五一第二段落および七三頁註(2)参照。

(4)通常の感覚(五感)はそれぞれ固有の感覚器官と感覚対象を持つが、質料は五感のいずれによっても直接感覚されることがなく、それらに付随して感覚されるので、質料の感覚は「共感覚(consensus)」と言われる。

(5)三五五に「質料の本性的な暗闇」という言葉がある。

しているように憶測する。(1)

したがって、このような意味で、質料もまた触れられるのである。すなわち、第一義的に触れられるもの(2)が感覚のもとにやって来るとき、人はそれに触れると思うのだが、質料に触れることは付帯的に起こるのだから、実際そのこと自体は感覚を伴わない。質料そのものはそれ自体、触覚によっても他の感覚によっても知覚されないからである。

三四六　彼［プラトン］はこれほどの注意深い表現にも満足せずに、質料は「何かノトスすなわち非嫡出の理性の働きによって思わくの対象となる」(3)と付言した。息子はすべて親と血がつながっていることは誰でも知っているが、ギリシア人もわれわれも法律で認められた子と認められていない子を名前で区別している。ギリシア人は法律で認められた子をグネーシオス［嫡出］呼び、認められていない子をノトス［非嫡出］と呼んでいる。

三四七　［テクスト欠損］(4)母音を伴わない子音はそれだけでは無音だが、母音と合わさることによって何かをもたらし、真の音に与るように。(5)しかし、質料に関して、それは無規定で不確かであると語る言葉は確かである。それゆえ、プラトンは正当に、それは「ノトスすなわち真正でない理性の働きによって」、確実な知性によってというよりも思わくに(6)よって把握されると考える。その本性は正しい理性と正しくない混乱した知性との共同によって憶測されるからである。(7)
したがって、これら三つのものは互いに異なったもので、別々に吟味されたのである。(8)すなわち、イデアは、純粋な知性によって把握されるのだから、知性の対象である形相である。他方、生じた形相は思わくによって捉えられるもので、それゆえ思わくの対象である。さらに、質料は知性の対象でもなく思わくの対象でもない。なぜなら、それは知性によっても感覚によっても把握されず、臆測の対象だからである。他方、臆測とは真正でない非嫡出の理性である。

---

(1) ストバイオス『抜粋集』第一巻第十六章一〇、プロティノス『エンネアデス』第一巻第八篇九、第二巻第四篇一〇参照。

(2) 本来の触覚の対象のこと。「第一義的（principaliter）」は「付帯的（ex accidenti）」の対語で、アリストテレスの用語（ἁπλῶς と κατὰ συμβεβηκός）。二八四最終段落参照。

(3)『ティマイオス』五二B二。この言葉は原文では、「感覚を伴わず、何か非嫡出の理性の働きによって触れられる」と、前節で解説された言葉と合わさって一つの表現をなしている。アルキノオス『プラトン哲学講義』第八章（一六二・三一―三二（Hermann））でも「感覚を伴わず触れられ、非嫡出の理性の働きによって捉えられる」と言われている。三〇八第一段落末尾の同所引用文も参照。次節末尾で語られるように、「思わくの対象（opinabile）」となるのは質料ではなく、「生じた形相」（生成する個々の事物）と言うべきであろう。後註（6）も参照。

(4) おそらく欠損箇所では「正しくない混乱した知性」について説明されていたと思われる。

(5) そのように、質料（子音に譬えられる）もそれだけでは認識できないが、資料の中に生じる形相（母音に譬えられる）と一緒になることによって認識される、という意味だろう。シンプリキオス『アリストテレス「自然学」註解』五二三（Diels）参照。

(6) 本節末では、思わくの対象は「生じた形相」（生成する個々の事物）であり、質料は思わくの対象ではないと言われている。あるいは、この箇所の「思わく」は術語としてではなく、不確かな推測というほどの一般的な意味に解するべきか。三四六冒頭および前註（3）参照。

(7)「非嫡出の理性の働き」の解釈については、プロティノス『エンネアデス』第二巻第四篇一〇、シンプリキオス『アリストテレス「自然学」註解』二二六（Diels）も参照。

(8)『ティマイオス』五一E六―五二B二参照。

三四八　彼［プラトン］はさらに先に進んで、次のように言いながら、着手した論証をより完全に遂行する。「さらに、それを心の目で見つめるとき、われわれは夢を見ているときと同じ経験をする。すなわち、存在するものはすべて何らかの場所に置かれ、ある領域を占めていなければならない、とわれわれは思う[1]」。質料の本性を考察するときの、不確かで闇に包まれたわれわれの心の働きを、彼は空疎な夢と感覚から生じる思わくに譬えている。というのも、何らかの物体を見たり触ったりするとき、われわれはそれをその場所と領域と一緒に知覚せざるをえないからである。いかなる物体も場所や居所を伴わずには知覚できないからである。

それゆえ、われわれはこの広く行き渡った考え方の習慣に浸りきっているので、知性の対象であるものを心でもって観想するとき、われわれはそれを、ちょうど宇宙の身体[2]と同様に、何らかの場所に存在し、ある領域を占めていると思うのである。宇宙の身体は、宇宙の物塊が満たしている場所に位置し、知覚される物体の形相によって飾られた領域、すなわち質料[3]をもっている。宇宙の身体を構成する諸部分は場所と領域によって区分されると考えられるので、われわれは存在するすべてのものは特定の場所と領域の中に存在すると思うのである。

このことからついには、もし誰かが「地にも天にもない[4]」居所も場所ももたない実体が存在すると言っても、奇跡のようなこと、空疎なこと、精神が空想して作り出したことを言っているとわれわれは思うのである。というのも、われわれはすでに長いこと生涯の始めから、存在するものはすべて物体であり、感覚的実体を欠いたものなど何も存在しないという偏見を抱いてきたからである。われわれは認識するものとして、いわば物体の擁護者である感覚を信頼しているのである。

三四九　そして、彼［プラトン］は次のように結論する。「このような曲解やその他これに類縁のことによって、このような夢のせいで、われわれは真に存在するものと真に眠ることのない本性を精神によってしっかりと熟慮し考察することがない[5]」。彼が夢から覚めた眠ることのない本性と呼んでいるのは、知性の対象である非物体的な類のもののことである。それはつねに同じで、第一義的に生じることも消滅することもなく実在し、少しも変化せず、感覚的なものと一切関わることがなく、純粋な精神によって捉えられるもの、すなわち、神と神の思考[6]、すなわち知性の対象である非物体的な形相である。

ところで、これらが存在することを否定する人たちもいるが、そのことが彼らに起こるのは彼らが深い眠りに陥っているからである。さらに、もし誰かが彼らを、永遠で不死なるものについての真なる少しも眠ることのない観想へと呼び覚ますとしても、彼らはそれに腹を立て不快に思うのだ。彼らは、『国家』の中の、濃い影に覆われた洞窟の永久の暗闇に囚われたあの捕虜たち[7]と同様である。しかし他方で、たいへんな苦労

（1）『ティマイオス』五二B三―五のパラフレーズ。
（2）『ティマイオス』においては、宇宙は魂と身体を持った生き物である。たとえば三〇B六―C一、九二C六参照。
（3）三四四でも質料は「ある種の領域のようなもの」と言われている。
（4）『ティマイオス』五二B五。
（5）『ティマイオス』五二B六―C二。
（6）三〇四第二段落、三三〇第二段落、三三九、三四二では「神の知性活動」がイデアと呼ばれている。四一九頁註（1）参照。
（7）『国家』第七巻五一四A一以下の「洞窟の比喩」参照。

にもかかわらず、深い無知から自らを解放する人たちは、暗闇から光へと上り、知識と真理の明るさを目指して努力する。彼らは教養への熱意に秀でた人として、感覚の対象と知性の対象を区別し分離し、さらに、事物の始原は原型である形相であること、あるいは、範型は真の実体性を備えていることを、教え論証することを不快には思わない。というのも、始原よりも先なるものは何もないのだから、範型は何か他のものに似せて作られたのではないからである。

しかし、範型の像は、範型に倣って作られたのだから、他のものから実体性を借用するのでなければならない(1)。自然に存在するソクラテスの姿は、彼の像と比べたなら、いわば原型となる形相であるのと同様である(2)。しかし(3)、技術によって作られ、原型となる形相に倣って形成された像は、もし質料がなければ、一定の完全性を欠くことになるだろう。この場合、質料とは、絵画なら絵の具、彫像なら粘土や青銅やその他そのような材料のことである。したがって、すでに何度も述べたように(4)、感覚的な形相も知性の対象である形相の像であり、知性の対象である形相から実体性を得る——実体性だけでなく類似性をも得る——のだから、わたしが思うには、それらには、その中で生じて実体性を獲得するための質料が必要なのである(5)。

三五〇　さらに、彼［プラトン］は自らの権威を挿入しながら、次のように述べる。「以上のことがわたしの投票する意見である。これら三つのもの、すなわち存在するものと場と生成が存在し、しかも感覚されうる宇宙が秩序づけられる以前にも存在していたのである(6)」。彼は自らの見解を表明する。そのとおりである。というのも、いまだかつて古人のうちでこれら三つのものに思い至った者は誰もいないからである(7)。すなわち、彼らのうちの大多数の人は、エンペドクレスのように、感覚されうるもののみが存在すると考えたし、他の人たちは、パルメニデスのように、知性の対象のみが存在すると考えたが、先に彼自身が述べたように、誰も質料にはまったく気づかなかったからである。さて、「存在するもの」ということで彼が意味しているのは、イデアもしくは知性の対象である形相のことであり、「場」は質料のことであり、「生成」は量や質やその他の感覚的な形態のことである。「存在するもの」と言ったのは、それ自身の本性によって存在し、また同時に他の事物にとっても存在の原因となるものだからである。他方、「場」と言ったのは、質料は物体やその他の感覚的性質の受容器だからである。[8] さらに、「生成」と言ったのは、それらは一つの状態に長い間とどまることがなく、[9] 互いに次から次へと入れ替わるからである。

三五一　「そこで、生成の乳母はときには湿らされ、ときには点火され、また土や空気の形を受け入れ[10]」と彼［プラトン］は言う。彼は「生成の乳母」ということで質料を意味している。[11] なぜなら、生じるものは何

(1) 三四四参照。
(2) 三三七最終段落参照。
(3) Wrobel, Bakhouche, Magee に従って、enim を autem と読む。
(4) 二七三、三〇二、三〇四、三〇七、三三七―三三九参照。
(5) 三三七参照。
(6)『ティマイオス』五二D二―三。
(7)『ティマイオス』四八B五―六参照。
(8)『ティマイオス』四九A六、五一A五、および本書二七八第一段落、三〇八第一段落、三一八末尾、三二一第二段落、三四四参照。
(9) 三四三第二段落参照。
(10)『ティマイオス』五二D四―六。
(11)『ティマイオス』四九A五―六。同書五二D五、八八D七、および本書二七三、二九八第一段落、三〇八第一段落、三二一第二段落も参照。

であれ第一の素材[1]へと回帰し、第一の素材は最終的にはそこへと受け入れられるに至るからである。質料はそれらすべての乳母であり、それらの担い手だからである。「ときには湿らされ、ときには点火され」というのも正しい。というのも、湿らされても点火されても、質料自体はいかなる変化も被らない。質料は変化しえないもので、自らの本性からけっして離れることがないが、湿や熱の質や量を受け入れることで、湿らされたり点火されたりするように思われるからである[2]。

彼はそのことを次のように付言することで、より明瞭に説明する。「また土や空気の形を受け入れ、その他の付随する状態を身に受けて[3]」。理に適った言い方である。すなわち、これらの性質はしばしば湿らされたり熱せられたりするだけではなく、乾かされたり冷やされたりもし、何であれこれらに似た性質が現われるからである。「その他の付随する状態を身に受けて」というのは、質料は形成された物体と出会うことで、形と姿を与えられるからである[4]。すなわち、それ自体は自らの本性からして何も被ることがなく、いかなる影響も受けないからである[5]。

三五二　それから、彼［プラトン］は言う。「しかし、それ自体として似てもいない力と均衡がとれてもいない能力を付与されているので、自分と等しいものは何もない[6]」。いまや、あたかも製作者である神が引き離されたかのように、彼はそれ自体においては一つである質料を、一方ではまだ性質を受け入れていないとき、他方では性質を受け入れた後という、二つの観点から考察する。そして、性質を分けもつ前には、わたしが思うには、質料は静止してもいなければ動いてもいないで、それにはいわば運動と静止を受け入れる本性的な潜在力[7]があったが、他方、性質を分けもった後には、質料は神によって秩序づけられ完全な物体となって、運動と静止という任務を、さまざまなときに遂行するために引き受けたのである。[8] それゆえ、彼は質料の運動の原因を明らかにしようとして、投げ入れられた物体と、あちらこちらへと傾く物体の重さによって、質料に初めて運動が生じたが、それはいまだ不確かで流れに似たものだった、と言ったのである。[9] なぜなら、無力な質料は、ときには押し付けられ、ときには持ち上げられ、あちらこちらへと行ったり来たりし、その不均等で混乱した運動は、あらゆるものを受け入れることによって波のように揺れ動くからである。

このことから、大多数の人は次のように考えることになった。この無秩序な運動は——外部からの衝撃であるのに——質料に内在する質料固有のもので、その本性に起因する振動であり、それゆえ質料は魂をもち生命を有するものだ、と彼らは考えた。[10] したがって、質料に生じた運動は外部からのものだが、その運動の

（1）三〇八第一段落、三一六参照。
（2）三〇九、三二六末尾参照。
（3）『ティマイオス』五二D五—E一。
（4）三二九第二段落、三三六冒頭参照。
（5）三〇九参照。
（6）『ティマイオス』五二E一—三。
（7）三四五頁註（10）参照。
（8）質料に関して、神による秩序づけ以前と以後をこのように区別する考え方は、二九五第一段落（ヌメニオスの説）にも見られる。
（9）『ティマイオス』五二E三—五参照。
（10）『ティマイオス』における神による宇宙の製作以前の無秩序な運動の原因については、古代から現代に至るまで論争が続いている。ここで述べられている解釈は、二九七第三段落で語られたヌメニオスの説と一致する。たとえば、プルタルコス（『「ティマイオス」における魂の生成について』一〇一四B、一〇一五E、一〇一七A）、アッティコス（「断片」二三（des Places））も、運動の原因を非理性的な魂に帰している。無秩序な運動については三〇一も参照。

混乱と無秩序は、不安定で動揺する座を提供する質料の本性に基づいて生じたのである。なぜなら、「とくに似てもいない力と均衡がとれてもいない能力を付与されているので、そこには」物体の揺さぶりと重さを抑制する「等しいものは何もなかったから」[1]である。たとえば池において、水の表面が動いていないとき、何か比較的重い塊が落ちたときに初めて運動の始まりが生じるが、続いて元素全体の振動が起こると、水の動き[2]だけでなく、落ちることで運動の原因を提供したもの自体も動かされ、相互に動かし合うようになる。そのように、質料もまた物体によって最初に運動が起こると、質料自身があらゆる仕方で動かされるだけでなく、運動の始まりである物体自体[3]も動かされ、相互に動かし合うのである[4]。

〔三五三〕 さらに彼［プラトン］は、質料のこのような運動が生じたのは、生成する事物の存在に何か貢献するためではなく、ただ物体の転化と変化のためであることを指摘する。すなわち、「この流れによって揺り動かされた素材は異なったところへと運び去られ分別される[5]」つまり分離される、と彼は言う。このようにして彼は、質料には形を受け入れる一つだけの能力もしくは潜在力[6]があるのではなく、多様な能力があることを明らかに示している。なぜなら、もし質料に一つの能力しかないとしたら、それはいつでも一つのものであるだろう。しかし実際は、質料はあらゆる性質と形に転化し、あらゆるものになるのだから、質料にはさまざまなものに変化する潜在力があることを、精神で前もって理解しなければならないからである。

次に彼は、言わんとすることを明瞭な譬えを用いて説明している。四つの素材、すなわち火と土とその他のものを互いに分離し、分離の原因が質料の流動と振動にあることを教えるとき、「ちょうど穀物の篩い分けの場合と同様に[7]」と説明する。というのも、詩人たちが「ケレスの道具[8]」と言い習わしているように、それでもって刈り取ったものを選別するある種の器具が、すでにずっと以前からあることをわれわれは知っているからである。穀粒は運動と振動によってあるところへ運ばれ、殻は揺り動かしによって別のところへ運ばれる。そして、「軽いもの」はあちこち飛び回り、「重いもの」は一所に落ち着く。「このようにして、あれら四つの第一の物体も渦巻く海峡におけるように揺り動かされ、ついには種類ごとに選別される(9)」と彼は言う。「海峡」と言っているのは質料のことであり、「選別」と言っているのは、神の摂理によってそれぞれの元素に割り当てられた居場所のことである。このような秩序づけがあるのは、とりもなおさず、宇宙が構

(1)『ティマイオス』五二E一―三。
(2)「水の動き」と訳した agmen aquarum という表現はウェルギリウス『農耕詩』第一歌三二二にも見られる。
(3)この「物体」は、三五四で論じられるように、正確にはいまだ火とも土とも言うことができない物体の「痕跡」のようなものである。
(4)本節で論じられた無秩序な運動の解釈については、アルキノオス『プラトン哲学講義』第十二章、第十三章(一六七・一五―二四、一六九・四―九(Hermann))、テルトゥリアヌス『ヘルモゲネス論駁』四一―四三も参照。
(5)『ティマイオス』五二E五―六。
(6)「潜在力」については三四五頁註(10)参照。
(7)『ティマイオス』五二E六―五三A一。
(8)ケレスは穀物の女神。この言葉はウェルギリウス『アエネイス』第一巻一七七に見られる。穀物を篩い分けて殻やごみを取り除くための大きなざる「箕」(『ティマイオス』五二E六の πλόκανον)のこと。
(9)『ティマイオス』五二E六―五三A一。「第一の物体」、「渦巻く海峡におけるように」はカルキディウスの付加。テュロスのマクシムス『論説』一〇・五に「すべての物体は流れ、海峡のように、あちらへこちらへと激しく運ばれる」とある。

成される以前に存在した、さまざまな物体が密着していることから起こった混乱と無秩序が、いつまでも存続しないためである。これが彼の言う、質料が秩序づけられて輝きと美しさが万有に生じる前の、宇宙の境遇であった。

三五四　「しかし、万物を節度ある状態にすることがよいと思ったとき」と彼［プラトン］は言う。彼は神の先見のある意志のことを言っている。神は「まず火と土と空気と水を繋ぎ合わせること」をよしとしたが、「それらは今あるようなものではなく、今あるもののわずかな痕跡であった」と彼は言う。というのも、火の痕跡はいまだ火ではなく、その他の物体の痕跡も、物体そのものではないからである。痕跡とは事物そのものではなく、事物の可能性を意味し、ましてや、痕跡の名でもって物体が意味されることはないからである。それゆえ、質料も、宇宙が秩序づけられる以前には、物体の痕跡であった。「神の摂理がないところではそう見えるような、荒れ果てた無様な状態にあった」と彼は言っている。まさしくそのとおりである。というのも、神の業を欠いて、何が美しく魅力を備えているだろうか。したがって、そのような状態にあるものは、元素が混乱状態にあり形成されていなかったので、当時はまだ宇宙ではなく、輝かしさももっていなかった。それは先見のある秩序づけの潜在力から生じるのである。

したがって、美しさと魅力を受け入れる本性的な潜在力をもった基に置かれた［基体としての］質料があった。さらに、いまだ混乱状態にあって少しも秩序づけられていない、物体の四つの可能性、もしくは痕跡があった。それゆえ、神はそう欲したときに、これらを配置し秩序づけ、感覚されうる宇宙というこの不死なる生き物を、形と性質でもって、確実で永遠に持続する理性によって、魅力的なものにしたのである。さらに彼は、生じるものはすべて最善の神の精神と意志によって生じるとみなすよう、われわれに命じる。これよりも真実の思いなしは何もないと、彼は断言する。

三五五　彼［プラトン］は言う。「さていまや、それらの秩序と生成を、まったく新しい奇妙な種類の説明によって、一つずつ説明することが相応しい。とはいえ、その説明はあなた方にとっては[7]、全員が自由人に相応しい教育の課程をすっかり修了しているのだから、未知のことではなく、わずかな助言によってよく理解できるものだ[8]」。彼は、元素とみなされている第一の物体の四つの実体を比によって説明しようとして[9]、それらの自らによる状態と、協同と、アナロギアーによって生じるいわばある種の連帯を、「秩序」と呼んでいる。アナロギアーとは、これがあれに対するように、そのようにあれが別のものに対するということである。

（1）『ティマイオス』四八B三―四「宇宙の生成以前に」、五三A七「万有がこれらのものから秩序づけられて生じる以前にも」参照。神による宇宙の製作とは、無秩序な状態にあった質料に秩序を与えることと考えられている。三一第一段落、アルキノオス『プラトン哲学講義』第十二章（一六七・一五―一二四（Hermann））参照。

（2）『ティマイオス』五三B一「万物を秩序づけることに着手したとき」。

（3）『ティマイオス』五三B四―五「それらをまず形と数でもって形成した」。四元素の連続性（continuatio）については、二一―二二参照。

（4）『ティマイオス』五三B二―四。アルキノオス『プラトン哲学講義』第十三章（一六九・四―六（Hermann））参照。

（5）『ティマイオス』五三B二―四。

（6）三四五頁註（10）参照。

（7）ティマイオスの対話相手であるソクラテス、ヘルモクラテス、クリティアスのことを指す。

（8）『ティマイオス』五三B七―C三。

（9）本節の引用箇所に続く『ティマイオス』五三C四以下では、火、空気、水、土の幾何学的構成が論じられる。

ある。[1]他方、形と姿そのものを「生成」と呼んでいる。彼はこれらについて、けっして迷うことなくつねに確実で論駁されえない証明を提供する幾何学的な比に基づいて論じようとするにあたり、まさにこの比は、確かに他の人たちにとっては「新しく」て「未知」であるが、しかし、「自由人に相応しい教育の課程をすっかり修了した」すべての人にとっては「無知ではなく、わずかな助言によってよく理解できる」[2]ことであると言っている。というのも、その場に居合わせた人はすべて、特別な教課によって教育されていたからである。彼がそれらを「自由人に相応しい学問」と呼んだのは、あの世代の人たちは子供のころから、いわばより高等な教課の原理であり階段のようなもの、すなわち、幾何学、音楽、数論、天文学を教え込まれていたからである。ケベス[3]はこれらについて次のように宣言している。哲学のために、それらを通してあたかも階段を上るかのように、哲学の最高の頂点に到達するために学ぶなら、それは苦労に値することである、しかし哲学を顧慮しなくても、教育として不完全ではあるが、それでもなお十分に価値あるものの基礎であると。それゆえ彼「プラトン」は、これらのいわゆる幾何学に習熟した人たちに、このような問題は幾何学的な証明によってでなければ解明できないことを知るようにと忠告しているのである。

(1) アナロギアーについては一六も参照。
(2) Wrobel, Magee に従って、ignotas, perspicuas を ignotam, perspicuam と読む。
(3) ソクラテスの弟子で、『パイドン』の登場人物でもあるテバイのケベスのこと。ただしここでは、彼が書いたとされる対話篇『ケベスの板絵』一三・二を参照。この著作はおそらく後一世紀頃に書かれたもので、キュニコス派的、ストア派的倫理が語られており、後世によく読まれた。

解説

著者について

プラトニズムの伝統において『ティマイオス』は古くからとりわけ重視されてきた。とくに、紀元前後に始まるいわゆる中期プラトン主義と、三世紀半ばに始まる新プラトン主義においては、この書はプラトンの著作の中でも特権的な地位を占めていた。古代後期から近世にいたるプラトニズムの歴史は、『ティマイオス』の解釈史であったと言っても過言ではない。[1] ことに中世においては、十二世紀半ばにヘンリクス・アリスティップスによる『メノン』と『パイドン』のラテン語訳が現われるまで、カルキディウスによる『ティマイオス』のラテン語訳が、西欧において直接読むことができたプラトンのほぼ唯一の著作であった。『ティマイオス』にはカルキディウス以前にも、キケロによる部分的なラテン語訳（二七Dから四七Bまでで、所々省略されている）があり、たとえばアウグスティヌスはこれを用いていたとされるが、それ以後中世ではほとんど用いられた形跡がない。[2] カルキディウスの翻訳も全訳ではなく、中ほど（五三C三）で中断しているが、彼はこれに翻訳の五倍余りの分量の註解を付した。カルキディウスの『プラトン「ティマイオス」註解』（以下、『註解』と略す）は、古代末期のプラトニズムの様相を伝える貴重な資料であると同時に、数論、音階理論、天文の基礎知識と古代の哲学的議論を中世前期に伝えた数少ない文献の一つとしても重要である。

カルキディウス（Calcidius）については、現存する『ティマイオス』のラテン語訳と註解の著者であること以外には、確実なことは何も知られていない。彼が生きた年代や場所も定かではない。彼がその著書を献じたオシウス（Osius あるいは Ossius, Hosius）という人物について、複数の写本にスペインもしくはコルドバの司教（episcopus）とする記載があることから、[3] 従来一般には、この人物は三二五年のニカイア公会議を主導したとされるコルドバ司教のオシウス（二五六頃―三五七／五八年）であり、それゆえカルキディウスもその時代（四世紀前半）にコルドバ周辺で活動したと考えられてきた。しかしこれに対しては、コルドバ司教オシウスにも言及しているスペイン人びいきのセビリアのイシドルスが、カルキディウスにまったく言及していないことから、クリバンスキーが疑義を唱えた。それを受けて、カルキディウスの画期的な校訂版を編んだヴァスジンクは、考証の末、カルキディウスは五世紀初頭に北イタリアのミラノで活動したという説を提起した。[4] しかし、その後も伝統的解釈を支持する者もいて、[5] この問題についてはいまだ決着がついていない。

（1）古代における『ティマイオス』の伝統の概説としては、土屋（二〇一八）四七―五四頁参照。
（2）Somfai 2002, p. 8 によれば、九世紀から十五世紀にわたる現存する写本の数は、カルキディウス訳が一二九に対し、キケロ訳は一六である。
（3）たとえば、十三世紀に筆写されたウィーン写本の欄外には「コルドバ司教オシウスの要請によってカルキディウスはこの本を翻訳することを引き受けた」と記されている。ただし、最も古い九世紀の四つの写本にはこれに類した記載はない。
（4）Cf. Waszink 1962, pp. IX-XVII.
（5）Cf. Dillon, pp, 401-402; Dronke, pp. 3-7.

ただし、カルキディウスがオリゲネス（二五四／五五年没）に言及していること、アウグスティヌス（四三〇年没）と同時代のファウォニウス・エウロギウスや、マクロビウス（五世紀初頭）がカルキディウスを引用していることから、カルキディウスの活動時期は三世紀半ばから五世紀初めの間であることは確定できる。

また、複数の写本にカルキディウスを助祭長（archidiaconus）もしくは助祭（diaconus）とする記載があること、新約聖書の記述への言及（一二六節）やオリゲネスからの引用（二七六節）があることなどから、カルキディウスは一般にキリスト教徒であったとみなされてきた。しかし、これもそれほど確かなこととは言いがたい。筆者としても、カルキディウスは『註解』の読者にキリスト教徒を想定しており、彼自身もキリスト教徒であった可能性が高いと考えるが、少なくとも『註解』に見られる彼の思想・信条は明らかにプラトンを頂点とするギリシア哲学であり、彼がキリスト教徒であったか否かは、彼の著作を理解する上で重要な問題ではないと思われる。ただしオシウスに関しては、『註解』の中で福音書の記述に言及した直後に、「これらのことは他の人よりあなたがずっとよくご存知である」（一二六節）と述べられていることから、この人物がキリスト教徒であったことはほぼ間違いない。

なお、カルキディウスは、その名前（ギリシアの地名カルキスかカルキディケに由来する可能性がある）、ギリシア語的なラテン語の語法の頻出、ギリシア語著作の多用などから、ギリシア語が第一言語であった可能性が高いと思われる[1]。

『註解』の意図

今日に伝わるカルキディウスの著作は、『ティマイオス』の翻訳と註解と、その写本の冒頭に付されたオシウス宛の一通の書簡のみである。本書の冒頭にこの書簡の翻訳を収録した。この書簡は、今日ではあまり注目されることがないが、中世においては翻訳や註解と同様にしばしば註釈の対象とされていた(2)。この書簡から、カルキディウスはオシウスという人物からの依頼で『ティマイオス』をラテン語に訳したこと、さらに、彼自身の判断で『註解』を執筆したことがわかる。書簡の最後で、カルキディウスは『註解』を著わした動機を、以下のように語っている。

かくして、その任務はまさに神からの霊感によってあなたからわたしに課されたものに違いないとわたしは確信しました。それゆえ、わたしは溌剌たる希望と断固たる意志をもって、プラトンの『ティマイオス』の始めの部分を翻訳するだけではなく、その同じ部分に註解を施すことにも着手しました。深遠な事柄の似像は、解釈上の解説なしには、範型自体より相当曖昧なものになってしまうと思ったからです。他方、本をいくつかの部分に分けた理由は著作の長さゆえですが、同時に、いわばいくらかの初穂をあなたの耳と心でもって味わっていただくためにお送りしたなら、その方が安心だと思ったからでもあります。少しでもお気に召したというご返書をいただいたときには、大胆な企てを進めるうえでのより大きな自信となるでしょう

(1) Cf. Magee, pp. xiv-xvii.
(2) Cf. Dutton, pp. 188-189.

から。

この書簡は、まさに現存する翻訳と註解に添えられて、依頼主に送られたものであることがわかる。『註解』第一部の始めの七節は、『註解』全体の序論に当たる。この部分で、カルキディウスは『註解』の意図を語っている。まず、一節で以下のように述べている。

プラトンの『ティマイオス』が、昔の人々からも理解するのに難しいとみなされ評価されてきたのは、語り方の拙劣さから生じた曖昧さのせいではなくて——というのも、あの人が書いたものより何がより分かりやすいだろうか——むしろ読者が、さまざまな問題の解明に従事する専門的な理論に習熟していなかったからである。……たとえば、もし星の運動に関して何か戸惑いが生じたなら、天文学と呼ばれる学問から判定が下るだろう。もし弦の相違や、相異なった声や音から生じる協和について論じられているなら、音楽という治療法によって戸惑いは治まるだろう。

『ティマイオス』の難解さの原因は、著者プラトンの「言葉の拙劣さ」ではなく、読者が「専門的な理論(artificiosae rationes)」に習熟していないせいだと言われる。二節でも、『ティマイオス』では「万有の成り立ちについて論じられ、宇宙が包含するあらゆることの原因と理由が明らかにされ」ているのだから、それらの問題は「確実な学問のあらゆる専門的な治療法によって、すなわち、数論、天文学、幾何学、音楽の治療法によって対処されるべき」であり、これらの学問に習熟していない人たちは、「まるで外国語に無知な人のように」それらを理解できなかったと語られている。(1) ここで言われている「専門的な理論」とは、後に中世の教育課程においてクァドリウィウム(quadriuium)と呼ばれる数学的四科、数論、幾何、音楽、天文を意味していることは明らかである。さらに、カルキディウスは『註解』の意図を四節で次のように説明する。

かくして、命じられたことは凡庸な才能が遂行できるよりも大きなことではあったけれど、あなた方のご用命には喜んで従うべきであったので、わたしは翻訳だけでは満足できなかった。曖昧で少しも明瞭でない範型の似像は解説なしでは、同じかもしくはさらに大きな曖昧さという欠陥をもった翻訳になるだろうと考えたからである。そこでわたしは、諸々の学術を知らない人たちの無知によって隠されていたことだけを説明するという仕方で、何らかの点で難解だとわたしに思われた箇所を解説した。というのも、すべての人が共通に理解している明らかなことを、頑迷な質問によって無益に繰り返すことは僭越な人の振る舞いで、まるで読者の才能を信用していない人のすることだからである。さらに、本の冒頭部分については、たんなる以前の出来事の叙述と昔の歴史の物語が含まれていただけなので、わたしは何も述べなかった。

似像（翻訳）が原型（原書）より曖昧なものになることは書簡でも語られていたが、ここでは原型自体が「曖昧で少しも明瞭でない」と言われている。これについては『註解』三二二節を参照すべきである。そこでは、質料の問題に関連して、「曖昧さ（obscuritas）」にはさまざまな原因があることが論じられている。まず、著者に起因するもの。これには、著者が意図的に行なう場合と、著者の表現が拙劣である場合がある。第二は、聞き手に起因するもの。これには、聞き慣れないことが語られる場合と、聞き手の理解力が鈍い場合が

（1）このような認識は、二世紀のスミュルナのテオンが『プラトンを読むために有用な数学的事柄の解説』と題した書を著わした動機とも重なる。Cf. Hiller 1878, pp. 1-2.

ある。第三に、議論の対象そのものに起因するもの。四節で語られている原型の曖昧さも、三二二節と同様、この第三の原因に由来することは明らかである。

さらにここでは、註解の対象は「難解だとわたしに思われたいくつかの箇所」に限定されることが宣言されている。「本の冒頭部分」も註解の対象にしないことが語られる。実際、八節からの註解は、いくぶん唐突に『ティマイオス』三一B以下の比例中項の問題から始まる。「以前の出来事の叙述と昔の歴史の物語」とは、明らかに『ティマイオス』の導入部一七A―二七Bの対話部分を指している。しかし、その後の二七C―二九Dはティマイオスが語る宇宙論全体の序論であり、その後には本論が始まっている。しかも、註解の対象にされていないこの部分には、「存在するもの」と「生成するもの」との区別というイデア論の図式から始まって、宇宙の製作者としての神の導入、宇宙には生成の出発点があること、宇宙生成の原因は神の善であること、宇宙は理性を持った生き物であること、この宇宙は最も美しく完全な知性対象をモデルとして作られたこと、宇宙は単一であること、といった非常に重要な論点が語られている。これらの論点のいくつかは二三―二五節において宇宙の永遠性との関連で言及されているとはいえ、たとえば、プロクロスの大部な『プラトン「ティマイオス」註解』が三一B三までの註解に全体の約四割もの分量を費やしていることを思うとき、やはり注目に値するだろう。このことからも、カルキディウスの『註解』は、数学的諸学の知識が前提とされる難解な箇所のみを解説するという、明確な意図を持って執筆が開始されたことがわかる(1)。

次に、カルキディウスは「しかし、著作全体の企図と著者の意図と本の順序は明示されるべきだと思った」(四節)と述べ、続く二つの節で『ティマイオス』篇全体の主題を解説する。彼は『ティマイオス』の対話を『国家』の対話の翌日に行なわれたものとみなし、『ティマイオス』の主題を『国家』の主題と対比して説明する。五節で『国家』の主題を要約したうえで、六節では、『国家』では人間における正義が探求されたのに対し、『ティマイオス』では自然における正義が探求されるとし、以下のように語る。

ちょうど、ソクラテスが人間の用いる正義について論究したとき、市民の国家という似姿を導入したのと同様に、ピュタゴラスの教えを継ぐ者であるロクロイのティマイオスは、天文の学問にも完全に精通していたので、神の種族が互いに用いる正義を、いわば公共の都市であり国家である感覚されうるこの宇宙の中に探究しようと欲したのである。

カルキディウスの『註解』は、学派に属する者が、その立場から同学の者たちに向けて書いた書物ではない。想定する読者は、翻訳の依頼人オシウスを始めとする一般の知識人であろう。おそらく、その多くはキリスト教徒であり、カルキディウスもそれを意識していたと思われる。当時カルキディウスの周囲では、数論、幾何、音楽、天文といった数学的諸学の素養が失われつつあり、知識人の多くがギリシア語を解せなくなっていたことは、何より彼の著作自体が証している。このように古典の教養が衰退していく時代にあって、彼は『ティマイオス』のテクストを機縁として、自らが心酔するプラトン哲学を頂点とするギリシアの哲学と、古典の学問の伝統を、同時代の知識人に、さらには後世の人々にも伝えようと欲して、この『註解』を著わしたのに違いない。カルキディウスは『ティマイオス』の註解を著わすことで、ギリシアとラテン、異

(1) 後に言及するアドラストス『プラトン「ティマイオス」註解』も、同様な意図のもとに著わされたものと考えられる。

教哲学とキリスト教思想の仲介者となったのである。[1] そうだとすれば、古代末期から中世初期にかけて多くの古典文献が失われていくなかで、幸運にも生き残ったカルキディウスの著作は、おそらく著者が期待していた以上の大きな役割を果たしたと言えるであろう。[2] たとえば、十二世紀に興隆するシャルトル学派と呼ばれる思想家たちの自然研究・自然哲学も、カルキディウスの翻訳と註解なしにはありえなかったであろう。

『註解』の構成

序論部の最後の七節では、「本の順序と概観」として、番号を付して二七の主題が列挙されている。これらは『ティマイオス』全篇の内容目次を示していると同時に、『註解』で扱われる主題の目次でもある。このうち、現存する翻訳と註解は十三番までである。この章分けと主題に従って『註解』全篇のおおまかな内容を示せば以下のようになる。

第一部

序論　一―七節

註解の意図（一―四節）。『ティマイオス』の主題（五―六節）。目次（七節）。

第一章　宇宙の生成について（de genitura mundi）八―二五節

比例中項に関する数学的解説（八―一九節）。四元素の比例関係（二〇―二二節）。宇宙の永遠性（二二三—二五節)。

第二章　魂の誕生について(de ortu animae)二六—三九節

魂の不死性と誕生の物語(二六節)。「有」と「同」と「異」の混合(二七—二八節)。不可分な実体と分割可能な実体(二九—三一節)。数比による分割と協和音(三二—三五節)。七について(三六—三八節)。三角形の配置(三九節)。

第三章　調和あるいはハルモニアについて(de modulatione siue harmonia)四〇—四五節

魂の数比と音階理論(四〇—四五節)。

第四章　数について(de numeris)四六—五五節

数比に基づく音階理論の解説(四六—五〇節)。魂がこのように構成された理由(五一—五五節)。

第五章　恒星と惑星について(de stellis ratis et errantibus)五六—九七節

自己運動者としての魂(五六—五七節)。「同」と「異」の円(五八節)。天文学の概説(五九—九一節)。「同」と「異」の円と天体の運動(九二—九七節)。

第六章　天について(de caelo)九八—一一八節

(1) Cf. Reydams-Schils 2007a, p. 307は、カルキディウスは、ギリシアの伝統とローマの伝統、キリスト教と異教哲学との間のcultural mediatorとしての自らの役割を自覚していたと述べている。

(2) カルキディウスの後世への影響の概説としては、cf. Bakhouche, pp. 47-67.

天の語義（九八節）。宇宙の魂（九九―一〇四節）。永遠と時間（一〇五―一〇八節）。水星と金星の運動（一〇九―一一二節）。惑星の運動（一一三―一一六節）。太陽の役割（一一七節）。大年（一一八節）。

第二部

第七章　生き物の四つの種族について（de quattuor generis animalium）一一九―二〇一節

天体と大地（一一九―一二六節）。ダイモーン（一二七―一三六節）。神の神々への命令（一三七―一四一節）。運命（一四二―一九〇節）。神が魂に定めた法（一九一―一九九節）。魂の種蒔き（二〇〇節）。神の神々への命令（二〇一節）。

第八章　人類の誕生について（de ortu generis humani）二〇二―二〇七節

人間の身体の構成（二〇二―二〇七節）。

第九章　人間の多くは賢いが、賢くない人もいる理由（causae cur hominum plerique sint sapientes, alii insipientes）二〇八―二三五節

魂における愚かさの原因（二〇八―二一一節）。『ティマイオス』四一B―四六Eの概要（二一二節）。魂の主導的部分とその座、魂とは何か（二一三―二三五節）。

第十章　視覚について（de uisu）二三六―二四八節

第十一章　映像について（de imaginibus）二四九―二六三節

夢（二四九―二五六節）。鏡像（二五七―二五九節）。魂と物体（二六〇―二六三節）。

第十二章　視覚の賛美（laus uidendi）二六四―二六七節
　視覚の有用性（二六四―二六六節）。聴覚（二六七節）。
第十三章　質料について（de silua）二六八―三五五節
　序論（二六八―二七四節）。学説誌（二七五―三〇一節）。著者の見解（三〇二―三二〇節）。著者の見解の『ティマイオス』の記述に基づく検証（三二一―三五四節）。幾何学的比（三五五節）。

最初の主題「宇宙の生成について」は、大半が比例中項に関する数学的解説（八―一九節）に充てられており、終わりの三つの節で宇宙の永遠性について論じられる。(1) 続く第二章から第四章も、ほとんどが数論と数比に基づく音階理論の解説に充てられている。(2) 第五章と第六章も、ほとんどが天文学の一般的解説である。(3) これらの解説においては、しばしば記号を用いた図が用いられている。ここまでが『註解』第一部に当たる。数学的諸学の知識が前提とされる難解な箇所のみを解説するという序論部に述べられたカルキディウスの意図は、第一部において顕著である。

(1) 二〇―二五節については、土屋（一九九九）に和訳と解説がある。
(2) 二六―三九節については、土屋（二〇〇一b）に和訳と註釈がある。
(3) 五六―一一八節については、土屋（二〇〇一a）に和訳と註釈がある。一〇五―一一八節については、Pitteloud に仏訳と註釈がある。

第二部の最初の主題第七章には、「ダイモーン」に関する論考（一二七―一三六節[1]）と、本題からは逸脱する「運命（fatum）」に関するかなり長い論考（一四二―九〇節[2]）が含まれる。続いて第八章では人間の身体の構成が論じられ、第九章では人間の魂の問題が論じられる。第十章から第十二章は視覚に関する論考で、第十一章には夢に関する論考（二四九―二五六節[3]）が含まれる。最後の主題「質料について」は最も長く、『註解』全体の四分の一近くを占める、質料に関する本格的な論考となっている。[4]第二部には、第一部とは大きく様相が異なり、数学的解説はほとんど見られない。したがって、先に見た序論部で述べられたカルキディウスの意図は、第二部には必ずしも当てはまらない。[5]しかし、第二部の註解も、たんなる『ティマイオス』のテクストの解釈にはとどまらず、しばしば『ティマイオス』の文脈から大きく逸脱した独立した論考と言えるもので、各主題はたいてい学説誌を含み、諸説を批判的に検討した末、おおむね最後にプラトンの見解が最も正しいものとして解説される。カルキディウスの『註解』は、まず哲学の予備科目である数学的諸学の初歩的解説から始まって、次により高度な哲学的問題を論じるという構成をとっており、これは明らかに読者に対する教育的配慮から意図されたものである。

『註解』第一部と第二部の区切りは、『ティマイオス』のテクストでは三九E二／三に当たる。カルキディウスの註解では、「彼がここまで論じてきたのは、感覚されうる宇宙の構成についてであった」（一一八節）という言葉で第一部が終わり、「われわれはこれ以前の著作の本文から、製作者である神によって仕上げられた宇宙全体の完成を取り上げて、凡庸な才能が許すかぎりで、プラトンの学説に密着しながら、自然の観想と専門的な理論に従って論じてきた」（一一九節）という言葉で第二部が始まっている。この区切り方に従えば、第一部は宇宙全体の構成を扱い、第二部はその宇宙の中に存在することになるものを対象としていると考えられる。

ファン・ヴィンデンは『註解』全体を、一「神の先を見通す精神が構成したもの」（八―二六七節）と二「必然がもたらしたもの」（二六八節以下）に大別し、さらに一を、「宇宙の生成」（八―一一八節）と「宇宙の装飾（exornatio）」（一一九―二六七節）とに分けており、ヴァスジンクもほぼ同様の区分をしている。[6] これに対してレイダムス＝シルスは、『註解』の主題として、第一部「数学」（八―一一八節）、第二部の前半「自然学」（一一九―二六七節）、後半「神学」（二六八節以下）という図式を提起している。[7] カルキディウスは『註解』を哲学の教育課程となるように意図した、という彼女の見解は支持できるが、数学・自然学・神学という図式は、『註解』第二部の内容からしても、カルキディウスは『ティマイオス』全篇の註解を意図していた点からしても、無理があるように思われる。

（1）この部分については、den Boeft 1977 に英訳と註釈がある。
（2）この部分については、den Boeft 1970 に英訳と註釈がある。
（3）この部分については、土屋（二〇一六）に和訳と註釈がある。
（4）二六八―三五四節については、van Winden に英語のパラフレーズと註釈がある。
（5）Somfai 2003 は、八―一一九節で詳論される比例中項が、ダイモーンを論じる一二九節にも応用されていることを指摘し、第二部でも数学は重要な役割を果たしており、幾何学的比例は『註解』の methodological centre（p. 142）であると述べている。
（6）Cf. van Winden, p. 15; Waszink 1962, p. XX.
（7）Cf. Reydams-Schils 2007a, pp. 314-319.

ファン・ヴィンデンやヴァスジンクの考え方は、おそらく、「理性の作品」（二九D―四七E）、「必然から生じるもの」（四七E―六九A）、「理性と必然の協働」（六九A―九二C）というコーンフォードの『ティマイオス』の三部分けに基づくものと思われる。[1] しかし、プラトン自身がこのような三部構成を考えていたのかどうかは疑問である。『ティマイオス』の宇宙論の最初と最後（二七A六、九〇E二）では、『ティマイオス』の話題は「宇宙の生成」から「人間の生成（本性）」までと言われている。実際、「宇宙の生成」と「人間の生成」は『ティマイオス』の二大テーマであると言える。「人間の生成」は四一Dから語られるが、それに先立つ三九E―四一Dの部分はその前置きと解することもできるだろう。コーンフォードの第二部にあたる物体論は、「人間の生成」の途中に差し挟まれた長い挿入的議論とみなすこともできる。いずれにせよ、カルキディウスの区分は、けっして不可解なものではない。[2]

ちなみに、近代以降の刊本では、翻訳の第一部と第二部の後に註解の第一部と第二部が続くように編集されているが、写本のほとんどは、翻訳第一部・註解第一部・翻訳第二部・註解第二部の順に書かれている。おそらく後者が元の順序であったと考えられる。[3]

なお、七節では、翻訳と註解が残されていない『ティマイオス』の後半部分に関しても、二十七番まで主題が掲げられ、最後に「これらすべてについて、それぞれ本の順序に従って解説がなされるだろう」と語られている。このことからも、カルキディウスは『ティマイオス』全篇の翻訳と註解を意図していたことがわかる。しかし、それが実行されたのか否かは不明である。おそらく何らかの事情で、後半の翻訳と註解は執筆されなかったものと思われる。

『註解』の典拠

これまでもカルキディウスは十分に研究されてきたとは言いがたいが、従来のカルキディウス研究は、『註解』を執筆するにあたりカルキディウスが依拠した著者・著作の探索(Quellenforschung)が中心であった。カルキディウスは典拠を明記せずにさまざまな著作から引用していると考えられるが、まず、彼が大幅に依拠していることが明らかな文献としては、ペリパトス派のアドラストス(後二世紀)の『プラトン「ティマイオス」註解』が挙げられる。アドラストスの著作は現存しないが、スミュルナのテオン(後二世紀)が『プラトンを読むために有用な数学的事柄の解説』と題する書の中で、かなりの量を引用している。カルキディウス自身はアドラストスの名を一度も挙げていないが、『註解』四四―四六節の音階理論と、五九―九一節の天文学の解説は、若干の省略や敷衍、誤解と思われる箇所などがあるものの、テオンの書に見られるアド

(1) Cf. Cornford, pp. xv-xviii.

(2) 大谷、三九頁は、カルキディウスの第一部と第二部の区切り方は、『創世記』における六日間の神の業を三日ずつ「分別」と「装飾」に区分する、中世における一般的な聖書解釈に一致していることを指摘し、カルキディウスの区分は中世の思想家たちにとって大きな意味を持っていたと述べている。

(3) Cf. Dutton, pp. 190-191. なお Dutton は、全体で四部構成が計画されていたと推測している。

ラストスの引用と明らかに一致する。[1] さらには、『ティマイオス』の文脈から離れて純粋に数学的な解説を行なっている点や、記号を用いた図による説明を多用している点など、上記の箇所と類似した特徴を持っている『註解』第一部のかなりの部分が、アドラストスに依拠したものだと考えられる。[2]

他方、カルキディウス自身が名前を挙げている著者としては、「始めに神は天と地を造った」という『創世記』冒頭の言葉の解釈をめぐって、オリゲネスの『「創世記」註解』とアレクサンドリアのピロン（フィロン）の『世界の創造』に基づくと思われる記述がある（二七六―二七八節）。また、物体の問題をめぐってピュタゴラス派の立場からストア派を批判する議論として、ヌメニオス（後二世紀）の説がかなり長く引用されている[3]（二九五―二九九節）。ヌメニオスの名を挙げているのはこの箇所のみだが、ヌメニオスの教説と類似した記述はこの箇所以外にも散見する。ただし、名前を挙げているからと言って、カルキディウスがこれらの人物の著作を直接見ていたか否かは別問題である。

その他、注目に値することとしては、アルキノオス『プラトン哲学講義（ディダスカリコス）』（後二世紀頃）と類似した記述がかなり多くの箇所で見られる。また、運命に関する議論（一四二―一九〇節）の中には、偽プルタルコス『運命について』（後二世紀頃）とネメシオス『人間の本性について』（後四〇〇年頃）と明らかに類似する記述が頻出する。ネメシオスは別として、カルキディウスがアルキノオスや偽プルタルコスの著作を見ていた可能性も否定はできないが、今日知られていない共通の源泉があった可能性の方が高いと思われる。いずれにせよ、カルキディウスはアドラストス以外にも、後二世紀頃に成立したギリシア語文献に大幅に依拠していた可能性が高いように思われる（以上に言及した文献はすべてギリシア語）。

『註解』全般にわたるカルキディウス研究の最初のモノグラフはスヴィタルスキ（Switalski）によるもので、今読んでも多くの有益な指摘を含むが、ポセイドニオスが主要な典拠であったとする結論は、今日では顧みられない。これに対して、シュタインハイマー（Steinheimer）は新プラトン主義の影響を主張し、とくにポルピュリオス（二三四―三〇五年頃）の失われた『プラトン「ティマイオス」註解』が主要な典拠であると推定した。これに対しては、ジョーンズ（Jones）による説得的な批判があったが、ポルピュリオスの註解書を主要な典拠とする見解はその後も有力であったと言えよう。(4) しかし今日では、カルキディウスに新プラトン主

（1）このことを最初に指摘したのは Martin, pp. 18-21 で、彼はカルキディウスが依拠していたのはテオンの書だとみなしたが、これに対して Hiller 1871 は、八つの論拠を挙げて、カルキディウスはアドラストスの書を直接見ていたことを論証した。これ以降、Hiller の見解が一般に承認されている。ただし、Bakhouche, pp. 36-37 はテオンだとみなしている。

（2）Waszink 1962, p. XXXVII は、『註解』八―一九、三二―五〇、五九―九八、一〇〇、一〇八―一一二、一一六節がアドラストスに基づくとみなしている。これは『註解』第一部の七割近くもの分量に相当する。

（3）van Winden, pp. 36-37, 104-105, 116-117 は、カルキディウスは直接ヌメニオスの著作を見ていたと考えているが、Waszink 1962, pp. LXXX-LXXXI; 1964, pp. 24-25 は、ポルピュリオスからの間接的な引用だとみなしている。

（4）Cf. van Winden, p. 245; Waszink 1962, pp. XC-CV; den Boeft 1970, pp. 132-137; den Boeft 1977, pp. 57-61; Gersh, pp. 431-433, 490-492.

義の影響を見ることに対してはむしろ懐疑的で、カルキディウスは新プラトン主義以前の中期プラトン主義の影響下にあるとする見方が一般的である(1)。筆者も、カルキディウスの『註解』には新プラトン主義を前提としなければ理解できないような箇所は一つもないと考えている。新プラトン主義成立以降のプラトニズムは、すべて新プラトン主義の影響下にあったと思われがちだが、カルキディウスの『註解』は、実際は必ずしもそうではなく、古代末期にも多様なプラトニズムが存在していたことを示唆している。とはいえ、もしカルキディウスが新プラトン主義を知っていたとすれば、『註解』にその痕跡がまったく見られないというのは、確かに不思議である。知っていたけれど敢えて無視した可能性も否定はできないが、『註解』ではさまざまな説が批判的に検討されていることを思えば、カルキディウスは新プラトン主義を知らなかった可能性の方が高いと思われる。あるいは、新プラトン主義が大きな広がりを見せるのはイアンブリコス（二四五頃―三二五年頃）以降のことで、カルキディウスの活動時期はイアンブリコスの影響が広まる以前（四世紀の早い時期）であったという可能性も指摘できるかもしれない(2)。

いずれにせよ、カルキディウスの『註解』は、しばしばそうみなされてきたように、既存の著作からの抜き書きの寄せ集めではない。先行思想に大きな影響を受けながらも、カルキディウスには、彼なりのプラトン解釈に基づく一貫した思想があり、『註解』はそれを基調として、一定の意図のもとに著わされたものと考えるべきである。ところが、『註解』の記述から、カルキディウスその人の思想なり哲学なりを再構成しようという試みは、これまでほとんどなされてこなかった。そこで以下においては、『註解』におけるカルキディウスの『ティマイオス』解釈を通して、彼の哲学の一端を探ってみたい。

カルキディウスの『ティマイオス』解釈

まずは、『ティマイオス』の宇宙論の枠組みを確認しておこう。『ティマイオス』においては、「存在するもの」と「生成するもの」という、いわゆるイデア論の図式に、宇宙論的な「知性（ヌース）」と「必然（アナンケー）」が重ね合わされ、この対立する二項の図式が一貫した議論の枠組みとなっている（二七D—二八B、四七E—四八A参照）。そこに、宇宙の製作者という、いわば両者を仲介するものとしての神が登場する。『ティマイオス』では宇宙論全体の序論において、最初に考察すべきこととして、「宇宙はいかなる生成の始まりもなく、常にあったものなのか、あるいは、ある始まりから始まって、生成したものなのか」（二八B六—七）という問題が提起され、即座に「生成したものだ」という回答が与えられる。その理由は、宇宙は感覚されるものであり、感覚されるものは生成するものだからだと語られる。続いて、生成したものは何らかの原因によって生成することが必然だと言われ、その原因者として「この万有の作り手にして父」（二八C三—四）がいくぶん唐突に導入され、それは以下の箇所で「デーミウールゴス」（二九A三）、「神」（三〇A二）と言い換えられていく。この箇所は、宇宙は過去のある一時点において生じたものなのか、あるいは永遠に

（1）Cf. Dillon, pp. 403-408, 451-452; Moreschini, pp. XVI-XXX; Bakhouche, pp. 34-41.　（2）Cf. Reydams-Schils 2010, p. 498.

存在するものなのか、換言すれば、神による宇宙の製作は歴史的事実として語られているのか、説明のための虚構なのかをめぐり、古代から現代に至るまで解釈者たちを悩ませてきた。また、先の二項の図式に当てはめれば、当然デーミウールゴスは、イデアとヌースの側に属することになるだろう。しかし、イデアとヌースとデーミウールゴスとが、それぞれどのような関係にあるのか、明確なことは『ティマイオス』において何も語られていない。

また、神は宇宙の身体の製作に先立って、「宇宙の魂」なるものを作るが（三四B—三七C）、これもまたデーミウールゴスと同じく、その正体と宇宙における位置づけに関して、後世にさまざまな議論を巻き起こした。そもそも、プラトンによれば魂は永遠であるのに、それが生み出されるとはどういうことか。『パイドロス』（二四五C—二四六A）や『法律』第十巻（八九三B—八九六C）では、自己運動者としての魂が唯一の運動の原因とされているのに、『ティマイオス』では、宇宙の生成以前、つまり宇宙の魂が作られる以前に物体が無秩序に動いていたと語られるが、その運動は何に起因するのか。これらの問題も、古代から現代に至るまで議論されてきた。

さらには、物体を説明するために、「生成するもの」の受容器としての「場（コーラー）」が導入される（四八E—五二D）。これも『ティマイオス』にのみ登場する概念で、イデアと生成するものと「場」という三者の関係も、イデア論解釈の上で難しい問題を惹起している。『ティマイオス』にはこれらの他にも解釈上の難問が無数にあるのだが、後のプラトニストたちは、それぞれに時代の要請と自らの関心に応じて『ティマイオス』をさまざまに解釈していくことになる。

それでは以上の問題に対して、カルキディウスはどのような解釈を提示しているのだろうか。まず、『ティマイオス』解釈史のなかでも、おそらく最もよく知られた問題、先にも言及した「宇宙は生成した」(二八B)と語られる箇所に対する解釈から始めよう。カルキディウスは、宇宙の永遠性をめぐる問題を論じた『註解』二三節と、魂の永遠性をめぐる問題を論じた二六節で、この問題に対する自らの立場を、かなり明確に表明している。

二三節では、神の作品、自然の作品、自然を模倣する人間の作品という三分法から議論が始まり、続いて、自然の作品と神の作品が対比的に語られる。自然の作品は時間の中にその起源をもつゆえ、時間の中にその終わりが定められているのに対し、神の作品の起源は把握されえないと言われる。自然の作品の起源である種子(semina)に相当するものが、神の作品においては原因(causae)であり、それは「神の摂理(diuinae prouidentiae)」とも言い換えられている。そして結論として、宇宙の起源と始まりは、時間的な意味での始まりではなく、原因としての起源である、という点が指摘される。つまり、宇宙が「生じた」と言われるのは、過去のある一時点において生じたという意味ではなく、宇宙はその存在の原因を神に負っているという意味で「生じた」と言われているのだと、カルキディウスは解釈する。これは初期アカデメイアのクラントルにまで遡る、プラトニストの間での代表的な解釈と言える。[1] さらに、二五節では、感覚される宇宙は、知性の対象である宇宙を範型(exemplum)として作られたのだから、真の意味では永遠ではないが、永遠な範型の

(1) 三五頁註(1)参照。

似像として、時間的な意味では過去から未来にかけて常に存在する、という解釈が語られる。

二六節では、プラトンによれば魂は永遠であるのに、どうして『ティマイオス』においてだけ、魂が生み出されたものとして語られているのか、という問題が提起される。これに対し、カルキディウスは三つの理由を挙げる。最初の理由は、「もし人々が、始原から存在した生まれたものではない何かがあると聞いて、それらは古さの優越性の点で神と同等であるなら、至高の神の最高位が損なわれると考えることがないために」と言われる。神的で永遠なものの起源は、時間の前後関係ではなく、価値の優劣という点で考察すべきだと言われる。二番目は、「われわれは作り出された作品の権威や創始者を、精神による配慮よりもむしろ手に帰するのが常であるゆえ」と言われる。三番目は、「大多数の人は自分たちの死すべき本性から神的な本性を推測して、すべてのものは生成し、生まれたものでないものは何一つ存在しないと憶測するゆえ」と言われる。そして、「そのように教え込まれている人々の心には、神があたかも製作者（opifex）のように、何か手やその他の身体の働きによって宇宙を構築したかのように説明する以外には、宇宙の創始者は神であることを説得することは難しい」と語られる。つまり、『ティマイオス』における神の宇宙製作は、過去の一時点において行なわれた事実として語られているのではなく、この宇宙はその存在の原因を神に負っていることを人々に説明するための便宜的なフィクションだという解釈である（二二八節も参照）。この解釈も、初期アカデメイアのクセノクラテスらに始まり、後の大多数のプラトニストに継承された見解である。(1)

次には、デーミウールゴスと「知性」と「宇宙の魂」の関係について見てみよう。この点に関しては、カルキディウスの世界観の要と言ってもよい、宇宙を支配する神的原理の階層構造が語られる一七六―一七七節が重要である。カルキディウスは、一七六節で「運命についてプラトンが真理そのものに突き動かされて述べたこと」として、次のように述べている。

まず、存在するあらゆるものと宇宙そのものは、第一に至高の神によって保持され支配されている。この神は、すべての実在とすべての本性のかなたにある、評価と理解の及ばない至高の善である。この神自身は完全性に満たされていて、いかなる仲間も必要としていないが、あらゆるものがこの神を求めている。この神について今これ以上のことを語ることは、話を逸らすことになってしまう。

次には、摂理によって〔万物と宇宙は支配されている〕。これはかの至高のものに次いで第二の高位にある。ギリシア人はこれ〔摂理〕をヌースと呼んでいる。さらに、これは知性の対象となる実在で、至高の神へとたゆまなく回帰することによって〔至高の神と〕善性を競っており、かのもの〔至高の神〕から善性を汲み取っている。創始者自身〔至高の神〕によって高邁なものにされる他のものと同様に、摂理自身もかのものによって飾られている。

「至高の神（summus deus）」はカルキディウスの哲学における最高原理である。ここで神について語られている言葉は逐一註釈に値する重要な概念だが、いまはプラトン『国家』第六巻の善のイデアとアリストテレスの不動の動者としての神の観念が融合されていることだけを指摘しておく。(2) むしろ注目すべきは、一三七

（1）三九頁註（4）参照。

（2）カルキディウスにおける神については、Reydams-Schils 2007b, 土屋（二〇一五）参照。

節と二〇一節で、「至高の神」が明らかにデーミウールゴスとしての神と同一視されていることである。[1] 宇宙を支配する第二原理は「摂理（prouidentia）」である。ここでは「摂理」が「ヌース」と呼ばれていることに注目したい。さらに、二六九節と二九六節では、『ティマイオス』における宇宙論的な原理である「必然と知性」が「必然と摂理」と言い換えられている。つまりカルキディウスは、「神の意志」とも呼ばれる「摂理」を、宇宙論的な原理としての「知性」と同一視しているのである。

これらに続く第三の原理は「運命（fatum）」である。一七七節では以下のように語られる。

この摂理に運命が従う。運命とは、知性の知恵ある調和によって、万物の舵取りのために告知された神の法である。これに、第二の精神と呼ばれるもの、すなわち、先に説明したように、三部分に分かれる宇宙の魂が従う。それはちょうど、熟達した立法者の魂を法と呼ぶのと同様である。この法、すなわち運命に従って、すべてのものは各々の固有の本性に応じて支配されている。

ここでは、「運命」の下位に「宇宙の魂（anima mundi）」が位置づけられているように受け取れるが、一四四節と一五二節では、「実体として考えられた運命」は「宇宙の魂」であると言明されている。「摂理」と「運命」は、ギリシア語ではそれぞれ πρόνοια と εἱμαρμένη で、『ティマイオス』でも用いられてはいるが、さほど重要な概念ではない。しかし、カルキディウスにおいては、この二つ、とくに「摂理」はきわめて重要な概念である。[2] 宇宙を支配する原理という点では、「至高の神」と「摂理＝知性」と「運命＝宇宙の魂」が、ヒエラルキーをなす三つの主要な原理と考えられる。この議論のまとめに当たる一八八節で語られているのも三つの原理である。そこでは、第一の原理が「至高の語られえない神」、第二の原理が「この神の摂理」

で、第三の原理は「第二の精神もしくは知性と呼ばれる実在で、いわば永遠な法の見張り番」と言われている。すると、第二の原理である「摂理」は「第一の精神もしくは知性」であることになる。一七七節では、「宇宙の魂」は「第二の精神」とも呼ばれていた。したがって、第三の原理は「宇宙の魂」でもあることになる。

神的な原理に階層構造を考える試みは、プロティノスを待つまでもなく、すでに中期プラトン主義者にも見られるが、ヴァスジンクは、カルキディウスが述べているのはヌメニオスの説だとしている。[3] ヌメニオスは、三つの神を区別することによって、後の新プラトン主義における階層的な三つの原理（一者、知性、魂）に相当する観念を先取りしていたということは、哲学史の一般的な理解と言えるだろう。しかし、ヌメニオスが三つの神を区別していたということ自体、実はそれほど自明なことではない[4]。少なくとも、ヌメニオスにとって重要なのは、第一の神と第二の神の区別で、彼は第一の神から、神の質料に関わる側面とも言えるデーミウールゴスとしての神を区別して、第二の神とし、第一の神の純粋性・至高性を確保しようとした。

（1）一三七節では、「知性の対象である至高の神（summi et intellegibili deo）」が「建築家である神（architecti dei）」、「製作者にして知性の対象である神（opifice et intellegibili deo）」と言い換えられている。二〇一節では「至高の製作者としての神（summi opificis dei）」と言われている。

（2）カルキディウスにおける「運命」と「摂理」については、Reydams-Schils 1999, pp. 225-243, 土屋（二〇一七）参照。

（3）Cf. Waszink 1962, p. LX, adn. ad pp. 212, 21-213, 6.

（4）ヌメニオスの神をめぐる議論については、土屋（二〇〇三）参照。

ヴァスジンクは、カルキディウスもデーミウールゴスを第二の神である摂理と同一視したと考えているが[1]、そのような記述は『註解』のどこにもない。少なくともカルキディウスには、ヌメニオスのように「第一の神」からデーミウールゴスを区別しようとする意図はなく、デーミウールゴスも「至高の神」の一側面とみなされていたと考えるべきであろう。

ただし、カルキディウスにおけるデーミウールゴスの位置づけをめぐっては、看過できない問題がある。まず、すでに指摘したように、彼は神による宇宙の製作を説明のための方便と考えていたのだから、デーミウールゴスとしての神は「至高の神」の真の姿ではなく、いわば方便としての仮の姿だとも言える。実際、一三九節では、デーミウールゴスは「実在のではなく生成の父にして製作者」と言われている。すると、「すべての実在とすべての本性のかなたにある」（一七六節）と言われる「至高の神」こそが「実在の父にして製作者」であることになるのではないか。また、一九一節では、「他の天の生き物に自ら実体性を授ける」「理性を備えたもののうちで最も優れた生き物」が「事物の始原を自らの内にもつ他のはるかに優れたものを崇める」と言われている。これは、デーミウールゴスが「至高の神」を崇めるという意味であろうか。これらはまたあらためて論じるべき問題だが[2]、本解説では、先にも指摘したように、彼が「至高の神」とデーミウールゴスを明らかに等置している箇所が複数あることを重視したい。プラトン解釈という観点からは、カルキディウスの「至高の神」は、『国家』第六巻の善のイデア（あらゆる存在と認識の根拠）と、『ティマイオス』のデーミウールゴス（宇宙の生成と秩序の原因者）とが統合されたものと考えるべきであろう。

また、カルキディウスが「摂理」を宇宙論的な「知性」と同一視したことについても、ヴァスジンクはヌメニオスに由来するとみなしている。[3] 確かに、カルキディウスがヌメニオスに基づいてピュタゴラスの説を紹介する二九六節においても、「知性と必然」とあるべきところが「摂理と必然」と言われている。しかし、これをヌメニオスの説と即断してよいかは疑問が残る。ヌメニオスの他の資料には「摂理」という語自体が一度も用いられていないし、二九六節の文言はヌメニオスからの文字どおりの引用である保証はなく、カルキディウスの考えや用語法が紛れ込んでいる可能性が十分あるからだ。いずれにせよ、カルキディウスは特定の人物もしくは著書を引き写しているのではなく、先行するさまざまな文献を参考にしながらも、自らの統一的な解釈を構築していると考える方が妥当であろう。

次には、イデアと神の関係を取り上げる。第一の形相、すなわちイデアについて総括的に語る三三九節では、イデアはわれわれにとっての第一の知性対象であること、物体的事物にとっての尺度・基準であること、非物体的実体であり、生成するものにとっての原因・範型であることなど、イデア論においてお馴染みのことが列挙されているが、ここでは「神の完全なる知性活動」と言われていることに注目したい。「知性活動」と訳した語は intellectus だが、ここでは明らかにヌースではなく、ノエーシスの訳語として用いられている。[4] 他の箇所（三〇四、三三〇、三四二節）でも、イデアは神の intellectus と言われている。イデアを神のノエーマ（思惟内容）とする観念は古代末期にはかなり一般的に見られるが、カルキディウスは一貫してイデ

（1）Cf. Waszink 1962, adn. ad p. 74, 11–12.
（2）Cf. Reydams-Schils 2007b, pp. 246–258.
（3）Cf. Waszink 1962, pp. XL-XLI, adn. ad p. 205, 4.
（4）四一九頁註（1）参照。

アを神のノエーシス（思惟活動）と解釈している。自己完結的な神においては、ある意味でその思惟の対象は自己の思惟活動そのものであるので、すなわち、神においてはノエーシスとノエーマは一致することになるので、それゆえ、神の思惟活動自体がイデアと考えられているのであろう。

さて最後に、「必然」と「場」の解釈を見てみよう。カルキディウスは二六八節で、プラトンは「必然」をヒューレーと呼んでおり、それをわれわれはラテン語でシルウァ（silua）と呼ぶと述べている。もちろん、ヒューレー（ὕλη）というギリシア語はアリストテレスの用語で、プラトン自身はこの語を術語として用いていない。ちなみに、ヒューレーはラテン語では通常マーテリア（materia）と訳されるのだが、日常語としては「森林、木材」を意味するのだから、シルウァの方が直訳に近いと言える。さらに、カルキディウスは、プラトンはシルウァを「場（locus）」と呼んだとして（三四四節）、「場」を質料と同一視している。これも『ティマイオス』のテクストには反するが、アリストテレス以来の一般的な解釈と言える[1]。

さて、以上に見てきたカルキディウスの『ティマイオス』解釈の最大の要点は、「神」と「イデア」と「知性」と「宇宙の魂」の四者の関係を、階層構造を想定して整合的に理解しようと試みた点にあると考えられる。すなわちカルキディウスは、「神」を頂点として、「知性」を神の意志である「摂理」と解釈し、「宇宙の魂」を「摂理」に従属する「運命」と同一視することで、これら三者がヒエラルキーをなして宇宙を支配するという構図を考えた。さらに彼は、イデアを神の知性活動として神に従属させ、「知性」の地位に置いた。これによって、四者の上下関係と役割が整理され、理解可能なものとなっている。宇宙論的な「知性」を「摂理」とし、「宇宙の魂」を「運命」とする解釈には、カルキディウスの時代と関心のありようが大きく反映されている。このようなカルキディウスの解釈は、『ティマイオス』のテクスト解釈としては多々問題はあるが、一つの世界観を提示するものである。これはまた、『ティマイオス』解釈によって導き出されたカルキディウス自身の哲学的世界観と言ってもよいだろう。実際、彼の『註解』の多くの議論は、この思想を核として展開されていると見ることができる。カルキディウス自身の哲学・思想については、本解説ではこれ以上立ち入って論じることはできないが、先にも触れたように、それはまさに今後の大きな研究課題であろう。

校訂版と翻訳について

カルキディウスのテクストには一五二〇年以来いくつかの刊本があったが、最初の学問的な校訂版はローベルによるものである（Wrobel 1876）。今日一般に用いられている三五五の節区分もこれに由来する。それ以後長らく新たな校訂版は現われなかったが、八六年の歳月を経て、画期的な校訂版がオランダの碩学ヴァスジンクにより刊行された（Waszink 1962）。これには詳細な序論（初版で一八三頁）が付されており、そこではカルキディウスの人物と著作に関する研究とともに、断片的なものも含めて一四〇の写本が分析され、それらの系統が初めて明らかにされた。詳細な異読資料（apparatus criticus）と脚註、八三頁に及ぶ各種の索引類は、

（1）四二五頁註（9）参照。

今日でもたいへん有用である。これは二十世紀後半に出版された古典の校訂版の中でも屈指のものであろう。これには一九七五年に第二版（editio altera）が出版された。序論に一一頁の補遺が追加され、テクスト自体も二三箇所で改定され、六箇所で異なった読みが提示されている。(1) 本訳が底本としたのはこの第二版のテクストである。ヴァスジンクの校訂版は以降のカルキディウス研究の礎となったが、すでに久しく入手困難で、しかも序論も脚註もすべてラテン語のため、古典の専門家以外には不便であった。

カルキディウスは明らかにその重要性に比して研究されることが少なく、最近まで現代語の全訳さえなかった。記念すべき最初の現代語訳は、ラテン・プラトニストの研究で知られるモレスキーニによるイタリア語訳である（Moreschini 2003）。この書はラテン語との対訳本で、テクストはヴァスジンク版を転載している。(2) 二番目の現代語訳となるのがバクーシュの仏訳である（Bakhouche 2011）。この書も対訳で、詳しい註釈が付いた全二冊九三四頁に及ぶ労作である。テクストは、主要九写本とローベル版とヴァスジンク版を校合した新たな校訂版である（ヴァスジンク版と異なる箇所はそう多くはない）。この書は今後のカルキディウス研究において、出発点とされるべき基本文献となるであろう。次には、マギーによる英訳が出版された（Magee 2016）。これも対訳で、テクストは基本的にバクーシュ版に従っているが、五〇箇所余りで異なる読みを採っている。序論と訳註は簡素だが、カルキディウスのテクストと英訳が容易に入手できるようになった意義は大きい。実際、近年になってカルキディウスに関する研究が増えつつあるのは、これら現代語訳の出現に負うところが少なくないだろう。カルキディウス研究は今後ますます盛んになることが期待できる。

参考文献

テクストと翻訳

Wrobel, J. 1876. *Platonis Timaeus interprete Chalcidio cum eiusdem commentario*, Leipzig.

Waszink, J. H. 1962. *Timaeus a Calcidio translatus commentarioque instructus* (Corpus Platonicum Medii Aevi, Plato Latinus IV), London and Leiden (2nd ed. 1975).（この第二版が本訳の底本）

Moreschini, C. 2003. *Calcidio: Commentario al Timeo di Platone*, Milano.（羅伊対訳）

Bakhouche, B. 2011. *Calcidius: Commentaire au Timée de Platon*, 2vols., Paris.（羅仏対訳）

Magee, J. 2016. *Calcidius: On Plato's Timaeus*, Cambridge Mass. and London.（羅英対訳）

その他

Cornford, F. M. 1937. *Plato's Cosmology*, London.

Den Boeft, J. 1970. *Calcidius on Fate: His Doctrine and Sources* (Philosophia Antiqua 18), Leiden.

（1）テクストの変更箇所については、Waszink 1975 で詳しく論じられている。

（2）中扉の註記には一九七五年の第二版に基づくと記されているが、テクストには第二版の改訂が反映されていない。

———. 1977. *Calcidius on Demons* (Philosophia Antiqua 33), Leiden.

Dillon, J. 1996. *The Middle Platonists: 80 B.C. to A.D. 220*, rev. ed., New York.

Dronke, P. 2008. *The Spell of Calcidius: Platonic Concepts and Images in the Medieval West*, Firenze.

Dutton, P. E. 2003. "Medieval Approaches to Calcidius", in *Plato's TIMAEUS as Cultural Icon*, ed. by G. J. Reydams-Schils, Notre Dame, pp.183-205.

Gersh, S. 1986. *Middle Platonism and Neoplatonism: The Latin Tradition*, 2vols., Notre Dame.

Hiller, E. 1871. "De Adrasti Peripatetici in Platonis Timaeum commentario", *Rheinisches Museum für Philologie*, N.F. 26, pp. 582-589.

———. 1878. *Theonis Smyrnaei philosophi Platonici Expositio rerum mathematicarum ad legendum Platonem utilium*, Leipzig.

Hoenig, C. 2018. *Plato's Timaeus and the Latin Tradition*, Cambridge.

Huglo, M. 2008. "Recherches sur la tradition des diagrammes de Calcidius", *Scriptorium* 62, pp.185-230.

Jones, R. M. 1918. "Chalcidius and Neo-Platonism", *Classical Philology* 13, pp. 194-208.

Martin, T. H. 1849. *Theonis Smyrnaei Platonici liber de astronomia cum Sereni fragmento*, Paris.

O'Donnell, J. R. 1945. "The Meaning of 'Silva' in the Commentary on the *Timaeus* of Plato by Chalcidius", *Mediaeval Studies* 7, pp. 1-20.

Phillips, J. 2003. "Numenian Psychology in Calcidius ?", *Phronesis* 48, pp. 132-151.

Pitteloud, V. 2012. *Éternité et Temps: Traduction commentée des chapitres CV à CXVIII du "Commentaire au Timée de Platon" par Calcidius*, Saarbrücken.

Ratkowitsch, C. 1996. “Die Timaios-Übersetzung des Chalcidius: Ein Plato Christianus”, *Philologus* 140, pp. 139-162.

Reydams-Schils, G. 1999. *Demiurge and Providence: Stoic and Platonist Reading of Plato's Timaeus*, Turnhout.

———. 2002. “Calcidius Christianus ?: God, Body, and Matter”, in *Metaphysik und Religion*, hrsg. von T. Kobusch und M. Erler, München und Leipzig, pp. 193-211.

———. 2006. “Calcidius on the Human and the World Soul and Middle-Platonist Psychology”, *Apeiron* 39, pp. 177-200.

———. 2007a. “Meta-Discourse: Plato's *Timaeus* according to Calcidius”, *Phronesis* 52, pp. 301-327.

———. 2007b. “Calcidius on God”, in *Platonic Stoicism - Stoic Platonism. The Dialogue between Platonism and Stoicism in Antiquity*, ed. by M. Bonazzi and C. Helming, Leuven, pp. 243-258.

———. 2010. “Calcidius”, in *The Cambridge History of Philosophy in Late Antiquity*, vol. I, ed. by L. P. Gerson, Cambridge, pp. 498-508.

Somfai, A. 2002. “The Eleventh-Century Shift in the Reception of Plato's *Timaeus* and Calcidius's *Commentary*”, *Journal of the Warburg and Coutauld Institutes* 65, pp. 1-21.

———. 2003. “The Nature of Daemons: a Theoretical Application of the Concept of Geometrical Proportion in Calcidius' *Commentary* to Plato's *Timaeus* (40d-41a)”, in *Ancient Approaches to Plato's Timaeus*, ed. by W. D. Sharples and A. Sharples, London, pp. 129-142.

———. 2004. "Calcidius' *Commentary* on Plato's *Timaeus* and its Place in the Commentary Tradition: the Concept of *Analogia* in Text and Diagrams", *Bulletin of the Institute of Classical Studies* 47, pp. 203-220.

Steinheimer, E. 1912. *Untersuchungen über die Quellen des Chalcidius*, Aschaffenburg.

Switalski, B. W. 1902. *Des Chalcidius Kommentar zu Plato's Timaeus*, Münster.

Taylor, A. E. 1928. *A Commentary on Plato's Timaeus*, Oxford.

Van der Tak, J. G. 1972. "Calcidius' Illustration of the Astronomy of Heracleides of Pontus", *Philologus* 116, pp. 129-136.

Van Winden, J. C. M. 1959. *Calcidius on Matter, His Doctrine and Sources* (Philosophia Antiqua 9), Leiden (reprint with supplementary notes, 1965).

Waszink, J. H. 1941. "Die sogenannte Fünfteilung der Träume bei Chalcidius und ihre Quellen", *Mnemosyne* Ser. III, 9, pp. 66-85.

———. 1964. *Studien zum Timaioskommentar des Calcidius* I (Philosophia Antiqua 12), Leiden.

———. 1966. "Porphyrios und Numenios", *Entretiens sur l'Antiquité Classique* 12, *Porphyre*, Fondation Hardt, Vandœuvres-Genève, pp. 33-83.

———. 1967. "Calcidius Comm. in *Tim.* 28", *Mnemosyne* Ser. IV, 20, pp. 441-443.

———. 1969. "Calcidius Erklärung von *Tim.* 41e-42a4", *Museum Helveticum* 26, pp. 271-280.

———. 1975. "Calcidiana", *Vigiliae Christianae* 29, pp. 96-119.

大谷啓治（一九九五）「カルキディウスによる『ティマイオス』の翻訳および註釈」上智大学中世思想研究所

編『中世における古代の伝統』創文社、三一―五一頁。

土屋睦廣（一九九九）「『ティマイオス』解釈史の一断面――カルキディウス『ティマイオス注解』第八～二五節」『慶應義塾大学言語文化研究所紀要』第三一号、七五―九三頁。

――（二〇〇一 a）「カルキディウスの天体論――カルキディウス『プラトン「ティマイオス」註解』第五六～一一八節」西洋古代末期思想研究会編『カルキディウスとその時代』慶應義塾大学言語文化研究所、九九―一九八頁。

――（二〇〇一 b）「カルキディウス「魂の誕生について」――『プラトン「ティマイオス」註解』第二六～三九節」『明治薬科大学研究紀要』〔人文科学・社会科学〕第三二号、四三―五五頁。

――（二〇〇三）「ヌメニオスにおける神」『西洋古典研究会論集』第一二号、一七―三二頁。

――（二〇一〇）「『ティマイオス注解』におけるカルキディウスの意図と構想」早稲田大学哲学会『フィロソフィア』第九八号、三七―五一頁。

――（二〇一五）「デーミウールゴスの変容――『ティマイオス注解』における神」『ギリシャ哲学セミナー論集』第一二巻、三三―四六頁。

――（二〇一六）「カルキディウスの夢に関する論考――『プラトン「ティマイオス」注解』第二四九～二五六節」『明治薬科大学研究紀要』〔人文科学・社会科学〕第四六号、六三―七六頁。

――（二〇一七）「カルキディウスにおける摂理と運命」日本大学哲学研究室『精神科学』第五五号、一―一八頁。

――――（二〇一八）「プラトニズムの歴史における『ティマイオス』の伝統」法政哲学会『法政哲学』第一四号、四七―六一頁。

野町啓（一九七三）「摂理・運命・自由意志――カルキディウスとボエティウス」弘前大学人文学部『文経論叢』第八巻第四号哲学篇Ⅶ、一―三九頁。

一的な魂（rationabilis anima）　*54, 98, 102, 140, 188, 192, 198, 261, 264, 292, 300*
立体（solidum）　*8, 13-15, 18-20, 22, 32-33, 38, 312*
立方数（cubus）　*92, 114*
理法（ratio）　*146, 175*
留（statio）　*74, 83*
粒子（corpusculum）　*203, 217, 279*
流動的（fluidus）　*24, 210, 236, 296, 328*
リュラー（lyra）　*73*
理論（ratio）　*1-2, 82, 86, 129, 186, 190, 243, 274, 304*
　専門的な一（artificiosa ratio）　*1, 119, 185*
　連続した比例の一（ratio continui competentis）　*18-22, 33, 129*
類似性（similitudo）　*20-22, 25, 29-30, 51, 54, 92, 95, 102, 119, 215, 236, 268, 278, 330, 332, 335, 339, 349*
冷、冷たさ（frigor, frigus）　*24, 207, 215, 260, 307, 317-318, 332*
連続性（continuatio）　*20, 22-23, 34, 279-280*
六面体（hexahedrum）　*53*

ワ　行

歪曲（peruersio, peruersitas）　*165, 175, 297-298*　→歪み
惑星（planetes, stella errans）　*7, 37, 66, 69-70, 72-79, 83-85, 87, 92-97, 108, 110, 113-116, 118, 121, 124, 140, 178, 200*

315-320, 322-323, 325, 327, 331-332, 334-336, 342-343, 345, 348, 350-355 →身体
一的（corporeus） 23, 38, 56, 98, 145, 204, 210, 223, 227, 262, 273, 278-279, 283, 288-289, 297-298, 307, 319-320, 327, 339, 344
分割可能（diuiduus） 27-31, 53-54, 56, 103, 214, 223, 275, 292
一な実体（diuidua substantia） 27, 29-30, 102, 140, 228
分割不可能（indiuiduus） 27-31, 38, 44, 52-53, 56, 103, 106, 223
一な実体（indiuidua substantia） 27, 29-31, 52, 56, 102-103, 140, 228
分析（resolutio, dissolutio） 302-304
平行四辺形（parallelogramma） 11, 18-19
平行六面体（parallelepipedum） 18-19
平方数（quadratus） 38
弁論（oratio） 223
一家（orator） 5
法（lex） 23, 39, 138-140, 142-144, 147-148, 150-152, 157, 160, 163, 177-181, 188-189, 191-193, 199-200, 253
自然の一（lex naturae） 23, 37, 177
神の一（lex diuina） 138, 147, 149, 151, 176-177
法則（lex） 194, 297, 304
法律（lex） 5-6, 160, 346
星（stella） 1-2, 60, 65, 69, 71-74, 77-78, 83-87, 90, 94-95, 97-98, 108-113, 115-116, 118-120, 122, 124-126, 130, 139, 141, 143, 147, 174, 186, 195, 201, 237, 396 →星辰、恒星、惑星、天体
一の入り（ortus） 70-71, 109
一の出（occasus） 70-71, 109
母胎（gremium） 273-274, 327, 330-331, 344

マ 行

味覚（gustatus） 207
水（aqua） 13-14, 17, 22, 62, 76, 92, 131, 146, 199, 202, 221, 239, 260, 272, 276-277, 280, 282, 299, 303, 316-318, 322-326, 332, 334-335, 352, 354 →湿、水分
未来（futurum） 25, 106, 130, 144, 153, 160, 171, 175-176, 185, 220, 250-251, 256
報いに値する行為（meritum） 136, 150-152, 169, 175, 188-189, 195, 199
息子（filius） 26, 146, 154, 183, 197, 219, 346
無知（ignoratio, imperitia） E, 2, 4, 156, 166, 170, 208, 301, 349
眼（oculus） 37, 88, 214, 237-239, 243-248, 257-259, 264-266, 342, 345

ヤ 行

友情（amicitia） E, 154
歪み（deprauatio, prauitas） 172, 191, 199, 237 →歪曲
夢（somnium） 212, 249-250, 252-256, 321, 348-349
欲求（appetitus） 137, 151, 156, 164-165, 182, 201, 219, 222-225, 229, 287
欲望（cupiditas, libido） 95, 128, 135, 140, 167, 181-184, 187, 194-196, 201, 223, 225-226, 233, 249, 253, 261, 263, 287
預言者（propheta） 126, 172, 255, 278
四度（音程）（diatessaron） 35, 44-47, 228

ラ 行

ライオン（leo） 198
螺旋（spira） 116
離心円（eccentrus circulus） 80-81, 84, 87, 97
リズム（rhythmus） 215, 267
理性（ratio） 29, 31, 53-55, 63, 79, 93, 95, 102, 104, 113, 120, 128, 130, 137, 139-140, 148, 156, 158-159, 177, 181-184, 186-188, 191, 194, 198-199, 206, 208, 213, 219-220, 223-224, 229, 231, 235, 246, 249, 251, 253, 261, 267, 270, 274, 292-294, 297, 300, 303-304, 317, 321, 335-336, 339, 341, 346-347, 354
一的（rationabilis） 28-29, 31, 51, 54, 56, 103, 117, 130-131, 135, 137, 140, 156, 182, 198-199, 213, 219-220, 225-226, 230-233, 253, 256, 267, 270, 274, 297, 302, 304

232, 250, 256
天体（caelestia） 53, 56, 73, 117, 126, 208, 232
天文学（astronomia, astronomica） 1, 2, 6, 59, 124, 355
一者（astrologus） 124
同（idem） 28, 31, 33, 52-53, 55-56, 58, 75, 92-93, 102-103, 114-115, 140, 228
冬至の（brumalis, hiemalis） 66, 69, 78
動物（animal） 28-30, 54, 100, 182, 197-198, 219, 222-225, 232, 235, 287, 299, 336 →生き物
動脈（arteria） 202, 214, 303
徳（uirtus） E, 136-137, 154, 157, 163-164, 166, 172, 180, 191, 195, 199, 209, 226, 253, 267, 301

ナ　行

二十面体（icosahedrum） 326
二性（duitas） 53, 295, 307
似像（simulacrum） E, 4, 23, 25, 32, 61, 73, 105, 212, 222, 236, 239-240, 242-243, 247, 249, 251, 257-259, 284, 302, 321, 329, 337, 344
人間、人間の（homo, humanus） 5-7, 23, 28, 54-55, 66, 77, 79, 126-130, 132-133, 135-138, 140, 153, 155-156, 158, 161, 163-164, 166, 168, 170-172, 175-176, 179-183, 185, 187, 190-191, 198-203, 211-213, 215, 219-220, 222-223, 226, 232-234, 246, 253-255, 265-267, 276, 278, 295, 299-300, 328, 336, 340
ヌース（noys） 176, 252
熱（calor, calidum） 14, 24, 202, 206, 245, 248, 260, 303, 307, 318, 332, 351
脳（cerebrum） 231-232, 246
能力（potentia, potestas） 28, 127, 134, 137, 139, 149, 151, 153-160, 164, 166, 168, 170-171, 186, 189-191, 207, 213, 220-224, 232-233, 235, 246-247, 251, 254-256, 261, 295, 352-353 →神的な能力をもつ者たち

ハ　行

場（locus = χώρα） 273, 344, 350
ハアザミ（acanthus） 116
八度（音程）（diapason） 35, 44-46, 70
八面体（octahedrum） 53, 326
母、母親（mater） 36, 126, 165, 167, 197, 208, 253, 273, 286, 298, 308, 330, 334
ハルモニア（harmonia） 7, 73, 131, 267, 304 →調和
半音（hemitonium） 45-47, 50
範型（exemplum, exemplar） E, 4, 23, 25, 105, 119, 137, 225, 268, 272-273, 278, 294, 304, 307, 329-330, 337, 339-340, 343, 349
パンタシアー（phantasia） 156 →表象
火（ignis） 13-14, 17, 20-22, 24, 37, 59, 66, 70, 74, 76, 81, 87-89, 92, 100, 108-109, 117, 119-120, 122, 129-131, 134, 146, 199, 202, 205-206, 215, 237, 244, 247-248, 257, 260, 266, 272, 280, 282, 298, 303, 307, 316, 318, 322, 324-326, 332, 334-337, 353-354
内奥の一（ignis intimus） 247-248, 257
秘儀的（epopticus） 127, 272
必然（necessitas） 24, 57, 136, 144, 150-151, 153-155, 158, 160, 162, 169, 174-175, 177-180, 185, 189, 192, 212, 254, 268-271, 296, 299, 307, 329
非物体的（incorporeus） 33, 38, 84, 99, 102, 244, 260-261, 278, 288, 307, 320, 339, 344, 349
ヒューレー（hyle） 123, 268, 273, 287 →質料
病気（aegritudo, morbus） 7, 23-24, 37, 127, 163, 167, 211, 226, 231, 255, 270, 284
表象（imaginatio） 156, 209, 224, 231, 345
一する（imaginari） 54, 208, 220,
非理性的（inrationabilis） 28, 158, 182, 206, 302
一な魂（inrationabilis anima） 219
比例（competens） 11-12, 16-22, 33, 83, 129
物体（corpus） 2, 7, 13, 16, 22, 24, 26-27, 29, 31, 33, 38, 57, 74-76, 84, 88-89, 92, 99, 102, 113, 129, 145-146, 186, 199, 203, 310, 215, 217, 220-223, 225-227, 236, 241, 244-245, 248, 257, 259-262, 268-269, 271-274, 276, 278-280, 282-283, 286, 288-289, 293-294, 298-299, 301, 304, 307, 312,

78-82, 85, 87, 89, 91, 96, 100, 108, 110-112, 117-119, 122-124, 129, 134-135, 178, 200, 232, 235, 276-278, 300
ダイモーン（daemon） 120, 127, 129, 131-137, 154, 168, 178, 185, 188, 232, 250
太陽（sol） 7, 37, 60, 64-66, 69-74, 77-83, 87-88, 91, 93, 96-97, 100, 108-112, 115, 117, 123-124, 130, 158, 237, 244, 247-248
魂（anima, animus） E, 2, 7, 26-27, 29-33, 38, 40, 50-57, 63, 92-93, 95-96, 98-105, 113, 120, 128, 130, 135-141, 143-144, 146-147, 149-152, 154, 156, 161, 163, 165-168, 172, 174-175, 177-178, 180, 183-184, 186-189, 191-208, 210-211, 213-234, 237, 244, 246, 249-256, 260-267, 269, 278, 292, 297-301, 303, 328, 335-336, 338, 342, 352 →宇宙の魂
永遠な―（aeterna anima） 203
植物的―（stirpea） 31
―誕生（psychogonia） 95, 208
―の実体（animae substantia） 51, 203, 225
―の生成（animae genitura） 31, 140
―の誕生（ortus animae） 7
不死なる―（immortalis anima） 203
男性 →男
知恵（sapientia） 127, 132, 137, 166, 168, 174, 180, 213, 254, 261, 263, 270, 276, 300, 341-342
―がある（sapiens） 121, 130, 140, 177
―を働かせる（sapere） 216, 234
知識（scientia） E, 3, 51, 53, 56, 103-104, 138, 154, 162, 185, 216, 251-252, 263-264, 272, 284, 341-342, 349
知性（intellectus, intellegentia） 29, 31, 39, 45, 56, 63, 83, 103, 118, 132, 138, 140, 148, 169, 176-177, 182, 188, 203, 207-208, 210, 218, 224-225, 231, 252, 260-261, 263, 267-270, 274, 277, 300, 302, 304, 308, 322, 335-336, 339-343, 347 →宇宙、神
―活動（intellectus = νόησις） 304, 330, 339, 342
―の対象である（intellegibilis） 7, 25, 27, 29-31, 51, 102, 104-105, 119, 137, 139-140, 145, 176, 210-211, 223, 225, 247, 255, 267-268, 272-273, 278, 302, 320, 334, 337, 339-341, 343-344, 347-350
―の働き（intellegentia） 103, 270
―を働かせる（intellegere） 93, 140, 176, 182, 199, 213, 255, 261, 263, 341
父、父親（pater） 26, 98, 126, 138-139, 146, 197, 208, 246, 284, 298, 330
秩序（ordo, ordinatio） 31, 69, 77, 107, 146, 150-151, 177, 179, 185, 201, 232-233, 263, 278, 295, 298-299, 304, 355
―ある、―づけられた（ordinatus） 75, 77-78, 102, 235, 263, 295
―づけ（exornatio, ordinatio） 32, 269-270, 276, 287, 300, 312, 350, 353-354
―づける（exornare, ordinare） 31, 146, 185, 188, 233, 235, 267, 278, 295, 299, 304, 352-354
無―な（inordinatus） 31, 75, 77-78, 205-207, 263, 271, 299-301, 304, 352-353
中項（medietas） 8-17, 20-21, 40-43, 92, 102, 140, 208
聴覚（auditus） 212, 214, 224, 267
調律する（modulare） 40, 102, 124, 222, 226, 267, 304
調和（modulatio, modulamen） 7, 37, 50, 98, 102, 120, 146, 177, 267 →ハルモニア
治療法（medela, remedium） 1-2, 7, 17, 240, 255, 267
月（luna） 7, 37, 60, 66, 69-74, 76-78, 83, 87-89, 91, 96-98, 108, 110, 114-115, 117, 130, 200, 250
土（terra） 13-14, 17, 20-22, 51, 92, 129-131, 134, 146, 199, 202, 205, 218, 260, 272, 282, 303, 307, 316-317, 322-324, 326, 334, 336-337, 351, 353-354
冷たさ →冷
哲学（philosophia） 256, 264-265, 267, 355
―者（philosophus） 86, 127, 213-214, 246, 259, 274, 283, 293, 301-302, 307, 343
天、天の（caelum, caelestis） 7, 56-57, 59-60, 64-65, 67, 73, 78, 83-84, 98, 102, 111, 113, 119, 121, 129-131, 134, 143, 148, 160, 171, 174, 177-178, 180, 187, 191, 196, 254, 256, 264-266, 276-278, 298-300, 348
天使（angelus） 120, 132-133, 135, 178,

順行（sequacitas）　*74*
衝動（impetus）　*175, 222, 226, 261, 298*
情念（passio）　*122, 128, 131, 135, 256*
　→受動、受動状態
植物（stirps）　*29-31, 54, 159, 222-223, 225, 336*
女性（femina, mulier）　*191, 196, 208, 254, 286-287*
触覚（tactus）　*134, 202, 214, 224, 245*
思慮（prudentia）　*132-133, 137, 175, 180, 213, 216, 253, 257, 261, 302*
　一深い（prudens）　*55, 117, 130, 135, 234, 270*
　一深く（prudenter）　*132, 166*
神経（neruus）　*214*
神性（diuinitas）　*31, 78, 105, 131, 133, 141, 148, 165, 168, 170, 175, 191, 199, 219, 254-255, 273*
心臓（cor）　*37, 72, 100, 214, 216, 218, 220, 224, 232-233, 249*
身体（corpus）　*2, 7-8, 13, 23, 26-27, 29, 31, 33, 38, 55, 64, 87, 92-93, 99-102, 113, 119-120, 122, 130-131, 134-137, 140, 163, 165, 168, 170, 172, 178, 182, 191-194, 196, 198, 201-207, 210-214, 216, 220-222, 224-226, 231-235, 246-247, 254, 261, 263, 293, 297, 299, 303, 310, 316, 340-341, 344, 348*
　→物体
神託（oraculum）　*153, 169-170, 185*
神的な（diuinus）　*26, 39, 55, 76-77, 98, 104, 120, 117, 131-132, 139-141, 144-145, 162, 172, 174, 180, 186, 189, 201, 207, 213, 219, 232, 235, 247, 251-252, 254-256, 264, 267, 286-287, 294, 304*
　一能力をもつ者たち（diuinae potestates） *127, 186, 189, 213, 232, 235, 247, 251, 254-256*
真理（ueritas）　*63, 176, 190, 214, 228, 253, 297, 302, 341, 349*
水分（humor）　*14, 51, 202, 206, 218, 314*
　→湿
数学者（mathematicus）　*73-74, 79, 86, 124, 157*
数論（arithmetica）　*2, 9, 15, 22, 32, 52, 55, 140, 355*
正義（iustitia）　*5-6, 135, 160, 164, 226, 233, 267*
星座（signum）　*59, 65-66, 68-70, 74, 85-86, 92, 115-118, 148, 157, 186*
製作者（opifex）　*13, 26-28, 31, 39, 119, 123, 136-139, 186, 199, 201, 228, 260, 267, 270, 273, 278, 284, 289, 291, 293, 300, 304, 311, 316, 320, 326, 329, 331, 337, 343, 352*　→宇宙、神
星辰（sidus）　*65-66, 72, 77, 79, 87, 114, 124-126, 131, 157, 174, 186, 264, 266, 298*
　→星、恒星、惑星、天体
精神（mens）　*26, 29, 31, 39, 57, 104, 123, 137-138, 156, 167, 176-178, 181-183, 188, 206-210, 220, 222, 231, 234, 237, 248, 252-253, 255-256, 260, 265-266, 268-269, 273-274, 283, 304, 310, 312, 322, 327-328, 337, 341-343, 345, 348-349, 353-354*
生成（generatio, genitura）　*7, 22, 26, 30-31, 33, 57, 76, 101, 108, 119-120, 139-140, 228-229, 262, 269, 272-273, 276, 280, 283-286, 292-293, 295, 308, 324-325, 337, 350-351, 355*　→宇宙の生成
説得（persuasio）　*270, 340-341*
　一する（persuadere）　*26, 270, 299-300*
摂理（prouidentia）　*23, 31, 54, 75, 128, 143-147, 151, 158, 175-178, 181, 188-189, 201, 250, 252, 254, 265, 269, 280, 283, 296-299, 304, 353-354*　→神の摂理
善、善性（bonitas, bonum）　*E, 102, 154, 165, 167-168, 172, 174, 176, 201, 206, 255-256, 286-287, 296-298, 300*
　至高の善（summum bonum）　*176*
全音（tonos）　*45-47, 50*
潜在力（opportunitas）　*278, 321, 331, 352-354*
総合（compositio）　*304*
素材（materia, materies）　*7-8, 23-24, 75-76, 92, 119-120, 122, 131, 146, 171, 202, 222, 236, 242, 248, 257, 272, 274, 279, 283, 289, 301, 303, 305, 307-308, 314, 316-317, 322, 324-325, 327-329, 331, 334, 337, 351, 353*

タ　行

大地（terra）　*7, 23, 55, 59-67, 69, 72-74, 76,*

92, 102, 146, 150, 199, 202, 220, 222, 272, 301-302, 307, 317, 322, 324-325, 336, 352-355
恒星（rata stella） *7, 69, 87, 118, 120-121*
恒星天球（aplanes） *69, 72-75, 87, 92-95, 98, 104, 114, 116, 120, 144, 178*
声（uox） *1, 44, 56, 103-104, 138, 171, 220, 255-256, 267* →音声
固体、固体性（soliditas） *14, 88, 134, 202, 323-324, 326*
国家（res publica） *5-6, 265* →国
五度（音程）（diapente） *35, 44-46*

サ　行

裁量（arbitrium） *142, 145, 158, 164, 180, 190*
定め（decretum） *142, 145, 147, 152, 158, 161, 169, 171-172, 181, 192, 199, 251*
　死すべき―（mortalitas） *191*
三角形（triangulum） *12, 38-39, 326*
三段論法（syllogismus） *283-284, 302, 341-342*
残留（reliquia） *198, 249, 253, 256*
視覚（uisus） *7, 60, 63, 77, 80, 83, 88, 102, 117, 134, 212, 214, 224, 236-249, 257-260, 264-267, 345* →視線
四角形（quadratum, quadratura） *9, 11, 16, 18-19, 326*
時間（tempus, hora） *23, 25, 39, 60, 64-65, 69, 75, 77-78, 81-84, 101, 105-106, 108, 111, 113-114, 117-118, 125, 130, 139, 148-149, 200, 216, 228, 276, 305*
始原（initium, origo） *23, 26, 31, 39, 51-53, 56-57, 103, 118, 128, 146, 148, 150-151, 158-159, 188, 191, 217, 222, 228, 231, 236, 264, 269, 272-274, 276, 280-281, 283, 286-289, 294-299, 301-308, 312, 319, 343, 349*
詩人（poeta） *66, 71, 106, 125, 128, 266, 353*
視線（acies, uisus） *62, 81, 85, 87-88, 236, 239, 341, 244, 248, 258-259, 266-267* →視覚
自然（natura） *6, 23, 28, 37, 61-62, 82, 97, 107, 119, 120, 123, 177, 181, 188, 192, 225, 232, 235, 237, 243, 246-247, 263-264, 269, 278, 280, 292, 294-295, 299-330, 339, 349*
　―的（naturalis） *6, 28, 35, 37, 54, 60-61, 81, 84, 86, 97, 107, 123, 145, 165, 177, 206, 220, 222-224, 235, 267, 298, 303-304, 337*
　―的に（naturaliter） *81, 87, 109, 115*
　―本性（natura） *86, 127, 158, 260, 284, 286-287, 295, 329*
自然学（physica） *124, 127, 246*
　―者（physicus） *86, 246-248, 284*
　―的（physicus） *61, 148, 272*
湿（humor） *307, 317-318, 332, 351* →水分
実在、実在性（essentia） *176, 222, 225-227, 262, 273, 278, 286, 289-293, 319, 325, 336* →有
実在（substantia） *139*
実体、実体性（substantia） *7, 15, 22, 24, 27-31, 39, 51-53, 56, 93, 98-99, 102-103, 107, 120, 129, 140, 143-144, 149, 152, 158, 162, 172, 174, 178, 188, 191, 201, 203, 214, 217, 220, 225-226, 228, 262, 268, 272, 274, 278, 286, 288-292, 294, 298, 305, 307, 321, 325, 329-330, 332, 334, 339, 344, 355* →魂の実体
質料（silua） *29-31, 123, 214, 218, 222, 268-275, 278-280, 282-283, 286-301, 303-304, 307-323, 326-327, 329-339, 344-354* →ヒューレー
獣帯（signifer, zodiacus） *59, 66-70, 74, 77-83, 85-86, 88, 92-93, 108, 111*
周転円（epicyclus） *79, 81-82, 84-87, 97, 109*
種子（semen） *23, 137, 222, 225, 227, 234, 293-294, 310*
受動、受動状態（passio） *193-195, 222, 226, 319, 336* →情念
受動的（patibilis） *261-262, 268, 289, 293, 297, 308-309*
主導的部分（principale = ἡγεμονικόν） *7, 156, 213-214, 216, 219-220, 231*
受容器（receptaculum） *201, 308, 318, 321, 327, 332, 334, 344, 350*
受容者（receptrix） *278*
瞬間（momentum） *60, 105-106*

知性の対象である―（intellegibilis deus）　*7, 137, 255*
神々（dei）　*123, 127, 138-139, 146, 191, 197, 201, 219, 253, 280, 298*
乾、乾燥（siccitas）　*207, 303, 307, 317-318, 323, 332*
感覚（sensus）　*7, 32, 37, 56, 63, 102-103, 134, 137, 165, 193-194, 202, 205, 207-208, 210-212, 214, 216, 218, 220, 224, 226, 230-231, 234-237, 244, 247-248, 251, 255, 260, 263, 267, 277, 302, 308, 321-322, 324, 333, 335, 340, 342-343, 345, 347-348*　→宇宙
―器官（organa sentiendi）　*214, 224, 236*
―されうる、―的、―の対象（sensibilis, sensilis）　*2, 6, 17, 23, 25, 29-31, 38, 51, 54-56, 103, 105, 118-119, 132, 137, 139-140, 210, 223, 247, 268-269, 272-273, 278, 289, 292, 294, 302-303, 319-320, 324, 335, 337, 341-342, 348-350, 354*
間隔（interuallum, spatium）　*20, 34-35, 37-43, 47, 58, 61, 70, 73, 81, 88, 91-92, 95, 117-118, 125*
完全性（perfectio）　*44-45, 176, 243, 316, 349*
観想（contemplatio）　*6, 104, 119-120, 127, 132, 264, 266, 349*
―する（contemplari）　*31, 54, 137, 266, 348*
記憶（memoria）　*95, 132-133, 212, 224, 231, 249-250, 254, 328*
機械学者（mechanicus）　*64*
幾何学（geometrica）　*2, 150, 355*
―者（geometricus）　*11, 18, 32, 238*
―的、―の（geometricus）　*16, 22-23, 52-53, 55, 140, 228, 238, 355*
機関（machina）　*147, 299*
技術（ars）　*158, 161, 177, 216, 222-223, 266, 269, 299, 310, 331, 337, 349*
気息（spiritus）　*24, 31, 146, 192, 202, 214-215, 219-221, 236-237, 246, 249, 292, 303, 316*　→空気
基体（subiectio）　*316-318, 321, 337*
キタラー（cithara）　*72*
逆行（regradatio）　*74, 77, 83, 86, 124*
―する（regradari）　*74, 83, 85-86*
嗅覚（odoratio）　*207*
教育（educatio, eruditio）　*160, 168, 355*
自由人に相応しい―（ingenua eruditio）　*355*
境遇（fortuna）　*31, 137, 185, 189, 196, 198, 299, 329, 353*　→運
協和（cantilena, concentus, symphonia）　*1, 35, 44-47, 95, 228, 267*
空気（aer）　*13-14, 17, 22, 44, 61, 74, 76, 92, 120, 129, 131, 134-136, 165, 178, 192, 199, 202, 255, 260, 267, 272, 280, 282, 299, 303, 318, 324-326, 334, 351, 354*　→気息
偶然（casus）　*92, 116, 145, 158-160, 172, 179, 188-189, 215, 293, 298*
苦痛（dolor）　*165, 167, 183, 194-195, 206*
国（ciuitas）　*5, 160, 233-234*　→国家
クモ（aranea）　*220*
暗闇（tenebrae）　*91, 335, 345, 349*
啓示（reuelatio）　*256*
―する（reuelare）　*255*
形相（forma, species）　*29-31, 222, 225, 260, 266, 272-273, 278, 283, 286-288, 296, 310, 316, 321, 329-330, 332, 334, 336-341, 343-345, 347-350*
第一の―（principalis species）　*337-339, 344*
第二の―（secunda species）　*337, 343-344*
夏至の（aestiuus）　*66, 69, 78*
血液（sanguis）　*202, 218-220*
血管（uena）　*202, 214, 224, 303*
月蝕（lunae defectus, lunae labor）　*60*
弦（fides, chorda）　*1, 40, 44-45*
原因（causa）　*E, 2, 5, 23, 27, 29, 52, 55-56, 69, 71, 73-74, 76-78, 85, 92, 103, 144, 149-150, 156, 158-159, 165, 171-175, 202, 212, 236-237, 241-245, 254, 256, 261, 264, 268, 271, 274, 290, 292, 294, 296, 298, 302, 306, 322, 328, 338-339, 350, 352-353*
先行する―（causa praecedens）　*150, 171*
原型（archetypus）　*272, 278, 329, 349*
現在（praesens）　*25, 59, 106, 138, 144, 160, 175, 220*
原子（atomus）　*214-215*
元素（elementum）　*13-14, 21-22, 51, 76,*

191
ーづけられた（fatalis） *151-153, 169, 179-180, 189*
永遠（aeternitas, aeternus, aeuum） *23-27, 54, 75-76, 101, 105-106, 119, 121, 130, 139-140, 150, 162, 176, 188-189, 191, 201, 203, 225, 262-263, 266, 270, 292, 302, 306-307, 312, 329-330, 340, 344, 349, 354*
映像（imago） *7, 85, 239-242, 248-249, 251, 256-259, 321*
円錐（conus） *90-91, 237*
エンテレケイア（entelechia） *222-223, 225, 227*
オオカミ（lupus） *198*
掟（scitum） *31, 149, 189, 191, 250*
不可避のー（scitum ineuitabile） *143-144, 149*
音（sonus） *1, 35, 40, 44-45, 55-56, 73, 95, 103-104, 138, 215, 220, 267, 347* →音声
男、男性（uir） *126, 137, 191, 196, 208, 286-287*
思わく（opinio） *23, 56, 103-104, 140, 203, 207-208, 210-211, 213, 225, 231, 246, 302, 340-343, 346-348*
音階論（harmonica） *32, 55, 140*
音楽（musica） *1, 2, 44, 46, 50, 267, 355*
ー家（musicus, harmonicus） *40, 44, 284*
ー的、ーの（musicus） *37, 44, 52, 73, 95, 102, 228*
音声（uox） *48* →声
音節（syllaba） *44, 272*
女 →女性

カ　行

回帰線（tropicus） *66, 68-69*
回転運動（circumactio, circumuectio） *58, 77, 82, 84, 86, 93-94, 108-109, 116, 118, 120-121, 140, 148, 199, 203, 213, 336*
解剖（exectio, sectio） *246*
ーする（execare） *247*
快楽（uoluptas） *139, 165-167, 194-195, 206-208, 253, 267*
カオス（chaos） *123*
鏡（speculum） *32, 212, 239-242, 257-259*
角錐（pyramis） *20, 326*
学説（dogma） *55-56, 139, 217, 244, 246, 250, 311, 322*
アリストテレスのー（Aristotelicum dogma） *286*
ピュタゴラスのー（Pythagoricum dogma） *51, 73, 295*
プラトンのー（Platonicum dogma） *119, 142, 225, 231, 246, 256, 283, 295, 321*
学問（disciplina） *1, 2, 6, 22, 32, 157, 177, 223, 266, 284*
自由人に相応しいー（ingenuae disciplinae） *355*
過去（praeteritum） *25, 106, 144, 160, 220, 256*
カテゴリー（categoria） *226, 319*
可能性（possibilitas） *107, 162, 169, 222, 285, 310, 317, 354*
神（deus） *7, 17, 23, 26-29, 31, 37, 39-40, 54-55, 58, 92, 97, 102, 113, 117, 119-122, 126, 128, 130, 132-140, 143-144, 146, 149-150, 152, 154, 160, 162, 167, 170-171, 175-176, 178, 182, 186, 188-189, 191, 199-201, 203, 219, 228, 247, 254-255, 260, 264-268, 273, 276-278, 287, 289, 292-300, 304, 307, 319, 328-330, 339-340, 342, 349, 352-354*
→神性、神的な
ーの（diuinus） *E, 6, 23, 29, 54, 76, 106, 127-128, 132, 135, 138, 147, 151, 168, 171, 176-177, 254, 257, 265, 269, 276, 283, 300, 353-354*
ーの意志（dei uoluntas） *132, 135, 139, 144, 176*
ーの作品（dei opus） *23*
ーの摂理（diuina prouidentia, prouidentia dei） *23, 128, 175, 188, 201, 250, 254, 283, 353-354*
ーの業（opus dei, opus diuinum） *29, 270, 276, 298, 304, 354*
至高のー（summus deus） *26, 55, 137, 139, 176, 188, 201, 219, 287*
製作者であるー（opifex deus） *27, 39, 119, 138, 186, 199, 201, 228, 260, 267, 273, 278, 293, 300, 352*
第二のー（secundus deus） *188*

事項索引

項目の後の数字は註解の節番号を示す。*E*は「書簡」を示す。

ア　行

アイテール（aether）　*51, 72, 84, 120, 129, 132, 134-136, 178, 218*

曖昧さ（obscuritas）　*1, 4, 322, 326*

悪（malitia, malum）　*102, 154, 157, 163, 172, 174-175, 199, 201, 206, 209, 288, 296-297, 300-301*

悪徳（uitium）　*167, 172, 194-196, 198-199, 226, 253, 267*

アナロギアー（analogia）　*16, 18-19, 21-22, 102, 208, 304, 355*

異（diuersum）　*28, 31, 33, 37, 52-53, 55-56, 58, 92-95, 102-103, 114, 140, 144, 228*

医学（medicina）　*157, 165, 185, 284*　→医師

怒り（ira, iracundia）　*95, 126, 139-140, 167, 182-184, 187, 194-195, 201, 223, 225, 229, 233, 249, 253, 267*

生き物（animal）　*7, 23, 29-31, 33, 53, 93, 105, 113, 119-123, 126, 129-131, 135, 140, 146, 156, 158-159, 166, 187, 191-192, 197, 201, 205, 211, 216, 220-225, 230, 232, 247, 254, 292, 310, 334, 354*　→動物

医師（medicus）　*1, 161, 185, 243, 246-247, 270*　→医学

意志（uoluntas）　*98, 116, 132, 135, 139, 142, 144-145, 156, 160, 164, 169, 176, 190, 199, 204, 322, 354*　→神の意志

一性（singularitas）　*33-35, 38-39, 53, 295, 307*

イデア（idea）　*272-273, 278, 304, 329-330, 335, 339-344, 347, 350*

息吹（inspiratio）　*55, 300*

色（color）　*7, 69, 73, 117, 220, 236, 242, 244-245, 257, 278, 284, 331-333, 339, 345*

有（essentia）　*27-28, 33, 53, 55-56, 92, 103*

宇宙（mundus）　*2, 6-7, 14, 17, 22-26, 29-31, 37, 54-56, 59, 61, 64, 66-67, 75-76, 78, 80-82, 84, 86, 93, 95, 97-101, 105, 109, 113, 116-120, 123, 129-132, 134, 137, 141, 143-144, 146, 149-150, 176, 178, 187, 190, 199, 202, 205, 231-232, 234-235, 247, 251-252, 268-274, 276, 278, 283, 291-292, 294, 296-301, 317, 320, 334, 336, 339, 348, 350, 353-354*

　―の構成（mundi constitutio）　*118, 127*

　―の始原（initia mundi）　*301*

　―の身体（mundi corpus）　*8, 13, 23, 26, 29, 31, 38, 92-93, 100, 102, 122, 131, 212-213, 232, 303, 316, 344, 348*

　―の製作（mundi fabrica）　*278*

　―の製作者（mundi opifex）　*13, 273*

　―の生成（genitura mundi, mundi generatio）　*7, 30, 269, 272*

　―の創始者（mundi auctor）　*26, 54*

　―の魂（anima mundi）　*26, 40, 51, 54-55, 99, 137, 140, 144, 147, 149-150, 177, 187, 232, 300*

　―の誕生（ortus mundi）　*272*

　―の始まり（initium mundi）　*118*

　感覚されうる―（sensibilis mundus）　*2, 17, 23, 25, 29-31, 38, 51, 54-55, 105, 118-119, 132, 137, 247, 268-269, 272-273, 292, 294, 350, 554*

　知性の対象である―（intellegibilis mundus）　*25, 29-31, 105, 119, 137, 247, 268*

美しさ（pulchritudo）　*226, 266, 286, 331, 353-354*

乳母（nutrix, nutricula）　*167, 273, 298, 308, 321, 351*

海（mare）　*59, 62, 84*

占い（diuinatio）　*157, 161, 169, 250-251, 255*

運（fortuna）　*145, 158-159, 179, 188-189, 298*　→境遇

運命（fatum）　*125, 142-149, 151-154, 157-162, 170-173, 175-178, 180-181, 185, 189-*

『パイドン』（*Phaedo*） *254*
『パルメニデス』（*Parmenides*） *272, 335*
『法律』（*Leges*） *206, 262*
—の（Platonicus） *119, 142, 225, 246, 256, 283, 295, 321*
—派（Platonici） *301, 308*
ヘシオドス（Hesiodus） *123, 134*
ヘスペルス（Hespers） *66, 110-111* →ウェヌス、金星、ルキフェル
ヘブライ人（Hebraei） *130, 132, 171, 219, 276, 300*
ヘブライの（Hebraicus） *256*
ヘラクレイデス（Heraclides） *110*
ヘラクレイトス（Heraclitus） *237, 251, 280, 297, 322, 325*
ペリパトス派（Peripatetici） *223, 238*
ペルシア人（Persae） *169-170*
ヘルモクラテス（Hermocrates） *6*
ペレウス（Peleus） *126*
ヘロピロス（Herophilus） *246*
北斗七星（Septentrio） *65*
ホメロス（Homerus） *93, 106, 125-126, 183, 254, 266, 280, 297, 328*
『イリアス』（*Ilias*） *126*
—の（Homericus） *254*

マ 行

マルス（Mars） *87, 96-97* →火星
—の（Martius） *66, 72*
水瓶座（Aquarius） *116*
ミネルウァ（Minerua） *36*
ミレトスの（Milesius） *72*
ムサイオス（Musaeus） *127*
メデイア（Medea） *183*
メリッソス（Melissus） *281*
メルクリウス（Mercurius） *70, 72-73, 87, 96, 108-109, 124* →水星
—の（Mercurialis） *66*
モーセ（Moyses） *154, 176*
木星（Phaethon） *66, 70, 72, 87* →ユッピテル

ヤ 行

山羊座（Capricornus） *66, 78*
ユッピテル（Iuppiter） *66, 96-97, 122, 337* →木星
—の（Iouius） *72*

ラ 行

ライオス（Laius） *153*
ラエティアの（Raeticus） *323*
ラエルテスの（Laertius） *183*
ラケシス（Lachesis） *143-144, 154*
ラティウム（Latium） *E, 132*
リノス（Linus） *127*
リベル（Liber） *284*
リュディア人の（Lydius） *169*
リュクルゴス（Lycurgus） *160*
ルキフェル（Lucifer） *108, 110-111* →ウェヌス、金星、ヘスペルス
レウキッポス（Leucippus） *203*
ロクロイの（Locrensis） *6*

ケベス（Cebes） *355*
ケレスの（Cerealius） *353*
小犬星（Canicula）＝シリウス *125*
コンピタリア祭（Compitalia） *106*

サ 行

サトゥルヌス（Saturnus） *66, 70, 96-97* →土星
—の（Saturninus） *72, 114*
サロモン（Salomon） *276*
獅子座（Leo） *74*
シュンマクス（Symmachus） *276, 278*
小アジア（Asia） *323*
シリウス →犬星、オリオンの犬、小犬星、ソティス
水星（Stilbon） *66, 70, 73, 83, 87, 97* →メルクリウス
ステュクス（Styx） *66, 280*
ストア派（Stoici） *165, 203, 220-221, 237, 251, 266, 279-280, 289, 293-298, 308, 311, 321*
スパルタ（Sparta） *160*
聖書（Scriptura） *277-278*
『世界の生成について』（*De genitura mundi*）＝『創世記』 *276*
『箴言』（*Prouerbia*） *276*
セイレン（Siren） *95*
ゼノン（Zeno） *220, 290, 292*
ソクラテス（Socrates） *5-6, 152, 168, 172, 254-255, 352, 349*
ソティス（Sothis）＝シリウス *125*

タ 行

タレス（Thales） *280, 325, 332*
ディオドロス（Diodorus） *203, 279*
ティマイオス（Timaeus） *6, 50, 322*
テオプラストス（Theophrastus） *266*
テティス（Thetis） *154*
テテュス（Tethys） *280*
テバイの人（Thebanus） *126*
デモクリトス（Democritus） *203, 215, 279*
テレンティウスの（Terentianus） *184*
天秤座（Chelae, Libra） *66, 78*
土星（Phaenon） *66, 70, 87* →サトゥルヌス
トラシュマコス（Thrasymachus） *5*
トリポリス（Toripolis） *323*
トロイア（Troia） *154*

ナ 行

ヌメニオス（Numenius） *295-297, 299*

ハ 行

パエトンの（Phaethonius） *72*
ハリュス川（Halys） *169*
パルメニデス（Parmenides） *281*
ヒッパルコス（Hipparchus） *88, 91*
ヒッポクラテス（Hippocrates） *37, 206*
ピュタゴラス（Pythagoras） *6, 45, 50, 73, 78, 95, 122, 127, 136, 197, 200, 280, 295-299, 307*
『黄金の詩』（*Aurei Uersus*） *136*
—の（Pythagoreus, Pythagoricus） *51, 73, 295*
—派（Pythagorei, Pythagorici） *35, 72, 122, 295, 308*
ピロン（Philo） *278*
双子座（Gemini） *78, 80, 82, 116*
プティア（Pthia） *254*
プラトン（Plato） *E, 1, 15, 20-21, 26, 29-30, 32, 40, 50-52, 59, 73, 107, 112, 122, 124, 129, 133, 136, 138, 143, 145, 148, 154, 160, 176, 178, 180, 186, 192, 198, 214, 225-226, 228-229, 231, 234, 243-244, 246-247, 253, 255-257, 273, 280, 283, 288, 294, 296-298, 300-301, 306-308, 327, 329, 341, 347*
『エウテュデモス』（*Euthydemus*） *255*
『クリトン』（*Crito*） *254*
『国家』（*Politia*） *73, 95, 136, 143, 231, 233, 247, 253, 342, 349*
『テアイテトス』（*Theaetetus*） *328*
『ティマイオス』（*Timaeus*） *E, 1, 73, 143, 146, 228, 253, 298*
『哲学者』（*Philosophus*）＝『エピノミス』 *128, 254*
『パイドロス』（*Phaedrus*） *57, 122, 143, 228*

固有名詞索引

項目の後の数字は註解の節番号を示す。*E*は「書簡」を示す。人名、神名、地名、星座名、星の名のほか、書名や固有名詞に由来する形容詞等も含む。

ア　行

アキレウス（Achilles）　*126*
アキュレス（Acyles）　*276*
アク（Ach）　*126*
アジア　→小アジア
アスクレピアデス（Asclepiades）　*215*
アトロポス（Atropos）　*144*
アナクサゴラス（Anaxagoras）　*203, 266, 279*
アナクシメネス（Anaximenes）　*280, 325*
アポロニオス（Apollonius）　*337*
アポロン（Apollo）　*153, 169, 254, 284, 337*
アリステイデス（Aristides）　*160, 172*
アリストテレス（Aristoteles）　*84, 208-209, 222, 224-225, 246, 250, 257, 280, 283-288, 322*
　—の（Aristotelicus）　*286*
アルクマイオン（Alcmaeo）　*246*
アルゴス人（Argiui）　*170*
アルプスの（Alpinus）　*323*
アレクサンドロス（Alexander）　*72*
イソクラテス（Isocrates）　*E*
　『勧告』（*Exhortationes*）＝『デモニコスに与う』　*E*
射手座（Sagittarius）　*78, 80, 82*
犬星（Astrocynos）＝シリウス　*125*
ウェスタ（Uesta）　*122, 178*
ウェヌス（Uenus）　*66, 70, 96, 116*　→金星、ヘスペルス、ルキフェル
魚座（Pisces）　*78, 80, 116*
エウリピデス（Euripides）　*183*
エジプト（Aegyptus）　*126*
　—人（Aegyptii）　*125-126*
エンペドクレス（Empedocles）　*51, 136, 197, 203, 218-219, 282, 350*
牡牛座（Taurus）　*116*
大犬座（Canis）　*71*
オケアノス（Oceanus）　*280*
乙女座（Uirgo）　*78, 80*
牡羊座（Aries）　*66, 78, 115-116*
オリオンの犬（Canis Orionis）＝シリウス　*215*
オリゲネス（Origenes）　*276*
オリュンピアの（Olympiacus）　*106*
オルペウス（Orpheus）　*217*

カ　行

火星（Pyrois）　*66, 70*　→マルス
蟹座（Cancer）　*66, 74, 78, 116*
カピトリヌムの（Capitrinus）　*337*
カリステネス（Callisthenes）　*246*
カルデア人（Chaldaei）　*126*
キケロ（Cicero）　*27, 266*
キュテラの女神（Cytherea）＝ウェヌス　*72*
キュレネの神（Cyllenius）＝メルクリウス　*72*
キュロス（Cyrus）　*169*
ギリシア（Graecia）　*132*
　—名（Graecum nomen）　*66*
　—人（Graeci）　*E, 16, 18, 44, 47, 92, 98, 116, 123, 129, 132-133, 156, 176, 252, 278, 304, 319, 346*
　—文字（Graeca littera）　*11-12, 18, 52, 58, 92*
金星（Lucifer）　*66, 70, 72, 83, 87, 97, 108-112, 124*　→ウェヌス、ヘスペルス、ルキフェル
クセノパネス（Xenophanes）　*281*
クリュシッポス（Chrysippus）　*144, 220, 290*
クレアンテス（Cleanthes）　*144*
クロイソス（Croesus）　*169*
クロト（Clotho）　*144*
クロトンの（Crotoniensis）　*246*

訳者略歴

土屋睦廣（つちや　むつひろ）

日本大学文理学部哲学科准教授

一九六三年　山梨県生まれ

一九九三年　早稲田大学大学院文学研究科博士課程単位取得退学

二〇一八年より現職

主な著訳書

『カルキディウスとその時代』（共著、慶應義塾大学言語文化研究所）

『中世哲学を学ぶ人のために』（共著、世界思想社）

『哲学の歴史２』（共著、中央公論新社）

『危機管理 ── 新たな疾病との闘い』（共著、文眞堂）

『中世思想原典集成20』（共訳、平凡社）

『セネカ哲学全集３、４』（岩波書店）

『アリストテレス全集13』（共訳、岩波書店）

プラトン『ティマイオス』註解

西洋古典叢書　２０１９第３回配本

二〇一九年十一月二十日　初版第一刷発行

訳　者　土《つち》屋《や》睦《むつ》廣《ひろ》

発行者　末　原　達　郎

発行所　京都大学学術出版会

606-8315　京都市左京区吉田近衛町六九　京都大学吉田南構内

電　話　〇七五-七六一-六一八二

ＦＡＸ　〇七五-七六一-六一九〇

http://www.kyoto-up.or.jp/

印刷／製本・亜細亜印刷株式会社

ISBN978-4-8140-0224-5

定価はカバーに表示してあります

アンミアヌス・マルケリヌス　ローマ帝政の歴史（全3冊）
　1　山沢孝至訳　　3800円
ウェルギリウス　アエネーイス　岡　道男・高橋宏幸訳　　4900円
ウェルギリウス　牧歌／農耕詩　小川正廣訳　　2800円
ウェレイユス・パテルクルス　ローマ世界の歴史　西田卓生・高橋宏幸訳　　2800円
オウィディウス　悲しみの歌／黒海からの手紙　木村健治訳　　3800円
クインティリアヌス　弁論家の教育（全5冊）
　1　森谷宇一・戸高和弘・渡辺浩司・伊達立晶訳　　2800円
　2　森谷宇一・戸高和弘・渡辺浩司・伊達立晶訳　　3500円
　3　森谷宇一・戸高和弘・吉田俊一郎訳　　3500円
　4　森谷宇一・戸高和弘・伊達立晶・吉田俊一郎訳　　3400円
クルティウス・ルフス　アレクサンドロス大王伝　谷栄一郎・上村健二訳　　4200円
スパルティアヌス他　ローマ皇帝群像（全4冊・完結）
　1　南川高志訳　　3000円
　2　桑山由文・井上文則・南川高志訳　　3400円
　3　桑山由文・井上文則訳　　3500円
　4　井上文則訳　　3700円
セネカ　悲劇集（全2冊・完結）
　1　小川正廣・高橋宏幸・大西英文・小林　標訳　　3800円
　2　岩崎　務・大西英文・宮城徳也・竹中康雄・木村健治訳　　4000円
トログス／ユスティヌス抄録　地中海世界史　合阪　學訳　　5000円
プラウトゥス／テレンティウス　ローマ喜劇集（全5冊・完結）
　1　木村健治・宮城徳也・五之治昌比呂・小川正廣・竹中康雄訳　　4500円
　2　山下太郎・岩谷　智・小川正廣・五之治昌比呂・岩崎　務訳　　4200円
　3　木村健治・岩谷　智・竹中康雄・山澤孝至訳　　4700円
　4　高橋宏幸・小林　標・上村健二・宮城徳也・藤谷道夫訳　　4700円
　5　木村健治・城江良和・谷栄一郎・高橋宏幸・上村健二・山下太郎訳　　4900円
リウィウス　ローマ建国以来の歴史（全14冊）
　1　岩谷　智訳　　3100円
　2　岩谷　智訳　　4000円
　3　毛利　晶訳　　3100円
　4　毛利　晶訳　　3400円
　5　安井　萠訳　　2900円
　9　吉村忠典・小池和子訳　　3100円

プルタルコス　英雄伝（全6冊）
1　柳沼重剛訳　3900円
2　柳沼重剛訳　3800円
3　柳沼重剛訳　3900円
4　城江良和訳　4600円
プルタルコス　モラリア（全14冊・完結）
1　瀬口昌久訳　3400円
2　瀬口昌久訳　3300円
3　松本仁助訳　3700円
4　伊藤照夫訳　3700円
5　丸橋　裕訳　3700円
6　戸塚七郎訳　3400円
7　田中龍山訳　3700円
8　松本仁助訳　4200円
9　伊藤照夫訳　3400円
10　伊藤照夫訳　2800円
11　三浦　要訳　2800円
12　三浦　要・中村健・和田利博訳　3600円
13　戸塚七郎訳　3400円
14　戸塚七郎訳　3000円
プルタルコス／ヘラクレイトス　古代ホメロス論集　内田次信訳　3800円
プロコピオス　秘史　和田　廣訳　3400円
ヘシオドス　全作品　中務哲郎訳　4600円
ポリュビオス　歴史（全4冊・完結）
1　城江良和訳　4200円
2　城江良和訳　3900円
3　城江良和訳　4700円
4　城江良和訳　4300円
マルクス・アウレリウス　自省録　水地宗明訳　3200円
リバニオス　書簡集（全3冊）
1　田中　創訳　5000円
2　田中　創訳　5000円
リュシアス　弁論集　細井敦子・桜井万里子・安部素子訳　4200円
ルキアノス　全集（全8冊）
3　食客　丹下和彦訳　3400円
4　偽預言者アレクサンドロス　内田次信・戸高和弘・渡辺浩司訳　3500円
ロンギノス／ディオニュシオス　古代文芸論集　木曽明子・戸高和弘訳　4600円
ギリシア詞華集（全4冊・完結）
1　沓掛良彦訳　4700円
2　沓掛良彦訳　4700円
3　沓掛良彦訳　5500円
4　沓掛良彦訳　4900円

【ローマ古典篇】
アウルス・ゲッリウス　アッティカの夜（全2冊）
1　大西英文訳　4000円

クセノポン　ギリシア史（全 2 冊・完結）
1　根本英世訳　　2800 円
2　根本英世訳　　3000 円
クセノポン　小品集　松本仁助訳　　3200 円
クセノポン　ソクラテス言行録（全 2 冊）
1　内山勝利訳　　3200 円
クテシアス　ペルシア史／インド誌　阿部拓児訳　　3600 円
セクストス・エンペイリコス　学者たちへの論駁（全 3 冊・完結）
1　金山弥平・金山万里子訳　　3600 円
2　金山弥平・金山万里子訳　　4400 円
3　金山弥平・金山万里子訳　　4600 円
セクストス・エンペイリコス　ピュロン主義哲学の概要　金山弥平・金山万里子訳　　3800 円
ゼノン他／クリュシッポス　初期ストア派断片集（全 5 冊・完結）
1　中川純男訳　　3600 円
2　水落健治・山口義久訳　　4800 円
3　山口義久訳　　4200 円
4　中川純男・山口義久訳　　3500 円
5　中川純男・山口義久訳　　3500 円
ディオニュシオス／デメトリオス　修辞学論集　木曽明子・戸高和弘・渡辺浩司訳　　4600 円
ディオン・クリュソストモス　弁論集（全 6 冊）
1　王政論　内田次信訳　　3200 円
2　トロイア陥落せず　内田次信訳　　3300 円
テオグニス他　エレゲイア詩集　西村賀子訳　　3800 円
テオクリトス　牧歌　古澤ゆう子訳　　3000 円
テオプラストス　植物誌（全 3 冊）
1　小川洋子訳　　4700 円
2　小川洋子訳　　5000 円
デモステネス　弁論集（全 7 冊）
1　加来彰俊・北嶋美雪・杉山晃太郎・田中美知太郎・北野雅弘訳　　5000 円
2　木曽明子訳　　4500 円
3　北嶋美雪・木曽明子・杉山晃太郎訳　　3600 円
4　木曽明子・杉山晃太郎訳　　3600 円
5　杉山晃太郎・木曽明子・葛西康徳・北野雅弘・吉武純夫訳・解説　　5000 円
トゥキュディデス　歴史（全 2 冊・完結）
1　藤縄謙三訳　　4200 円
2　城江良和訳　　4400 円
ピロストラトス　テュアナのアポロニオス伝（全 2 冊）
1　秦　剛平訳　　3700 円
ピロストラトス／エウナピオス　哲学者・ソフィスト列伝　戸塚七郎・金子佳司訳　　3700 円
ピンダロス　祝勝歌集／断片選　内田次信訳　　4400 円
フィロン　フラックスへの反論／ガイウスへの使節　秦　剛平訳　　3200 円
プラトン　エウテュデモス／クレイトポン　朴　一功訳　　2800 円
プラトン　エウテュプロン／ソクラテスの弁明／クリトン　朴　一功・西尾浩二訳　　3000 円
プラトン　饗宴／パイドン　朴　一功訳　　4300 円
プラトン　パイドロス　脇條靖弘訳　　3100 円
プラトン　ピレボス　山田道夫訳　　3200 円

西洋古典叢書　既刊全 139 冊（税別）

【ギリシア古典篇】
アイスキネス　弁論集　木曽明子訳　　4200 円
アイリアノス　動物奇譚集（全 2 冊・完結）
1　中務哲郎訳　　4100 円
2　中務哲郎訳　　3900 円
アキレウス・タティオス　レウキッペとクレイトポン　中谷彩一郎訳　　3100 円
アテナイオス　食卓の賢人たち（全 5 冊・完結）
1　柳沼重剛訳　　3800 円
2　柳沼重剛訳　　3800 円
3　柳沼重剛訳　　4000 円
4　柳沼重剛訳　　3800 円
5　柳沼重剛訳　　4000 円
アポロニオス・ロディオス　アルゴナウティカ　堀川　宏訳　　3900 円
アラトス／ニカンドロス／オッピアノス　ギリシア教訓叙事詩集　伊藤照夫訳　　4300 円
アリストクセノス／プトレマイオス　古代音楽論集　山本建郎訳　　3600 円
アリストテレス　政治学　牛田徳子訳　　4200 円
アリストテレス　生成と消滅について　池田康男訳　　3100 円
アリストテレス　魂について　中畑正志訳　　3200 円
アリストテレス　天について　池田康男訳　　3000 円
アリストテレス　動物部分論他　坂下浩司訳　　4500 円
アリストテレス　トピカ　池田康男訳　　3800 円
アリストテレス　ニコマコス倫理学　朴　一功訳　　4700 円
アルクマン他　ギリシア合唱抒情詩集　丹下和彦訳　　4500 円
アルビノス他　プラトン哲学入門　中畑正志編　　4100 円
アンティポン／アンドキデス　弁論集　高畠純夫訳　　3700 円
イアンブリコス　ピタゴラス的生き方　水地宗明訳　　3600 円
イソクラテス　弁論集（全 2 冊・完結）
1　小池澄夫訳　　3200 円
2　小池澄夫訳　　3600 円
エウセビオス　コンスタンティヌスの生涯　秦　剛平訳　　3700 円
エウリピデス　悲劇全集（全 5 冊・完結）
1　丹下和彦訳　　4200 円
2　丹下和彦訳　　4200 円
3　丹下和彦訳　　4600 円
4　丹下和彦訳　　4800 円
5　丹下和彦訳　　4100 円
ガレノス　解剖学論集　坂井建雄・池田黎太郎・澤井　直訳　　3100 円
ガレノス　自然の機能について　種山恭子訳　　3000 円
ガレノス　身体諸部分の用途について（全 4 冊）
1　坂井建雄・池田黎太郎・澤井　直訳　　2800 円
ガレノス　ヒッポクラテスとプラトンの学説（全 2 冊）
1　内山勝利・木原志乃訳　　3200 円
クイントス・スミュルナイオス　ホメロス後日譚　北見紀子訳　　4900 円
クセノポン　キュロスの教育　松本仁助訳　　3600 円